广告传播学

陈培爱/著

图书在版编目(CIP)数据

广告传播学/陈培爱著.—厦门:厦门大学出版社,2009(2021.1重印)
(广告与传播艺术丛书/陈培爱主编)
ISBN 978-7-5615-3095-5

Ⅰ.广…　Ⅱ.陈…　Ⅲ.广告学:传播学　Ⅳ.F713.80

中国版本图书馆CIP数据核字(2009)第043977号

厦门大学出版社出版发行
(地址:厦门市软件园二期望海路39号　邮编:361008)
http://www.xmupress.com
xmup@public.xm.fj.cn
三明市华光印务有限公司印刷
2009年4月第1版　2021年1月第2次印刷
开本:889×1194　1/32　印张:17　插页:1
字数:502千字　印数:3 001～4 000册
定价:60.00元

本成果获得国家社科基金2006年度
项目资助(批准号06BXW021)

本书为厦门大学“211工程”三期
重点学科建设项目(2007-2011年)
“跨文化传播与国家软实力研究”成果

丛书总序

1983 年，厦门大学创办了广告学专业，1993 年，厦门大学出版社出版《21 世纪广告丛书》。弹指一挥间，至 2008 年，已经 25 年或 15 年过去了。近两年来，《21 世纪广告丛书》又进行了重要的改版与扩充，更名为《厦门大学广告学丛书》。

为了推进广告学术研究，2008 年，我们又启动了《厦门大学广告与传播艺术丛书》的编写工作。在前一套丛书的基础上，本丛书的思路是进一步扩大广告学研究的深度与广度，尽量延伸与广告相关的研究领域。因此，本丛书包括《广告传播学》、《著名品牌故事》、《2.0 营销传播——互动整合营销传播策略》、《国际广告传播》等 10 多种著作。这些著作不仅关注广告理论方面的深度探讨，也关注新媒体时代广告发展的趋势研究和广告在国际化背景下的运作策略研究。广告是营销的促销手法，服务于商业销售目的；同时，广告之所以成为“广告”而不是其他，是因为广告活动是大众传播行为，是特殊的传播形态和传播方式，是研究利用大众媒介说话的艺术、传播的艺术。因此，才有了《广告与传播艺术丛书》的构想。

传播学的理论来源于社会现象。众所周知，传播学本身并不是一门历史悠久的学科，从形成理论体系到现在才不到 100 年历史。其中，传播统计方法师从统计学，传播心理学源自心理学，其二级学科广告学又借鉴了市场营销学的一些原理和方法。可以说，传播学是优良的“杂交品种”，无论是早期的研究报刊广告的覆盖率，还是拉姆斯菲尔德、施拉姆对传播要素的定义，还是后来 M.E. 麦库姆斯和 D.L. 肖就美国总统选举情况提出的“议程设置假说”等各传播学理论，它的面世是用于解决和分析社会问题，所以属于社会应用型学科，这就要求其必须同社会现象紧密联系。广告在发展中吸取了传播学的这些精髓。

众所周知，在我国，广告学作为学科门类建立之初就隶属于传播学门下。然而，随着我国经济的飞速发展，广告作为“经济晴雨表”的功能得到了实践的认同，而“叫好不叫座”、高投入低回报的广告的频频出现，为中国广告学研究与经济学相脱离的现实亮起了红灯。其实，对广告的定义离不开经济、传播这两个字眼。随着市场经济的日益繁荣，商业色彩的日益浓重，对广告中传播元素和经济元素研究的失调必然要进行调整。必须根据市场的脉动，为广告学研究找到一个平衡点。

广告的文化含量越高，其影响力就越大，文化内涵在几乎所有的购买决策中都起着重要的作用。广告既是沟通信息，又是交流情感。广告的内容诉求逐渐从以产品为中心转向以人为中心，从有形的产品转向无形的品牌，广告更多强调的是产品与人的情感世界、精神世界的联系，演绎的是人的欲望和需求，表现的是人的意识和观念。于是广告作为沟通的艺术，沟通的不单是来自产品利益的主张，更是来自某种深层文化心理的认同，这使广告的文化内涵大为增强。同一种产品广告由于其所负载的文化内涵不同，所产生的效应也可能是截然不同：耐克以张扬个性、创造、活力为主题的“just do it”系列广告得到了中国青少年广泛的文化认同，而“恐惧斗室”广告却因对中国传统文化的歧视倾向而引发文化争端，改变的不是耐克本身，而是广告的文化内涵。可见文化内涵是决定广告传播效果的关键因素。

新媒体的广告运作方式有很多，但最重要的是能结合新媒体的形式感、参与性与多媒体互动的特点。可以说，互动参与将成为未来广告的重要特点。参与性媒体时代的到来，从某种层面来说，是一种社会的深刻变革。在新媒体文化中，人们消费媒体不再被动，而是积极地参与其中。新媒体的出现改变了以往广告传播受众只能被动接受信息的状况，更着重于主动拉近品牌与消费者的关系。

……

广告学是一门包容性很强的学科。在学科发展的基础理论上，涉及传播学、市场学；在学科的本质属性上，又同科学与艺术相连；在广告传播的载体上，传统媒体、新兴媒体、自主开发的媒体很是热闹。而在广告的可持续发展上，文化的融入担起了大任。因此，本丛书将以更广阔的视野，把当代与未来广告的发展趋势做进一步的展示，让人们从广告中获取知识，让社会的发展得到广告的推动。

总之，本丛书希望在更宏观的层面上透视广告的内涵，让人们更通俗完整地了解“广告是什么”。我们希望通过不懈的努力，使广告学科不断成长壮大，真正成为21世纪智慧的学科。

厦门大学出版社历来与厦大的优势学科携手共进，我们非常感激他们为本套丛书出版所提供的宝贵支持！

陈培爱
中国广告协会学术委员会主任
厦门大学特聘教授　博导
2008—12—1

目 录

第三篇　广告传播实务研究

第四篇　广告传播理论研究的未来

第一篇 20世纪广告传播理论发展回顾

第一章 广告传播理论研究的历史回顾

19 世纪中叶,北美大陆发生工业革命,带动各种商机,为了协助企业在报纸上刊登广告,广告代理应运而生,诞生了近代史上第一个广告代理机构——艾尔广告代理机构。20 世纪 20 年代以后,广播和电视普及,美国广告业得到高速发展。60 年代,威廉·伯恩巴克和大卫·奥格威等知名广告创意人纷纷开设广告公司,创意年代(The Creative Era)来临;70 年代,定位(Positioning)流行;80 年代,不断借鉴研究方法、策略规划等其他社会科学的知识,广告传播理论逐渐发展并成熟,广告业和广告人也不断成长。

一直以来,广告理论研究就存在分歧。广告有商业的血统,但和传播渊源颇深,前者是广告的目的,后者是广告的手段。最早的广告课程开设在新闻系里(1908 年,密苏里大学教授 John B. Powell 在新闻系里开设"广告与出版"课程),授课的重点是文案、设计和买卖报纸版面,文献称这种"如何做广告"的开课取向为职业导向。中文广告教育的启蒙,可以回溯到 1924 年北京平民大学报学系开设的《广告学》,北京燕京大学新闻系、复旦大学新闻系、中央政治学院(国立政治大学前身)也陆续跟进。1983 年 6 月,厦门大学新闻传播系创办我国第一个广告学专业。①

考查 20 余年的广告传播研究发现,中国的广告传播理论研究虽然进步颇大,不少学者从中国的实际情况出发调查和研究中国广告传播相关理论问题,但国内缺少完整而成熟的广告传播理论,相关的论述大多要借鉴国外(特别是美国)广告传播理论的成果。

---

① 翁秀琪主编:《台湾传播学想像(上)》,巨流图书公司出版 2004 年版,第 400,405 页。

第一节　广告传播理论发展的几个阶段

以20世纪世界经济、社会和科技环境的发展变化为背景，在市场营销学、传播学和广告学的发展状况和理论分析的基础上，从广告传播理论发展的视角出发，广告传播理论的发展大体可分为三个阶段：

(1)20世纪初到50年代，广告传播理论起步期。

(2)20世纪60年代，广告传播理论变革时期(广告创意革命时代)。

(3)20世纪70年代至今，广告传播理论的新发展时期。

广告传播理论发展是一个不断融合的历史过程，从“产品本位主义”转向“消费者本位主义”，从营销观念转向传播观念，最终走向营销和传播观念。

一、“产品本位主义”时期

20世纪初到50年代为广告传播理论的起步期，这时期盛行“产品本位主义”，人们普遍认为广告是产品推销术。这一时期，广告传播理论的发展受下列社会背景的影响。

1. 经济背景

这一时期，美国经济波折不断。19世纪90年代，美国成为世界一流工业强国，财富不断增长，购买商品的人数量增多，消费型社会规模初具。一战后，美国发展很快，工厂生产线成倍扩展，股票市场行情看涨，1921—1929年，工业生产几乎翻了一番。30年代，美国经历了有史以来最严重的经济危机，股市暴跌，工人大量失业。二战后，美国经济又出现飞速发展的态势，商品日益丰富，市场迅速由卖方市场转向买方市场。

2. 社会环境

“秩序、效率和科学”成为美国的口号，20世纪开始发展的消费社会日益繁荣;工资增加,更多已婚妇女走上工作岗位,大多数美国家庭拥有更多的金钱和更多的时间。截止1925年,40%以上的美国人的年收入在2 000美元以上。美国人的工作时间也从每周6天降到每周5天,许多企业实施带薪休假制度。财富的增长制造了庞大的大众消费市场。半数以上美国人选择居住在城市,市场的集中也为生产的发展提供了必要的条件。

3. 科技发展

1900年至第一次世界大战时期,电力为千家万户带来光明,为市内有轨电车和家用设施提供动力。炼钢业和建筑业的发展使摩天大楼和高层公寓楼不再是天方夜谭。科学和技术造就了数不清的奇迹:升降梯、自动滚梯、电话、汽油发动机、人造丝纤维、塑料,等等。20年代,灯泡代替烟熏熏的煤油灯;电话方便了人们的联系;收音机可以接收新闻和娱乐节目;汽车、高速公路、新生儿、新型的郊区消费、电视的爆炸式增长等——这一切都在20年代后期达到高潮。

20世纪初到50年代最有代表性的广告理论,当推约翰·肯尼迪所推出的"广告是印在纸上的推销术"。在这一主张的共同指向下,主要存在以下三大理论流派。

(1)20世纪头20年里,以约翰·肯尼迪、克劳德·霍普金斯、阿尔伯特·拉斯克尔为代表的硬性推销派,或称为"原因归究法派"。

(2)与硬性推销派几乎同时,以西奥多·麦克马纳斯和雷蒙·罗必凯为代表的软推销派,或称为"情感氛围派"。

(3)40年代至50年代,最具代表性的理论,是罗瑟·瑞夫斯所提出的"独特销售主张"(Unique Selling Proposition,USP),又称"科学推销派"。①

无论是以产品为出发点,寻求说服消费者购买的因素并作为广告诉求主要内容的硬推销法,或是用含蓄手法、用暗示或联想方式进行软推销的情感氛围派,还是强调科学与调查、理论更完整的科学推销派,

---

① 张金海:《20世纪广告传播理论研究》,武汉大学出版社2002年版,第13页。

都从产品本位主义出发，强调广告应该提供合情合理的原因，说明产品值得购买的具体原因。这有其产生的市场营销学和传播学发展背景。

推销观念产生于20年代末，该观念持有者认为，企业如果在消费过程中无所作为，消费者一般不会购买太多产品，企业必须以推销、促销活动刺激消费。推销观念的支持者强调推销已经生产出来的产品，而不是生产能够出售的新产品。随着生产力的发展，市场由卖方市场向买方市场过渡，这样的推销对市场的说服力越来越小。1929—1933年，经济危机爆发，大量产品销售不出去，企业被迫重视使用广告术与推销术来促进销售。许多企业家感到：产品物美价廉，未必卖得出去；要在激烈的市场竞争中生存和发展，必须重视推销。①

20年代，人们用"枪弹论"（或"皮下注射器理论"）来解释广告传播的效果：受众在大众媒体面前毫无抵抗力，大众媒介在巧妙的宣传家的使用下，对人的作用就像枪弹射向靶子一样；只要对准靶子射击，靶子就会倒下。40年代，哥伦比亚大学应用社会学研究部的学者倡导"有限效果理论"：大众媒介对社会的影响力有限，大众媒介的社会影响，远非"魔术般的"或是"不可抗拒的"。研究者们②承认个人影响，团队和阶级的从属性，承认社会机构会影响决定个人的思考和行动。卡尔·霍夫兰对美国陆军的研究显示，导向类影片在传递信息上虽然有效，但不能改变人们的态度。"有限效果理论"不断得到证实。③

二、向"消费者本位主义"转变时期

20世纪60年代为广告传播理论变革时期，又称广告创意时代。这一时期，广告传播理论从"产品本位主义"转向"消费者本位主义"。

"创新"一词首次出现在1965年，直到1969年8月变革结束。作

---

① 李家龙、李家齐：《营销观念的产生与发展》，《特区经济》2005年第1期。

② 详见默顿：《大众传播、群众的判断和有组织的社会行为》、克拉珀：《大众传播效果》和卡茨和拉扎斯菲尔德：《个人影响》三本书。

③ [美]威尔伯·施拉姆、威廉·波特：《传播学概论》，新华出版社1984年版，第201～204页。

为个性解放的结果，孕育出一大批新的艺术家。他们运用音乐、时装等多种艺术形式挑战传统价值观。变革主流的整体转换主要受以下 3 种因素的驱动：

(1)战后新生儿时代到来，广告对象群体发生巨大变化。广告商将目光瞄向青少年及年轻人，这些年轻人抛弃了强调专注于勤奋工作的清教徒思想，而热衷于享受生活。

(2)受信息革命的影响，电视与电影培养出来的年轻人很少阅读书籍。50 年代初，10%的家庭才有一台电视机，到 60 年代中期，90%的家庭拥有一台(甚至以上)电视机。

(3)反战和民权运动激起脱离政治的激进主义及反方向时尚。

这一时期的代表人物是大卫·奥格威、李奥·贝纳、威廉·伯恩巴克。他们认为，陈旧的规则与幻想的手法已不适应广告业发展的需要，灵感、直觉和创造性是广告发展的方向，广告的目标不再是引起大众注意并激发其兴趣，而应该转移到产品身上——产品才是广告制作的中心。①

60 年代，传播学不再视受众为被动、脆弱、中弹即倒的“靶子”，从传者中心向受众中心转移。固执的受众理论、使用与满足理论等新理论强调传播活动中受众的主动性和决定性，认为受众并非被动接受信息，而会依据需要主动寻找、选择信息。② 50 年代，市场营销观念也不断演进，发展成新型的企业经营哲学。达到企业目标的关键在于确定并满足目标市场的需要和欲望，比竞争者更有效地传送目标市场所期望的物品或服务。“顾客需要什么，就生产什么”的市场观念基本确立。

三、“消费者本位主义”的广告传播理念最终确立

20 世纪 70 年代开始，广告传播进入新的理论发展时期。这一时期，“消费者本位主义”占主导地位。此一时期广告传播理论发展的重

---

① [美]朱丽安·西沃卡著，周向民、田力男译，《肥皂剧、性和香烟——美国广告 200 年经典范例》. 光明日报出版社 1999 年版，第 403 页。

② 阮卫:《20 世纪广告传播理论的发展轨迹》，《国际新闻界》2001 年第 6 期。

要社会背景主要表现如下：

1. 经济环境

商品无限丰富，产品同质化现象加剧。第三次科技革命带来世界范围内的经济高速增长，新产品层出不穷。受经济利益的驱使，产品被迅速大量复制出来，同种产品间的差异越来越小，难以区分，差异诉求很难奏效。

2. 受众状况

受众细分越来越显著。90年代的经济现状，再加上变幻的消费者数量和生活风尚，建立起一代逃避广告的消费群体。消费者在购买中的选择性越来越大，企业要面对多种类型的消费者——新生一代、某一代人、青年人、上了年纪的人，等等，这些群体的收入、教育程度和生活经历都不相同，情况异常复杂。

3. 媒体环境

进入80年代，全美98%家庭至少拥有一台电视机，1/3的家庭至少拥有两台或两台以上的电视机，一般家庭平均每天看7小时以上的电视。有线电视的普及，大大丰富了电视媒体的传播资源；卫星通讯的应用极大地扩展了传播空间，缩短了传播距离，加快了传播速度。计算机的应用催生电子编辑、电子出版、多媒体和互联网等新的媒介相关物。①

此时期涌现出了一系列具有影响的广告理论：品牌理论、定位理论、整合营销传播理论。广告传播的基本原理、基本规律；广告策划理论的提出和发展；广告创意、表现、诉求和媒介投放等理论也日渐成熟。

50年代，现代意义上的市场营销学兴起，其理论出现四个方面的重大突破：

(1)以消费者需求为中心的市场营销观念取代以产品为中心的传

---

① 张金海：《20世纪广告传播理论研究》，武汉大学出版社2002年版，第63，69页。

统经营观念(生产观念、产品观念和推销观念)。

(2)市场细分概念的提出(1956 年,由美国市场营销学家温德尔·史密斯提出)。

(3)研究范围从流通领域扩展到企业生产经营全过程。

(4)强调营销战略和营销组合。

这一时期,美国著名市场营销学家麦卡锡提出 4P'S 营销组合理论①,建构起现代市场营销学较为完整的理论体系。4P'S 营销组合理论的主要内容是:通过市场细分,确定企业的目标市场;根据目标市场的特点,制订相应的营销组合策略——4P'S。这一理论成为市场营销理论中的核心内容,沿用至今。

80 年代,"内部营销"、"直复营销"、"关系营销"、"大市场营销"等概念相继出现。90 年代以来,企业之间的竞争愈演愈烈。面对急剧变化的环境和激烈竞争的市场,人们在营销过程中更注重可持续发展、企业的社会效益、企业竞争环境的改善等问题,"绿色营销"、"合作营销"、"整合营销"等概念出现。随着计算机和网络技术的迅猛发展,"网络营销"也成为热门课题。1990 年,美国广告学家劳特朋与舒尔兹等人合著《整合营销传播》一书,提出了 4C'S 理论②,营销理论得到深化。③

进入 70 年代,在对"有限效果论"进行批评和反思的基础上,传播效果研究领域出现一批新的理论模式,包括"议程设置功能"理论、"沉默的螺旋"理论、"知沟"研究、"培养分析"及"编码与译码"研究,等等。这些理论和假说的主题、内容各不相同,但有以下共同特点:

(1)研究焦点大都集中于探索大众传播综合的、长期的和宏观的社会效果。

(2)强调传媒影响的有力性。

(3)都与社会信息化的现实密切结合。

---

① 产品(Product)、价格(Price)、渠道(Place)、促销(Promotion)。

② 顾客(Consumer)、成本(Cost)、便利(Convenience)和沟通(Communication)。

③ 仲向平:《略论市场营销学的产生、传播和发展》,《浙江树人大学学报》2002 年第 6 期。

进入90年代以后，传播效果研究热衷探讨媒介技术对社会发展的推动作用及对社会生活产生的影响。从20世纪早期的“子弹论”到40年代至60年代的“有限效果论”，再到70年代以后的宏观效果理论，人们对大众传播效果和认识不断深化。从片面强调大众传媒无条件、无中介的绝对效果，到注重受众态度在信息接受过程中的理解和选择性影响，再到重视受众认知结构在信息接受中作用的深化和转变。受众的重要作用前所未有地凸现出来。①

第二节　广告传播的主要理论形态与理论成果

一、起步期

20世纪初到50年代为广告传播理论的起步期。

要成功促销，广告就应在产品与消费者的需要或愿望间建立联系。这种联系也叫“感染力”，可以分为两类：逻辑感染力和情感感染力。广告建立在产品运用特点的基础上或产品解决问题能力的基础上，这样的广告容易获得逻辑（理性）感染力。广告建立在购买产品后的心理感受及获得的满足感的基础上，这样的广告有感染力。

“原因归究法”广告是一种新的广告方法，其设计的焦点为征服抵制情绪。这种硬销售风格与简单的旨在把产品名称销售给公众的品牌名称辨识广告形成对比。在这一进程中，“原因归究法”的实践家约翰·肯尼迪、克劳德·霍普金斯、阿尔伯特·拉斯克尔等，建立了广告撰写人作为广告代办机构运作决策人的模式。②

---

① 郭庆光：《传播学教程》，中国人民大学出版社1999年版，第200页。

② ［美］朱丽安·西沃卡著，周向民、田力男译：《肥皂剧、性和香烟——美国广告200年经典范例》，光明日报出版社1999年版，第149～150页。

1. 约翰·肯尼迪

1904 年,约翰·肯尼迪受洛德—托马斯广告公司之聘,任职芝加哥办事处首席广告撰写人。约翰·肯尼迪把广告视为商业新闻,他认为这种新闻应该详细而坦率。肯尼迪认为,“广告是报刊业的销售艺术”,广告不应该用韵诗、软销售广告画和一般的断言,广告应该阐述推销人要对消费者说的话,应该提供合情合理的原因,说明产品值得购买的具体原因。

1903 年,约翰·肯尼迪为舒普博士创作了一则经典广告,这则广告的焦点是征服消费者的抵触情绪,广告传递了一个简单的信息:“试试我们的产品,你什么也不会损失。”

我的书免费,
我的治疗也免费——如果无效的话,
要是它有疗效——要是它成功了,
要是你有恢复了健康,
我请您付费——5.50 美元……

我下一步会寄给您附近的药品商的名字,他会让您取去六瓶我处方的药品,药用一个月。如果有效,才花费您 5.50 美元,如果无效,药品商就把账算在我身上。①

广告还使用了其他的促销手段——奖品、样品、优惠券、不合格就退款的承诺、明确的权利,等等,因此获得巨大的成功。肯尼迪离开洛德—托马斯广告公司后,洛德—托马斯广告公司的业务经理阿尔伯特·拉斯克尔聘请克劳德·霍普金斯主持广告业务,继续沿用“原因归究法”风格撰写广告。

2. 霍普金斯

霍普金斯也是广告业最有影响的广告撰写人之一,他首倡提供免费样品和使用优惠券,开发了“预先占用权”技术,有效地树立了产品的

① [美]朱丽安·西沃卡著,周向民、田力男译:《肥皂剧、性和香烟——美国广告 200 年经典范例》,光明日报出版社 1999 年版,第 151 页。

独有性。

在这里举范・开普的猪肉黄豆的案例：霍普金斯亲自到印第安纳波利斯调查猪肉和黄豆的家庭消费情况，他发现94%的家庭主妇自己烤制猪肉和黄豆，只有6%的人愿意接受罐装的豆类产品；所有猪肉和黄豆广告只会叫卖："买我的牌子吧"。霍普金斯发起一场反对家庭自己烤制猪肉和黄豆的广告活动，提供工业烤制样品，告诉人们："我们讲到了大豆是从特别的土壤里生长出来的，所有优质大豆都必须生长在这种土壤中，我们讲到了番茄如何在藤上成熟，讲到利维斯顿崖的番茄。其实，我们所有的竞争对手也都使用它们"。[①] 霍普金斯总结道，谁先提出一个可能是该行业普遍的产品特征或产品质量并声称拥有，谁就占有优势。

霍普金斯认为，广告应该围绕唯一的销售要点来制作。例如，他为桂格燕麦制作广告，竭力展示燕麦膨化谷物食品的特征，使消费者一听到膨化食品就联想起桂格燕麦。霍普金斯认为，为了销售大量产品，广告撰稿人必须同消费者对话，一次谈一个，简洁有力。霍普金斯还将邮购广告中的经济原则和严格的检查手段应用到广告的操作中。

在《我的广告生涯——科学的广告中》，霍普金斯讲述了何谓科学的广告及其成功的原因。霍普金斯认为"科学的广告"要建立在固定的原则基础之上，根据基本规律进行运作。广告是推销员，必须从推销员的角度，一个一个地比较广告，使其成本和结果相对应。盲目做广告不但不能促进销售，常常让人碰壁。

霍普金斯认为，广告不应该讲究言辞的漂亮；怪异的风格会分散人们对主题的注意；明显的销售意图会引发消费者的抵触；很强的说服力会让人担心自己失去主见；强调品质和服务以外的东西的努力都是致命的。

霍普金斯认为，人必须朴实单纯，语言不应太标新立异，广告要吸引消费者，就像要引鱼上钩一样，不能露出渔钩。广告不应该埋没目标，文字应尽可能短，每个词句都要充满诚意。广告撰写人应彻底忘

---

① [美]克劳德・霍普金斯著，邱凯生译：《我的广告生涯——科学的广告》，新华出版社1998年版，第87页。

我，广告撰写人心目中要有典型的潜在买主，广告要激发其足够的兴趣来阅读产品广告。广告应只说那些好的推销员应该说的话，面对面时可把产品推销给他，还可以通过印刷广告推销给他。

霍普金斯认为，广告要着眼于引起行动。消费者阅读报刊时，会受广告标题的吸引而停顿，但很快会把兴趣转移到阅读上而忘了广告，广告应设法制造高潮，刺激感兴趣的消费者立刻采取行动。优惠券是常用的方法，人们会把它寄来换一份样品或索取更多的资料，这时候就有发展消费者兴趣的机会。①

3. 麦克马纳斯和罗必凯

软销售风格（也称“氛围情感广告”或“印象主义的广告词”）广告围绕暗示和联想展开，这种暗示和联想传递完美、质量和声誉的印象，其目的是把产品同硬销售理由区分开，诸如专卖药品和便宜的邮购产品等。

麦克马纳斯为卡迪拉克撰写了《对领导者的惩罚》这篇雄辩议论文章，树立起其情感氛围软销售派领袖的地位。麦克马纳斯还为通用电器等企业树立了良好的企业形象。雷蒙·罗必凯也是“情感氛围派”的代表人物，他擅长使用华美的艺术和布局来传递优雅。罗必凯最知名的广告作品有《不朽的乐器》（斯坦威钢琴）、《各种产品无价的成分都有它的制造者的荣耀和诚实》（E·R·斯奎博成药）、《给害怕让他的梦想成真的人》（罗尔斯—罗依斯汽车）等。

香烟、牙膏和香皂这类生活消费品价格便宜，将其作为样品赠送，花费不多，效果良好，又容易通过邮件寄送，这样的产品适合使用“原因追究法”广告来促销。汽车和钢琴这类贵重的、不经常购买的且消费者不容易冲动购买的大件商品，适合使用情感氛围软销售风格广告。

4. 罗瑟·瑞夫斯的 USP 理论

40 年代，达彼思广告公司的罗瑟·瑞夫斯出版了《时效的广告》一

---

① ［美］克劳德·霍普金斯著，邱凯生译：《我的广告生涯——科学的广告》，新华出版社 1998 年版，第 150 页。

书,提出“独特的销售主张”理论(简称 USP 理论)。罗瑟·瑞夫斯认为,USP 可分为 3 个部分:

(1)每个广告都必须提出一个销售主张。这个主张不应只是名词,也不应是针对商品的夸大广告;每个广告都必须对读者说明:“买这样商品,你将会得到特殊的利益。”

(2)该主张必须是竞争对手无法也不能提出的,它必须具有独特性,是一个品牌或请求的独特个性,不仅仅是广告方面的主张。

(3)该主张应足以影响成百万的社会大众,能吸引新的消费者购买。

罗瑟·瑞夫斯还指出,在激烈竞争的市场中,同种商品大致雷同,广告代理商必须为商品找到独特的销售主张,可使用以下 3 种方法:

(1)广告代理商可说服企业改进产品。产品改进可以带来独特的销售主张,产品身上确实存在的特殊利益点,不仅利于宣传,也容易得到消费者信服。

(2)商品无法改变且与竞品差异不大时,广告可披露商品未被提及的特性。这不是商品真正的独特销售主张,只是借其作托词。

(3)文案无法突破强劲、先声夺人时,新的或较好的产品能建立产品独特的销售主张。先天独特的商品好着手,不管竞品的诉求如何强劲,终可突破其文案的气势。同样的广告攻势,品质较好的产品最后必定成功。

罗瑟·瑞夫斯重视产品本身,反对广告披露不实差异。罗瑟·瑞夫斯认为,广告激发起消费者的期待,但广告产品提供的利益无法满足这一期待时,消费者就不再信任该广告及其产品。罗瑟·瑞夫斯还强调简单重复广告主题和保持广告的持续性:“消费者只从一则广告中记取一件东西——一个强有力的许诺,或是一个强有力的概念。”罗瑟·瑞夫斯为许多产品制作广告,都获得成功:高露洁牙膏广告语:“每天用高露洁刷牙。他令您口气清新,牙齿坚固。”;吉列刀片广告语:每次剃须时都如此锋利,/锋利,而又快捷,/要锋利,用吉列蓝色刀片/它让胡须丝丝毫不留;阿那辛的广告口号:“阿那辛,医生最为推崇的止疼药”。①

---

① [美]罗瑟·瑞夫斯著,联广蜜蜂小组译:《实效的广告》,世界图书出版社 1988 年版,第 60～61,68～73 页。

二、变革期

20 世纪 60 年代是广告传播理论变革时期，即历史上的广告创意革命时期。

1. 李奥·贝纳——“内在的戏剧性”

与瑞夫斯一样，李奥·贝纳也把广告制作的重点放在产品身上。李奥·贝纳重视产品本身的品质，以美的艺术设计、信息、窍门及幽默来激发消费者的兴趣。李奥·贝纳排斥骗术和华而不实的技术，强调突显产品身上“内在的戏剧性”，从产品本身看待产品。李奥·贝纳说，广告的任务是辨别“产品本身所具有的能使它在市场中长期生存的东西……目的是为了赢得市场。把握这种东西，无论它是什么，并使它引人注目”。李奥·贝纳应用内在戏剧性的最好实例是他那些优秀的食品广告。他为绿巨人牌豌豆创作的广告使用了这样的标题——“月光下的收成”。在为肉类协会做的广告中，李奥·贝纳选用了鲜明的红色背景，产品则是红色的生肉。①

“月光下的收成”的台词说：无论日间或黑夜，绿巨人豌豆都在转瞬间选妥，风味绝佳……从产地至灌装不超过三小时，至今还令人称道。贝纳说：“用‘新鲜灌装’作标题是非常容易说的；但是用‘月光下的收成’则兼具新闻的价值与罗曼斯气氛，并包含着特种的关切，这在罐装豌豆的广告中是难得一见的妙句。”

李奥·贝纳为万宝路香烟制作的广告为其获得盛名。李奥·贝纳成功地塑造了万宝路牛仔的男子汉气概，把万宝路从女性香烟改造为男性香烟，用战后新一代喜爱的具有男子汉气概、最具美国风格的西部牛仔来代言广告。这则广告成为广告史上最成功与持久的经典。

李奥·贝纳的方式与瑞夫斯的大不相同。瑞夫斯从科学的角度出发制作广告，贝纳则强调调动观众潜能。歌谣、韵诗是贝纳常用的体

---

① [美]朱丽安·西沃卡著，周向民、田力男译：《肥皂剧、性和香烟——美国广告 200 年经典范例》，光明日报出版社 1999 年版，第 370 页。

裁，贝纳还经常从美国历史及民间故事中寻求灵感，创造出许多代表性的人物和象征物，使产品“人格化”。

2. 大卫·奥格威——品牌形象理论

奥格威从霍普金斯的科学理论和鲁宾凯姆的形象传统中寻求灵感。从这些理论及传统中，奥格威逐渐认识到：人们不是为了产品本身才购买商品，而是因为这一商品与特殊的形象联系起来了。他认为，品牌形象“要给每个广告一种与之相称的风格，创造出其正常的个性特点，这才是最伟大的成功的奥秘所在”。他认为，广告应该为品牌形象做贡献；广告不能一劳永逸，而应该是对品牌性格的长期投资。①

奥格威还使用“故事诉求法”塑造品牌形象，最成功的案例是哈撒韦牌衬衣全国广告活动。奥格威让一个带眼罩的男士穿着哈撒韦牌衬衣，表示衣服与众不同，有独特个性。这个带眼罩的模特出现在不同场景中：在卡内基大厅指挥纽约爱乐乐团、演奏双簧管、临摹戈雅的画、开拖拉机、驾驶游艇、购买雷诺阿的画，等等。在过了 116 年默默无闻的日子后，哈撒韦牌衬衣一下子走红起来。②

奥格威为许多奢侈品创作广告，其中最知名的是为劳斯莱斯轿车做的广告。广告标题是：“在这辆每小时时速达六十英里的新型劳斯莱斯轿车中，最大的噪音来自电钟。”轿车出现在高贵场景中，人物均为上流社会的达官显贵，突出了车的身份与地位。

3. 威廉·伯恩巴克——“新广告”

奥格威是 50 年代最有创意的广告人，引导 60 年代广告风格的却是 DDB 的威廉·伯恩巴克，其创意理论突出强调艺术创新。

伯恩巴克把广告视为整体，将广告明确定义为艺术，强调广告制作是在了解产品的基础上，充分发挥创意人员的想像力和创造力的艺术

---

① [美]奥格威：《一个广告人的自白》，中国友谊出版公司 1997 年版，第 91 页。

② [美]奥格威：《一个广告人的自白》，中国友谊出版公司 1997 年版，第 106 页。

行为,突出强调广告艺术的独创性和新奇性。在 DDB 承制的广告中,大众汽车广告“想想小的好处”是最经典的。广告中,大片空白衬托出汽车的微小。另外一幅的广告词直接阐述产品事实,标题只有两个字“柠檬”,正文是:“我们挑出毛病,你们获得精品。”无论如何,这些广告总能给读者一些微笑。①

1962 年,DDB 开始代理艾维斯——一家汽车租赁公司的广告,为其创作了许多充满生机的广告。第一则广告就声称:“艾维斯在租车业屈居第二。那干吗找我们? 因为我们工作更努力。”广告不断重复:“当你处于第二时,你就必须努力,否则的话……我们就会被吞并。”艾维斯承认自己排名第二以后,连续 13 年的亏损停止并开始赢利。头一年赚了 120 万美元,第二年 260 万,第三年是 500 万,最后被 ITT 并购。②

伯恩巴克说:“你一定要有创造力,但你一定要加以训练。你写出来的每一件事情,印在广告上的每一件东西、每一个字、每一个图表符号、每一个阴影,都应该有助长你所传达的讯息的功能。”③

三、发展期

20 世纪 70 年代开始,广告传播进入一个新的理论发展时期。

20 世纪 80 年代,美国精信广告公司提出品牌个性理论。他们认为广告公司不能只是“说利益”、“说形象”,更要“说个性”,掌握品牌个性是完成品牌传播的核心要求。奥格威的品牌形象论中就使用过“个性”、“性格”等字眼,“最终决定品牌的市场地位的是品牌总体上的性格,而不是产品间微不足道的差异”。这一想法被奥美总裁肯·罗曼与著名广告人简·马斯总结为:广告客户和他的广告商要为品牌建立“个性”,广告的语调必须反映产品个性。

---

① [美]朱丽安·西沃卡著,周向民、田力男译:《肥皂剧、性和香烟——美国广告 200 年经典范例》,光明日报出版社 1999 年版,第 408 页。

② [美]艾·里斯、杰克·特劳特著,王恩冕、于少蔚译:《定位》,中国财政经济出版社 2002 年版,第 40 页。

③ [美]丹·海金司著,刘毅志译:《广告写作的艺术》,中国友谊出版公司 1991 年版,第 17 页。

品牌个性指消费者认知品牌的尺度，它典型地反映品牌的个性——触及品牌的核心领域。品牌形象是一个涵盖更广的名称，包括品牌个性，还包括产品属性、用户与品牌有关的利益与原因。因此，强调品牌个性并非抛弃品牌形象，相反，这找到了塑造形象差异的有效途径——把品牌当作一个人，创造它的性格（个性），而非特征。① 20 世纪 90 年代初，大卫・艾格提出品牌价值/资产理论。其理论核心是：品牌是重要的资产，直接影响产品的成功，必须好好管理。品牌价值包括正反两方面的价值，正的是资产，负的是债务。品牌价值的形成包括四个方面：知名度、品质、忠诚度和关联性。品牌资产理论是资本经济的产物，由企业的资本运行衍生而来。这个观点将品牌理论由单纯的制造差异化进一步提升到创造价值和利润。

90 年代后期，大卫・艾格又提出品牌认同理论，他在《品牌管理法则》一书中说，品牌认同理论的核心是以品牌的核心价值和意义建立品牌的永久生命力；品牌认同分为基本认同和延伸认同两个部分，品牌基本认同是品牌的本质，不会因为时间流逝而消失；延伸认同丰富品牌的内涵，使品牌认同表达得更完整。品牌认同是品牌最根本的东西，不会随环境、品牌定位和品牌传播策略的改变而变化，它使品牌长期保持独特性。品牌认同是 90 年代以来最新的品牌观念，也是目前最完备、最具整体性的品牌观念。与品牌定位、品牌形象相比，品牌认同更具深度和广度，把品牌建立在企业、符号、产品、人 4 个概念基础上，强调品牌的建立与维护，实际上是以资产价值为核心建立品牌永久的生命力。②

1. 定位理论的产生和发展

1969 年 6 月，美国广告人艾・里斯和杰・特劳特在《产业行销杂志》上发表题为“定位是人们在今日仿效主义市场所玩的竞赛”的文章，倡导定位理论，以指称产品模仿日益激烈的市场环境里新的市场竞争

---

① 干忠则主编：《品牌形象策划——透视品牌经营》，复旦大学出版社 2000 年版，第 305 页。

② 张金海：《20 世纪广告传播理论研究》，武汉大学出版社 2002 年版，第 118～120 页。

策略和手段。此后，他们又在美国广告专业期刊《广告时代》上发表系列相关文章，公开宣称“现在创造性已一去不复返，麦迪逊大街把戏的新名词是定位”。[①] 这些文章引起全行业的轰动，定位成了人人讨论的话题，经作者之手送出的文章就达 12 万份之多，由此开创营销理论全面创新时代。

在艾·里斯和杰·特劳特看来，定位从产品开始，产品可以是一种商品、一项服务、一个机构，甚至一个人。定位针对的对象不是产品，而是目标客户，要在目标客户的头脑里给产品定位。定位也要变，但是变化的是名称，产品的价格和包装都不变。变化是表面的，旨在确保产品在预期客户头脑里占据真正有价值的位置。在传播过度的社会里，想让消费者专心倾听，定位十分关键。他们认为，对于每一类产品，预期客户的头脑里差不多都有一个梯子，最上一层是其中的佼佼者，位居第二的产品在第二层，排位第三的则在第三层上。梯子的层数不一，最常见的为三层，最多很可能是七层。新的、不同的东西必须与原有的东西相关联，否则在人们的头脑里没有立足之地。[②]

艾·里斯和杰·特劳特还为定位制定了许多策略。

(1)“对比”定位法。成功的案例有出租车业的艾维斯公司，快餐业的“汉堡王”，计算机下制造业的霍尼韦尔公司。

(2)领导者的定位策略。第一个进入人们头脑的品牌占据的长期市场份额通常是第二个品牌的两倍、第三个品牌的三倍。而且，这个比例不会轻易改变。跟随者要学会寻找空档。成功的例子有大众汽车的广告“往小里想”，寻找尺寸上的空子；“米什劳”啤酒的广告，寻找高价上的空子；“奎普”牌传真机的广告，寻求低价上的空子。[③]

菲利普·科特勒将定位理论列为 80 年代以来营销界的“营销卓

---

① 张金海：《20 世纪广告传播理论研究》，武汉大学出版社 2002 年版，第 128 页。

② [美]艾·里斯、杰克·特劳特著，王恩冕、于少蔚译：《定位》，中国财政经济出版社 2002 年版，第 239 页。

③ [美]艾·里斯、杰克·特劳特著，王恩冕、于少蔚译：《定位》，中国财政经济出版社 2002 年版，第 70～75 页。

见”之一。于是，作为营销理论，从产品定位到品牌定位、企业定位、市场定位、消费者定位，定位在企业营销的各个层面全面展开。

2. CIS 理论的确立

20 世纪 50 年代提出构想，80 年代发展完善的 CIS 理论，是品牌形象理论和定位理论更高层面的整合和提升，也是更高层面的运用与实施。CI，完整应为 CIS(Corporate Identity System)，即企业识别系统，由企业理念识别系统 MIS(Mind Corporate Identity)、企业行为识别系统 BIS(Behavior Corporate Identity)、企业视觉识别系统 VIS(Visual Corporate Identity)构成。强调从企业经营理念到精神文化，从员工行为到企业活动，从视觉识别的基本要素到所有应用要素，建构起具有高度统一性、独特性、可识别性的企业形象识别系统，树立起高度统一而极富个性的企业形象，通过对内对外的一致传播，造成企业内部的一致认同及消费者的全面认同，从而提升企业的市场地位，提高企业的经营业绩。于是，企业的营销传播，就从产品、品牌战略走向企业战略，从产品、品牌形象走向企业形象，从产品、品牌形象系统走向企业形象系统，从产品、品牌定位走向企业形象定位。①

3. 整合营销传播

1993 年，西北大学的舒尔兹教授出版 *Integrated Marketing Communication*（简称 IMC）一书。这本书旗帜鲜明地提出“传播就是营销”，引起业界广泛的共鸣。这一理论提出前，媒介的形态发生了革命性的变化，产生一大批新型的、专门的媒体，舒尔兹称之为媒体零碎化(Media Fragmentation)。消费者接触的媒体越来越多，协调复杂的产品信息成为突出的问题。在许多情况下，广告传递的信息缺乏一致性和连贯性，甚至相互矛盾。IMC 要求企业传播信息时要用“一个声音去说”(speak with one voice)。IMC 的基本观点是整体大于部分之和，协调各种传播活动的总体效果要大于它们单独执行时的情况，IMC 的

① 张金海:《20 世纪广告传播理论研究》，武汉大学出版社 2002 年版，第 78～79 页。

中心思想是以统一的传播目标来运用和协调各种传播手段，使不同的传播工具在每个阶段发挥出最佳的、统一的、集中的作用，最终建立品牌整体的强度和一致性，从而建立与消费者长期、双向的紧密关系。①

舒尔兹把4P概念转化为4C，他这样解释：4P（产品、价格、通路、促销）已经成为明日黄花，新的营销世界已经转向4C，过去制造商的座右铭是由顾客自行负责——“消费者请注意”，现在已经被“请消费者注意”所代替。新的观念认为：不要再卖自己能制造的产品，而要卖消费者确定想购买的产品；暂时忘记定价策略，快去了解消费者要满足其欲求所需付出的“成本”；忘记通路策略，应该思考购买的“方便性”；请忘记促销。90年代的正确词汇是“沟通”。②

舒尔兹认为，在势均力敌的商场上，企业唯一的差异化特色，在于消费者相信什么是厂商、产品或劳务及品牌能提供的利益。产品设计、定价、配销等可以被竞争对手模仿、抄袭甚至超越，唯独商品与品牌的价值存在于消费者的心中。因此，存在于消费者心智中的价值，才是真正的营销价值。重要的不在于该价值是否真实，而在于消费者相信什么；不在于消费者确实知道该品牌与其他品牌的差异，而在于消费者心中的想像。使用多年的营销技术与方法的本质都是传播、沟通，只不过形式不同，举例来说，产品设计就是一种沟通，一个经过设计的电动开罐器的功能与手动开罐器相同，然而经过产品设计后，电动开罐器厂商向消费者传递了不同的讯息、感觉和价值观。③

从USP理论到品牌形象理论，再到定位、CIS和整合营销传播，西方的广告传播理论随社会的政治、经济和科技环境的变化不断深化和发展。这些理论不是相互替代，而是相互补充，不断继承和发展的。在考察这些理论时，要用整体眼光来看待；在实际的应用中，要灵活应变，

---

① 朱海松：《国际4A广告公司媒介策划基础》，广东经济出版社2005年版，第28页。

② ［美］舒尔兹、田纳本、劳特朋著，吴怡国等译：《整合营销传播——谋霸21世纪市场竞争优势》，内蒙古人民出版社1997年版，第1页。

③ ［美］舒尔兹、田纳本、和劳特朋著，吴怡国等译：《整合营销传播——谋霸21世纪市场竞争优势》，内蒙古人民出版社1997年版，第67页。

适当进行整合和发展。

第三节　我国广告传播理论的研究现状

在30年的实践和理论发展中，我国广告还未产生较成熟和完整的广告传播理论，学者们大多转引介绍西方的相关理论。但越来越多的学者着眼于中国广告业发展的实际情况，研究符合中国国情的广告传播理论，尤其关注新兴数字媒体。

一、我国广告传播理论研究的三个显著趋势

1. 从注重设计和创意转向调查和策划，科学广告策划观逐步确立

80年代第一批中国广告人中，大部分人出身美工专业。整个80年代的中国广告以设计创意为主线，广告工作也局限于单纯的广告创作和设计，而不是以策划为主线。

90年代，中国盛行“出名比如何出名更重要”的策划哲学。当时两个代表人物比较有影响，“北有王力，南有王志纲”。“中国公关第一人”王力，成功策划实施亚细亚和亚都两个案例。亚细亚成为“郑州的商界航母”，与王力的策划关系密切。王力为亚细亚制定了“升华—1990”计划，支出许多“奇招”吸引媒体和公众的注意。其中包括，亚细亚全部员工20天的军训活动；每天清晨，商场门口的升国旗、奏国歌及为围观顾客走列队表演活动；“向二七纪念塔致敬”和“请帮助亚细亚”活动。王力的“亚都”策划案也别具一格，他围绕电视连续剧《渴望》开展“爱心效应”、“亚都好气氛，爱心最称著”主题活动；1991年除夕又策划实施“拜年行动”，1991年11月15日在《天津日报》投放广告，开展“亚都超声波加湿器”向天津市民有偿请教的广告活动。

在南方，王志纲也毫不逊色，他成功实施“碧桂园策划案”，引领中国又一股策划热潮。

1992年9月1日,《人民日报》第一版刊登题为《何阳卖点子,赚钱四十万——好点子也是紧俏商品》的报道,引发轰动。何阳成了“出卖点子”的职业人,新闻炒作性质的策划达到顶峰。

这一系列策划活动帮助企业在短期内迅速提高知名度,增加销售效益,但最终难免成为泡沫。亚细亚最后破产,2000年,何阳因涉嫌诈骗入狱,“点子”策划告一段落。

2000年以后,中国广告策划业进入理性思考的时代。何阳的入狱,使新生的中国咨询策划产业受到沉重打击,行业信誉度冷到冰点。但也促使策划人反思和总结。2002年6月,“首届中国十大策划风云人物”在北京评选诞生。2002年11月30日,他们齐聚上海,发表共同宣言:努力发展中国的策划业,培育规范的中国策划市场,加强与国际同行的交流合作及在中国策划业树立起良好的团队精神。

中国调查业的发展与跨国公司进入中国市场息息相关。80年代末,宝洁、联合利华等跨国公司进入中国市场,导入市场调查及研究经验和方法。一批年轻有为的市场研究人员纷纷从与宝洁合作过的调查公司中走出来,办起了许多调研公司;伴随跨国公司进入中国的步伐,盖洛普、SGR等相继在中国设立分支机构。目前,世界上排名前20位的市场调查公司有一半已经进入中国市场。伴随着“以消费者为中心”导向的市场形成,广告的调研科学观不断建立起来。

最后一个重大事件是专业媒介代理公司的进驻中国。1996年,“实力”进入中国,成为中国第一家独立的专业媒介代理。2002年,全球最大的专业媒介购买公司盟诺公司宣布其中国公司成立。该公司云聚媒介策划、购买、调研、整合传播、专业顾问、市场营销和消费者行为等各个领域的专家,把科学的调研策划观更加深入而广泛地引入中国。①

2. 从大众传播转向分众、小众传播

(1)广告媒体从传统的大众媒体向新兴分众媒体发展。网络技术

---

① 寇非:《广告·中国(1979—2003)》,中国工商出版社2003年版,第92,192,246页。

发展，媒体格局不断地被打破，四大传统媒体垄断的局面不复存在。手机、网络等新兴数字媒体、各种户外媒体和分众媒体通过细分受众而赢得市场，加速成长。

手机媒体。随着电信网、计算机网、有限电视网的融合，随着手机技术向智能化、多媒体化和商务化发展，手机成为继报纸、杂志、广播和电视后的"第五媒体"。与传统媒体相比，手机拥有独特的广告价值。首先，手机拥有庞大的受众群及较高的到达率。至 2005 年，我国的手机用户已达到 3.4 亿，有线电视用户不过 1.3 亿左右。[①] 手机成为人们随身携带的物品，人们时刻用手机保持与外界的联系。手机广告拥有 95%～100%的到达率，这是其他广告媒体无法比拟的。其次，手机拥有明确的目标受众群体。借助资料库，手机用户可以量身订做个性化信息。手机用户拥有较高的消费能力，这又使广告更加有效。最后，手机拥有较低的广告成本。与传统媒体相比，手机能通过较低成本获得的点对点传播效果，独具优势。

户外媒体。1995 年，韩子劲、韩子伟、韩子定三兄弟认准户外广告媒体大有作为，将企业的主要方向转移到户外广告业务上。他们投资巴士候车厅灯箱、高速公路两侧"擎天柱"广告牌等，建立起"风神榜"、"擎天榜"、"风盛榜"等一系列品牌，短短两年间，他们建立起覆盖全国 18 个城市的户外广告媒体网络。白马"风神榜"，在全国 30 个主要城市拥有超过 20 000 个灯箱。作为 24 小时清晰可见而且不会被转台、不会被关闭的"大众化"媒体，候车亭网络能保证品牌以较低的成本、最大限度地在中心地带发布广告信息，成为广告主最好的户外媒体选择。2001 年 12 月 19 日，"白马户外媒体有限公司"在香港主板成功上市，成为中国内地首家在香港成功上市的户外广告公司，2002 年 3 月 1 日开始，白马成为香港主板市场代表媒体板块的恒生指数指标股。

白马户外媒体上市后，媒体世纪、媒体伯乐等户外媒体也相继上市，tom. com 也全面转向跨媒体，户外媒体四位翘楚完成上市竞争。2002 年，户外媒体发展出现网络化、集团化的趋势。

户外广告的崛起，其根本原因是人们的生活方式发生变化。随着

---

① 李琳：《玩转新广告媒体》，《经营管理者》2006 年第 1 期。

休闲活动的日益增多，都市人越来越喜爱旅游和运动等户外活动。户外广告可以无间断的“每周 7 天，每天 24 小时”向不断变化的消费对象发布信息。根据消费者的媒体接触习惯，为客户制定科学而又合理的媒体策略。①

网络媒体。2007 年 1 月 23 日，中国互联网络信息中心（CNNIC）发布《第 19 次中国互联网络发展状况统计报告》。报告显示，截至 2006 年底，我国网民人数达 1.37 亿，占中国人口总数的 10.5%。网络媒体拥有更广的传播范围、更强的交互性、更有针对性的目标受众及实时、灵活和较低的成本，受到广告主的青睐，网络媒体上不断更新的广告投放方式受到用户的普遍关注。作为网络日记的博客，由于其文章的内容题材和发布方式的灵活性受到客户的欢迎。专业博客网站以其大量的用户数和有价值的文章，拥有超过一般企业网站的推广效率。众多企业争夺博客广告市场。Google 成立了专门负责博客注册的公司，还为登记在册的博客招揽广告。大众汽车旗下的奥迪发现，85%的买主在购车前通常要进行网络搜索，于是选择成为美国著名的博客汽车论坛的唯一赞助商。网络门户 17173.COM 以中韩对抗赛唯一指定游戏媒体名义出现在网络游戏《飚车》中，树立起游戏实景地图中第一块与现实相同的广告牌，创下媒体与游戏在广告合作上的先例，网络游戏广告资源的优势被人们所认知和不断开发。网络媒体的广告资源将不断引起广告主们的关注。②

分众传媒。2003 年成立的分众传媒（中国）控股公司，是分众传媒理念的首倡者。它主张针对特定时空、特定人群、采用特定的新型传播形式，实现“一对一”的个性化服务。该公司利用商业楼宇联播网这一创新媒体，成功实施分众传媒理念的市场运用，证明了分众传媒媒体的可操作性和广阔的市场前景。2003 年 1—5 月，该公司在上海 70 多个高级写字楼电梯里安放 17 寸液晶电视，液晶电视里播放名车、豪宅、金融服务及休闲娱乐信息，每轮广告时间为 9 分钟，每天循环播放 80 次，

---

① 寇非：《广告 · 中国（1979—2003）》，中国工商出版社 2003 年版，第 263～264 页。

② 李琳：《玩转新广告媒体》，《经营管理者》2006 年 01 期。

不断轮放广告内容。软银中国创业投资公司对此进行的市场研究表明:受众对上海商业楼宇液晶电视广告的接受度非常高,每月不断增加的销售额也使投资者信心倍增,分众传媒布下400多台液晶电视,达到日覆盖量80万人次的分众传播网。日本软银为该公司注资4 000万美元风险投资,在2003年底建成覆盖上海150幢商业楼宇,50个知名大厦,40个四五星级酒店及高级公寓会所的电梯液晶电视联播网。①

分众传媒以25～45岁高收入、高学历的企业管理层和时尚白领阶层为特定受众,锁定中高端商品的最主要消费者。这种广告形式避免了传统大众媒体及其他户外媒体的干扰,在楼宇这样的特定空间获得垄断性的广告信息发布权利。利用乘坐电梯时的无聊或等待的时间传递的广告信息,更易于被受众接受,产生良好的广告效果。

(2)传统媒体的分众化发展趋势也越演越烈。频道专业化是电视媒体改革的热点问题之一。分众化的频道是观众迅速获得有效信息的最佳载体,同时也是电视台进行广告经营和相关产业经营理想的基础平台。

以央视为例,除CCTV-1和CCTV-4是以新闻为主的综合频道外,其余频道全部是专业化频道。2002年7月3日,CCTV-2经过大的调整,定位为"经济生活服务"频道。改版后的CCTV-2,不到半年就好评如潮。在《新周刊》会同众多报刊、杂志举行的2002年中国电视节目榜的评比中,CCTV-2被观众评为中国"最有活力"的电视频道。CCTV-3定位为综艺频道。CCTV-4的目标观众群定位在海外华人,无论是内容还是节目编排,都根据世界各大洲主要华人生活节律和欣赏特点进行了重大调整。CCTV-5是体育频道,每年仅直播国内外重大体育赛事就有900多场。2000年12月,CCTV-5又进行了新的全面改版,信息量更大,专业性更强,编排更加科学。CCTV-6为电影频道,CCTV-7改版为科教文化频道,CCTV-8作为影视剧频道,收视率和广告收入增长很快。CCTV-9英语频道是新频道,每天24小时播出,一小时一次最新的滚动新闻,其受众群体是西方人士。中央电视台

---

① 李艳萍、曾伟:《浅议分众传媒的市场运用》,《南昌高专学报》2004年第3期。

的频道格局已经完成，形成以一套节目为龙头的覆盖国内国际的频道网络。

省级台和城市台频道专业化也不断发展，比如，福建台开办的24小时新闻频道、湖南台的女性频道、文体频道，许多台都开办贴近当地百姓的都市频道、生活频道等。①

改革20年，报业不断分众化和专业化，都市报和财经类报纸等新兴报纸的发行量和广告营业额都十分可观。到90年代中期，报业都市市场竞争逐渐白热化。以此为背景，大批以城市居民为主要读者，强化新闻性、综合性和生活服务性，贴近市民生活的都市报兴起。1995年，《四川日报》主办的《华西都市报》诞生，仅用两年时间就把成都发行量第一、广告量第一、影响力第一的《成都晚报》拉下马。到了2000年，由1995年创办的《南方都市报》扩展到72版，成为中国版数最多的日报。北京的《精品购物指南》、上海的《申江服务导报》、《上海星期三》、《上海壹周》等专业生活服务类报纸的发展都非常迅猛。与此同时，面对相对小众市场的财经类报纸也不断发展，《中国证券报》、《上海证券报》和《证券时报》三大证券报及《中国经营报》、《21世纪经济报道》、《经济观察报》、《北京现代商报》综合性财经类报纸崛起，广告市场的分众化趋势越来越明显。②

3. 广告整合传播时代到来

(1)传统广告媒体的产业化和集团化趋势意味着广告传播的整合传播时代到来，媒体间相互补充，达到效果最优化。报业的集团化是对媒体资源的优化、整合及扩张，即以报业为主、通过各种“链条”，联结与组合报业的各环节——报业与相关产业，报业与不相关产业，形成以报业为核心，拥有共同利益目标和价值取向的共同体。报业集团化形成文化共同体和利益共同体，共同体间实现精神价值统一和经济价值的整合。同时，注重产业链的集团化运作，一方面，整合报业产业链上的

① 张海潮:《频道专业化和媒体市场》,《电视研究》2001年第4期。

② 宋健武等:《中国媒介经济的发展规律与趋势》,中国人民大学出版社2005年版,第252～293页。

传统环节——印刷、发行、广告，使之成为经济实体，强化效益优先、市场第一的观念；另一方面，扩展、延伸报业产业链条，进入报业相关行业或介入其他行业，增强报业集团的经济实力。① 广播电视领域也出现集团化和产业化趋势。可想而知，媒体的集团化必然促进广告经营的产业化。

1996 年 9 月，《广州日报》拉开报业集团化序幕。至 2000 年底，全国已有南方、光明、经济、文汇新民、深圳特区、北京日报等 16 家报业集团相继组建，均取得不凡业绩。2001 年，报业集团继续稳步发展，湖北、湖南、重庆、吉林、河北、四川日报等 10 家报业集团相继成立。截止 2006 年，全国已有报业集团 30 家以上，媒介改革力度加快。继报业之后，广播电视也开始“扩军应战”。全国第一家省级广播影视集团——湖南广播影视集团，在经过一段时间的试运行之后，于 2000 年 12 月 27 日在长沙正式挂牌。湖南广播影视集团拥有 7 家电视频道和 4 家广播频道及 10 余家影视音像制作和技术传输单位，总资产 30 亿元。2001 年 4 月 9 日，拥有广播、电视、多家电视台、传媒网络和报刊为主的多媒体、多品种、多功能、跨行业结合的大型传媒集团——上海文化广播影视集团成立，总资产 100 亿元。5 月 29 日，北京广播影视集团也挂牌成立，后纳入歌华有线，其资产也达到几十亿元。②

(2)传统媒体和新兴电子媒体的整合发展，形成互惠互利的局面。在网络媒体飞速发展的同时，传统媒体纷纷借助新的媒体资源，建立自己的网络版和电子版，有的媒体还建立综合性网络。一方面，网络媒体分割传统媒体的广告市场，另一方面，网络媒体又成为广告信息的传播新的载体。传统媒体、新兴电子媒体和分众媒体间互惠互利，广告传播出现整合传播趋势。

一方面，新兴媒体借助大众媒体的公众信赖力，推销自身和建立自己的品牌形象。网络媒体本身的宣传要依靠大众媒体，网络媒体要借助大众媒体建立品牌形象，吸引用户。1999 年下半年开始，新浪、搜

---

①　宋健武等，《中国媒介经济的发展规律与趋势》，中国人民大学出版社 2005 年版，第 177 页。

②　范鲁斌：《中国广告 25 年》，中国大百科全书出版社 2004 年版，第 61 页。

狐、亿唐等网络媒体开始在报纸、电视、广播等媒体上投放自己的品牌广告，通过可信度高的大众媒体培育受众群，提高人们对网络和网络广告的知晓度，争取广告客户资源。大众媒体借助网络技术将自己推向网络，许多大众媒体在网页上开设窗口、信息服务频道，借助网络媒体自然延伸，延长广告的寿命。大众媒体和网络媒体的联袂合作和共同繁荣的发展道路也日渐发展。①

二、广告传播影响中国消费形态

广告传播在拉动中国经济发展和影响消费形态中的作用，越来越得到人们的关注。许多学者都著文认为广告是市场销售的衍生工具，他们指出，广告正在从“告诉需求”演变为“创造需求”，从被动反应企业产品信息演变为主动引导消费者，出现市场引导产品的状况。一些学者将广告命名为消费者的绝对必需品，他们认为，现代社会生活高节奏、商品丰富，广告为消费者提供信息指导，节省其收集信息的成本并降低认知风险。广告成为消费者的绝对必需。

南京大学孟建教授分析了中国的消费周期后指出，中国广告业发展必须迅速向多种消费形态转变。包括，从生存型消费形态和数量型消费形态向质量型消费形态转化；从短期消费形态向长期消费形态转化；开拓农村市场，努力适应农村居民的消费形态和促进富裕家庭更新消费观念、转变消费形态四个方面。孟建强调，广告业要竭力向“大消费”领域扩张，要面向实物消费与服务消费的高、中、低三个档次的细分消费者。这里的大消费视野中，服务消费和文化消费被认为是未来我国消费需求的热点。②

诚然，广告是经济产物，随着市场环境和消费者消费习惯的不断变化，广告传播的诉求重点和策略都会发生相应变化。但不能否认广告

---

① 徐红、石宏炎：《中国广告媒体的整合发展》，《广告与发行》2003 年第 1 期。

② 孟建：《中国广告业的发展和中国消费形态》，《营销传播广告新论》，北京广播学院出版社 2001 年版，第 5～8 页。

“教育”消费者的功能。应借助新闻媒体保护和舆论环境，发挥广告的消费示范作用。

三、广告传播的社会效应

广告既是经济现象，也是文化现象。人们重视广告的经济功能，也重视广告的社会效应。广告具有文化的特征和功能，是社会文化的组成部分。广告文化不断渗透，不但影响受众的文化心理，改变受众的文化观念、价值取向，示范、引导受众改变生活方式，而且推动文化的变迁，促进文化的交流和融合。① 在广告的诸多影响中，广告对价值体系的影响尤引人注意。一些学者引入对美国广告的批评，认为广告制造了自己的产品：永远不满足、焦躁不安、充满渴望而又感到厌烦的消费者。广告宣传产品的功能，不如它促使人们把消费作为一种生活方式的作用大。强调广告对社会价值观念的负面影响，不良广告对妇女儿童造成的伤害成为社会普遍关注的问题。儿童与大众媒体的接触率越来越高，儿童心理不成熟，偏爱节奏快、图像直观、色彩丰富、形象鲜明生动的事物，这使得他们极易被广告打动并接受广告中的价值规范。儿童缺乏判断力和理性分析能力，广告对他们的成长和社会化过程会造成不利影响。广告把女人描述成为男人的性目标或依附品，挑衅平等权，损害了妇女的社会形象。②

一些学者认为，广告背负一定的社会责任，但在全面解读广告的社会价值时，不应该苛求广告超越自身角色，承担过多的社会文化价值。将广告视为文化现象来分析和批判，这是广告“不可承受之重”，他们把实现经济价值作为广告的最重要责任。③

任何事物难免具有两面性，广告当然也不例外。对广告传播社会效应的认知不管是正面的还是负面的，都是正视广告社会价值的表现，

---

① 陈秋萍：《广告文化与社会责任》，《广西财经学院学报》2005 年 02 期。

② 陈月明：《从美国广告批评看广告社会影响》，《现代广告》2005 年第 12 期。

③ 张金海：《广告社会价值评价要看本质》，《现代广告》2005 年第 12 期。

这本身就是行业的自觉，也是广告学术思想成熟的象征。[①] 应该加强广告法制和行业自律建设，减少广告的负面影响，让广告更好地为社会、经济及文化进步贡献力量。

综上，在借鉴西方广告传播理论研究成果的基础上，我国的广告传播理论研究已有一定的发展，广告传播经济效应和社会效应的大讨论也表明我国广告传播学术思想在不断走向成熟。科技发展的突飞猛进和国际化、全球化大趋势，对我国的广告传播从业者及研究人员提出了严峻的挑战，应该着眼于我国广告传播研究中的实际问题，进行更具科学性和前瞻性的理论研究，这需要广告传播学者们的共同努力。

① 金定海：《价值理性的偏失》，《现代广告》2005 年第 12 期。

第二章
应用传播学发展的历史回顾

第一节　早期应用传播理论的创立

人类的历史是交往沟通的历史，人类社会离不开传播，传播伴随着形式的不断改变而发展。人类对于传播现象的研究可以追溯到遥远的古代，早在1 400年前，“传播”一词就出现在《北史·突厥传》中——“传播中外，咸使之闻”。但它成为专门学问却是近几十年的事，对于应用传播学的系统研究更为晚近。“博古”才能“通今”，探索应用传播早期创立的经典理论，有助于构筑应用传播理论的发展脉络。

一、亚里士多德的传播思想

传播，作为人类社会活动的重要组成部分，早已渗透到社会的各个角落、各个环节，传播学同思想文化渊源深厚。先哲早就关注到传播这一复杂的社会现象，并得到许多高水平的研究成果。

亚里士多德，被马克思称为“古希腊最博学的人”，是古希腊学术的集大成者，他在哲学、教育学、政治学、心理学、物理学、天文学、医学等诸多领域做出突出贡献。关于传播学的研究，同样也可追溯到亚里士多德。2 300多年前，亚里士多德著述的《修辞学》一书，被文艺理论界视为经典传世之作，也是西方最早的关于应用传播理论的典籍。

古希腊时代没有现代意义上的大众传播媒介，口语和书写传播是人们交往的基本方式，其中又以对话和演讲最具普遍性，为社会大众所广泛接受。亚里士多德有关传播的思想和理论也建立在对话和演讲之上。在《修辞学》一书中，亚里士多德对辩论和演讲做了许多精彩的阐述，提出语言传播五要点：(1)说话的人；(2)所说的话；(3)听话的人；

(4)场合;(5)效果。亚里士多德指出:“演说是由三种成分构成的:演说者、演说的题目和演说者针对的对象,最后一种成分我指的是听众,是演说目的所在。”①这一论述揭示,传播过程模式包含传播者、传播内容、受众和传播效果。这一系统研究成果,与2000多年后现代传播学四大先驱之一拉斯韦尔所提出的传播模式“谁—说了什么—通过什么渠道—对谁说—产生了什么效果”惊人地相似,受社会环境传播媒介单一的局限,亚里士多德提出的模式忽略了媒介这一环节。

1. 传播者论

《修辞学》写作的核心目的是帮助演说者掌握修辞术,从而说服听众。对传播主体——演说者的关注,是西方传播史上传播能力研究的最初探索,从侧面体现了亚里士多德对传播源可信度的深刻清晰的认识。亚里士多德在书中多次说:“演说者要使人信服,须有三种品质……它们是见识、美德和好意。”②在他看来,一个具有信服度和说服力的成功演讲者,必须具备丰富透彻的见识、正直不失魅力的性格及敏锐的判断力。值得一提的是,亚里士多德将心理学的内容引入传播研究,强调传播者对受众心理的分析和驾驭能力,要求传播者懂得判断听者的心情,他还深入阐述了分析听众情绪的方法。

2. 传播内容论

围绕传播内容中“说什么”和“怎么说”两大问题,亚里士多德结合时代特点,提出了极富建设性的观点。在“说什么”的问题上,他明确了传播内容的选择性以及选择的依据。他将演说分为政治演说、诉讼演说和典礼演说,分别从内涵和外延两大方面对“说什么”进行了较为完整的阐述。如政治演说,他认为应先确定政治演说者所审议的是什么样的好事或坏事,他不能对每一件事情加以审议,只能审议可能发生或不可能发生的事情。他把具体的演说题材概括为五个:赋税问题、战争

① 亚里士多德:《亚里士多德·第九卷》,中国人民大学出版社1994年版,第346页。

② 罗念生:《罗念生全集·第一卷》,上海人民出版社2004年版,第208页。

与和平问题、国家的保卫问题、进出口问题和立法问题。

此外，亚里士多德还分别说明了“怎样论证事情是可能的或是不可能的，是发生了或没有发生的；怎样使用例子、语言、格言，修辞式推论有哪些主要形态，对方的论证怎么反驳。”有效地说明了“不同内容应有不同说法”，这是对传播内容的深层探索，具有重要的现实指导意义。

3. 受众论

在《修辞学》一书中，亚里士多德花了大量的篇幅用于分析受众的心理。在第二卷的前七章分析了愤怒、友爱、恐惧、怜悯等情感，帮助人们了解各种情感体验，了解什么样的事情使人处于这种情感体验之中，什么样的人容易产生情感体验等。在十二章到十七章中，他还分析了年轻人、老年人、壮年人、贵族、富人、当权者的性格，以帮助演说者洞察和分析听众的性格，以激发或控制他们的情感。这些充分体现了亚里士多德对于受众心理把握的重视。周鸿铎在《应用传播学史纲》中把亚里士多德称为“将心理分析引入传播活动实践和研究的第一人”。亚里士多德将受众看成是具有自身特点的情感和自我判断力的主体，而不是被动的靶子。重视受众心理的做法，在今天仍然适用。

4. 传播效果论

亚里士多德关于传播效果的研究是传播史上最早也是最宝贵的思想资源，他说，演说者不仅必须考虑如何使演说证明论点、使人信服，还必须显示自己具有某种品质，懂得怎样使判断者处于某种心情。这种观点揭示了传播中三方面因素——传播者、传播内容和传播对象对传播效果的影响，这成为说服效果的经典表述。

二、中国古代的传播思想

在中国，先哲在各种朴素的传播活动中逐渐探索总结出早期传播思想，推动了社会的发展和进步。先秦时期，百家争鸣，思想空前活跃，以孔子、韩非子为代表的思想家在实践中积累了各种传播技巧，形成具有自身特点的传播思想，尽管完整性和系统性不足，但内容却丰富深刻，具有重要的历史与现实的双重价值。

在中国古代传播史上，儒家率先独创卓有成效的传播方式，以孔子为代表的儒家学者通过游说诸侯，办学授徒，编辑整理古籍和著书之说，凭借对传播功能的认识，逐渐形成具有鲜明特色的传播思想，对我国古代政治制度、经济制度和思想文化观念产生深刻影响。

儒者认为，为政与传播紧密结合。儒者视教育宣传为治国的重要职能，认为传播对舆论有广泛而深刻的影响。特殊的社会背景决定了儒家思想从诞生起就与政治联系密切，其传播原则、目的和作用都打上政治的烙印。孔子认定的传播原则是“非礼勿视、非礼勿听、非礼勿言、非礼勿动。”将“礼”即等级秩序，作为社会传播活动必须遵守的准则；而在春秋时期，社会动荡，诸侯争霸，斗争复杂尖锐，旧有的社会礼乐制度和社会秩序荡然无存。孔子为了实现其从政求仕、治国安邦的政治抱负，宣传“仁政”、“礼治”，传播“尧、舜、禹、汤、文、武、周公之道”，借助贵族拥有的传播手段和政治权利来实现自己的政治抱负，这是传播儒家思想的目的。“善教得民心”、“一言兴邦，一言丧邦”，“正身行、广教化、美风俗”，这些都是儒者对传播功能的深刻认识。儒者认为，传播是宣传民众、赢得民心的关键，“善政不如善教得民也”。

其次，孔子十分重视教化传播引导舆论的功效，孔子说：“小子，何莫学夫《诗》?《诗》可以兴，可以观，可以群，可以怨；迩之事文，远之事君；多识于鸟兽草木之名”(《论语·阳货》)。

再次，孔子将为政与教化传播放在同等重要的位置上，认为教化传播具有治国的重要职能。孔子认为传播具有双面效应，政治领袖(君王)传播活动的双面效应更突出，更须谨慎对待。鲁定公问“一言而可以兴邦，有诸?”和“一言而丧邦，有诸?”时，孔子回答认为“一言可兴邦，一言可丧邦”(《论语·子路》)是有道理的，他说，君王之言是关系国家兴亡的大事，因为君王拥有至高无上的权力，君王之言，一言九鼎，其言行一旦传播，就会产生巨大的社会影响力。孔子说，“王言如丝，其出如纶，王言如纶，其出如帛。故大人不倡游言”(《礼记·缁衣》)，意即传播者应谨慎对待自己的言论，这与现在广受重视的舆论效应与意见领袖功能的内容颇有不同，但其现实意义不言而喻。

与亚里士多德一样，孔子也格外强调传播者在传播活动中的重要性。儒家思想的主体是“仁政”，其传播的终极目的是“修身、齐家、治国、平天下”。“修身齐家”要求传播者具备较高个人的修养，要求其不断提高个人品德与能力，“治国平天下”必先“修身齐家”，“吾日三省吾身”，“贤贤易色，事父母能竭其力，事君能致其身，与朋友，言而有信”（《论语·学而》），这都是传播者加强自身修养要注重的。“士不可不弘毅，任重而道远。仁以为己任，不亦重乎！死而后已，不亦远乎”（《论语·泰伯》），孔子倡导的修养内容不仅包括“德”，还有“知”。“知”就是知识、见识，是传播者进行传播活动的必备条件。“三人行，必有我师焉，择其善者而从之，其不善者而改之”，这些经典阐述，到现在仍成为指导人们求学的基本准则。

孔子强调传播方法在传播目的实现过程中的重要作用，他认为，“言以足志，文以足言？不言，谁知其志？言之无文，行而不远”（《左传·襄公二十五年》），传播的思想不进行必要的包装，无法得到理想的传播效果。

孔子认为传播中应根据不同的对象和场合采用不同的手段，表明了其对传播对象的重视，他自己“之于乡党，恂恂如也，似不能言者，其在宗庙朝廷，便便言，唯谨耳”，“朝，与下大夫言，侃侃如也；与上大夫言，如也。君在，蹙踖如也，与与如也”（《论语·乡党》）。

为了得到更好的传播效果，孔子还建议正确把握说话场合和时机，领会传播者的意图，适时宣传，“可与言而不与之言，失人；不可与言而与言，无言。知者不失人，亦不失言”（《论语·卫灵公》）。孔子认为受传者也应认真对待别人的意见，他告诫人们“毋意，毋必，毋同，毋我”，即不要凭空猜测别人，不要绝对肯定或否定，不要固执己见，不要惟我独尊，主张多听取别人的意见，正确分析别人的意见，并将好的意见付诸行动。学会倾听是双向传播的重要环节，适时反馈信息，直接决定了传播的质量。

三、马克思主义的精神交往理论

马克思理论是 20 世纪思想史的重要组成部分，社会科学的各个分支都受其影响，传播学也不例外。马克思和恩格斯关于传播的思想是现代传播学早期发展的重要理论。

100多年前，马克思和恩格斯首次提出精神交往理论，从而创立马克思主义的传播观。“交往”(Verkehr)是马克思和恩格斯的著作中引人注目的概念，马克思和恩格斯并未明确界定这一概念，他们认为，交往包括“物质交往”和“精神交往”两个层面。我国传播学者陈力丹认为，马克思和恩格斯的“精神交往”中包含许多现代传播学的概念。因此，他把马克思主义的传播思想概括为“精神交往理论”。

马克思主义的精神交往理论建立在历史唯物主义的基础上，该理论认为，“思想、观念、意识的生产，最初是直接与人们的物质交往，与人们的现实生活的语言交织在一起。人们的想像、思想、精神交往在这里还是人们物质生活的直接产物。”①这强调，人们的精神交往是物质活动的直接产物，说话、唱歌都是人们精神交往的通常形式，对交往双方来说，这都无法摆脱人身机能(如语言器官、能听的耳朵)和交往手段(即传播媒介或工具)发展的限制，也无法摆脱周围环境的制约。本身的机能、交往手段的发展和不同时期的社会环境等等“多种多样的事物”构成精神交往的物质基础。马克思和恩格斯并未明确交往手段的发展与精神交往的关系，但指出传播工具在精神交往中的地位和作用。

马克思主义理论创造性地将精神交往纳入人类生产和交往活动的整体中加以考虑，放在具体的条件下，放在与其他社会因素的普通联系和相互作用中加以考察。马克思主义理论认为，人类的生产活动分为物质生产和精神生产，与之相对应，人类的交往活动也分为物质交往和精神交往两种形式，精神生产的产品(即信息)始终与特定的意识形态相联系，始终与一定集团、阶层或阶级利益相关联。这种传播观对后来的批判学派产生重要影响。

马克思和恩格斯深入研究了交往媒介——从语言到文字印刷术，再到早期大众传播媒介报刊，率先将媒介纳入传播研究领域。他们考察和研究了宗教、文艺、舆论、宣传、新闻等不同形态的传播活动；在交

① 《马克思恩格斯全集·第三卷》，人民出版社1995年版，第39页。

往政策和交往心理方面也进行了大量研究。

第二节　20 世纪初应用传播学理论的发展

一、现代传播学的诞生

20 世纪初，资本主义从自由竞争走向垄断竞争，工业化大生产大大延伸了资本主义的生产范围，资本主义开始走向跨国经营，对信息的要求也相应提高。报业及电影、广播、电视等新兴媒介发展，传播业形成，社会开始关注和思考传播带来的影响。对物质世界和精神世界的认识能力不断扩展、加深，这是科学而全面研究传播活动的理论基础。现代传播学初步形成于 20 世纪初至 40 年代的美国，除了上述条件外，还有其深刻的原因。

(1)政治原因。选举是美国政治最突出的特色，民众的选票直接关系着一个人的政治命运，因此，美国的政界人士十分重视利用传播媒介宣传自己的政治主张、树立形象。在战争时期，政治家更依赖传播媒介。两次世界大战期间，美国和其他主要参战国的宣传活动达到前所未有的高潮，战争宣传及动员使传播领域遇到前所未有的新问题，在大规模对外对内传播中积累的经验和有目的组织人员所进行的传播研究工作，为传播学的诞生提供了最直接的营养。拉斯韦尔所著的《世界大战中的宣传技巧》，就是这一时期传播观念、经验、方法的总结。著名舆论学家李普曼完成《舆论学》一书，对传播过程、传播效果、现代心理学介入传播学等进行了系统研究和总结。

(2)经济原因。两次世界大战使整个资本主义世界生产能力的三分之二都集中到美国手中，美国的经济实力得到前所未有的加强。伴随着工业化、都市化，19 世纪中期，美国出现了世界上最早的大众化报纸。进入 20 世纪后，美国人又创立最早的广播电台；二战后，现代科学技术的发达和雄厚的经济实力促进了以大众传播媒介为代表的传播手段的整体进步，美国建成了全世界最发达的大众传播事业，为了引导传播媒介和传播活动的健康发展，传播学出现。现代经济活动水平的提高，商品经济规模的扩大和竞争的激烈，促使企业和资本家重视传媒在生产、营销活动中的作用。为了更有效地利用传播媒介，各国政府开始以不同方式支持传播研究，推动了实证传播理论的兴起。

(3)学科原因。人类传播活动的复杂性决定了研究传播活动的学术框架必然也是多维和复杂的。传播学同众多学科的交叉成为必然趋势，社会科学领域和自然科学相关学科的发展，为传播学的产生创造了学术条件。此外，由于法西斯暴政的驱赶，欧洲各国的学术精英纷纷流亡到美国，他们当中有弗洛伊德、阿德勒等著名的社会科学家，也有传播学的奠基人卢因和拉扎斯菲尔德。二战后的美国成为不同学派理论交流融和的沃土，为传播学的产生创造了良好的学术氛围。

二、传播学研究的奠基人

在传播学的形成发展过程中，许多学者做出贡献。二战期间，纳粹上台，大批学者从欧洲向美国迁移，大大加快了欧洲学术界与美国学术界的思想交流。其中，影响深远并独树一帜的学者是拉斯韦尔、拉扎斯菲尔、卢因、霍夫兰，他们在社会上产生巨大影响，丰富了传播学的知识体系。传播学创立者施拉姆将他们称为传播学的奠基人。

1. 哈罗德·拉斯韦尔(Harold Deight Lasswell)的宣传与传播研究

拉斯韦尔出生于美国伊利诺斯州的牧师家庭，从小受到良好的家庭教育和文化熏陶，1922 年毕业于芝加哥大学。期间曾先后在伦敦大学、日内瓦大学、巴黎大学和柏林大学攻读研究生，广泛吸收欧洲的学术精华。拉斯韦尔 24 岁便获得哲学博士学位并写成日后成为传播学界重要文献的博士论文《世界大战中的宣传技巧》，1927 年，该论文正式发表。

拉斯韦尔是位兴趣广泛的学者。作为美国行为主义政治学创始人，他创立了政策学；他还是一位心理学家和社会学家，曾将弗洛伊德的精神分析理论引入美国的社会科学。1939 年，拉斯韦尔被任命为美国国会图书馆战时通讯研究委员会首位主任。在洛克菲勒基金会的支持下，拉斯韦尔领导团队对当时美国大众传播媒介的内容进行了大规模的分类调查和研究。

拉斯韦尔关于政治宣传和战时宣传的研究，代表着一种重要的早期传播学类型。他的第一本传播学专著是《世界大战中的宣传技巧》，开创了内容分析方法，通过描述和分析第一次世界大战中各交战国之间的宣传战，断定宣传能够产生巨大的影响力。这篇研究当前政治问题的论文，也成为应用传播史上的经典文献。在这篇文章中，拉斯韦尔将宣传定义为：它仅仅通过重要的符号，或者更具体但是不那么准确地说，就是通过故事、谎言、报道、图片及社会传播的其他形式来控制意见。宣传通过直接操纵社会暗示，而不是通过改变环境中或有机体中的其他条件来控制公众舆论和态度。①

1935 年，拉斯韦尔与人合作撰写了《世界革命的宣传》和《宣传与推行》两本书，利用定性和定量测量传播信息的方法，分析和研究宣传的功能及其社会控制，探讨宣传的本质和规律。1946 年，拉斯韦尔与史密斯合著的《宣传、传播和舆论》一书，将宣传的定义修订为"信息传播的一种特殊形式"，该书分别阐述了"渠道"、"传播者"、"内容"和"效果"等要素，由宣传研究迈向传播研究。1948 年，拉斯韦尔发表了题为《社会传播的结构和功能》的论文，堪称传播学界的一部纲领性力作。该文从传播的内部结构上，分析了传播过程的模式和诸要素；从传播的外部功能上，概括了传播在社会中发挥的基本功能。

拉斯韦尔认为，一个传播过程包含五大要素：谁（who）、说什么（say what）、通过什么渠道（in which channel）、对谁说（to whom）、产生什么效果（with what effect）。这五大要素及其相互关系可以用一个模式显示出来：

谁—说什么—通过什么渠道—对谁说—产生什么效果

这就是著名的 5W 模式。对应这五个方面，产生了"控制分析、内容分析、媒介分析、受众分析和效果分析"的传播学五大研究课题，并长

---

① ［美］哈罗德·D·拉斯韦尔：《世界大战中的宣传技巧》，中国人民大学出版社 2003 年版，第 22 页。

期左右了美国的传播学研究方向。此外，拉斯韦尔还在文章中阐述了传播在社会中发挥的三个功能：监督环境、联系社会和传递文化遗产。美国社会学家赖特借鉴心理学家史蒂文森的“传播游戏说”（即主张传播是为了追求内在的精神解脱），在这三大功能的基础上增加了第四项功能——提供娱乐。

拉斯韦尔的传播学思想，在整个传播学史上堪称是奠基性的。美国的传播学者罗杰斯曾总结说：“在我们今天可称作传播学观点的东西中，弥漫着拉斯韦尔的许多思想和作品，而不管学术界关注的确切话题是什么。”①当然，拉斯韦尔的传播理论也存在缺陷。如他提出的“5W”模式将传播过程看作单向的直线式运动，未考虑受传者的反馈和传播过程中噪音干扰的问题，忽视了受传者的主观能动性和传播环境的复杂性。

2. 保尔·拉扎斯菲尔德(Pawl F Lazarsfeld)与经验性传播学研究

拉扎斯菲尔德是美籍奥地利社会学家，权威的《不列颠百科全书》称他的学术成就“在20世纪整个后半期是影响深远的”。拉扎斯菲尔德1901年出生于维也纳，在奥地利接受了系统的教育。当时的维也纳是社会主义政治和各种学术思想交融的中心，拉扎斯菲尔德深受弗洛伊德精神分析理论和马克思主义的影响。1923年，拉扎斯菲尔德毕业于维也纳大学，获得哲学博士学位，后又在美国的几所大学获得人文学和法学博士学位，1933—1937年，拉扎斯菲尔德在美国学习社会心理学，于1943年正式加入美国国籍。1940年直至去世，拉扎斯菲尔德长期在哥伦比亚大学社会学系任教，建立了哥伦比亚大学“应用社会学研究中心”。这个被施拉姆誉为“世界上最有影响的传播研究组织”、“应用社会学研究中心”的研究机构，主要研究对象是失业、大众传播、选举与政治活动、教育与心理、社会研究方法与程序、市场等，在研究逐渐结合社会学和传播学，从而创造了大众传播研究的新领域。

拉扎斯菲尔德的主要贡献在社会学领域和心理学领域，其在传播

① [美]E. M. 罗杰斯，殷晓蓉译：《传播学史——一种传记式的方法》，上海译文出版社2002版，第215页。

研究方面，取得的贡献则主要集中表现在其于1948年出版的《人民的选择》一书中。1940年，拉扎斯菲尔德和卡茨等人对总统大选中的宣传战进行了调查，以测定大众传播对选民态度的影响，史称“伊里调查”。这种将传播媒介置于完整的社会环境中加以考察的崭新研究思路开创了传播学研究实地调查这一新方法。1944年，拉扎斯菲尔德出版了调查研究报告《人民的选择》，1945年，他又发表了另一篇研究报告《选举》。在研究中，他们发现结果与之前的假设，即媒体“在改变个人选举中有着非常重要的作用”相去甚远，它表明大众传播并没有左右人们态度的力量。决定选民投票意向的还有其他众多的因素，如“政治既有倾向”的作用、受众对不同媒介或内容的“选择性接触”机制、人际传播中的“意见领袖”的影响等。拉扎斯菲尔德由此得出结论：媒介在直接影响选民的意图和行为方面的作用甚微，决定人们投票意向的是人际传播的影响力。拉扎斯菲尔德等人的研究成果，不仅对当时普遍流行的“媒介威力无比”的假想提出了强劲的挑战，而且还发现信息传播中的“中转站”——“意见领袖”，从而导致了“有限效果论”、“两极传播论”乃至“多级传播理论”的产生，并初步揭示了传播效果形成的复杂原因。

3. 库尔特·卢因(Kurt Lewin)与“把关人”理论

卢因是一位美籍德国犹太人，1914年毕业于柏林大学，获得哲学博士学位。卢因一战中曾在前线打仗，战后回到柏林大学任教。之后同完形心理学(“格式塔”心理学)的创始人惠太海默(Max Wertheimer)、柯勒(Wolfgang Koler)等建立了学术交往关系，成为该学派的积极倡导者。卢因以其“场论”学说超越了完形心理学的研究领域，成为著名的心理学家。因为犹太学者身份，卢因于二战期间流亡美国，成为美国的社会心理学家。1944年，卢因来到麻省理工学院，将物理学中的场论学说同社会心理学研究结合起来，创立了“群体动力学说”，着重研究个人如何受到群体传播的影响。卢因经过大量的实验证明，在一定的氛围之中协调的人际关系所形成的良好群体气氛，非常有利于工作效率的提高，并有利于每个人个性的健康发展。

卢因率先将心理学知识引入传播学研究，用于研究“群体生活的途径”及群体对个人的观点、动机、愿望、行为和倾向的影响，他最早提出信息传播中的“把关”和“把关人”概念。后来，这个概念广泛应用于新闻和信息的选择、加工、制作和传达过程的研究，“把关”理论成为揭示新闻或信息传播过程内在的控制机制的重要理论，卢因也因此成为传播学奠基人。

4. 卡尔·霍夫兰(Carl I Hovland)与说服效果实验

霍夫兰于1912年出生于芝加哥，1932年毕业于西北大学，1934年在耶鲁大学获哲学博士学位后，跟随杰出的行为主义学者克拉克·L·赫尔学习，最终获得实验心理学博士学位。霍夫兰33岁时就担任了耶鲁大学心理学系系主任，成为美国著名的实验心理学家。他在心理学研究方面取得的成就对其日后的传播研究产生积极的影响。霍夫兰把心理实验方法引入传播学，揭示了传播效果形成的条件性和复杂性，为否定早期的“子弹论”效果观提供了重要的依据，他因此被认为是最早用说服方法来改变人的态度的人。霍夫兰在态度研究方面的突出贡献和显著影响，促成了传播研究向独立学派方向跃进。

霍夫兰的态度研究与战时传播实践有密切联系，可以分为前后两个阶段：第一阶段是从二战后期的1943年到大战结束的1945年，第二阶段是从1945年到1961年他去世。无论哪个阶段的研究，都直接服务于美国军方的实际应用目的。二战期间，霍夫兰曾应聘担任美国陆军部心理实验室主任，负责研究军内宣传教育电影对提高士气所起的作用和效果。为此，霍夫兰进行了一系列心理实验，这个大型研究项目被认为是现代态度改变研究的开始，从中产生对大众传播理论若干重大贡献。①

战后，霍夫兰重返耶鲁大学，主持“传播与态度改变研究课题”，并同原来的助手形成颇有影响的耶鲁学派。1949年，霍夫兰把战时的研究成果整理成《美国军人》丛书出版，共四卷，其中第三卷《大众传播实验》代表了其最早的研究成果。1953年，霍夫兰又出版了《传播与说

---

① [美]J·塞弗林、小詹姆斯·W·坦卡特著，陈韵昭译：《传播学的起源、研究与应用》，福建人民出版社1985年版，第158页。

服》。霍夫兰关注传播效果形成的各种条件，如信源的条件、传播方法和技巧的条件及受传者本身的属性条件等等，并为此进行了大量实验。其中，较有影响的是对战争期间拍摄的影片《我们为何而战》的放映效果的评价。霍夫兰精心设计的实验表明，单一的大众传播消息并不能强烈地改变个体已有的态度，这对于过分依赖某一特定传播媒介和特定信息，企图改变受众态度的传播者有极大的启发。霍夫兰传播研究的另一个著名成果是“一面说”和“两面说”的理论。经过精心设计的控制实验，他们发现：只说一面的讯息对于原先就赞同此讯息的人非常奏效，而两面都说的讯息则对原先就反对此讯息的人非常奏效；只说一面的讯息对于教育水平低者非常奏效，而两面都说的讯息则对于教育水平较高者非常奏效。这一研究结果再次表明，受传者个性和原有态度在传播活动中的作用。

第三节　20世纪中期传播效果理论的形成

作为人类社会的重要活动，传播是实现传播主体个人目标必不可少的手段，在人类文化传承、维持社会的进步与发展等方面发挥重要的作用。因此，传播活动能否取得预期效果一直以来都是传播者关注的问题，也是传播学研究非常重视的问题。可以说，传播学其他诸方面的研究的目的都是取得最佳传播效果，对传播效果的研究是理论传播学的基础，也是应用传播学研究的出发点。

一、传播效果理论概述

在《现代汉语词典》中，“效果”一词的解释是“某种力量、做法或因素产生的结果”。在英语中，效果(effect)兼有“效果”、“结果”、“影响”、“效应”、“功效”等意思。传播学者郭庆光认为，效果指“人的行为产生的有效结果”，有广义和狭义之分。广义的效果指一种行为引起的客观结果，包括对他人和周围社会实际产生的影响和后果；狭义的效果指一种行为实现其意图或目标的程度。

传播学研究中，关于“传播效果”含义的解释，一般可概括为说服和影响两大方面。一是从传播者角度出发，指带有说服动机的传播行为在受众身上引起的心理、态度和行为的变化；二是站在受众一方，分析传播活动，尤其是大众传媒活动，对受众和社会所产生的影响和结果的总和。一般认为，传播效果依据发生的逻辑顺序分为认知层面、情感层面和行为层面，与之相应，大众传播效果包含三个层面：环境认知效果、价值形成与维护效果、社会行为示范效果。传播学家威廉·麦奎尔认为，从外部结构分析，大众传播效果有三个环节：媒介的效果、媒介的效能、媒介的效力。这三个环节由浅入深形成逐步深化的层次结构，首先是信息到达受传者那里引起的信息直接作用；其次是大众传播信息在受众那里形成的浅层的初步功效反映；最后是传播信息在受众处表现出的深层的影响和引起的一连串的间接效果反应。具体表现在受传者认识改变、态度改变和行为改变上。

二、传播效果理论研究的兴起和发展阶段

人类对传播效果的关注和考察可以追溯到古希腊和春秋战国时期，但受当时环境所限，关于传播效果的言论缺乏系统性和理论依据，难成体系。对于传播效果的系统研究始于传播学建立之初，20 世纪以来，电子传播媒介迅速发展，给社会带来一系列影响，滋生出许多问题，吸引政治学、心理学、社会学等相关学科的学者从各自领域出发，考察研究新媒介产生的社会影响及取得的传播效果。经过几十年的反复探索，建立了多种多样的传播效果理论，其中，对大众传播效果的研究，是传播学理论丰富、具有开拓性的部分。

受社会的具体氛围、各学科的研究成果及传播学理论发展情况所限，对传播效果的系统研究出现一些相互联系又各有区别的理论。1977 年，美国学者卡茨总结过去四十多年的传播效果研究认为，自大众传播学兴起以来，传播界对传播效果强度流行的看法经历了一个不断变化的过程，可分为三个阶段：

(1)1935—1955 年，是“枪弹论”、“传播万能论”占主导地位的时

期。相信大众传播威力无比，认为大众传播媒介是“枪弹”、“注射针”。

(2)1950—1960 年，认为大众传媒极难改变受众个人的立场观点、态度和行为，传播效果极其有限。

(3)1960 年至今，承认大众传播具有相当强的效果，但不是万能的。

1981 年，传播学家赛弗林与坦卡特出版《传播学的起源、研究与应用》一书，将传播效果概括为四种理论的不断循环，即“枪弹论”、“有限效果论”、“适度效果论”和“强大效果论。”

以上三种划分各有合理之处，由于传播效果研究具有复杂性、交叉性和延伸性，以具体时间分段将割断各理论之间的内在联系，比较偏颇。

之后，有学者将西方传播效果的研究阶段，分成时空上交叉复合的五个发展阶段。

(1)“超强效果论”时期。该时期主要取得五个方面的成果：电影对儿童的影响、说服性传播效果、“比格特先生”研究、关于教育运动和以拉扎斯菲尔德为首的社会学家对于大众传播效果的系统全面研究。

(2)“有限效果论”时期。该研究打破了大众传播万能论，认为，多种制约因素的互动中只能产生有限的传播效果。

(3)“适度效果论”时期，对大众传播效果采取了折中分析，既不过分夸大，也不过分贬低。代表性的理论包括：知识传播论、知识鸿沟论、使用—满足理论、议程设置理论、建构与认同等。

(4)“强大效果论”时期，这一阶段以纽曼的“沉默的螺旋”假说、门德尔松德的“三项研究”、麦戈比和法夸尔“减少心脏病计划”等为代表。

(5)“谈判效果论”时期。这一时期相当于 20 世纪八九十年代理论上和方法上趋向开放性和多元化，研究重心转向间接的、深层的和长期的效果，从传受双方的互动以及历史变化、社会结构等宏观环境中，探索传播效果形成、发展、变化的内在机制。代表主要有戈特林对 20 世纪 60 年代美国学生运动的阐释；盖姆逊和蒙迪克莱尼有关核舆论形成的分析；Van Zoonen 关于当代荷兰妇女运动的研究等。

三、西方早中期传播效果研究的经典观点

1. 枪弹论

“枪弹论”又称为“子弹论”、“魔弹论”、“靶子论”、“皮下注射论”、“刺激—反应论”，是早期效果研究的代表性理论。其基本观点是：大众传播具有巨大的传播威力，只要传播的讯息“命中目标”或“注入”受众头脑中，受众就会如同“靶子”，无法抵抗魔弹般的威力，产生传播者预期的效果。

在今天，“枪弹论”显得过于简单，甚至可笑。它过分夸大了大众传播的力量和影响，但它的产生并非偶然，有其理论和现实的土壤。18世纪的欧美国家，正处于农业社会向工业社会转型的过渡阶段，大批失业无家可归的农业人口构成社会的主体，他们在心理上与世隔绝，社会联系松散，严重依赖于大众媒体。当时社会背景下的本能心理学和大众社会理论，为“枪弹论”提供了理论基础。一战中媒体表现出的强大威力似乎为“枪弹论”提供了确凿的证据，引发了对宣传的研究热潮。其中，最具代表性的莫过于拉斯韦尔于1927年出版的《世界大战中的宣传技巧》，它不仅成为美国传播的开山之作，还成为“枪弹论”的另一背景。

随着传播研究的深入，人们开始对大众传播过程和效果进行大规模的实验性研究。研究得到的结果与“枪弹论”的主张差距甚大，心理学和社会学研究的发展也修正了以往的一些基本理论，“个人差异论”、“社会分化论”、“社会关系论”等新理论产生，大体认为，受众并非毫无抵抗力的“靶子”，而是对传播过程中能施加其主观能动性的有差别的个体。

2. 有限效果论

美国的传播研究自诞生之日起就围绕着战争宣传、商业活动与政治选举等实用性很强的课题进行，关于传播效果的新理论也是在关于总统竞选和战时宣传的研究中脱颖而出的。1940年和1944年的两次

总统竞选中，拉扎斯菲尔德等人通过伊里城调查，汇集成一部名为《人民的选择》的书。研究表明：大众传播媒介的信息总是先到达一小部分意见领袖那里，再由他们传播给居民中的其他人，形成了“媒介信息—意见领袖—广大受众”的两级传播，该研究证实，受众在社会中的地位和层次决定其对传媒关注方式和程度的社会分类学。上述理论的提出彻底打破了“枪弹论”的神话，成为效果分析的里程碑。1955 年，卡茨和拉扎斯菲尔德在《人际影响》一书中更深入和全面阐述了二级传播对象，确立了“二级传播论”，为研究大众传播过程中长期的、间接的效果提供了有力的理论武器。

有限效果论还包括霍夫兰劝服研究系列中的“一面说”还是“两面说”理论及“休眠效应”理论。

3. 使用与满足理论

与“枪弹论”和“有限效果论”侧重于研究受众对传媒及传播内容的反映情况不同，“使用与满足理论”从受众行为和心理，从受众的内在需要和接触传媒的目的出发进行微观考察。它的基本观点是：受众是有特定“需要”的个人，其基于特定的需求动机来“使用”媒体，使自己的需求得到“满足”。

对“使用与满足理论”的研究起源于 20 世纪 40 年代。当时在美国，收音机在家庭中的普及率很高，人们发现所谓的关注启蒙教育的“好节目”拥有的听众并不多，娱乐节目的收听率却很高。在这种情况下，学界开始关注受众接触传媒的行为及其背后的心理动机。1959 年，卡茨在一篇文章中首次提出了“使用与满足”概念。

“使用与满足理论”从“受众”角度出发，考察大众传播给受众心理和行为上带来的影响和效果，把“满足”受众的需求作为衡量传播效果的标准，这一定程度上纠正了大众社会论中“受众绝对被动”的观点，但也不可避免地存在研究的片面性和狭隘性。受众研究相当复杂，只有综合各种理论，并随着社会的不断进步研究受众的变化，才能获得全面正确的受众观。

第四节　西方主要传播学流派

传播学诞生于20世纪40年代，迅速应用于社会各领域，由于研究方法和学术立场的差异，形成众多流派，其中以相互对立的经验学派和批判学派为主。两者的形成背景、研究重点及研究方法区别甚大。经验学派借鉴政治学、社会学、心理学、法学和统计学等社会科学的成果，运用实证性的方法，从微观的角度研究传播的过程、要素和取得最大效果的方法，用于揭示传播的规律。批判学派则着重借鉴哲学、美学、文艺学、历史学等人文科学的成果，以社会政治经济的宏观背景下观察传播现象，批判性地研究传播的意义。

1941年，拉扎斯菲尔德在美国《哲学社会科学研究》上发表题为《论传播学中的管理研究和批判研究》文章，首次揭示了这两种研究之间的对立。1977年，英国批判学派学者J·柯瑞(Curran)出版了代表性著作《大众传播与社会》(*Mass Communication and Soiety*)。

一、经验学派

经验学派，广义上指主要用经验性方法来考察社会现象的社会科学流派，它与主要以思辨性方法考察社会现象的流派相区别。传播学中的经验学派指以美国学者为代表的主流传播学，主要从经验事实出发，使用定量研究方法，研究传播效果。

经验学派主张从经验事实出发，运用经验性方法研究传播现象，要认识经验学派，就得从经验性方法开始了解。经验性研究运用可观察、可测定、可量化的经验材料，对社会现象或社会行为进行实证考察。其主要原则是：

(1)研究程序应具有客观性和可重复性，用于调查和分析的方法和技术不能随意变更，以便为其他学者提供验证的手段；

(2)社会科学家的首要目标，是收集和提供关于理论假设的无可争议的科学数据和材料；

(3)通过公开的学术讨论，建构关于社会现象的一般理论模式或“定理”。

经验性方法并不是研究社会现象的唯一方法，其自身存在不可避免的缺陷。

(1)社会现象和人类行为的复杂性和多变性，决定了有限的可观察、可测定、可量化的经验材料，并不能充分说明作为社会实践主体的人的理性和精神活动。

(2)直至目前，经验性研究所依赖的程序或技术仍是问卷调查或控制试验等，前者虽然具有“概率论意义上的科学性”，但并不具备自然科学的精确和严谨。就后者而言，虽然一部分变量或条件能在实验环境中操作、分析和处理，但在有限的实验控制条件下得出的结论，往往说明不了丰富而复杂的社会现实。

(3)经验性研究所依赖的，主要是个人或小群体层面上经验材料，在研究现实社会微观现象方面具有一定的效用，但在考察社会的历史过程以及宏观社会结构方面缺乏有效的手段。

(4)经验性方法论所主张的“纯客观”态度在现实中很难做到。学者自身的文化背景、社会价值观和意识形态使得他们的学术立场或多或少具有特定的倾向性。经验性方法论的缺陷，直接导致经验学派存在着相应的研究角度的片面性、忽视定性研究以及研究带有功利性、现实性的不足之处。

经验学派是西方传播学的主流学派，其代表人物为美国学者保罗·拉扎斯菲尔德和霍夫兰。除了方法论上坚持经验性实证研究立场以外，经验学派还有两个重要特点：一是实用主义的研究目的，二是多元主义的社会观。受当时西方社会广为流行的实用主义的影响，传播学经验学派的主要学者——拉斯韦尔和他的宣传研究、拉扎斯菲尔德等人的“传播流”研究、霍夫兰等人的说服研究，无不带有明确的实用目的。此外，经验学派也被称为“管理学派”，这与他们的多元主义社会观密切相关。经验学派认为西方资本主义社会不是阶级分配的社会，而是一个由多元利益相互竞争、相互制衡的社会，因此，传播学研究的重要任务不是变革现存资本主义制度，而是通过改进传播机制来实现社会管理。这种多元主义意识形态决定了经验学派不可能从批判的立场研究资本主义制度下的大众传播，也不可能触及资本主义社会的基本矛盾。只能出于维护现存制度的目的，从“管理”的角度进行一些修补工作。

在二战后的几十年内，美国传播学形成经验主义、行为主义及实用主义的传播，这与其历史背景息息相关。

(1)20 世纪初，经验主义传播汲取了经济学、社会学、心理学、政治学、人类学五大社会科学的研究成果，逐渐成为新学科。在美国，这五大社会科学倾向于运用自然科学的方法论手段进行研究，认为社会科学主要是描述性而不是规范性的科学，较多的使用自然科学的方法解释社会现象的有效性，要求把科学知识与关于对科学知识的道德评价区分开，以便对社会和人类行为的各个方面进行客观的研究。

(2)实用主义研究和多元社会观的影响。实用主义是当时西方社会广为流行的思维方式和哲学流派，产生于 18、19 世纪的美国，早期代表人物有富兰克林、杰弗逊、爱默生等。这种思维方式认为，判断事物(或真理)的标准不是思想或语言本身，而是思想所引起的客观行为。

(3)美国的传播学研究常接受各种基金会、财团和私人的捐款。由于赞助，学者们不可避免地要反映投资商的投资要求和意图，更多地体现实用性。

以上背景决定了美国经验学派的特征是实证性、量化的，以传播效果研究为重点。在传播效果研究领域，经验学派硕果累累，美国学者罗维利和德弗勒曾经归纳了传播效果研究的 14 座里程碑。① 经验学派的研究兴趣集中在传播与人的行为问题上，着重探索通过传播来控制和修正人的行为。

二、批判学派

批判学派的研究方法和学术观点都与经验学派有很大的区别。美国经验学派的代表人物 E・M・罗杰斯曾比较两派的主要特征，认为，

---

① 郭庆光:《传播学教程》，中国人民大学出版社 2002 年版，第 269～270 页。

传统学派是经验的、定量的、功能主义的、具体实证的，注重效果研究；批判学派则是批判的、思辨的、马克思主义的、广泛联系的，注重控制分析。当然，仅仅从这几个方面无法了解批判学派的全貌，其包含内容之广，范围之大，值得进一步介绍和分析。

（一）批判学派产生的背景

批判学派起源于欧洲，20 世纪 60 年代萌芽，70 年代进入兴盛期，80 年代，批判学派成为传播学的主流学派。批判学派的源头可以追溯到法兰克福学派。1923 年，美国学者开始经验性传播学研究的同时，欧洲的部分学者在德国的法兰克福成立“社会科学研究所”，从马克思主义理论出发对资本主义社会进行批判性研究。西方马克思主义关注的核心不是经济，也不是政治，而是文化。1937 年，霍克海默在《社会研究杂志》上，发表名为《传统理论和批判理论》的论文，奠定了法兰克福学派的思想根基。这篇文章不仅是法兰克福学派社会批判理论的宣言，也是当今各种批判思潮的源头。

批判学派之所以产生于欧洲，与当时欧洲的学术氛围和传媒环境有着极大的关系：

首先，欧洲批判、思辨的社会科学传统和人文科学传统为批判学派的诞生提供了学术土壤。与美国不同，欧洲拥有悠久的文化历史背景，欧洲古代哲学家们早就从哲学角度研究过传播学，受批判主义哲学思潮的影响，欧洲的学者们更强调哲学、社会学研究中的定性分析方法。

其次，欧洲传媒业的经营方式与美国的不同，欧洲的大众传播业大部分是国营或公共的，这与美国传播业的广泛私有化相悖。所以，尽管 20 世纪 60 年代以前，欧洲曾经照搬过美国的传播理论和传媒经营模式，但在实践中发现，许多理论和模式不能适应欧洲传播业的现状。

最后，由于所有制的差异，最终导致欧洲大众传媒业与美国大众传播业性质和功能上的差异。欧洲大众传媒业高度公有化，传媒性质主要体现在公共利益上，其传播实践更强调服务于大众。美国大众传播业高度商业化、利润化，更关注媒介取得的利润。

以上种种的差异，最终促使欧洲的学者们结合自身实际，采用与美国经验学派完全不同的研究方法和研究模式来研究传播学，逐步形成具有特色的理论范畴和理论体系。

(二)主要观点

经验学派的代表人物拉扎斯菲尔德,曾敏锐地指出两大学派的分歧关键在于社会观的对立。事实也正是如此,经验学者认为资本主义社会是多元社会,只要实现多元利益的协调和平衡便能消除社会矛盾,自然会把传播看作控制人的行为和实现社会“科学管理”的重要手段。批判学者则认为资本主义制度连同其传播制度本身就不合理,大众传媒在本质上是少数人对大多数人实行统治的意识形态工具。

不难看出,与经验学派在现存制度内部寻找解决社会问题对策的立场相反,批判学派把资本主义制度本身作为变革对象。罗杰斯曾经承认,经验学派和批判学派都关心传播的社会控制作用;经验学派的核心课题是“如何”控制或“多大程度上”进行控制;批判学派关心的焦点则是“谁在控制”、“为什么存在着支配与控制”及“为了谁的利益进行控制”。这种差别,显然由他们的社会观和意识形态立场决定。

总的来说,批判学派的研究对象主要集中在三大领域上:传播制度与社会阶层的关系、大众传播功能与大众文化的关系、受众与传播效果的关系。研究具有以下几个特点:

(1)对现行资本主义制度持否定和批判态度,认为“促销文化”(promotional culture)是现代资本主义社会的一般倾向,着重分析大众传媒是怎么样表现和强化这一倾向的,这也是他们被称为批判学派的最重要理由。

(2)更多地将传播理论和社会理论结合在一起,着重考察与社会结构和意识形态相关的宏观问题,关心资本主义垄断媒介如何剥夺人的尊严和自由,探讨恢复这些被剥夺的人的基本价值的方法和途径。这些问题是经验学派忽视和回避的。

(3)在方法论上坚持以思辨为主,反对实证主义态度。

(三)主要代表流派

批判学派是各种思想流派的集合体,分支学派众多,但彼此界限并不清晰。

1. 法兰克福学派

法兰克福学派是20世纪西方马克思主义的主要流派。这一学派得名于它在莱茵河畔的法兰克福大学社会学研究所,该所1922年由卢卡奇和科尔斯道德创办。二战期间,该研究所曾辗转于日内瓦和巴黎,最后迁往美国。法兰克福学派传承和深化了马克思主义的“异化”理论,并受西方马克思主义代表人物卢卡奇“物化”理论的影响,运用马克思主义的批判理论批判现代西方资本主义社会。

法兰克福学派发展的历史可粗略地划分为三个阶段:

(1)1923—1949年。法兰克福学派逐步发展和建立起自己的社会批判理论。

(2)1950年至20世纪60年代末。法兰克福学派进一步发展了社会批判理论,并在60年代末期席卷欧洲的学生和青年运动中获得极高声誉,产生巨大影响,进入鼎盛时期。

(3)20世纪70年代起,由于第一代主要代表人物霍克海默、阿多诺和马尔库塞等人相继去世,加上社会批判理论自身的局限性,尤其是第二代主要代表人物之间存在严重分歧,法兰克福学派不可避免地走向衰落。①

法兰克福学派的主要成员大多是拥有犹太血统的德国哲学家和社会学家,其中最著名的是该学派长期的领军人物马克斯·霍克海默和成果丰硕、令人信服的理论家泰奥多·阿多诺。在法兰克福学派众多的学者中,比较有代表性的还有瓦尔特·本雅明和捷尔根·哈贝马斯。

法兰克福学派成员的思想并不统一,但有一个普遍的倾向——宣传人道主义异化理论。与传播马克思主义不同,法兰克福学派的成员认为这种异化来源于资本主义的大众传播,在他们看来,畸形的社会格局是由大众传媒协助制造出来的。“文化工业”给资本家带来丰厚的利润,同时也培植了人们的意识形态,人们长久受媒介文化产品的影响就会丧失批判能力。

---

① 潘知常、林玮主编:《传媒批判理论》,新华出版社2002年版,第57页。

2. 政治经济学派

政治经济学派又称“政治经济传播媒介学派”，主要分析媒介高度集中和垄断趋势及其带来的社会后果，注重考察西方垄断传播体制的经济结构和市场运作过程。代表人物主要是英国德累斯特大学大众传播研究中心的G·默克多和P·格尔丁。以默克多为代表的学者描绘了传播政治经济学的地形图，全面展示了传播政治经济学的基本理念与价值取向。格尔丁等学者在文化产业、受众商品、宣传模式等方面又对大众传媒进行了不同层面、不同角度的政治经济分析。

3. 伯明翰学派

伯明翰学派又称英国文化研究派，发源于20世纪60年代的英国，因英国伯明翰大学现代文学研究所的研究而得名。作为同源的新马克思主义理论的学派，文化研究学派和政治经济理论学派有着许多相同的关注点和假说，但也存在着一些关键的分歧。政治经济学家由于对经济机构的宏观关注，并假定经济上的优势地位会导致文化上的优势地位，因而很难意识到文化层面的变化对经济机构的影响；而文化研究理论家则多半忽略宏观层面上媒介运营的社会、政治语境，他们更关注个人和团体消费流行文化内容的方式。

该学派继承了葛兰西、阿尔都塞等新马克思主义者的观点，但又超越了马克思主义时代的视野。文化研究立足于大众文化的立场，反对传媒批判理论中的精英主义倾向，围绕着文化研究的权利核心，文化研究的政治性、开放性、参与性三个特征得到了学界的广泛认同。

早期文化研究先驱理查德·霍格特、雷蒙德·威廉姆斯和汤普森等左翼批评家，奠定了文化研究的实验性基调。文化研究“开山鼻祖”威廉姆斯的名言“文化即生活”，更成为文化研究学者早期的纲领。文化研究学者主要采用文本分析和受众调查两种研究方法，前者主要为了揭示大众传媒为占统治地位的利益集团和意识形态服务的倾向，后者则考察受众符号解读的多样性。20世纪70年代以来，文化研究已经成为批判学派中最有影响的流派。

4. 意识形态霸权理论学派

意识形态(ideology)的内涵随着时代的变迁而发展，基本上经历了自我意识的存在论、认识论意义时期，直至转向社会的理论基础意义。其中，在对意识形态的分析中，马克思的阐释起了关键作用。意大利共产党创始人 A·葛兰西在马克思“意识形态”理论的基础上提出“霸权”(hegemony)概念，建立了意识形态“霸权”理论。

葛兰西认为现代国家是作为“强制装置”的政治社会和作为“霸权装置”的市民社会的融合，认为市民社会主要通过“合意”或“同意”的组织化过程而维持统治。随着市民社会的发展，它将吸收政治社会而形成新型国家。霸权又分为两种类别，相对于政治社会的“政治霸权”和相对于市民社会的“文化霸权”(或“知识与道德的领导权”)。霸权的根本问题是维护文化上的霸权，这为大众传媒研究带来独特的视角，创建了一种新的理论模式，由传统的理性主义的思考方式转向社会和哲学研究——意识形态、文化、伦理。

5. 哈贝马斯学派

哈贝马斯是法兰克福学派第三代的代表，他提出合理的交往理念，质疑媒介商业化，提出“公共领域”这一概念，为批判学派分析、区分媒介发挥作用的领域提供了启示性的思路。针对后期资本主义社会状况的变化，哈贝马斯在 1962 年出版的《公共性的结构转换》和 1968 年出版的《传播行为理论》中，提出通过改善“传播的合理性”来实现社会变革。他认为，近代以来的资本主义追求的是“工具合理性”。这一合理化过程不仅扩大了对自然的支配和操作能力，还强化了社会的支配结构和支配关系。哈贝马斯反对导致人的异化而片面追求“工具合理化”，提倡“综合的合理性”，通过扩展“没有支配和强制的传播关系”来改革社会，建立基于“理性合意”的新型社会关系。其中包含对现行资本主义社会的否定和批判，带有明显的“普遍主义”色彩和“伦理主义”色彩。

第二篇 广告传播原理研究

第三章 广告与传播

第一节　广告传播学的产生

广告与传播关系特别亲密，本质上讲，广告就是一种特定的信息传播活动，必须依靠各种传播手段，广告信息才能传递给一定的受众。作为广告学的知识体系之一，广告传播学的发展一直和传播技术的现代化并驾齐驱，与新媒体共享繁荣。

广告传播学的产生有其历史的必然性。首先是有比较完备的理论基础，它是建立在广告学和传播学等学科各自发展成熟的基础上的；其次是必不可少的实践基础——整个广告市场的繁荣和发展。

一、广告学与传播学理论的交互式发展

广告是一种特殊的时代文明，艺术色彩鲜明，贯穿于人类经济生活的方方面面，成为现代社会的一种标志。广告学的发展成熟经历了相当长时间。

广告学产生于西方。13 世纪，法国国王路易七世时的《叫喊人的法则》是世界上最早的广告条例。1866 年，J・劳沃德和 C・哈特编著了人类最早的广告学著作《路牌广告史》。1874 年，H・辛普森编写了《广告的历史》一书，把广告学从粗糙的单元媒体形态研究带入较为系统的综合研究时代，他们是广告学研究的真正拓荒者。

19 世纪开始，西方发达国家率先将古老的广告术与大众传播媒介结合起来。一些广告学者开始探索广告运作的本质、广告的相关基本原则，广告与消费者的心理活动规律等问题，广告学初步接触传播观念。1898 年，美国广告人 E・S・路易斯提出 AIDA 法则，简洁具体地

点化了广告运作的实质。路易斯认为，广告按程序要达到引起注意(Attention)、产生兴趣(Interest)、培养欲望(Desire)、促成行动(Action)四个目标，这些目标后又增加了一个——记忆(Memory)，AIDA法则相应变为 AIDAM 法则，或是增加目标满意(Satisfaction)而成为 AIDAS 法则。

1900 年，美国学者哈洛·盖尔在多年调研基础上写成《广告心理学》一书。，1901 年，美国西北大学心理学家瓦特尔·狄尔·斯科特在芝加哥的一次集会上，首次提出要把现代广告活动和广告工作的实践发展成为科学。他撰写《广告原理》一书，提出科学广告所必须遵循的一般原则。这位"心理学实际应用之父"，又于 1908 年撰著《广告心理学》一书，在真正意义上促使了广告学的诞生。

丹尼尔·斯达奇也是一位影响颇广的广告人。1908 年以后，他陆续出版《广告原理——系统的塞拉布斯》、《广告原理实践和技术》等广告学专著。1923 年出版的《广告原理》，书中涉及内容远不只是技术方法，而关乎广告运作的整体。丹尼尔·斯达奇为广告运作设定了一个框架，内包含五个问题：(1)产品卖给谁？(2)用什么方式、手段吸引人？(3)这些吸引人的手段怎样会有效？(4)使用什么样的大众传媒？(5)花在广告上的合理费用是多少？斯达奇使广告学研究突破单纯的心理分析框架，迈向跨学科格局。

1912 年，美国哈佛大学教授赫杰特奇访问了许多大企业主，研究了他们的市场活动、广告活动，编写了第一本以讲授广告方法和推销方法为主的教科书，对广告理论进行了初步的探讨。1926 年，美国成立"全美市场学与广告学教师协会"，较为广泛深入地开展广告研究、讨论，并推出一大批广告学专著。例如，1926 年问世的哈洛德的《广告文稿》，1928 年出版的威治米斯的《广告构图》。

20 世纪 20 年代是广告学发展较快的时期，从前受人轻视的广告调研被提升至关键层面来认识。A·C·尼尔森公司开始了广告调研的系统工作，美国西北大学教授乔治·盖洛普开始向读者做问卷调查，以测验民意。盖洛普的工作极大地影响了广告行业，广告制作人也开始为自己的工作寻求科学的依据与基础，以使广告更好地吸引公众注意，针对消费者的动机调查逐渐普及。美国广告业走上科学之路。

无独有偶，传播学也于这一时期悄然兴起并迅速发展，成为显学。传播学本身也是一门跨学科的边缘性交叉学科，与政治学、社会学、语言学、心理学、管理学、信息论、控制论、系统论、数学和工程技术等相关学科密切联系。传播学的正式建立有其突出的标志，以几位杰出的科学家的成果为代表：

(1)美国政治学家哈罗德·拉斯维尔发表经典论文《社会传播的结构和功能》。文中提出了"5W"传播模式——拉斯韦尔公式，界定了传播学的研究范围、基本内容和方向，回答了传播学的基本问题："谁—说了什么—通过什么渠道—对谁—取得了什么效果？"拉斯维尔明确提出传播学研究的5个主要领域：控制研究、内容分析、媒介分析、对象分析和效果分析。

(2)卢因在一系列研究中，培养了卡特赖特、怀特等一批横跨传播和社会心理研究领域的出色弟子，推动了传播学的建立。

(3)威尔伯·施拉姆是美国传播学创建者和集大成者，曾从事新闻工作，自30年代起转入传播理论研究，曾建立四个传播研究机构。他于1949年出版了《大众传播学》和1954年出版了《大众传播的过程和效果》，这标志着传播学学科的建立。

传播学在多年发展的历程中形成不同流派，影响最大的两大学派是：

(1)以美国为中心的传统学派(traditional school)，也称经验学派(empirical school)。他们主要把研究兴趣集中在传播与人的行为问题上，着意探索如何通过传播来控制和修正人的行为，这些研究对社会管理来说具有很高的应用价值。但由于经验学派的方法论和学术立场的倾向性，他们忽视和回避了很多宏观方面的传播问题。

(2)以欧洲法兰克福学派为中心的批判学派(critical school)，他们主要研究信息生产和传播与宏观社会结构的关系、信息传播与社会的上层建筑和经济基础的关系、传播制度与社会制度的关系等等，这些经验学派忽略的问题正是批判学派所重视的。

20世纪40年代，达彼斯广告公司提出"独特的销售主张"，即著名的USP理论。1961年，著名广告人罗瑟·瑞夫斯在《实效的广告》一书中具体论述了USP理论。USP理论的中心仍然是产品，瑞夫斯说：

“除非它是好产品，否则我们不卖；甚至于某些时候我们都无法推销好产品，除非我们找到独特的销售主张。”①

这种以产品为主导的广告观念，在20世纪前50年一直居于统治地位，较少受到其他思想和观念的挑战。究其原因，首先是受当时社会发展程度及经济环境的影响，其次，当时的传播观念是典型的传者本位主义，人们坚信大众传播具有无穷的威力，受众完全被视为是被动的、脆弱的，在大众传媒“魔弹”般的信息攻击之下，毫无抵御能力，就像一个个应声倒下的“靶子”。面对这些一中即倒的受众，传播者自然很少怀疑信息传播的效果，因而也就很少有意识地去研究受众的接受心理和接受方式，也很少探寻更有效的传播方式和技巧，这也支持、强化了产品本位的广告传播观念。

二战后，包括传播技术在内的科学技术飞速发展，促使广告业规模日趋庞大，广告在社会经济、文化及人们的日常生活中发挥越来越大的作用，广告业在世界范围内产生广泛影响。与此同时，由于各个领域中的丰富实践，包括在广告领域中的实践，传播学也趋向成熟，传播型的广告观成功建立起来。

《简明不列颠百科全书》对于广告的解释，就是传播型的广告观：“广告是传播信息的一种方式，其目的在于推销商品、服务，影响舆论，博得政治支持，推进一种事业或引起刊登广告者希望的其他反应。广告信息通过各种宣传工作，其中包括报纸、杂志、电视、无线电广播、张贴广告及直接邮送等，传递给它所想要吸引的观众或听众。广告不同于其他信息传递形式，它必须由广告者付给传播信息的媒介以一定的报酬。”

广告主把商品信息呈现给公众，使其接受信息而成为商业信息的拥有者。从商品信息占有权的扩散角度而言，传播型广告观具有重要价值，但传播型广告观以主观假定为前提，以公众能够理解、接受并发生共鸣为前提。事实上，受众是有社会差异、文化差异、心理差异的，这种差异直接影响着广告的运作模式、宣传策略及市场效果。在跨文化、

① [美]罗瑟·瑞夫斯，张冰梅译：《实效的广告》，内蒙古人民出版社1998年版，第80～81页。

跨社会、跨心理的广告宣传过程中，不注意这种差异现象，公众会抵制广告，还会表现出强烈的逆反甚至愤怒心理，因而也就形成不了信息的共享。

20 世纪 90 年代，广告学进一步延伸，美国的迈克尔·戈德海伯提出了注意力经济概念，认为这才是广告产生的真正原因。在知识经济模式中，贫富分化将以赢得注意力的多寡为标准。随着传播技术的发展和媒介种类的增多，整个社会的信息量越来越庞大，相对于众多的信息，公众的注意力显然无法顾及。与原料、资金等资源不同，注意力这种市场资源是无形的，但在企业的发展过程中，注意力这种特殊的资源具有不可或缺的作用，能够确保有形资源的投资利润回报。诺贝尔经济学奖获得者赫伯特·西蒙认为：随着信息的发展，有价值的不是信息，而是注意力。现代经济是一种过剩经济，商品供大于求，商品信息比较多，企业只有借助特殊的广告，才能引起公众的注意，保持公众的注意，商品才能畅销。这样，需要专门学科研究广告宣传，探讨如何策划广告活动来开发短缺的注意力资源，提高公众对商品的关注度和忠诚度。

很长的一段时间里，广告学与传播学的发展都不是割裂式、垂直式发展的，它们的交互式发展催生“你中有我”“我中有你”的理论格局。广告原理主要以传播理论为基础，广告现象也可以通过基础传播过程来解释，广告学中研究广告的效果时也把传播效果作为其他效果的基础；实际的广告活动运作给原本“冷冰冰”的传播学注入了生机和活力，提高了传播理论的实践性，大大丰富了传播学的内涵和外延。这两门学科良好的交互性、融合性为广告传播学的诞生奠定了良好的基础。

二、广告学、传播学的互相作用

借助于 20 世纪科学技术的进步和大众传播事业的发展对社会产生的巨大作用力，传播学得到迅速发展，成为人类信息传播领域中占有重要地位的基础理论和应用性极强的操作理论，迅速渗透应用于广告业务实践中。在系统化、规范化的过程中，广告学始终以传播学为依托，大量借鉴传播学理论。但这绝不意味着广告学是完全的寄生者，广告学也以它的独立研究丰富与加强了传播学的内涵，提高了传播学理论的现实可操作性，促进了传播学的发展与深化。

传播学对广告的贡献在于：传播原理研究，为广告学的基本原理探索提供了科学的方向；传播过程研究，使人们清楚地了解广告的本质，了解广告是怎样对目标受众发生作用的，广告信息又是如何促进受众心理机制运转的；传播媒介研究，为广告选择媒介、制定合理的媒介策略提供指导；传播效果研究，帮助广告主提高广告费投入的效益；传播模式研究，对把广告信息传播作为完整的系统的过程来考察，非常有启发性。

从大众传播媒介的社会功能来看，它对广告也产生了影响和要求：如媒介的环境监测的传播功能，要求广告提供真实的信息；媒介的社会协调的传播功能，也要求广告应当具备说服劝导的作用；媒介的文化传递的传播功能，要求广告具备一定的文化品位和科学性；媒介的提供娱乐的传播功能，要求广告具有一定的美感和艺术性。

广告对于传播学的发展也起到了很大的推进作用。首先，广告成为大众媒介经济的主要来源；因为广告主利用媒介传递信息需要支付昂贵的费用，通过大量的广告收入，大众传媒才能稳定发展。广告利用大众媒体进行广泛的宣传活动，深刻地影响着人们的生活观念和社会公众的标准，传统的传播模式受到挑战，刺激新的传播理论的形成。其次，广告学对于类似口碑传播在广告运作中发挥作用方式的研究，也深化和加强了传播学的内涵，使传播学从枯燥的基础性原理学科发展成指导性、实践性很强的学科。广告学深入传播学的中心领域，成为大众传媒最大篇幅和时间的占有者，人们势必要全面深入研究广告传播现象，这丰富和发展了传播学理论。

三、广告传播学理论的发展

40 年代至 50 年代，传播效果研究进入第二个时期。早期强调受众毫无抵抗力的“子弹论”或“皮下注射论”的效果观逐渐被否定，社会调查法和心理实验法普遍应用于传播学研究，宣传受众接受信息的过程也是多层次的选择过程的“传播流”或“有限效果”理论开始盛行。1954 年,施拉姆撰写《传播是怎样运行的》一文提出“循环模式”,“循环模式”强调社会传播的互动和传播双方的平等。广告学开始强调受众在接触、注意、理解、记忆数以千计的广告信息时有个性特点。

60 年代和 70 年代,传播学关于大众传播模式的研究,从单纯描述大众传播过程转向把各种类型的传播过程作为系统整体来研究。成就最大的是德国学者马莱兹克,1963 年,马莱兹克出版《大众传播心理学》一书,提出自己的系统模式。在这个模式中,马莱兹克把大众传播看作包括社会心理因素在内的各种社会影响力交互作用的“场”。社会传播是一个极其复杂的过程,评价任何传播活动,解释任何传播过程(即便是单一过程),都必须对参与该活动(或过程)的各因素或影响力进行全面系统的分析。从宏观上看待问题,更有利于准确全面地描述广告信息传播的完整过程,让广告作业超越经验性、灵感性,真正实现科学性的广告活动运作。

70 年代,学者们或站在广告角度谈传播,或站在传播角度论述广告,相关学科显示交叉融合趋势。有的人,如布鲁士·范登·伯格,把广告和传播联系起来,提出了广告对个人传播与效果的种种概念与构想。还有的人探索广告传播的基本原理、原则,把广告传播作为学科来研究。经过半个多世纪的发展,现代广告学和传播学都已形成较成熟的理论框架。学科的成熟正是分化融合的开始,广告传播学正是在这个基础上应运而生的。

四、广告产业是建立广告传播学坚实的实践基础

现代广告业的蓬勃发展有目共睹,广告广泛渗透进人们的生活,对社会的发展产生巨大影响,经济发达国家广告营业额非常巨大,成为整个国民经济发展的新亮点。以国际广告业来讲,最突出的当属美国:

1992 年,美国广告经营收入较上年递增 3%。当年全世界广告收入 3 600 亿美元,美国为 1 600 亿美元,占全世界广告营业总额的近 50%;人均广告费 500 多美元,占国民生产总值的 2.5%;有广告代理

商 165 000 个，可以刊登广告的报纸有 160 000 种，杂志 13 000 种。①

美国人均每天要接触各类媒介的广告 2 000 余次，电视节目播映的黄金时间 15 分钟就有近 10 支电视广告。《纽约时报》平均每天出三四次，每次近百版，星期日副刊将近 1 000 版，其中 2/3 是广告。《华盛顿邮报》平均一期 112 版，星期日 220 版，外加副刊。②

1998 年，美国在宣传媒体上的广告投入为 1 340 亿美元（另有一说为 2 500 亿美元），其中，电视广告投入占 38.7%，报纸占 34.3%，杂志占 12.4%，户外路牌占 1.8%。广告投放最多的为通用汽车，达 29 亿美元，宝洁公司投入 26 亿美元，万宝路为 20 亿美元，克莱斯勒达 16 亿美元。美国发行量最大的报纸为华尔街日报，达 130 万份。该报整页广告收费为 15.5 万美元，彩页收费 19.5 万美元。

根据 TNS Media Intelligence/CMR 公布的最新数据，2004 年，美国广告产业的总产值达到了 1 024.7 亿美元。美国网络广告业的产值达到了 55.9 亿美元，比 2003 年同期的 44.5 亿美元增长了 25.8%。其他增长速度达到两位数百分比的广告领域还包括：街头广告（17.6%）、全国性企业联合广告（17.3%）、有线电视广告（16.1%）、网络电视广告（14%）、本地杂志广告（10.3%）以及消费者杂志广告（10%）。

2005 年，美国网络广告收入轻松突破 100 亿美元大关，达到了 125 亿美元的历史新高，超越了户外广告和商业类杂志广告，首次与广播媒体并肩而立。瑞士信贷第一波士顿预测，2006 年美国网络广告费用支出将增长到 166 亿美元，网络广告市场份额将达到 5.4%。2009 年网络广告市场比重将达到 7.5%。

我国的广告业开始恢复于 70 年代末，虽然起步较晚，但是却在 20 多年的时间内取得了非常大的突破性发展。从 1983 年到 2003 年，我国广告总营业额由 2.34 亿增长到 1 078.68 亿，增加了约 461 倍，广告业的发展速度非常惊人。

近年来，宏观经济的健康发展更是拉动了广告业的整体提升，广告

---

① 丁长有：《广告传播学》，中国建筑工业出版社 1997 年版，第 7 页。

② 丁长有：《广告传播学》，中国建筑工业出版社 1997 年版，第 7 页。

公司快速增长，媒介容量不断扩大，广告营业额逐年快速增加。业内人士指出，中国广告业是国内发展最快的产业之一，进入 2003 年中国广告业开始新一轮的高速增长，全国广告总量达到 1 078.68 亿元，全年增收 175.53 亿元，增幅达到 19.44%。

据统计，到 2007 年底，全国共有广告经营单位 172 615 户，比上年增长 20.6%；广告从业人员 1 112 528 人，比上年增长 6.96%；广告营业额达 1 740.96 亿元，比上年增长 10.68%，占国内生产总值 0.706%。

我国广告业的发展呈现出以下几个特点：广告经营额继续攀升；广告主体各领域加速整合步伐，向规模化、专业化方向发展；广告投放大幅度增加，行业结构稳中求变；对生活资料广告和其他广告的投入高出生产资料广告；传统媒体广告继续平稳发展，互联网广告成为产业的一个新亮点。专家认为，中国广告市场已经成为继美国、日本之后的全球第三大广告市场，并还有继续提高的空间，未来五年是中国广告业走向成熟的重要阶段。

无所不在的广告丰富了人们的生活，缤纷多彩的户外广告、电视广告给人以视觉和听觉的良好感受，美化了人们的生活环境。广告还将栩栩如生的现实生活呈现在人们的眼前，给人以美的享受和对未来生活的向往，成为生活品质和文化的象征，起到了传播知识和环境协调的作用。这种良好的广告产业氛围，为"广告传播学"的进一步发展提供了坚实的实践基础，它要求人们对广告传播进行深入的理论探索，揭示广告传播现象的本质、特征和规律，探索研究广告传播学的重要意义。在具体的实践操作中，融合各方面的关于广告传播学的成果，提高研究的系统性、层次性，真正推动广告传播向科学的方向迈进。

第二节　广告传播的特点

要阐述广告传播的特点，当然必须首先明确广告传播的概念。广告传播概念并不是广告和传播概念的简单叠加，它是在对广告和传播概念的详细理解的基础上提炼、升华而成的。我们首先来了解一下广告和传播的概念。

一、广告的概念

广告这个词是英文"Advertising"的译名，是个外来词。据考证，英文"Advertising"这个词汇来源于拉丁语——Adverture，其原来的意思是"吸引人注意"，带有"通知、诱导、披露"的意思。后来，"Adverture"这个词在中古英语时代（约公元1300—1475年）演变为"Advertise"，其含义也得以拓宽："使某人注意到某件事"或"通知别人某件事以引起他人的注意"。

17世纪中后期，英国开始了大规模的商业活动，广告一词因此得以流行，受到人们的青睐。随着历史的推进和人们对广告认识的加深，原来带有静止意义的名词"Advertise"，被人们赋予了现代意义，转化为具有活动色彩的词汇"Advertising"，广告已不单指某一个广告，其更多的是指一系列的广告活动。广告的概念还分狭义和广义之分，狭义广告概念是指营利性的经济广告，即商业广告，本文所研究的是广义的广告概念。广义广告泛指一切营利性的和非营利性的广告。下面列举几种主要的广告学定义：

1919年，A·Marshall："广告分为建设性的广告和斗争性的广告，一般企业所作的斗争性的广告是为了使自己的产品，不顾人们需要与否，千方百计让消费者购买，这种广告结果造成浪费。建设性广告是给买卖双方都提供方便的方法，当人们对商品有需求、潜在着极大购买力时，新产品的广告用各种手段去宣传是必要的，这样的广告是人们希望的建设性广告。"

这是比较早的广告的概念，基本上是从市场学的角度来阐述的。

(1)1932年，《广告时代》的定义：由广告主支付费用，透过印刷、书写、口述或图画等，公开表现有关个人、商品、劳务或运动等讯息，以达到影响并促成销售、使用、投票或赞同的目的。

(2)1948年，美国营销协会的定义，在1968年进行修改，影响很大：广告是由可确认的广告主，对其观念、商品或服务所作之任何方式付款的非人员性的陈述与推广。

（3）美国广告学家克劳德·霍普金斯（Claude Hopkins）将广告定义为："广告是将各种高度精练的信息，采用艺术手法，通过各种媒介传播给大众，以加强或改变人们的观念，最终引导人们的行动的事物和活动。"

（4）美国市场学会对广告所作的定义：广告是由可资识别的倡议者用公开付费的方式对产品或服务或某项行为的设想进行的非人员性介绍。

（5）美国广告委员会的定义：所谓广告，是一系列信息传递活动，其中包括明确广告主的意图，在收费的基础上对广告的主意、商品、服务等等进行非针对他人的传播。

（6）的定义具有一定权威性，他们都把宣传主体放在产品概念上，前一个定义把广告说成是"介绍"，这无疑是一种传播活动，而后一个定义更是直接指出，广告是一种"传播"活动。

（7）O. J. 法依亚斯顿（渥太华大学经济学教授）："所谓广告，就是向大众传递某种信息。与达到公共的目的不同，广告传播信息的目的是用广告作品达到企业的目的，从企业的立场看，是让消费者决定是否想买某种特定的商品。如果办得好，广告将起到劝说顾客购买广告主以销售为目的所提供的商品的作用。"

（8）小林太三郎（日本早稻田大学教授）："所谓广告，是信息（不论是电波信息或印刷信息）里明示的广告主，向其所选择的多数人，为了使它们遵循广告的意图而有所行动，对商品、劳务以及创意，由广告主承担费用，采取非人员形式的一种情报传播活动。"

（9）A. W. 弗莱伊说："广告是通过收费使媒介物进行视觉的、听觉的通信准备与传播，其目的是让人们了解商品、商标、服务、制度、主意或见解，使之抱有好感。广告向明确而且公开刊载信息的媒介物支付所规定的费用。"

（10）戈公振："广告为商业发展之史承，亦即文化进步之记录。人类生活，因科学之发明日趋于繁密美满，而广告即有促进人生与指导人生之功能。故广告不仅为工商界推销出品之一种手段，实负有宣传文化与教育群众之使命也。"

上述定义揭示，除从需要付费等基本特性来看待广告外，还可以从传播的角度来看待广告，也可以从文化的角度来评价广告。多数定义都直接指出“广告是信息传播”或“广告是情报传播活动”，突出广告信息传播活动的本质。

在这些定义中，广告和传播已有一定程度的结合，那就是它们内在的本质特点——“劝服性”。劝服的含义是劝导人们服从，试图影响他人接受自己的观点或采取有利于自己的行动。劝服是一个中性的词汇，既无褒义，也无贬义。劝服是传播的基本问题，也是进行人际沟通的目的之一。

传播学效果研究中劝服说的代表人物，是耶鲁大学心理学教授C. I. 霍夫兰。他注重研究心理对行为的影响，认为劝服是一切传播的基本性质，但他也强调说服效果产生的条件，认为大众传播并不能直接导致人们态度的改变。劝服应该从受众的立场来考虑，广告的劝服应该充分关注受众的这一立场。

广告的目的是影响广泛的公众，使他们认同广告倡导的价值观念和介绍的商品与服务，按照广告主的期望进行社会活动、消费活动。这揭示了广告的本质意图，即说服顾客、劝导消费，突出了广告主在整个广告宣传过程中的主导、支配作用。但我们应该认识到，广告信息的劝服性是不能有任何强求、约束的成分存在的，主动权完全掌握在消费者的手中，他们买或不买，买这家的或买那家的以及买多买少，一概由消费者自己决定，“顾客是上帝”。广告信息的劝服包含着自己的商业或公益目的，但对于消费者来说，只能对他们进行劝说，诱导，使他们信服。广告劝服虽然没有强求别人服从的意思，但却包含着希望别人认同、服从的愿望，所以，广告的劝服作用也是广告的主要社会功能之一。

由此可见，广告和传播都是通过劝服这种共同方式来影响消费者，广告和传播的不断融合，能更好的实现广告传播的功能，可以说是相得益彰。

二、传播的概念

界定“传播”的内涵与外延是一件困难的事情。因为“传播”一词译自“communication”，源自拉丁语“communis”。它是一个多义词，有传播、交流、沟通、交往、传染、交通等义，基本意思是“与他人建立共同的意识”。学者们在什么样的范围内确定研究对象，从哪些角度去分析传播功能，从什么层面揭示传播行为及过程的本质特征，等等，均直接与不同的理论探索相关。

西奥多·克莱文杰指出：从学术或科学的角度对传播下定义，遇到的困扰不解的问题来自这一事实，即动词“传播”(to communicate)在普遍词汇中沿用已久，因此很难把它作为科学用语使用。正因为对传播要给出一个单一的定义十分困难，所以，研究者们认为“探讨”这一词语中包含的各种意义更加有益。

进入 21 世纪以来，传播手段发生根本变化，传播活动的规模急剧扩大，传播内容不断多样化，传播方式的现代化程度迅速提高，20 世纪中叶形成传播学的基本理论、概念无法把握新世纪的传播活动。对“传播”这一概念的认识不断深入，据统计，已有的传播定义约有 120 余种，大致可归纳为四种类型：

(1)共享说。强调传播是对信息的共享，传者和受者通过传播共享一则信息、一种思想或态度。共享说的代表人物是美国著名传播学家威尔伯·施拉姆。他认为，传播就是努力同他人确立“共同”的东西。即努力共享信息、思想或态度。关系的一个参与者发出符号，另一个参加者在某种程度上使用了这些符号，这就是传播过程。亚历山大·戈德也指出：“传播”就是使原为一个人或数人所独有的化为两个或更多人所共有的过程。

国内的一些传播学者认为，事实上，“共享”现象不但是传播实践中的主观愿望，在多数情况下，也是客观结果。换言之，“共享”信息既是传播的出发点，也是其归宿。当甲向乙传递某一信息后，一般而言，该信息就自然地由甲的“独享”变成了甲和乙的“共享”。所谓“心有灵犀一点通”，即是对信息“共享”中最佳状态的描述。

共享说虽然指出传播的一些规律，但作为概念定义并不全面。信息发送者和接受者处于敌对的位置，或双方符号体系不通，或双方表现力和理解力存在差异的情况下，共享说就无法解释。

(2)影响(劝服)说。这种观点持有者强调传播是一种有意识的影响过程。该学说的代表人物是奥斯古德、J·露西。他们认为，从最普通的意义上说，传播是一个系统（信源）通过操纵可以选择的符号去影响另一系统（信宿），这些符号能够通过连接他们的信道得到传播。戴维·伯罗则认为：所有传播行为都旨在使特定人物（或一群人）引起特定的反应。这一类的定义强调的是传播活动中，信息发出方——传播者的主动作用，强调传播活动的实际效果，具有较强的使用价值。

这一学说关注现实生活中存在着大量带有功利性、目的性的传播活动，强调传播是有意图地对人施加影响，影响另一些人（接受者）行为的过程，重视说服受众、引导行为，态度积极。但这一学说无法涵盖所有的传播现象，不能考察所有传播活动。该学说无视传播过程中受传者的反作用，将受众当作消极的、被动的。事实上，人类的传播本身是一个传受双方互动的对等交流过程，传播者和受传者的角色位置经常互换。

(3)交流说。强调传播是用语言交流思想和观念的活动，代表人物为美国学者霍本。“交流”说与“共享”说都关注传播中的信息分享现象，前者关注传播的“过程”，后者关注传播的“结果”。

交流说有其片面性——虽然传播中经常见到“交流”，但在“拒斥”和“传而不通”状态下，“交流”无法实现。传播不仅使用语言，还大量使用非语言和类语言。

(4)符号说（又称信息说）。强调传播是符号（信息）的流动。代表人物是美国学者B·贝雷尔森。他认为运用符号——词语、画片、数字、图表等来传递信息、思想、感情、技术及其内容，这种传递的行为或过程称为传播。S. A·西奥多森和A. G·西奥多森也认为，传播是个人或团体主要通过符号向其他个人或团体传递信息、观念、态度或感想。

符号包含符号（sign）和符码（code）两要素，它们是分析人类社会生活的基础工具。用符号作传播媒介，大大提高了传播的广度和深度。但符号是人为制品或行为，是由人自己创造和解释的，不同文化背景、教育程度的人对相同的符号有不同的理解和解释，读者以部分文化经验中来理解文本中的符码和符号时，要克服对文本的既有理解，容易遭遇沟通障碍。过分强调符号的作用，把传播过程看作单纯的符号的集合体,容易导致"符号拜物"。

上述各学说,从不同侧面揭示出传播活动的本质特征和部分规律,但都不完整或以偏概全。多数学者认为:传播是人类交流信息的社会性行为,是人与人之间,人与他们所属的群体、组织和社会之间,通过有意义的符号所进行的信息传递、接收与反馈的行为总称。

三、广告传播的概念及特点

了解了广告和传播的概念后,可以这样定义广告传播:广告传播是个人或组织机构通过适当的符号形式,向其他个人或组织机构传递广告主诉求的信息,及其接受反馈活动的总称。

广告传播有许多类型,本书所说的"广告传播",是以盈利为目的,以企业为主体的广告主所进行的有关商品、劳务、观念等方面的广告信息传播。广告传播是特殊的传播活动,除具备传播活动的一般特征外,还独有一些基本特征:

(1)主体的特定性。广告传播活动有特定的主体,广告传播的主体只能是具有合法生产经营资格的经济组织和自然人,一切不具备合法生产经营资格的其他社会组织和自然人都不是合法的广告主体。这一特征,不仅是学理上的认识,也是法律上的规定。

广告传播必须明确广告主,这是由广告传播的目的和责任决定的。消费者接收广告传播的信息后需要购买商品时,需要了解这是谁生产的。另外,广告传播要对社会,对消费者负责,只有明确是谁发出的广告传播,才能真正明确责任。

(2)形式的特定性。广告传播活动属于大众传播范畴,广告的作品形式也具有特定性。大众传播的具体信息形式就是按照一定的规则组织起来的符号集合体,即作品,人们就是根据规则的不同来区别新闻作品、艺术作品、广告作品和其他各种作品。广告作品也是按照独立的规则组织起来的、有独特表现形式的符号集合体。广告传播过程中的创作经验、发布经验都可以借鉴。

(3)目的的特定性。人类社会中的一些传播活动(如人际传播)的目的性并不强烈,甚至没有明确目的。比如,一般的人际传播并无明确目的，施传者不想施加什么影响，也无与别人共享信息的意图。但是，广告传播，无论是盈利性广告传播或非盈利性的公益广告传播活动，目的都非常明确。企业花费巨额的金钱刊播商品、劳务、观念广告，就是要把这些信息尽快传给潜在的目标受众，实现商品销售，提供服务，获得盈利，建立企业的良好形象。公益广告是公益性组织通过获得赞助或是无偿的方式来传递信息，以提高社会的道德水准和公民的思想认识水平。

(4)活动的有偿性。这是广告传播有别于其他大众传播活动方式的本质特点，具有两方面意义。一方面，广告传播活动过程有明确的社会分工及分工作业的高度社会化，各活动当事人(广告主、广告公司、广告媒体)在的自然协作关系无形中被隔断。广告费用的存在，在当事人之间建立了强有力的纽带，将处于不同领域的广告主、广告经营者和大众传播机构紧密联系在一起，形成了经济利益基础上的新的协作关系；另一方面，这一特点也使广告主具备了一定的控制信息传播过程的能力，广告主可以通过广告费的投入来控制作品质量、传播渠道和传播数量，使广告主在高度社会化、制度化了的大众传播机构面前，保有一定程度的自主性和独立性，从而有利于其他信息渠道的通畅。

(5)传播的重复性。广告不同于新闻，新闻传播强调时效，一般不重复；广告传播的信息要让所有目标受众接收，达到预期的影响度，并使人们认同，这需要不断重复，造成习惯性心理，对受众产生影响。重复有助于广告传播克服客观市场或主观心理上的障碍，给受众留下深刻印象，使其产生认识、情感、态度及行为方面的影响。广告传播的重复性不限于一次或两次，可以重复几十次，甚至数百次，这是广告传播独有的特点。

(6)传播的责任性。广告传递的信息会对潜在的消费者造成预期的心理影响，也可能会发生预期以外的影响。比如说，一些广告以女性形象作广告，受众可能误会其贬低女性。在对社会起积极倡导作用的同时，是否也有很强的消极诱导作用？比如，暗示广告泛滥，是否会对经常呆在电视机前的青少年产生不良的后果？广告可能带来副作用，进行广告传播活动前，应该详细考察可能的社会效果。

社会中有许多虚假广告，有的广告故意夸大产品的功能，有的广告宣传“三无”产品，有的广告有损儿童心理健康，这都大大损害了消费者的利益。广告是社会整体交流中的一部分，它必须真实，以对目标受众及社会负责为前提，作假愚弄目标受众的广告都会受到惩罚——一方面是遭到受众的抛弃，致使产品快速死亡；另一方面是受到社会法制的惩罚，由根本上遭遇惨败。广告传播的责任分布在广告主、广告代理、广告传媒、广告监督机构方面，是一种协作的责任，这是社会文化的要求。

(7)传播的独特劝服性。广告传播是宣传但又不同于宣传，宣传旨在说服人们接受或放弃观点和行为，宣传往往服从于宣传者更为广泛的社会活动的整体意图；试图通过说服把宣传对象的思想行为有计划地纳入其整体意图；宣传以劝服说服为特征，以使人们产生、接受、强化或放弃思想、观点、态度或行为为目的。

广告宣传与普通的政治宣传明显不同。广告的主要任务是让受众知晓某一信息，提供独特的产品利益以劝服消费者，希望受众产生与广告预期的相近的心理反应，最终发生购买行为或对产品产生好感。与政治宣传的强制性劝服不同，广告传播以受众的意愿为基础，强调潜移默化地影响消费者，制约性不强，宣传的效果取决于企业信誉。广告的独特劝服性是一个有力的武器，它可以充分实现广告的功用。目标受众是可能被说服的公众时，广告往往能强化消费者的态度。广告还追求改变态度和信仰，经由艺术、重复等有效手段最终扭转目标受众的当前态度，使之产生消费冲动，实施消费。

(8)文化样态性。广告传播不单单是一种劝服性的、有责任的、付费的大众传播活动，广告在创作和传递的过程中挟带着多样的思维方式、符号表现，酝酿着一定的文化景观。广告经常借用既有的政治、经济、宗教、艺术、社会认知观念来传达自己的理念，影响整个社会意识形态的发展，广告传播也属于大众文化范畴。

广告传播渗透生活的方方面面，已经是一种强大的存在力量。广告所蕴含的特征无法精确指出，因为广告本身就是由社会历史、文化、经济生活、交通等共同构成的人类交流方式。简单而言：广告是建立在现有文化基础上的传播手段，它本身就是独立的文化样态。广告是广告主体对广告信息、媒体、经费的有效组合；它肩负着传递信息、说服目标受众，从而改变当下现状的使命。

第三节　广告传播学的研究对象及内容

一、广告传播学的研究对象

广告传播学产生于市场经济时代，建立在广告学和传播学的基础上。广告和传播技术手段日新月异，广告传播学也必然要快速发展。理解广告传播学的研究对象，明确广告传播学的详细研究内容，对于理解广告传播学的社会本质、提高广告传播学的研究水平具有方法论意义。

法国著名社会学家埃米尔·迪尔坎姆认为，一门学科的产生，必然有它的特殊研究对象及研究这种对象的特殊方法。每一门独立的学科都应该有特定的研究对象，并且在对特定对象的研究中形成自己的研究方法和研究风格。作为广告学知识的组成部分，广告传播学虽然历史较短，但也有特殊的研究对象，其运动有内在机制、基本范畴和规律。广告传播学的研究对象既不同于广告学的，也不同于传播学的，但又同这两门学科有着密切的关联，是这两门学科的交叉领域。

广告学是研究运用信息传播技术影响消费者的消费观念和消费行为的应用学科，其研究对象主要是广告历史运动规律、广告基本原理、基本理论、广告运作机制、整合营销传播和广告监督管理。传播学研究传播现象的历史、理论模式、传播内容、传播类型、传播功能和效果。

广告传播学的研究对象是广告传播原理、广告传播功能、广告传播过程、广告传播媒介、广告传播效果及国际广告传播。其研究要借鉴广告学、传播学理论，而不仅是对二者的简单拼凑、剪辑，而将其进行提炼、升华，成为有机整体。提炼、升华都要站在“广告传播学”的特定角度来进行，正是从这个特定角度提出的种种问题及其解决方法，成为一门独立门类知识存在的内在依据。

二、广告传播研究的主要内容

1. 研究广告传播原理

作为交叉学科，广告传播具有社会科学的特点，与心理学、文化研究密切相关，又具有自然科学的特点，要借助大量数据分析。广告传播活动要遵守基本规律，否则无法达到预期的效果。广告传播基本规律的研究，是广告传播学的基础内容之一。

广告传播如何通过传递的信息作用于受众，引起预期的受众观念或行为的转变？广告传播信息的变异性给受众带来的刺激程度的强弱如何？广告信息的接受者是否简单地被动地接受广告信息？文化障碍对广告传播效果的影响？解决这些问题就要了解广告传播基本原理，包括：诱导性原理、异质性心理原理、二次创造原理、文化同一性原理等。

2. 研究广告传播功能

作为有明确目的的传播活动，广告传播有多方面的功效和作用。研究广告传播的功能有利于创造条件充分发挥各项功能，帮助广告主实现预期目的。

广告传播的传递信息和促进销售的功能是毋庸置疑的，广告传递产品或劳务信息是为了改变消费者的心理状态，以促进销售。这一过程中，传递的不仅是广告主诉求的商业信息，策划、创意、制作人员本身的价值观、道德观、审美观也融入其中，广告作品是广告从业人员的思想感情、理想、信念、利益追求的直观形象的表达。广告传播的信息可能导致人们生活习惯、道德观念、民族文化潜移默化的改变。广告传播活动具有强大的社会功能，研究广告传播的功能，既要关注这一活动在多大程度上满足了广告主的要求，得到了多大的利益效果，还要密切注意其社会意义：是否促进社会主义精神文明建设，是否起到传播知识、促进社会主义道德教育、推广最新技术成就的作用。

3. 研究广告传播过程

不仅广告传播的效果需要测定，传播过程也是其研究对象。因为只有传受双方达成信息“共享”，广告传播活动才算完成，应该关注这一过程中，广告信息是如何被挑选、提炼、制作出来的，通过媒介传播出去之后是如何被受众接受的，从发送到接受的过程中经过了哪些环节，各个环节有哪些特点，它们受到了哪些影响，反馈的情况以及程度如何，广告创作人员增加了哪些要素（如音乐、色彩等）来让受众接受这些信息？解决了这些问题，才能控制广告传播的艺术感觉和广告传播的效果。

许多学者都探讨了广告传播过程的基本模式及原理。比尔与哈德格雷夫认为，模式是理论的辅助工具：模式是再现现实的理论性的、简化的形式，能体现各种关系，但模式本身并非一种解释，只在表述理论方面发挥重要而直接的辅助作用。从最初的刺激反应模式、注重噪音研究的香农模式、详细解释受众反馈功能的艾瑟模式，发展到比较全面的广告传播综合模式，广告传播模式研究不断深入，形成种种理论。对于多阶段流程理论、学习理论、层级理论等的研究，是我们从事广告传播工作的认识论基础，也是我们策划广告传播活动的方法论。

4. 研究广告传播媒介

广告传播媒介研究建立在，传统的传播媒介研究的基础上，外延宽泛。20 世纪 20 年代，广播出现后，传播学才开始研究媒介，60 年代后才重视大众传播媒介研究。广告传播活动是典型的大众传播活动，涉及的媒介远远超出一般大众传播媒介范畴，甚至超出一般意义上的媒介范畴，在广告实践中，凡可以用来承载、传递广告信息的物质实体、物理能和传播渠道，都是广告载体，从而成为广告媒介。因此，广告传播媒介泛指一切承载并传播广告作品的物理形式和信息传播渠道。

除了传统的大众传播媒体之外，户外广告媒体、直邮广告媒体、互联网媒体，甚至现在非常火热的新媒体（手机媒体、博客、播客、互动电视、楼宇电视等），都是我们的研究对象。各种媒体的优点和缺点是什么，与它们接近性较好的是哪类受众，是否能与大众传播媒体形成互补？这些都是研究的方向。另外，广告传播的媒介策略也是研究的重心,哪些媒介适宜传播哪类信息,如何触发团体传播,受众对使用不同媒介有哪些视听习惯,受众对各种媒介的信任程度如何,如何选择、运用广告传播媒介,形成最佳的媒介组合?广告媒介策略运用得当,可使多种媒介产生组合效应、连续效应,效果可能远远超过单个媒介分散传播的机械总合。

5. 研究广告传播效果

广告传播是有目的的传播行为,具体的广告传播活动一般会制定明确的目标。广告传播效果指广告目标的完成情况及广告传播活动对受传群体产生的一切影响。正如樊志育先生所说:简言之,广告效果是广告的投入和产生的一个过程,是广告目的的结果。

广告传播注重效果,强调传播内容对传播对象和整个社会产生的影响。广告传播的主要目的都是推销商品、劳务或者理念,促进产品的销售。但广告传播的效果不仅仅限于经济效果,本身效果和社会效果也是广告传播效果的重要组成部分。广告传播会诱导出受众怎样的态度和行为;广告传播对哪些人,在何种条件下起作用;广告传播对社会文化、道德观念产生什么样的影响,这些问题也是广告传播效果的研究对象。

广告通过大众传播媒介产生的效果往往是间接性的、复合性的、滞后性的、积累性的、多面性的、竞争性的,所以,广告传播效果难以测定。了解影响广告传播效果的多种因素,掌握广告传播效果的具体测定方法,通过事前测定、同步测定、事后测定来实现对广告传播活动的全过程检测,才能真正观察到广告传播的真实效果。

6. 研究国际广告传播

作为商品推销的重要手段,广告在国际贸易和国际竞争中发挥着日益重要的作用。由于广告公司之间的跨国性合作的越来越频繁,加强国际广告的研究,制定切实可行的国际广告策略,有针对性地开展国际广告宣传活动,对开拓国际市场、发展对外贸易有重要意义;提高国际广告传播的水平,有针对性地加强文化、价值观信息的传播,也有利于促进交流双方的文化的互相融合。

国际广告策划过程中的调查技术、策略规划、实施计划等,关于国际广告传播组织和媒体的内容，都是广告传播研究的对象，应重点注意国际广告传播活动媒介策略，国际广告媒介的选择标准，需要遵循的原则，选择中应避免的漏洞。只有针对性地按照一定程序，对国际广告活动的总体战略进行前瞻性预测，严格控制每个环节，才能有效保证国际广告活动获得满意的效果。

三、广告传播研究的系统性

广告传播涉及领域广泛、参与主体众多、表现形式多样、活动过程复杂。对这样复杂的研究对象，应该从系统的观点出发，联系各个部分，将其作为有内在联系的系统进行研究。对广告传播系统进行研究，应当从三个具体层次展开：

(1)整体层面。在这一层面，要研究反映广告传播整体特征的基本内容，如广告传播的概念和特征、广告传播的类型、广告传播的基本要素、广告传播的整体结构和整体功能等；其次研究广告传播宏观运作体制、行政监督管理体制及行业管理体制，研究广告传播和其他相关社会现象的关系和联系，研究广告在社会系统中的地位和作用，研究广告传播对社会发展、经济发展、文化发展的影响；最后研究广告传播产生、发展、变化的历史进程和一般规律，研究影响广告传播发展变化、发挥作用的主要社会条件和因素。

(2)要素层。在这一层次要研究有关广告传播要素的一般观点和理论认识，分别研究广告传播活动各要素的基本概念和基本特征、广告传播活动各要素的类型以及各要素的内在结构和基本功能等。

(3)活动层。在这一层次主要研究组织和开展广告传播活动的一般原理和基本原则，研究广告传播活动的一般结构模式和运作程序，研究各阶段作业的基本内容和一般程序，研究各阶段作业的一般技术、方法和技巧，研究广告传播监督管理的基本内容、一般方法、法律适用、行政执法、法律责任等实务问题。

明确研究对象非常重要，明确广告研究对象后，其他问题的考虑才有意义。界定广告传播学的研究对象是广告传播学研究的首要环节，为以后继续深入研究明确了范围和方向。

第四章
广告传播基本原理

描述广告传播基本规律的语言即为广告传播的基本原理。俗话说:“没有规矩,不成方圆。”广告传播活动的开展也是如此。只有遵循其基本规律,广告传播活动才能顺利开展,取得事半功倍的效果。违反这些基本规律,广告目标不但不能实现,甚至可能加速产品和企业的衰亡,可谓“赔了夫人又折兵”。

因此,研究广告传播活动的基本规律,是广告传播学的重要内容,也是广告传播研究的应有之意,更是一切广告传播活动展开的基础和准则。

广告与传播的关系密不可分,从本质上说,广告本身就是一种特殊的信息传播活动,广告的传播过程就是信息流动的过程。广告传播要经历许多环节:广告主提供需要传递的原始信息材料,由广告制作者通过一定的表现形式、依靠特定的传播媒介,传递给广大受众,然后再通过媒介手段接收受众的反馈信息,据此评价和调整自己传递信息的内容和形式,并为日后新的广告活动积累经验、提供指导。所以,信息传播活动的原理和方法形成了广告传播活动的主要框架。

另外,广告与心理学、社会学、文化学等社会科学领域也紧密相关。作为内容广泛的交叉学科,广告传播学必然借鉴先于其发展起来的各社会学科的理论,结合广告学科自身的特点,以及国内外广告界的实践经验,总结归纳出一些顺利开展广告传播活动的基本原理,包括诱导性原理、异质性心理原理、二次创造原理和文化统一性原理。

第一节　诱导性原理

一、诱导性要求的提出

广告主制作、发布广告，是希望消费者对其提供的产品或服务形成明确的概念，诱发消费者积极的感情联系，引起其购买欲望，促使其采取购买行为。广告传播活动的目的是要影响或改变消费者的认知或行为，广告效果的产生和评估都与消费者紧密联系，并以之为基础。

消费者的认知和行为发生发展的基本过程是研究广告作用的重要内容。人们的认知是一步步积累和发展的，在此基础上影响和形成特定的行为。对全新的事物或观念，人们的认知一般会经历知晓、了解、喜欢、偏好的过程，最终潜移默化地改变自己的行为。速溶咖啡上市时，消费者开始无法接受这种与传统煮制咖啡迥异的新产品。经过广告，人们逐渐接受并认可了速溶咖啡的品质，并因其快捷方便的特点而形成偏好。如今，速溶咖啡的市场大得惊人。可见，认知从低级向高级的发展需要一定的引导，而不是自然而然地产生的。

不管购买高卷入度产品还是低卷入度产品，消费者都会在购买决策前进行某种程度的学习，这种学习的过程是广告发生作用的基础。行为主义和认知学习理论都强调，人们会在广告中学习，认识新事物、获取新知识、改变旧观念，这些都要求广告传播活动具有积极的诱导性。

加大广告传播的诱导力度，对广告主而言，不仅是理想的选择，对广告传播的客体——消费者或受众来说，也十分有益。随着经济的发展，物质生活和精神生活日益丰富，人们的需求也不断朝着多样化、多层次化发展，但很多情况下，人们基本的物质精神需求得到满足后，对其他的需要并不了解，这时就需要那些有诱导性的广告，指导人们提高物质精神生活的质量和品位。

因此，创作发布广告的一切努力都渗透着发挥广告诱导性的目的，诱导性原理成为广告策划、创意、制作、传播等一切环节的重要依据。

二、诱导性原理的内容和表现

基于上述内容，广告传播的诱导性可以理解为：广告直接作用于受众各种感官的外部刺激，通过信息的传递或观念、情感的表达，引起受众预期的认知、态度、观念的改变，催生购买行为。这实际上是一个心理渗透的过程，要通过多种技巧和方法的运用来实现，这也是广告的本质要求之一。

在广告传播的实际操作中，诱导性原理主要表现为四个方面：

(1)新知识的传播。广告最本质的特征是传播信息。商品信息是广告传播的主要内容，具体来说，它反映了商品的生产历史、生产过程、生产技术、用途、形式、品牌、生产厂家、维护保养等方面的信息。这里面包含了与产品相关的方方面面的知识，既有旧的基本常识，更介绍新技术、新材料、新工艺、新功能。科技日新月异，通过广告宣传，各个领域内的新知识得以及时有效地在社会各阶层中传播扩散，促进消费者接受新产品。

(2)观念的传播。广告不仅传播企业及其产品、服务的信息，更通过这些信息宣传企业的生产经营理念、消费观念，甚至成为新生产生活方式的倡导者。传播的新观念，也是社会进步、文明发展不可缺少的。例如，“大白鲨”啤酒通过各种调查找到受众啤酒消费的观念核心——“开心”，将它注入产品观念中，使用各种元素来表现这一观念，并以“开心的时候要喝啤酒”为诉求，使其区别于竞争对手“雪津”啤酒宣传的“真情的味道”。

(3)情感的传播。从根本上刺激产品和服务的销售，仅依靠一次或几次促销活动远远不够，需要与消费者进行情感上的沟通，使他们认识到消费产品或服务不仅是一种可能，更是一种心理上的需求。通过广告画面色彩的综合运用，广告表现主体动作、表情等各种带有情绪色彩的演示行为，塑造积极的环境氛围，让受众在心理上产生共鸣，认同广告传递的情感，与产品、服务、企业建立起积极稳定的情感联系。这种广告机制特别明显地作用于化妆品、饮料、酒类、保健品等产品的营销上。

(4)行为的传播。大众传播媒介普通具有行为示范功能，语言和行为通过大众媒介的传播，会得到不同程度的放大，对社会其他成员的语言和行为产生或隐或显的影响。广告传播活动不断重复，这种影响作用会增强。由于儿童的鉴别判断能力有限，广告更应该注意传播有益的行为、习惯，承担应有的社会责任。

三、诱导性原理在广告中的运用

提高广告传播的诱导效果，能有效地促进广告达成目标。一般说来，广告主先通过市场调查研究确定企业的战略目标，然后考察内外部因素制定出合理的广告目标，围绕广告目标确定目标受众，分析其习惯、爱好、性格、行为，再以此为出发点进行广告创意，确定广告诉求、表现方式以及媒体的选择和发布策略。广告生产过程中及与消费者广泛联系的方方面面都可运用诱导性原理。

1. 把握受众的心理和需求

信息到达受众，广告运动才完整。受众是广告的“目的地”，也是广告传播效果的指示器和广告传播活动成功与否的评判者。没有受众的认可和反应，广告就是失败的。这要求广告创作者了解消费者需要什么，对什么东西敏感，对哪些问题感兴趣，然后用消费者喜闻乐见的方式来引导他们思想、感情和行为的变化。研究把握受众的心理和需求，要运用诱导性原理。做到了这一点，各种具体提高广告诱导作用的方法的实际操作才能有的放矢，而不仅仅是广告策划人脑中的空想和臆断。

2. 从受众角度提出诉求主题

广告策划的一个主要工作是选择、确定诉求主题，即广告要对消费者“说什么”。产品或服务有着形形色色的性质和特点，要一一详述，广告信息就会太泛滥，受众不想听更记不住。广告应了解消费者想要获知的产品信息，明确呈示这些信息，突显产品和服务能提供的利益点，有针对性地提出诉求主题，引导消费者的关注，使他们建立“某某产品或服务＝某种利益”的积极联想。

3. 感性诱导与理性诱导

广告诉求用于吸引消费者注意力和影响他们对产品或服务的感受，能打动人、激发出人的需要或欲求，促使他们采取行动。广告诉求是广告信息的核心，影响随后具体的广告表现和媒介策略。

实际操作中，广告传播在广告诉求方式的选择上发挥诱导性作用，大致采用感性诱导和理性诱导两种方法。感性诱导强调“动之以情”，唤起消费者积极的情感反应，进而将这种反应转移到产品或服务上来；理性诱导则强调“晓之以理”，提供给消费者产品或服务实际的、功能性的特征，重视事实、认知和说服的逻辑性。

广告应该采用哪种诱导方式，业界和学界进行广泛研究后认为，总体上说来，广告诉求的选择涉及受众、产品或服务相关各种因素，不能一概而论。

受众的性别、个性、受教育程度、文化背景等都会影响其对特定广告诉求方式的接受。受教育程度高的受众，知识面广、理解力强、有主见，善于理性思考，使用理性诱导效果较好；受教育程度低的受众，特别是缺乏文化的女性，容易直接受广告的鼓动和影响，采用感性诱导效果较好。国家、民族等背景也会影响受众对诉求方式的接受。

从产品或服务本身的特点来看，卷入程度高的商品，通常是价格较高、技术性较强的耐用消费品，受众倾向于主动参与寻求这类商品信息，并在头脑中加以思考和对比，对这些商品采用理性诱导效果好；卷入程度低的商品，往往价格较低廉、技术性弱，如食品、饮料、香皂等大众用品或日常生活用品，购买随意性大，对这些商品采用感性诱导更容易激发受众“试一试”的购买欲。

总之，为特定的产品或服务向特定的受众进行引导说服，一定要综合考虑各种因素。此外，随着广告实践的开展，越来越多的事实和研究也证明，这两种不同的诱导方式虽各有特点，但不是互相对立的。聪明的广告策划者能把两者有机地融合起来，既以情动人又以理服人，达到最佳的广告传播效果。

4. 单面提示和双面提示

在广告中，经常有这样的做法：仅仅向受众提供正面的、有利的资料或证据来说明产品或服务的优点，丝毫不提产品或服务存在的问题或缺点，这种手段就是所谓的单面提示。与此不同，有些广告信息采用了截然不同的双面提示，在充分肯定产品或服务优点的同时，适当暴露其不足之处，为受众的购买决策提供全面完整的信息。

单面提示以消费者对广告信息进行的认知评价为基础，要求广告提供有说服力的论据来突出产品的优点；双面提示则诉诸消费者的同情心理或逆反心理，广告暴露了产品的缺点，却让人感觉诚实可信。单面提示的成功案例数不胜数，采用双面提示而收到意想不到效果的也不乏其例。伯恩巴克为德国大众金龟车创作了“想想小的好处”系列广告，毫不讳言车子外形上的“缺点”，赢得了人们的好评也赢得了市场。日本美浓津运动器具公司出售的运动衫都附有一张说明书，上面印有：“这种运动衫使用的是本国最好的染料，染色技术更是本国最优秀的。不过遗憾的是，酱紫色之类的颜色至今仍然没法做到永不褪色……”这一广告使顾客赞不绝口，对其产品推崇备至①，该产品也因此畅销日本市场，长盛不衰。

值得注意的是，双面提示暴露出的产品缺点不能是产品的重要属性，而应该是消费者可以接受的。使用不当，双面提示也容易招来反效果，使用时要考虑这些因素。在接受者已有的态度上，当消费者对产品有良好的态度时，单面提示容易被接受，当他们对品牌的印象不好时，双面提示能够消除抵触心理；在受众的受教育程度上，受教育水平高的人，思维、判断能力较强，比较能接受一分为二看待事物的方式方法，单面提示容易遭到排斥，而受教育水平低的人，辨识能力弱，更容易不加批判地对宣传说辞“照单全收”，不宜采用双面提示；在品牌的知识经验上，当消费者对品牌了如指掌时，运用双面提示诉诸消费者的同情心、逆反心理，效果较好，当消费者对品牌不甚了解时，单面的有利信息提

---

① 黄合水：《广告心理学》，高等教育出版社 2005 年版，第 156 页。

示有助于树立良好的品牌形象;在信源的可靠性上,大众媒体、权威名人等可靠的消息来源宜采用单面提示,广告传单等不太可靠的信息来源使用双面提示更具有说服力。

5. 积极诱导与消极诱导

积极诱导就是从正面说服消费者,告诉他们使用产品或服务得到的好处,或者把产品、服务的消费与温馨、浪漫、友好等积极的情感、环境联系起来,引导消费者把该产品或服务视为明智的选择。大多数广告都采用这种诱导方法。

相反,消极诱导通过语言文字、图案、色彩等画面元素,向受众传递这样的信息:不使用广告里的产品或服务,就会导致严重后果。这种方法的典型是使用恐惧诉求——在广告中展示可怕的情景,引发受众的焦虑和不安,进而指出恐惧情景可以通过使用广告产品或服务来解除。许多医药、保险广告和戒烟、交通的公益广告都使用这种诉求。

国内外学者的研究都认为,消极诱导会引起受众的不适感,适度的不适感能够驱动他们对产品和服务信息投入更多的注意力和感情,也可能引发对广告的抗拒和回避,进而选择性地接收甚至曲解广告传递的信息。因此,正所谓"过犹不及",消极诱导一定要掌握适度原则。

6. 注重诱导的连续性和层次性

消费者的认知和行为是积累发展的,不是一蹴而就的。要通过广告传播诱导消费者一步步地接受新知识、新观念,逐渐改变态度和情感偏好,最终做出有利于广告主的行为决策,就要在开展广告运动的过程中,加强广告传播诱导的连续性和层次性,根据企业、产品的生命发展周期及消费者所处的认知阶段和层次,安排合理的目的明确的传播活动。

1997 年,《南方都市报》初创时,提出"南方都市报,看了都说好"的口号,其广告注重吸引读者,强调报纸的可读性。站稳脚跟后,该报就自觉寻求市场和读者定位,展示媒体对社会责任感的追求,其广告诉求也相应改为"大众的声音";到了 2001 年,《南方都市报》又不满足于已有的社会知名度和市场实力,提出"办中国最好的报纸",努力成为主流大报,广告也转而诉求报纸的深度和视角,从单纯追求外在冲击力转向追求内在吸引力。

四、运用诱导性原理的原则

诱导性的广告充分影响人的认知、情感、行为，也会对社会产生巨大影响，要遵循一定的原则，决不能滥用。

(1)真实。必须把真实的广告信息传递给受众，信息的真实性是广告传播活动的根本要求，也是广告诱导受众的前提，广告策划人绝不能脑袋一拍，编造虚假、想像的内容欺骗消费者，给他们带来物质和精神上的损失。

(2)责任感。广告传播通过说服、暗示来改变消费者的认知和价值观念，并使其逐渐按广告主预期的方向行动。广告策划人在运用诱导性原理时，应走在时代前沿，倡导先进、优秀的知识和观念，促进社会的进步，发挥广告积极正面的作用，避免成为商人操纵市场攫取利润的“幕后黑手”。

第二节　异质性心理原理

广告信息泛滥：动辄几十版的报纸，大半的版面刊登的都是广告信息；广播、电视节目里也填充了大量的广告时段，走在路上，随处可见的路牌、霓虹灯广告，互联网、手机、博客等新媒体也成为广告的新“战场”……人们的日常生活与广告密不可分。

面对庞杂的广告信息，受众并非“来者不拒”。相反，绝大多数广告在进入受众的有意识领域之前就被筛选掉了，受众能够接受并理解记忆的信息十分有限。有人说，我们已经进入注意力时代，这种说法用在广告领域尤为合适。广告成功的第一步是吸引受众的注意力，从视觉、听觉等感官上刺激受众，使之产生一系列的心理反应而过目不忘，这是所有广告制作者的追求，是广告从泛滥中突围，为企业推销产品和服务、树立品牌首当其冲的任务。

一、异质性心理原理的涵义

人认识客观事物要通过多次、反复的感知，不断积累感知经验，他们会不断地比较从外界获得的新的感知经验与头脑中存在的旧的感知经验，丰富自己对该事物的认知。新鲜的感知经验与过去的感知经验一致，两者就能互相协调，新的感知经验能由过去的感知经验顺理成章地推出，并构成补充时，人们的心理一般不会产生大的波动，即心理学上所谓的同质性心理。新的感知经验与过去的感知经验不一致，两者会互相矛盾冲突，新的感知经验不能支持过去的感知经验时，人们的心理就会产生巨大的变化，即心理学上的异质性心理。异质性心理产生时，人们的反应表现为惊奇、注意力集中、印象深刻。由于异质性心理能集中受众注意力，在他们的头脑中留下深刻印记，激发理解记忆等深层次的信息加工活动，因而成为广告人经常采用的手段之一。

广告传播的异质性心理指广告创作和传播过程中，坚持求新求异，通过与众不同的方式强烈刺激受众的感官，使认识与他们之前的感知经验迥异，从而引起受众的关注和记忆，它是广告创作者把握受众心理的运用和体现。

强烈的感官刺激通常具有以下几个显著的特性：

(1)新异性。这是刺激物唤起人们注意的最重要特性，是刺激物异乎寻常的特性，包括绝对新异性和相对新异性。绝对新异性指人们从未体验过的事物及其特征，可以理解为原创性的广告创意、表现形式等。相对新异性指刺激物特性的异常变化或各种特性的异常组合，如在一个报纸版面中，通常所有的新闻、图片、广告都是横向编排，突然有一则广告设计顺时针旋转 90 度后排版，与周边的内容大不一样，这种异常的变化会大大吸引人们的注意力。

受众长期受到相似的刺激，对其差别的分辨能力就会降低，习以为常的刺激难以激起受众的兴趣。广告长期使用相同的刺激，受众就会熟视无睹，这时要应用新奇的刺激引起他们的注意。广告的新异性表现在内容和形式上的更新。内容和形式的更新并不是去变换广告诉求的主题，广告诉求主题应相对稳定。

(2)夸张反常。刺激要引起人们的反应必须达到一定的强度，在一定限度内，刺激强度越大，就越能引起人们的注意。在广告上，刺激物的强度可以体现在大小、色彩、明暗、音响等方面。广告传播中使用夸张反常的表现来提高刺激强度是引起注意的常用手段。

在平面广告中采用鲜艳夸张的色彩、突出醒目的字体、放大差异的特殊构图，在广播电视广告中采用特殊的灯光音响效果，广告叙事中的峰回路转突破常规……这些手法都会达到较好的传播效果。夸张反常有多种表现，我们稍后将具体说明。

(3)突然性。出乎意料、违反常规，在受众还未做好心理准备时就冷不丁出现的事物或发生的事情，会给受众带来较强的刺激。突然性指非比寻常的广告物象在反常的时间、空间里出现，不符合受众一般的感知经验，这是引起受众无意注意的重要原因。

突然性有不同的表现形式——变异突然性、时空突然性和综合突然性。顾名思义，变异突然性指将人们习以为常的普通事物以特殊的面貌展示出来；时空突然性指广告物象出现的时间、空间反常；综合突然性是前两者的综合运用。

二、异质性心理原理在广告传播中的应用

符合异质性心理规律的事物，能在短时间内给人留下深刻印象，达到较好的信息传递效果，因而广泛应用在广告创作和传播过程中。

1. 重视广告的“创异”

喜新厌旧是人的本性，新奇的、与众不同的事物容易引人注目，刻板的、千篇一律的习惯性事物，人们常常视若无睹。因此，广告必须不落俗套坚持创新，既追求广告内容上的新异，采用新鲜的创意和表现方式，打破认知的恒常，改变常见的符号编码方式；传播媒介和发布策略的选择上也可别出心裁，深入研究不同媒体的特点和受众的媒介接触习惯，使用新兴媒体、开发“非黄金”时段，整合不同媒介不同时空的异质刺激，开拓新的有创意的媒体组合策略，开拓广告传播的处女地。这是异质性心理原理在广告运用中总的指导原则。

2. 物体形象变异

物体形象变异通过改变事物通常的表现形态，给受众全新的感受。这种变异并非随意变化扭曲，也不是不同事物的任意组合，而必须受目的的引导。根据变异形象的物体数量来划分，可分为单一物体变异和组合物体变异，通常使用的变异方法有改变形状、改变大小比例、反用透视规律。

变化事物的形状，使其以反常的形态出现。如弯曲的枪筒和变成管乐器形的酒瓶口，经变异的形象往往出人意料，这种变异地形成新的、有意义关联的新形象。再如以下的几幅广告：

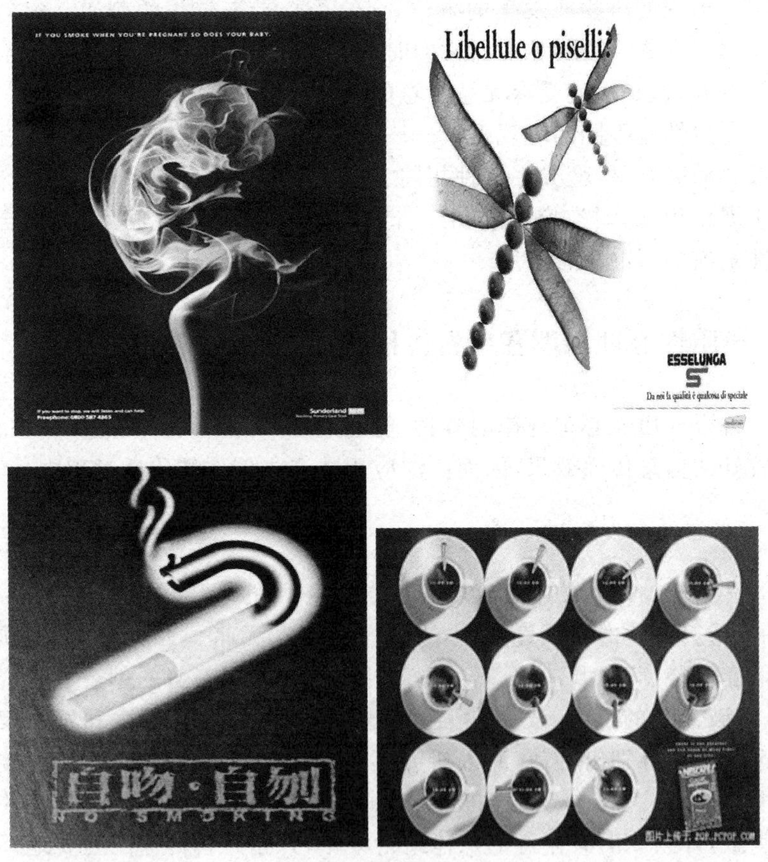

图 4-1　物体形象变异图示

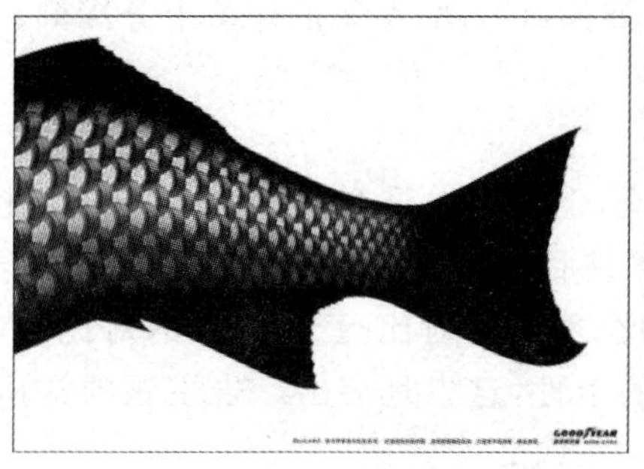

图 4-2　单一物体变异图示

日常生活积累的经验使人们对常见的事物形成习惯性的认知，尤其是对它们“显在”的容易辨识的特征，最典型的就是物体的大小和相互之间的比例关系。广告是经过艺术化处理的信息传播，可以根据需要大胆设计，改变事物的比例关系，或反其道而行颠覆正常的比例关系。

如一则笔记本电脑的平面广告，人的形象被大大缩小，坐在电脑后面的人甚至不能露出头来，这突出大屏幕主题；广告还可顺势夸大事物之间的比例差异，使大的更大小的更小，使原本存在但可能很微弱的差异变得令人吃惊。“牛肉在哪里”的电视广告用巨大的汉堡包和一小丁点牛肉形成强烈对比，夸大了牛肉分量不足的情况，强化了自己的广告诉求。这样突然的变异完全不符合受众业已形成的认知经验，在他们的心理上造成震撼，大大增强广告传播的效果。

人眼观察事物遵循一般透视规律，不管人还是物，总是近大远小。距离观察者近的东西显得大，距离观察者远的东西显得小，人们通常可以反过来利用大小关系判断事物的远近。在广告设计中，反用透视规律，故意把远处的商品表现得比近处的人或物还大，会使商品更加突出醒目。《中国日报》的一则广告就采用了虚拟的反比例手法：画面中，一张《中国日报》包着地球。报纸与地球比例相差甚远，通过这种虚拟的夸张，使观者对《中国日报》发行的广泛性及影响力产生丰富的联想并因此深信不疑。这种以比例关系的反感知常性和反感知经验的手法，给人以新奇感从而留下深刻印象。日本伊势丹公司的一组产品广告也使用反透视手法：画面反透视也反比例，远处的人物大于中、近景的车辆、船只、飞机和房屋，产生出强烈的奇特感，给人的印象十分深刻。

3. 强化异质性对比

增大广告中各种因素的对比，也是吸引受众注意的方法。对比形成的反差越大，刺激性越强，引人注目的效果就越好。增大对比的方法很多，如大小的对比、色相的对比、明暗的对比、音量大小的对比等，对比中可以突出参与对比的因素的个性，这也是突出广告主题的常用手段。

异质性对比形成的效果最明显，如在以黑色为底色的画面上突出鲜红或白色的图案或文字；在较暗的屏幕上突出显示亮度较大的商品形象；在以言语解说为主的广播广告中突然插入一段旋律优美的广告歌曲，等等，都能有效地激发受众的异质性心理，引导受众注意力的指向。

4. 加强时空突然性的变化

增强广告的时空突然性，这主要针对广告的发布而言，涉及平面广告刊登的位置版面、户外广告设置的路段方位、广播电视广告播出的时段及媒介环境、发布时间等。打破常规、出人意料是异质性心理原理的要求。不管在视还是听方面，广告发布打断受众连续感知的过程，突然出现与先前感知经验不同的声画、情节、情绪，都能形成强烈的时空突然性。例如，在语调平缓的广播中，突然出现惊雷般的响声；在欢声笑语中，突然出现婴儿的啼哭声；又或者在扣人心弦的警匪枪战片的关键时刻间歇，插入一段美味香醇的酒类广告，或景色宜人的旅游景点秀丽风光的介绍等等，都会造成巨大反差。①

在众多的广告媒体中，诉诸多种感官的媒体创造时空突然性的条件，效果好于诉诸单一感官的媒体，例如，电视好于广播。要强调的是，由于打断了受众的连续感知，受众可能产生不满情绪，或一时难以适应。广告传播在制造时空突然性时要注意照顾受众对信息和情感变化的接受程度。

---

① 丁长有：《广告传播学》，中国建筑工业出版社 2004 年版，第 49 页。

三、运用异质性心理原理要注意的问题

异质性心理原理可以引起受众强烈的好奇心和奇特感，是广告传播成功的重要条件。但是，异质性心理原理只是广告创作传播的工具和手段之一，它应该服务于广告传播的根本目的，有效地向受众传递相关产品和服务的信息，表达和宣扬情绪和观念，与之建立积极的情感联系。因此，其运用要特别注意适度，内容要真实准确，形式要在受众可以接受的范围之内，这样才能避免广告传播的信息失真和反效果。

真实是广告传播的根本要求，是所有广告方法策略应用都要遵循的根本准则。广告是兼具艺术性和科学性的活动，允许艺术加工使广告可以充分发挥想像力对物象进行大胆的重构和设计，异质性心理在广告中的应用是广告艺术加工的重要体现。但艺术加工要在事实基础上进行，并限制在一定的范围内，广告制作者不能天马行空地胡编滥造，误导消费者。

异质性心理原理是利用外在刺激，使受众的心理产生巨大变化而发生作用的，它是一把双刃剑。用得好，受众会由于印象深刻而牢记产品品牌，理解接收广告传递的知识、情感和观念；用得不好，会引发受众的不适和不满，激发他们内在的信息选择性接受机制，歪曲理解广告信息，形成对产品品牌的不良印象。例如，在电视节目进行过程中插播过多广告，会使观众的欣赏活动变得断断续续，破坏了节目原本设定的情绪，观众会产生厌烦。所以，利用异质性心理原理制作和传播广告时，要注意研究受众的心理接受阈限，把广告要追求的心理冲击力控制在可接受的范围之内，这就是适度原则。

第三节　二次创造性原理

“二次创造”原是文艺理论概念。文艺作品的价值有两个来源创作者的原始创作和欣赏者的二次创作，作品经过创作者的精心雕琢之后，

还需要经历欣赏者的接受过程，欣赏者对作品描述的形象进行了自我重建，该作品才实现了价值。

广告作品是由广告创作者殚精竭虑地制造出来的，其二次创作还可从传播学的角度来理解。

广告传播本质上是信息流动的过程，可用一个简化模式来勾勒其基本过程：广告传播者—编码—信息—解码—广告受众。传播者传递信息和受众接受信息时分别要进行编码和解码，在这过程中，广告传播者根据传播意图选择要传播的材料，即“说什么”，然后以特定的方式加以符号化传出，即“怎么说”。受众在一定条件下接触广告信息，通过自己特有的思维方式，把符号还原成具体信息，从而形成自己的认识。这些环节都要在复杂的社会环境中进行，受各种因素的干扰和影响，受众本身的主观能动性也带来不确定性，传者发出的信息并不等于受众接受的信息，它们之间会有失真或变异。

完整的广告传播活动，需要传播者与受众的共同努力，发挥各自的能动性和创造力，是一个“二次创造”的过程。广告的创作和传播需要高超的创造性，广告的接收也同样是创造的过程，受众并不是完全被动的，他们也是广告传播的主体。这就是广告“二次创造性原理”的内涵。

一、广告传者的一次创造

广告是创造性的活动。在现代广告的运作体制中，每一个流程环节都需要广告公司发挥创造性思维，创造性是广告的生命和灵魂。平淡无奇地开展广告创作和传播活动，在注意力经济时代里无异于白费力气，创造性的缺席只会导致消费者的忽略甚至厌烦。

广告创意由此成为广告活动中不可缺少的重要环节，这里的广告创意包含狭义和广义两个范畴。狭义的广告创意通常和广告表现联系在一起，广告创意是广告作品的灵魂，广告表现是广告作品的肉体；广告作品是看得见的物质载体，而广告创意是隐藏在各种视听觉元素符号背后的思想理念。广义的广告创意可以体现在整个广告活动中，包括策划创意、表现创意、媒体创意、促销创意、公关创意等方面。在实际运作中，通常需要把广告创意的思想渗透在广告活动的全过程。

广告创意是生产广告作品时的创造性思维——通过想像、联想、发挥、组合和创造，把产品、服务和企业的现实形象升华为消费者喜爱的艺术形象，这是智力与开拓能力的较量，较量的焦点在于标新立异。创意是广告活动中难度最大、最富有挑战性、创造性和艺术性的环节，直接关系广告传播活动的成败。

独创性是广告创意的生命力所在，没有独创性，没有强烈的视听觉刺激，信息就会淹没在潮水般庞杂的信息中，无法引起注意，更不可能使受众产生共鸣。哈佛商学院的调查曾发现，85%的广告是没有人看的，因为这些广告缺乏独创性。因此，广告大师们都反复强调创造性在广告传播中的重要地位和作用。奥格威指出："要吸引消费者的注意力，同时让他们来买你的产品，非要有很好的特点不可，除非你的广告有很好的点子，不然，它就像很快被黑夜吞噬的船只。"①

李奥·贝纳倡导的"内在戏剧性诉求法"，是广告界创意法则的经典，充分说明发挥广告人的创造性在广告活动中具有举足轻重的作用。李奥·贝纳的创意让人印象深刻，如万宝路广告中牛仔的形象经久不衰，他注重创造广告文案的"内在戏剧性效果"，认为成功广告创意的秘诀在于发掘产品本身内在的戏剧性。这种内在的戏剧性，指要发现企业生产产品的原因，及消费者购买的原因。如果产品或服务没有内在的戏剧性，就必须创造一个内在的戏剧性。

利用这一理念，李奥·贝纳创作了许多著名广告，成就了许多著名品牌。最有名的是他为明尼苏达流域的罐头公司——"绿巨人公司"创作的广告，充分挖掘了其产品内在的戏剧性。这则广告的标题是"月光下的收成"，文案是："无论日间或夜晚，青豆巨人的豌豆都在转瞬间选妥，风味绝佳……从产地到装罐不超过三个小时。"李奥·贝纳说，新罐装的标题很直白简单，但平淡无奇，没有吸引力。用月光下的收成来比喻则既新鲜又很浪漫，还包含了特殊的关切，赋予产品独特的戏剧性。

---

①　陈能华、贺华光：《广告信息传播》，中南工业大学出版社 1999 年版，第 129 页。

二、广告受众的再创造

受众是接受信息的人，他们通过传播媒介接触符号化的信息，然后对符号进行还原或翻译，赋予意义并接受，这是与传播者编码相反的过程——把代表信息的讯息符号转换成自己能理解记忆的信息。受众的译码活动同其自身全部的生活经验相关，受个性、感情、心理等各种因素的影响。

广告受众对广告信息的处理也是要经过译码，是再创造的过程。广告制作者往往利用特殊的物体、图像、语言、声音、场景等来表现特定的含义，而这些特殊的元素符号在受众心目中也有一定的意义范围，他们会联系既有的感知经验来加工这些信息，在头脑中再造出一条完整的信息或一个完整的故事情节。这便是受众对广告的再创造。

再创造受个性心理、社会环境等多种因素的影响，广告制作者无法完全控制这一过程，但再创造并不是受众的肆意想像，它要建立在广告传播者一次创造的基础上。受众只会对一次创造提供的“原料”进行加工，广告制作者提供了哪些原料，如何利用这些原料，这些影响着受众的再创造。

一次创造能适当引导再创造，创造各方面的有利条件，使受众的再创造尽可能按照传播者的思路发展，最大限度地复原广告制作者的意图概貌。由此可见，一次创造与再创造紧密联系，一次创造是再创造的前提和基础，并避免了再创造无方向性的分散；同时，再创造又是一次创造的继续、延伸和发展。

实际的广告操作中，常用感性诉求诉诸人的感情，制造亲情、友情、爱情的怡人氛围，这是一次创造利用情感因素引导再创造的表现。温馨的场景、代表性的人物和对话，勾起了消费者对特定情感丰富的联想，进而把它投射到产品身上。这样，广告制作者顺利地引导受众在心智中再造出了对广告主有利的“ ** 产品代表 ** ”的想像。例如，贝尔电话公司制作以“情感沟通”为主题的广告，这些广告以“家人团聚”为诉求，来减轻思念远方亲人的寂寞感，表现温馨的家庭气氛，恰似一个美好的梦，抚慰了人们寂寞的心灵，把他们重新带回健康的感情世界，因而受到人们的欢迎。另外,名人广告也是这种引导的典型。

三、二次创造性原理的运用

二次创造性原理强调创造性在广告传播活动中的作用,对广告公司制作和传播广告的活动有重要的指导意义,更提出了具体的要求。

1. 积极培养创意人员的创造性

知晓创造性的重要性并不意味着就能运用创造性,要灵活运用创造性服务于广告传播活动并不容易。创造形象没有任何确定的公式,也没有现成的工具,但有规律可循。

优秀的创意不是凭空想像出来的,需要广告创意人员调动自己的生活积累,凭借娴熟的技艺,凭借直觉、灵感、洞察力和分析能力,经过复杂而艰苦的脑力劳动得到。这是一个反复思考、反复论证、去粗取精的过程。

创意人员应提高自己的创造力,加强各方面的学习,多想多练,经常训练自己的创造性思维。在日常生活中,要学会细致地观察周围的人和物,时刻保持"好奇"的心态和求知欲,培养对事物细微变化敏锐的洞察力;遇事要多开动脑筋,运用发散性思维、逆向思维等方法,从多角度观察和思考问题,形成独特视角;对看似毫无关联的人和事多进行联想、比较,提高分析和综合能力。

2. 广告要为受众留出想像的空间

广告是劝服的艺术,而不是说教,广告创作者不能企图通过广告向受众灌输所有的信息和观点,这是行不通也做不到的。广告要围绕其劝服目的展开,势必要充分地传递广告主想说的信息、想表达的观点、想倡导的理念,但充分并不意味着填鸭式面面俱到地告诉消费者这是什么、该想什么、该如何想、该有怎样的态度……这会激发受众的逆反心理,招致他们的反感和排斥。

适当表达,寓观点于含蓄的内容中,给受众留出足够的想像空间,反而会收到奇效。在广告的引导之下,受众感觉是自己在"构建"广告图景，就更容易加进自己欣赏和向往的情感和联想，从而在不知不觉中解除戒备心理，认同接受广告的诉求。

这就要求广告设计得简洁、一目了然，适可而止，切忌画蛇添足。平面广告有限的画面里不能堆砌图片、辞藻，密密麻麻的版面根本无人看，什么都说了就意味着什么都没说。如有一则洗衣机的广告，整个广告画面中只有一幅洗衣机的图片，旁边的文案一味鼓吹产品省电、节水、方便、安全、干净、先进……洗衣机该有的优点都有了，且不论广告的真实与否，光密密麻麻的文字就吓跑了受众，广告效果基本为零。

电视广告片中产品的展现、人物的语言、情节的铺陈等也都以“含蓄”为美，这里的含蓄不是保守，而是适度。

3. 善于激发受众联想

联想指由当前感知的事物回忆起有关的另一事物，或由想起的一种事物的经验，又想起另一事物的经验的心理过程。客观事物各有特点，又相互联系，广告常用联想来引起消费者的关注。成功的广告，总是经过细致的素材加工和形象塑造，利用事物之间的内在联系，用明晰、巧妙的象征、比拟手法，激发有益的联想，以丰富广告内容，加强广告刺激的强度和广度。

运用刺激联想来引导受众建构广告主希望的“品牌认知”，是广告传播中对二次创造性原理的一大运用。激发受众联想的具体方法有很多，常见的有：

(1)采用消费者熟悉的形象来表现广告商品的形象或特长。基于对熟悉形象各方面特性的了解，想像和联想比较容易自如地展开。熟悉的形象包括熟悉的物体及其特征；经常使用的词汇、符号及其约定俗成的特殊含义；有代表性的声音；与特定情绪氛围相联系的场景，等等。饮料等休闲食品的广告通常选择充满闲暇气氛的场景，表现雄伟坚固爱用长城的形象，突显民族特色偏爱红、黄色调。

(2)使用言简意赅、寓意丰富的语言，创造出深入浅出、耐人寻味的意境，以烘托和暗示产品带给人的好处和乐趣。如某国际速购中心的广告语“巴黎的浪漫，不再遥远”，通俗易懂、意蕴丰富的语言，再配以美轮美奂的商场画面，真有一种“挡不住的感觉”，使人对在该购物中心可以享受到的购物乐趣浮想联翩。①

(3)为商品讲述美妙动人的故事，使消费者在欣赏故事的过程中，产生美好的遐想，从而爱屋及乌，对广告商品和企业产生美好的情感联系。雕牌洗衣粉的广告讲述了一个故事：妈妈下岗了，四处找工作忧心如焚，还要操心家里大大小小的事，懂事的小女儿为了减轻妈妈的负担，在妈妈出门后用雕牌洗衣粉帮着洗衣服。母女情深，感动人心，消费者在感动之余对雕牌洗衣粉产生了好感，取得了很好的广告效果。

(4)运用画面的特殊色彩、特殊音响效果营造独特的情调，增强广告的感染力，诱发消费者的积极联想。如白沙集团的广告，画面中采用蓝天、白云、大海、白鹤等形象，蓝色与白色的统一色调让人感到无比的宁静与和谐。"鹤舞白沙，我心飞翔"的广告语，更是画龙点睛地加深了画面的意境感，让人联想到白沙香烟的醇正柔和以及白沙集团的追求和胸怀。

(5)用画面直接对比商品的优劣、使用前后的效果，使消费者自觉融入广告角色，设身处地参与体验和判断，做出有利于广告商品的选择。高露洁牙膏的广告，现场实验展示，把涂抹了不同牙膏的牙齿象征物浸入常见的对牙齿有害的液体中，几分钟后取出，对比替代物的坚固，从而显示高露洁对牙齿保护更有效。受众看了这样的广告，很容易联想到广告中的替代物就是自己的牙齿，使用高露洁牙膏将更有益于避免牙齿损伤、坚固牙齿，从而激发购买欲望。

第四节　文化同一性原理

"孔府家酒，叫人想家"广告在国内名噪一时，被广告业界人士公认为优秀的广告，却在戛纳广告节中铩羽而归。老外们对广告片中体现出来浓浓的"家"的味道，只会挠头而不解其意。广告节中得奖的欧美广告作品，有时我们理解不了广告想要传达的信息？在某个国家和地

① 傅根清、杨明编著：《广告学概论》，山东大学出版社 2004 年版，第 137 页。

区非常有效的广告，在另一个国家和地区播放时，不但不能促进产品销售反而引来消费者的抗议和不满……

这些问题都与文化有关。不同的文化背景造成社会成员不同的文化理念，表达这些理念要使用不同符号，同一个信息在不同的受众那里理解不同，得到的反应自然也不一样。因此，要达到较好传播效果，传播者必须了解目标受众的文化背景，使用他们熟悉的信息符号、价值观念、行为模式，使他们在认知上便于接受，在情感上容易认同。即要遵守文化同一性原理。

一、广告传播与文化

“文化”的内涵相当广泛。美国传播学者罗杰斯认为，文化是一个群体成员们生活方式的总汇，其中包括行为规范(norms)、信念(beliefs)、价值观(values)、世界观(world view)及有象征意义和文化含义的物品(material objects)。[①] 文化随着人们的传播活动形成、整合和发展，规范着社会成员的行为内容与行为方式，对其所属的群体成员的行为有预知和导向功能。

不同地域、不同民族、不同国家由于各自独特的历史发展过程，形成了各自独特的文化传统、理念和习惯。每一个具体的消费者都生活在一定的地域，归属于一定的民族和国家，长期受到特定文化的熏陶和渗透，在习惯、心理、观念以及行为等方面都留下了文化的深刻烙印。广告要将信息传达给消费者，就不能不考虑消费者对广告信息的接受心理和接受习惯。

传播学研究认为，社会成员之间的信息传递实质上是意义交换活动，顺利进行意义交换有一个前提——双方必须要有共通的意义空间。一方面指传播过程中所使用的文字、图形、符号等介质必须含有共通的意义，这样传授双方的编码译码转换活动才能顺利进行；另一方面也指传授双方要有共通的文化背景及在此背景下相似的生活经验，理解的基础是能够感受。其中，共通的文化背景是主要因素，它一定程度上影

① 刘双、于文秀：《跨文化传播》，黑龙江人民出版社 2000 年版，第 22 页。

响甚至决定了人们对不同符号的使用和理解。

社会生活的多样性使社会成员有意义交换的意愿，同时，由此形成的文化多元性使他们的意义交换只能通过共通的意义空间进行，这样的交换过程反过来促使共通意义空间范围的扩大，为下一次的交换创造有利的条件。

每个人都带着自己的文化背景进入包括广告传播在内的社会性传播活动，这对传播媒介和传播者提出了不同的要求，传播活动必须在纵横交错的文化找到自己的出路。企业在广告中倡导的生活方式，只有与受众的文化观念相一致，适应了他们的文化需求，才能真正进入受众的心智中并发挥作用。

对此，西方传播学者提出“传播关卡”理论。这一理论认为，传播者的传播行为要影响受众心灵，必须经过三道文化关卡的调整和修正——社会层、群体层、个体层①：

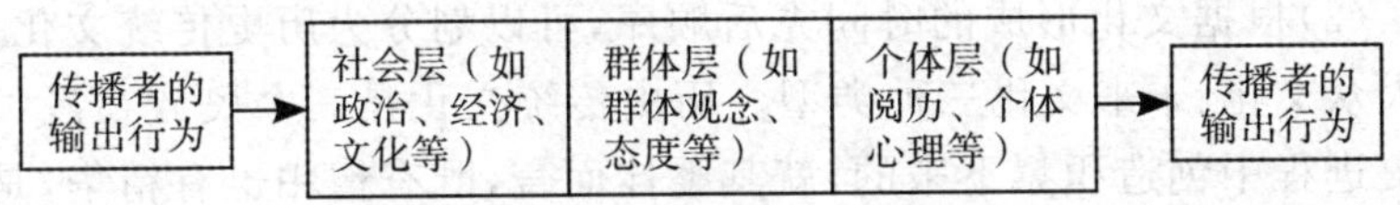

图 4-3　传播文化关卡模式

这个理论也适用于广告领域，要求广告传播活动充分尊重消费者的文化精神，根据消费者的文化体系修正广告作品，表现出足够的灵活性，充分照顾不同文化背景下的风俗人情，迎合消费者的文化品味和需求。

二、影响广告传播的文化因素

文化对广告受众的认知和行为产生广泛和深远的影响。文化的内涵相当丰富，它的哪些内容具体影响了受众对广告的认知和行为呢？根据不同的标准，文化可以进行不同的划分，清楚了解这些划分有助于全面认识对影响广告传播的文化因素。

(1)从影响范围上看，文化因素包含文化、次文化、社会阶层等层

① 何修猛：《现代广告学》，复旦大学出版社 2005 年版，第 236 页。

次。文化有广义和狭义之分。广义的文化指人类在社会历史实践中所创造的物质财富和精神财富的总和,狭义的文化指社会的意识形态及其与之相适应的制度和组织机构。这里一般使用狭义的文化概念。任何社会都存在特定的文化,它是社会成员欲求和行动最基本的决定因素。次文化也称亚文化,指在一定范围内具有文化统一性的群体,通过特定的认同感和社会影响力,把群体所属成员紧密地联系在一起。次文化包括民族次文化、宗教次文化、种族次文化、地理次文化四种类型,消费者因其民族、宗教信仰、种族、居住环境的不同,必然形成不同的生活习惯、生活方式、价值观、文化禁忌等,从而影响他们对广告传播活动的态度。现代社会中,根据社会威望、收入水平、财产数量、受教育程度等因素把人们归入不同的社会阶层。每个阶层都是一个较同质而持久不变的群体,同一阶层中的成员具有类似的生活习惯、消费水准、消费内容、兴趣、媒体接触习惯和价值观。

(2)根据文化形成的时间先后顺序,可以划分为历史传统文化、现实大众文化、未来文化三种类型。历史传统文化是一个民族在漫长的历史进程中创造积累下来的,就其整体而言,既有糟粕也有精华,是现代广告传播活动的宝库,策划人应善于挖掘受众的民族历史文化传统,从中寻找广告传播发挥效用的突破口。现实大众文化是现代人在现实活动中创造出来的新文化,具有鲜明的时代特色,它融合了中外交流的优秀成果、把握了时代特点,有着更直接的现实导向作用。未来文化是趋向型的文化,是一个民族潜意识流的文化,隐约地存在其民族性格中还未明显表露出来,却在不知不觉中影响着人的现实行为。

按照涉及的内容不同来看,文化还可分为政治文化、经济文化、军事文化、社会文化到教育文化等等,不一而足。每一个文化领域之内,都有其特定的仪式和潜规则,针对不同的文化环境,广告传播应具有充分的应变性。

(3)从地域上看,可以笼统地划分为本土文化和国际文化。本土文化主要指企业所处当地的文化,由于深处其中并长期受其影响,企业在进行广告传播活动时,对本土文化的把握通常较为成熟老练。相对而言,国际文化就指来源于企业所处地之外的文化。随着全球化进程的推进,企业在其他国家和地区进行的广告传播活动日益频繁,这就要求企业时刻适应新的受众文化体系，适时调整自己的行为方式，融入当地的文化，促进外文化对其的接纳。国际文化的外延很广，包括国际性的传统文化、流行文化、国际通行规则与惯例、具体目标市场国的文化等方方面面。

综上所述，影响广告传播的文化因素内容庞杂。广告传播者要从各个层面上深入了解目标受众，才能游刃有余地应用文化同一性原理，与不同文化背景下的受众达成共识，顺利地进行文化间的传播和交流。

三、文化同一性原理在广告传播中的应用

广告遵循文化同一性原理才能真正进入消费者心智，这是广告征服不同文化背景受众的不二法门。充分发挥文化同一性原理在广告传播中的作用，企业的国际化进程才能顺利展开。

1. 依据不同文化背景确定不同的广告传播方式

不同文化背景中的受众对广告的认识、看法及理解的程度不同，其接受习惯也有差异。例如，中华民族经历了几千年的封建历程，儒家思想占据了社会的统治地位，生活在这背景下的人们勤劳、善良、思想温顺、程式化、缺乏想像力。建国仅仅二百年的美国，移民国家的性质决定了其对各种外来文化的接纳和包容，这种文化氛围使美国人具有冒险开拓的精神、标新立异的勇气和乐观的生活态度。

孔府家酒的案例中，来自不同文化背景的评委不了解中国传统文化背景与民族接受心理，无法解读创意人员煞费苦心选择与构建起来的传播符码——游子思乡、归家、尊老爱幼、团圆包饺子、毛笔书写出的“家”字、酒坛子。在他们的文化与经验范围中，这些东西似乎与“酒”并不相干，唯一关联的符号是“酒坛子”，又与他们对酒包装既定的观念完全不同，于是他们认为广告未能清晰准确地传达出商品最主要的信息。因此，孔府家酒的广告在欧美评委中遭受冷遇也在情理之中。

广告策划人员不可能掌握全部的文化差别，策划之前的调查研究就显得尤为重要。每次广告传播活动开始之前，创作人员应该深入了解目标受众的各种文化指标，搞清楚他们容易受感性诉求的影响还是

理性诉求的劝服，更倾向于一面提示还是两面提示的信息提供方式，更喜欢含蓄内敛的广告风格还是个性张扬的，更醉心于如诗如画的优美广告画面还是离奇另类的视觉冲击……成功的广告传播都是由细致的调查研究工作铺就的。

2. 避免各种文化冲突

承前一点而来，在不同文化背景中进行广告传播，避免各种文化冲突是广告创意表现首先要直接面对的问题。造成文化冲突的原因多种多样，可能使用了不当的表现符号，如文字、人物等，或者违背当地的民族意识或宗教信仰，甚至触犯了当地的文化禁忌，这些都是跨文化交流中要倍加小心的。

语言词汇是广告传播最基本的载体，在不同文化背景之间传播时，语义的非对应性会造成诸多文化沟通障碍。通用汽车在美国销售NOVA 牌(英文意为“神枪手”)雪佛兰轿车时深受美国家庭的欢迎，但该品牌到拉美国家推广时却不受欢迎，因为在西班牙语中，“NOVA”的意思是“跑不动”。还比如，“鹅”这个词在中国人看来非常寻常，但在欧洲一些地方，这一词汇还有“蠢女人”的意思。“鹅”作为商品名称，肯定无法打开市场。

另外，文化禁忌指特定文化中，由于历史传统、民族、宗教等原因而禁止其所属成员表现和行为的内容，包括深入文化核心的价值观，也包括文化外显层面的制度、仪式和符号，最常见的如穆斯林禁食猪肉。文化禁忌的强度远远大于一般的文化障碍，处理不好不仅不能促进产品销售，还会造成社会动荡等严重后果。

索尼在泰国推销收音机时，精心制作了一个电视广告，画面上，释迦牟尼在索尼收音机的音乐声中，全身随着音乐不停摆动，最后睁开了双眼……泰国是个笃信佛教的国家，释迦牟尼在泰国人生活、思想、文化中极为神圣，容不得任何世俗亵渎。传播者忽视了这一点，广告画面的意义与受众心中产生的印象和意义出现严重偏差。广告伤害了泰国人的宗教情感，引起强烈公愤，泰国当局甚至发出外交抗议，索尼公司不得不停播广告并公开道歉。

此外，颜色、数字、图形标识等元素在不同文化中的意义往往不甚相同，广告制作者在进行跨文化传播时，尤其要注意它们包含的特殊文化意义，避开文化忌讳，迎合其文化习性。

3. 善于挖掘文化共性

文化之间具有差异的同时也存在共性，比如善良、勇敢、爱美等等，受到绝大多数文化的认可和推崇，利用它们来传达信息、倡导观念更容易被理解和接受，广告传播者更应该充分挖掘这些内容作为载体。相对于采用有针对性的文化适应策略以达成文化同一效果而言，这显得更为基本、适应性更强，却也容易被忽视。

许多跨国公司使用这一手法，在世界各地不同文化背景中进行广告传播活动取得成功，大多数经典的成功广告案例都体现了文化共性。雀巢咖啡在全世界范围内沿用了几十年的广告口号——“味道好极了”，简简单单，却深入人心。无论面对什么样的文化，追求饮品美味的品质，抓住打动消费者共性的核心利益，就可以顺利跨越传播的文化障碍就得以避免。

4. 广告的文化水准与受众的文化水准相适应

广告传播活动要在一定的文化水准上进行。广告中语言文字的表达、图形符号的标示都要让受众理解接受，这就要求传受双方的文化水准相适应，要根据受众的文化水准进行广告创意和表现。

文化水准的高低受到多种因素影响，如文化教育水平、文化氛围熏陶、接触频度等等。但在一定的社会区域中，受众的文化教育水平作用最大，往往决定着他的文化欣赏和接受水平，乃至整个群体的文化水平，也就决定了在其中进行广告传播活动时应采取的基本方式。无论媒介和技术多么先进，成功的广告传播都必须适应受众的文化水平和接受能力。文化水准过高，受众理解不了便难以接受，正如下里巴人不欣赏阳春白雪一样。相反，文化水准过低，受众又感到粗俗、无趣而缺乏品味，也不能达到很好的沟通效果。

这种文化水准的适应要贯彻在广告传播的全过程中，以目标受众的文化水准为依据制作广告，制定诉求和表现策略，并选择他们喜欢的媒体进行发布。例如，印度以精英教育为国策，侧重精英人才，但国民总体受教育水平则偏低。因此，在印度英语是精英语言的体现，而下层人民许多人不识字，常规的文字促销就很难行得通，利用口语化特征的形象视听语言进行广告宣传，效果则往往好得多。另外，媒体、栏目本身不同定位也会带来所属受众群体的不同，向广大农民进行推广的化肥就不适合在网络媒体上做广告，毕竟受到文化水平、媒体环境条件等的限制，农民上网还比较少；媒体调查显示，博客、楼宇液晶电视等新媒体，用户多为较年轻的受教育程度较高的群体，高品位、高科技的产品就适合通过这些渠道介绍给他们。

第五章 广告传播功能

第一节 广告传播的信息功能

作为功利色彩浓厚的应用性传播活动，广告担负着传递信息、刺激需求、促成购买进而影响消费观念乃至社会意识形态的作用。美国广告主协会对广告下的定义是："广告是付费的大众传播，其最终目的为传递情报，变化人们对广告商品之态度，诱发行动而使广告主得到利益"；"广告是广告主为了推销商品、劳务或者观念，在付费的基础上，通过传播媒介间接确定的对象进行的信息传播活动"；"广告是有计划地通过媒体向所选定的消费对象宣传有关商品或劳务的优点和特色，唤起消费者注意，说服消费者购买使用的宣传方式"，①这些定义各有侧重，但都认为广告是一种信息传播方式。信息功能是广告传播的本质功能，是其他功能发生的基础。

一、广告信息的内容及层次

(一)广告与信息

信息科学认为，信息是物质的普遍属性，是客观存在的物质运动形式。信息既不是物质，也不是能量，它在物质运动过程中所起的作用是表述所属的物质系统，它存在于与其他任何物质系统全面相互作用(或联系)的过程中。② 信息论奠基人香农从信息功能的角度指出：信息是

---

① 陈培爱：《广告概论》，高等教育出版社 2004 年版，第 5 页。

② 郭庆光：《传播学教程》，中国人民大学出版社 1999 版，第 4 页。

在一种情况下减少不确定性的任何事物。

信息可分为三个层次:第一层次是语法信息,说明事物存在的方式和运动的状态;第二层次是语义信息,说明事物运动的具体内容;第三层次是语用信息,说明信息的效用,对接受者产生的影响和作用。在这三个层次中,语义信息最重要,它是语法信息的内涵和实质;语用信息是最高层次,它联系信息的内容和信息的接受者,决定信息的价值。三个层次的信息构成语真、语义、语用三个平面。①

表 5-1　信息层次划分表

第一平面	语真	真伪　虚实	反映信息本身
第二平面	语义	显现程度　可理解性 隐含程度　准确性	反映信息事物内容
第三平面	语用	效用　价值　预测	判别、反映信息事物的现时、未来作用

作为一种社会信息,广告信息主要涵盖两个方面内容:“说什么”——指事信息,“怎么说”——审美信息。

广告首先要解决“说什么”的问题,即要向消费者传递什么样的实质信息。所谓指事信息,指广告必须包含并明确指向某一(或一类)“事件”、“事物”乃至隐含象征意义的“事物”及其观念或关系(问题)等。指事信息的基本功能目标,是使受动于广告主体的广告对象对广告信源以至广告信息做出的特定的反应,商业广告的指事信息目标是希望受众采取购买行为,公益广告的指事信息旨在增强人们的道德意识。②指事信息体现广告的目的性、功利性等特征,是广告信息的主体。

具体而言,广告中的指事信息包括功能信息和价值信息。功能信息指广告告知消费者的产品信息或服务信息,内容涉及功能、特点、效果、价格、购买渠道、优惠举措等,其主要目的是引起消费者的注意并促进其对宣传对象产生初步认知;价值信息则披露消费者购买或使用产品、服务带来的利益或心理满足,刺激消费者潜在的需求欲望。

① 裴成发:《信息的结构与功能分析》,《图书情报工作》1998 年第 4 期。

② 韩丛耀、周振华:《广告传播的信息学观照——兼论广告的特性》,《新闻知识》2001 年第 10 期。

"怎么说"关系广告采用的表达方式。审美信息指广告传递的、给予消费者受众审美愉悦的信息。广告只有将思想、信息、知识、功能寓于高度和谐、充满诗意的美术、摄影、歌曲、诗词、戏剧、舞蹈等文艺形式中，才能有效吸引消费者。

(二)广告信息的层次

按上述信息层次划分，广告的功能信息应属语真层面，审美信息属于语义层面，价值信息属于语用层面。

1. 语真——广告信息的真实性

真实性是广告的生命，广告必须确保信息与宣传的产品或服务相一致，如实传递广告商品的功能、价格、特点、效果等相关信息。广告可以对产品或服务进行合理的艺术夸张，但要符合客观事实，决不能言过其实甚至弄虚作假。

当前广告的虚夸现象相当严重，美国联邦贸易委员会将广告中的虚夸视为欺骗行为和违法行为，他们对虚夸的定义是："一种一般读者、听众或观众不太在意的夸大的主观或观念表明(具有欺骗可能)"，①这些广告通过向人们灌输不真实的看法，影响人们的购买决定，构成"软性欺骗"。

不真实的广告信息可能暂时欺骗消费者并带来利益，但这种情况不会长久，消费者一旦意识到欺骗行为，不诚信的企业将遭到毁灭性的打击。因此，广告从业人员和企业应秉持诚实原则，恪守职业道德，为广大消费者创造诚信、文明的消费环境。

2. 语义——广告信息的审美性

广告不是单纯的商品说明，而是融合多种表现形式的艺术。优秀的广告不仅包含真实的广告信息，而且应该具有打动人心的美感，美感是广告的灵魂。威廉·伯恩巴克被人称为唯情派大师，他认为广告是艺术，他把广告看成是"说服的艺术"，他认为广告创作时，"怎么说"比

---

① 丁俊杰:《广告学导论》，中南大学出版社 2003 年版，第 66 页。

“说什么”更为重要。广告没有吸引力，没人来看，不管说什么，都是浪费金钱。

广告创意不应为艺术而艺术，而应为了更准确、更清楚地传达产品或服务信息，更好地引发消费者的联想，更充分地实现广告意图，从而促进产品的销售。

广告的功利性目的决定了应以指事信息为主，审美信息为辅，审美信息应为指事信息服务。

3. 语用——广告信息的实用性

广告是一门应用科学，广告实用性很强，诉求商品功能、特点、价格、销售等的功能性信息给消费者带来许多便利，能指导消费；诉求心理满足的价值信息在潜移默化中改变人们的消费观念和消费行为。广告是企业驰骋市场必不可少的工具，是反映供需、沟通产销的桥梁，也是市场竞争的得力“武器”。总之，广告信息的实用性使其成为市场经济和现代生活中不可或缺的部分。

二、广告信息的传播流程

传播是带有社会性、共同性的信息交流活动，是信息发送者与接受者之间思想“达到共同”的过程。拉斯韦尔把传播过程分解为传者、受者、信息、媒介、效果，即5W模式。R·布雷多克添加了情境和动机两个环节，把它变成7W模式。后来的香农—韦弗模式增加了噪音因素，控制论模式则引入“反馈”机制，变“单向直线性”为“双向循环性”。

作为大众传播活动的广告传播，其传播过程可以用下图表示：

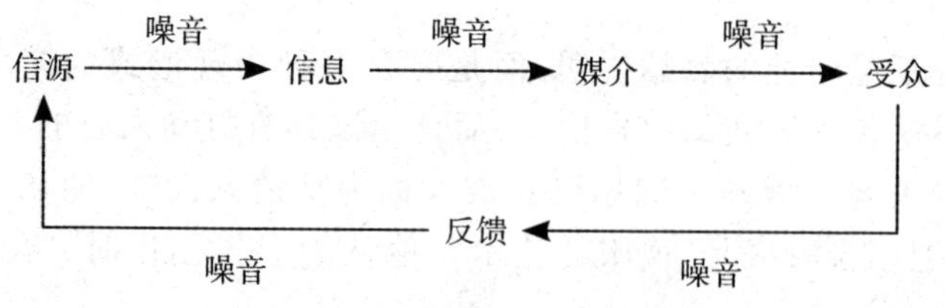

图5-1 广告信息的传播流程

(1)信源(编码)。信源又叫传播者、发送者或编码者。为了实施传播,信源必须对信息进行编码,把思想或观点转化成符号。广告活动的主体是广告主,广告主委托广告公司代为制作、发布广告信息,广告主才是真正的信源。但广告信息的编码过程由广告公司执行,广告公司能否真正领会广告主的意图非常关键,准确的诉求、独特的创意和优秀的执行不仅能吸引消费者,扩大品牌知名度,还能帮助广告主实现销售目的。研究表明,同一广告主题,使用不同的表达方式,广告效果大不相同。

(2)信息。信息是一切传播活动的核心,是信源对具体观念或思想进行编码的结果。广告信息是有计划选择的商品或劳务信息,根本目的在于销售。因此,广告信息包含"说什么"和"怎么说"两部分信息,围绕促销展开。前者包括功能信息和价值信息,即诉求产品的质量、价值和价格等功能利益以及快乐、骄傲、虚荣等心理满足,简单说,就是给消费者一个购买的理由。"怎么说"则主要指广告信息的表达方式,即具体的创意、设计、制作,包括采用什么图片、音乐、声音、色彩等,目的是用最符合目标消费者审美需求的方式传达实质信息。

(3)媒介。媒介就是把信息传输给社会大众的工具。广告媒介指传递广告信息的媒体。广告活动是广告主以付费的方式通过大众传播媒介来进行的,大众媒介在广告活动中负责将生产者、经营者的信息(即广告主的生产产品和劳务信息)传播给消费者,沟通生产者和消费者的信息交流,是两者之间的信息媒介。选择媒介非常重要,有效的媒介策略会提高广告活动的效果。影响媒介选择的因素很多,主要有:品类关心度、广告创意活动类型、品类相关性、品牌形象和个性、消费习惯、竞争态势等。洗发水、肥皂等日用品价格便宜,属于低关心度商品,又需要大面积传播,很多厂商选择电视媒介;汽车、房产等商品,目标消费者比较集中,消费者购买很慎重,高端杂志、报纸等印刷媒体是理想的选择。

(4)受众与译码。简而言之,受众就是信息传播的接受者,包括报刊和书籍的读者、广播的听众、电影电视的观众以及网民。受众并不是消极被动的接受者,相反,他们是积极的参与者。从调查中得知,受众生活背景中的经验,会影响他们的译码活动。社会、经济、文化和心理等因素都可能影响受众的译码过程,译码结果不可控制、难以预测。广告传播者必须充分考虑受众的"共同经验"。

“共同经验”指信息发送者与接受者之间共同的经历，他们共通的思想越多，就越容易沟通。因不顾及受众的经验范围而导致失败的广告不在少数。例如，耐克 2004 年推出的“恐惧斗室”广告在亚洲地区播出时引发轩然大波，华人观众觉得广告中被 NBA 巨星勒布朗·詹姆斯打败的形象——长袍老者、飞天女及中国龙代表中国人。尽管耐克宣称，希望借此广告鼓励年轻人直面恐惧、勇往直前，广告还是因涉嫌侮辱中国人而被停播。类似的广告还有立邦漆盘龙广告和丰田霸道汽车广告。这是忽视经验差异引发的问题，龙是中国人的图腾，中国人对龙有很深的文化和心理的情结，广告创意人与受众显然不具有“共同经验”。

(5)效果及反馈。广告效果包括销售效果和传播效果，传播效果是潜在的销售效果。广告的传播效果是广告接受者对广告本身的记忆、回忆、理解、认识的情况，一般通过注意度、知名度、记忆度、视听率等几个指标来判定广告对消费者的心理效应的大小。

影响广告传播效果的因素很多，主要取决于广告本身，如广告目标受众的选择、媒介策略等，接收信息的场景也会对受众正确理解广告信息产生影响，一则广告在公共场所和私人场合播放的效果是不同的。楼宇广告在电梯相对封闭的狭小空间里播放，人们或为了消遣无聊的等待时间，为了缓解陌生人共处一室的尴尬，经常都会看广告，看得比较专注，广告效果相对较好；同一则广告在家中播放，人们往往会心不在焉，这两种广告效果就存在差异。

受众对广告的反馈最终反映在销售上，这种反映是滞后的，而销售又是多种因素共同作用的结果，因此，广告的反馈效果一直难以精确测定。有时广告公司会采取有奖问答的方式，通过回收的问卷分析受众的反馈情况。

(6)噪音。噪音指干扰信源与受众之间信息编译码过程的任何成分，噪音可能出现在广告传播过程的任一环节。编码过程中，如果广告语言“用词不当”，受众就不能正确领会广告的意图；媒介传递信息过程中，电视信号不好，图像模糊，观众就没法看到完整的广告内容；在受众的译码过程中，受众会抵触广告的功利本质，这种“心理噪音”使有的消费者一看到插播广告就换台，有的人趁广告时间做其他事情，这些情况都会造成广告信息不能到达受众或被曲解。广告主和广告公司应事先调查再制定广告信息和媒介策略，广告必须在设计、制作和安排上引起受众的关注，减少误解，便于记忆。广告传播中的噪音不可避免，应尽量减少噪音的影响。

三、广告信息的信息功能

1. 广告信息的告知、提示功能

信息告知是广告最初最基本的功能，直到19世纪90年代，西方社会对广告公认的一般定义仍是“有关商品或服务的新闻”(News about product or service)；“广告仍被看作是一种起告知作用的、与新闻报道类似的传播手段，其本质功能在于告知”。[①] 在产品不太丰富、资讯较为贫乏的情况下，广告的告知功能尤为重要。这样的广告，经济学家马歇尔称之为“信息性广告”。随着社会经济的发展，产品极大丰富，信息传播业更加发达，单纯的告知信息很难直接促进商品销售，但告知功能仍是广告最重要的功能。试想一下，如果没有广告告知消费者有关商品的各种信息，消费者要在浩如烟海的商品海洋中搜寻需要的东西，得浪费多少时间和精力！如今，单纯的告知信息一般应用于产品的导入期，大多使用较长的文案详细描述产品的各项功能特点，以帮助人们尽快了解新产品。产品进入成熟期或衰退期，广告经常传达提示性信息，提醒消费者继续关注。这种产品往往是消费者常买的产品。广告画面一般处理得简单、明了、易认，通常不使用太多的广告语言，强调出现品牌名称、标识等，以巩固品牌在消费者心目中的印象。

总之，对消费者来说，告知和提示性广告信息起着很重要的作用：为消费者提供许多生活情报，增长见闻、充实知识；有助于消费者识别商品，减少消费者误购产品及滥用产品的可能；指导消费，增加消费者尝试新产品的机会，甚至可以提高消费者的生活水准。

---

① 张金海：《20世纪广告传播理论研究》，武汉大学出版社2002年版，第91页。

2. 广告信息的劝服功能

产品的丰富使消费者不再像过去那样只在乎得到产品，而是在乎产品的优点和购买带来的实际利益。这时就需要发挥广告传播的劝服功能，选择性传递商品信息，解释其与消费者之间的联系。广告曾被认为是“纸上推销术”(Salesmanship in print)，即广告应该像推销员那样想办法说服消费者，通过给消费者提供合理的原因来促使他们购买商品。广告人罗瑟·瑞夫斯提出“独特的销售主张”理论，即著名的USP理论。USP理论的主要内容有三点：第一，你需要明确的主张：买这件产品，你就可以得到特定的益处；第二，它必须是一个独特的主张，其他竞争者无法提供或不提供的主张；第三，这个主张必须能销售。例如，宝洁公司的广告非常注重产品功能利益诉求，在其洗发水品牌进入中国初期便告诉人们，使用飘柔可以使头发更柔顺，潘婷能为头发补充营养，而海飞丝的功效在于去头皮屑，各品牌的功能特点一目了然。

3. 广告信息的诱导功能

产品日益同质化，广告开始强调从消费者的利益及感受出发来寻找广告诉求点及表现方式，强调消费者的心灵共鸣和认同。在这样的广告里，产品信息的传达不再重要，广告更多地传达一种感觉、一种气质、一种观念。广告信息不再像过去那样专注于产品的物理属性与消费者之间的联系，而是利用消费者的潜意识和无意识开发产品的附加值，发挥诱导功能。广告大师奥格威认为，人们不是因为产品本身的原因购买商品，而是因为他们把商品与特殊的形象联系起来，奥格威广告中那个穿着海赛威衬衫、戴着眼罩的男人赋予海赛威衬衫难以抵御的“新的吸引力”，大大提高默默无闻一百多年的海赛威衬衫的知名度，迅速风靡全美国；李奥·贝纳塑造了充满强壮、粗犷、豪放的万宝路牛仔形象，一下子征服了无数美国人的心。抽一支万宝路香烟，似乎是在一定程度上体验美国的生活方式，世界级的著名品牌由此诞生。

以上两个成功的范例充分展示了品牌形象的威力，在广告中起决定性作用的不再是产品特征，而是通过品牌独有的个性和意蕴打动、征服消费者的心灵。

4. 广告信息的沟通功能

60 年代以后，传播学不再视受众为被动、脆弱、中弹即倒的“靶子”，广告人逐渐意识到受众在广告传播活动中的主动性和决定性，强调以受众为中心的广告传播理论先后出现。70 年代，艾·里斯和杰·特劳特提出定位理论：定位是对未来的潜在顾客心智所下的功夫，把产品定位在未来潜在顾客的心中。90 年代，整合营销传播理论出现，强调传播活动应以在消费者心中为品牌创造出的认知价值，主张“运用一切传播形式及手段实现沟通目标”，与消费者建立一对一的沟通关系，在传播过程中，广告只是作为实现与消费者沟通的一个环节而非全部。这意味着“广告传播功能观念的根本改变”：“沟通意味着买方与卖方之间是一种平等的关系，而不是像劝服或者诱导那样具有强迫性；其次，买方与卖方之间存在着一种资源交换与分享共同价值的关系”。[①] 只有通过深度沟通才能建立品牌忠诚，最终实现利润最大化。

第二节 广告传播的经济功能

广告是向大众传播经济信息的工具，是连接生产与消费的信息桥梁，在促进生产、加速流通、指导消费、繁荣市场、发展经济等方面起着重要的促进作用。以下从微观和宏观两个方面阐述广告传播的经济功能。

一、广告传播的市场营销功能

随着市场经济的发展，企业之间的竞争激化。价格竞争曾是企业竞争的有效手段，但价格直接影响利润，操作不当可能导致两败俱伤，越来越多企业把目光放到非价格竞争上。广告是非价格竞争的有效手

① 张金海：《20 世纪广告传播理论研究》，武汉大学出版社 2002 年版，第 96 页。

段，适应市场消费需求的新特点，广告通过洞察消费者心理和动机，能把消费者的关注点从功能利益和价格转移到心理需求的满足上来。因此，广告传播的微观经济功能主要集中在企业的市场营销功能上。

1. 创造品牌价值，扩大市场占有率

商品极大丰富，要想从同质化的商品中脱颖而出，光靠提高产品质量显然不行，企业需要打造个性鲜明、差异化的品牌形象。

品牌不仅是商品的标识与符号，更是消费者对产品的感知，是对于产品的认知关系，品牌的形成不仅取决于产品本身的特性，更取决于消费者对产品特性的理解和认知。品牌与产品的差别在于：品牌建立在形象和人文的基础上，而产品是实在的、客观的与理性的。越来越多的证据显示，消费者购买决策的依据，往往是他们自以为重要、真实、正确无误的认知，而非来自具体的理性思考或斤斤计较的结果。

简单说，“品牌就是产品和环绕在产品周围的一圈光晕”，①这一圈光晕使消费者感觉自己不仅在消费产品，同时也在消费品牌，从而获得心理上的满足，他们心甘情愿为此接受更高的价格。以钢笔为例，一只万宝龙镀金钢笔的价格可能是一只英雄牌镀金钢笔的几十倍，因为万宝龙传递给消费者的品牌联想是精致、奢侈、贵族、历史悠久，这些联想最后汇集成“高档”的品牌形象，消费者使用万宝龙笔会感觉自己跻身成功人士，甘愿为此支付高价。英雄牌钢笔让消费者产生的联想是：国产的、上海产的、大众化的老牌子。两者的根本区别就在于消费者品牌认知的差异。由此可见，品牌的价格最终要由消费者的意识决定，取决于消费者的心理价位。同样质量的产品，名牌产品可以高于市场平均价格的价位卖出，商家因此获得更多的利润。有调查表明，名牌占全部品牌的比率不到3%，但名牌商品所占的市场份额高达40%以上，销售额占市场销售额的一半左右。

广告是品牌传播的主要方式之一，它通过各种传媒向消费者传播

① ［法］拉尼奥：《我知道什么？——广告社会学》，商务印书馆1998年版，第69页。

品牌信息、诉说品牌情感，构建品牌个性，进而在消费者心理上形成强大的品牌影响力。从广告心理学角度讲，广告在建立消费者品牌认知、培养品牌意向和改变对品牌的态度上起重要作用。在《一个广告人的自白》中，奥格威明确阐述了广告塑造品牌的作用："广告是对品牌印象长期的投资"，"替客户策划广告方案要以假定客户永远经营这种商品的业务为立足点，以高瞻远瞩的眼光来为他们的品牌树起明确突出的性格，而且坚持运用贯彻到底"，"每一则广告都应该被看成是对品牌形象这种复杂现象在做贡献"，"致力在广告上树立明确突出品牌形象的厂商会在市场上获得较大的占有率和利润"。①

可口可乐是全球品牌价值最高的品牌，其成功秘诀之一就是广告。可口可乐的伍德拉夫有一句名言："可口可乐 99.61%是碳酸、糖浆和水。如果不进行广告宣传，那还有谁会喝它呢？"1886 年，可口可乐的营业额仅为 50 美元，广告费却为 46 美元；1901 年，可口可乐的营业额 12 万美元，广告费为 10 万美元；如今，可口可乐每年的广告费超过 6 亿美元。如果算一笔账，1886 年可口可乐投入的广告费占营业额的 92%，1901 年为 83.3%，也许就是这个 92%和 83.3%的惊人之举使可口可乐这样一种 99.61%都是碳酸、糖浆和水的饮料风靡全球。广告，无疑是使品牌成功并扩大市场占有率的法宝。

2. 树立企业形象，扩大企业影响力

企业形象指社会公众对企业形成的概念、感觉、想法、印象、评价而产生的综合结果，这种形象是客观的，说到底，企业形象是企业的经营思想、企业文化、员工素质、企业社会责任感、企业的内在素质等的外在表现，企业形象广告用这些因素作为诉求点来提高品牌形象，从而提高产品在消费者心目中的地位，这种地位包括知名度、美誉度，最终目的是促使消费者购买。企业形象广告的诉求重点并非产品，而是在平等地位上同消费者或广告受众进行深层次的交流，改善厂商同消费者的关系，赢得消费者的信任。

---

① ［美］大卫·奥格威：《一个广告人的自白》，中国物价出版社 2003 年版，第 90 页。

塑造良好的企业形象对提升企业的市场竞争力意义重大。企业的社会形象良好，人们会不自觉地将对企业的信赖转移到产品上，从而坚定其购买信心。各国的著名企业都很注意维护企业形象。据调查，美国81%的大企业每年花费5亿美元左右制作投放企业广告，美国电报电话公司、通用电器、杜邦等巨头都坚持不懈做了几十年的企业广告。

随着市场经济的勃兴和竞争的加剧，国内许多企业也逐渐意识到树立良好形象的重要性。太阳神的“当太阳升起的时候，我们的爱天长地久”、海尔的“真诚到永远”到白沙集团的“鹤舞白沙，我心飞翔”、统一润滑油的“多一些润滑，少一些摩擦”，这些企业形象广告或诉求企业精神、经营宗旨和价值观念；或表达对社会公益事业的关注、表现了企业的高度社会责任感；或倡导文明观念、引起人们的情感共鸣，目的都在于博取消费者的赞同或支持，产生关注效应，进而将这种关注转移到企业或产品上，提高品牌的亲和力。

海尔深刻认识到企业形象的重要性，坚持不懈地树立企业形象，从产品质量、服务、传播策略等各个方面向人们阐释“真诚到永远”的经营理念，借助企业领袖的个人影响力，在短短的十几年时间里，从濒临倒闭的工厂一跃成为世界知名品牌。海尔的产品总是比其他国产同类产品略贵，但这丝毫不影响消费者购买海尔产品的热情，这就是品牌的力量，也是海尔企业形象的成功。

只要商品经济继续存在，竞争就不会停止。卓尔不群的企业形象必将成为消费者识别和信任的标志，成为企业拓展生存空间、赢得并保持竞争优势的王牌。

3. 培育品牌忠诚，降低消费者的购买风险

通常来讲，消费者购买决策取决于购买动机、产品属性、价值的高低、购买感知风险度、品牌讯息的多寡、预想情感收益的高低、购买决策影响者的影响力等元素。

消费者选择某一种品牌的商品总是以放弃其他品牌为代价的，这种选择有风险。由于自身条件的制约，消费者无法预知可能遇到的全部风险，只能在已有的知识和经验范围内做出判断。为了规避不可知

的购买风险，消费者经常采用以下办法：从各种渠道积极搜寻购买对象的信息；在从众心理作用下购买大多数人认可的品牌，一般情况下是全国性品牌和知名品牌；对某一品牌的产品长时间地反复购买，即使面对竞争品牌在价格等方面的诱惑，也愿意为该品牌付出高价，也就是人们常说的品牌忠诚。无论采取哪一种办法，都离不开广告的作用：

(1)广告向消费者传播商品和品牌信息，新发明、新产品尤其要借助广告来详细介绍自己的特性、用途和使用方法，消费者想购买产品而又缺乏相关知识时，一般首选从广告中获取信息。

(2)知名品牌的形成与广告宣传密不可分，消费者一般认为做过广告的厂商较可靠。有调查显示，消费者由于接触广告传播，对商品的放心感提高，所以知名品牌商品的指名购买率较高；

(3)品牌忠诚度的形成不完全依赖于消费者本身的特性和使用经历，它与产品的品质、知名度、品牌联想及传播也密切相关。企业通过与消费者的有效沟通，如建立顾客资料库、定期访问、公共关系、广告等来维持和提高品牌忠诚度。以广告为主的传播能提升消费者对品牌的熟悉、信赖感，使消费者对品牌产生挚爱与忠诚。品牌忠诚对企业和品牌的生存发展起着十分重要的作用，忠诚、价值、利润之间存在着直接对应的因果关系。营销学中有著名的“二八原则”，即80%的业绩来自20%的忠实顾客。品牌忠诚度高还容易吸引新客户，根据口碑营销效应：一个满意的顾客会引发8笔潜在的生意，一个不满意的顾客会影响25个人的购买意愿。此外，品牌忠诚度高的产品面对竞争有较大弹性，因而受经销商青睐，在拓展通路时更顺畅，容易获得更为优惠的贸易条款，比如先打款后发货、最佳的陈列位置等。

4. 增进销售，降低成本，增加利润

广告的劝服和诱导可以激发人们的潜在欲望，刺激消费，从而带动产品销售。研究证明，销售量的大小与广告投放量的大小在一定的界限之内确实存在正相关关系。1971年，美国学者肯尼斯·朗文(Kenneth Longman)基于利润分析曾提出一个广告投放模式，他主张广告在两销售点之间临限程度(临限程度指商品在不做广告情况下的自然销售)与最大销售程度之间发生效果。在临限点后，销售规模随着广告

开支的增加而逐渐增大，呈现上升的曲线，广告信息饱和，销售曲线就会趋于平缓，甚至开始回落。曲线的制高点，就是朗曼所说的“最高销售点”。①

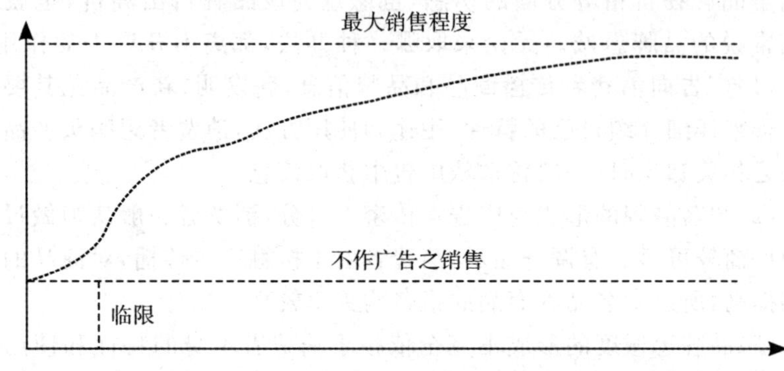

图 5-2 广告开支示意

销售量的增加带动企业生产规模的扩大，产生规模经济效应，从而降低单位成本、增加利润。除此之外，广告的信息传播功能可以帮助解决信息的不对称，加快商品流通速度，减少库存。广告为消费者及时提供产品、服务的信息，帮助推销员顺利开展业务，并在一定程度上代替人员推销，从而节省时间和推销费用。

二、广告传播的宏观经济功能

当今世界，凡是经济发达的地区，其广告业必然发达，对广告也极为重视。究其原因，是因为这些国家或地区已普遍意识到，广告能促进经济的发展，是现代工业化社会中不可缺少的一环。

改革开放以来，中国广告业是发展最快的行业之一，在与其他行业互动发展的同时，广告业也以自身的发展推动其他行业、乃至整个社会经济的发展。1993 年 7 月 10 日，国家工商行政管理局、国家计划委员

① ［美］丹·舒尔茨等：《广告运动策略新论》（上），中国友谊出版社 1991 年版，第 251 页。

会联合发布《关于加快广告业发展的规划纲要》，明确广告业的客观性质及其在国民经济发展中的重要作用。蓬勃发展的广告业，不仅带动了生产和消费，促进了市场繁荣，推动了市场经济的发展进程，为企业直接创造了经济效益，而且为国民经济发展做出不可磨灭的贡献。

1. 直接创造就业机会并带动媒介等相关产业的发展

20 多年来，我国广告业迅猛发展，1981—2007 年，保持了年均增长速度 35％的递增率，我国成为全球广告业增长最快的国家之一。1981 年，全国广告经营额仅 1.18 亿元，经营单位 1 160 户。到 2007 年，广告营业额增加到 1 741 亿元，广告经营单位发展到 17.26 万多家，广告业全方位地渗透进经济社会生活。2002 年，我国广告业提供了 75.6 多个工作岗位，而且逐年递增，到 2007 年，我国广告业向社会直接提供就业岗位 111.25 万个。①

广告的发展有力地带动了新闻媒介事业、社会体育文化事业的发展，2007 年，我国报纸、杂志、广播、电视四大媒介的广告收入占全国广告费总额的 49.1％。② 大众传播媒介依靠广告收入基本做到自收自支。此外，形式多样的临时性广告，为各种体育、文化等社会公益性活动的开展提供强大的资金支持。

2. 刺激社会消费需求，扩大市场规模

广告通过有诱惑力的形式刺激消费者的消费热情，引起消费者的购买欲望，进而促成其采取购买行为。

广告刺激消费者的需求，包括三个方面的内容：一是在产品刚上市时刺激其初级需求，这时的广告着重介绍新商品的特点和用途及价格、销售地点、配套服务等“告知性”信息；二是在市场上已有众多产品时刺激其选择性需求，企业通过广告宣传和突出自己产品的优异之处，刺激

① 现代广告杂志社：《2007 年中国广告业统计数据报告》，《现代广告》2008 年第 4 期。

② 现代广告杂志社：《2007 年中国广告业统计数据报告》，《现代广告》2008 年第 4 期。

消费者产生“既然要买，就买最好的”的购物心理；三是激发潜在的需求甚至创造全新的消费需求，广告可以把握消费者深层心理，根据其消费心理和行为特征，展示与其潜在消费需求相符的商品、服务，从情感上唤起消费者的共鸣。广告还可进一步引导新的消费观念和生活方式，促使消费者产生全新的心理追求，直至采取购买行动。例如，宝洁进入中国初期力推 2 合 1 洗发水，以“一步到位”的概念大获成功；后来为了推广护发素这一新产品，改变策略，告诉消费者应洗护分开，洗发之后只有使用护发素才能真正养护头发。消费者逐步接受这一全新理念，护发素很快打开了市场。

3. 沟通产销环节，创造社会财富

在社会经济生活中，广告成功地成为沟通生产与消费之间的信息交流的桥梁作用。信息的沟通，使社会生产具有明确的目的；产品的流转加快，促进社会经济资源的合理配置，社会生产活动的经济效益也得到提高。

企业广告收益远远高于广告投入，是广告活动的一般规律。据测算，除个别行业和特殊情况外，广告投入与收益之比一般在 1∶3 到 1∶10之间。1996—2004 年，我国广告业经营额累计 8 440 亿元，按最保守的估计，假设广告投入与收益之比为 1∶2，这 9 年期间，通过广告实现的商品服务销售增长额至少在 8 440 亿元到 1 万亿之间。① 由此可见，广告促使社会生产活动的良性运行，不断地为社会创造出更多的财富、推动着整个社会经济的发展。

4. 促进市场竞争和科技进步，为市场经济发展注入活力

竞争是商品经济发展的产物，有助于促进经济繁荣，有效配置经济资源。作为经济机制有效运转、发生健全作用的主要条件，竞争成为构筑市场经济制度的支柱。

作为市场竞争有效手段，广告对竞争的促进作用主要表现在以下

---

① 刘凡：《广告在社会经济发展中的功能和作用》，http://www.sdpc.gov.cn/。

三个方面：

(1)使竞争格局变得透明。为了吸引消费者，企业总是在广告中充分展示产品的性能、技术含量及企业的服务举措、研发动态等丰富信息，这能帮助消费者了解产品，同时让竞争对手洞察企业的生产、销售情况及策略和目标等信息，使市场竞争更加直观和激烈。

(2)提高竞争的质量。企业在广告中承诺各种实际利益，广告实际上成为对企业自身经营行为的监督。为了实现承诺，企业会千方百计地改进产品性能、提高产品质量、完善服务措施。惠普公司前总裁曾说：广告是质量的保证，一个公司花了巨额费用宣传了产品的优点之后，在以后的日子里不敢贸然降低其产品的质量。尽管公众有时会上当，但绝不会愚昧到明知上当还要继续受骗的地步。

(3)促进科技进步。广告的信息教育功能提高了消费者的产品知识和消费意识，消费者越来越挑剔，企业不得不以最快的速度将最先进的科学技术应用于生产经营，并由个别企业带动整个行业技术革新，从而有力地促进全社会的科技进步。

对广告与经济的关系，学术界和实务界都存在争论。只能说，广告对经济的影响是多方面的，而且是与其他因素一起共同作用的。广告犹如一把双刃剑，必须对广告实施有效调节和控制，才能保证市场经济有序进行。

争议焦点主要集中在以下几个问题上：

(1)广告与价格。广告费用计入产品成本，最终转嫁到消费者身上。但与产品的总成本相比，广告费用所占比重相当小；广告有助于形成规模经济，从而降低产品的单位成本，这部分余额再以低价的形式转让给消费者。美国联邦贸易委员会和最高法院认定，广告能促进竞争，有助于保持低价，间接消费者的自身利益。

(2)广告与经济周期。批评家指责广告缩短了经济衰退的周期，浪费了本可以在别处得到更好利用的资金。而广告支持者认为，无论在困难时期还是经济繁荣时期，广告都可以增强消费者的信心。有证据表明，当经济周期处于上升时期时，广告可以发挥推动力的作用；当经济周期处于下降期时，广告可以鼓励消费而稳定市场。

(3)广告与竞争。有人认为广告有助于形成垄断，他们认为：中小型企业无力负担巨额广告费用，容易被挤出市场，市场份额大部分掌握在强势企业手中，形成卖方集中，此时广告成为大广告主打击竞争者的壁垒因素，进一步巩固垄断地位。另一方观点则认为：广告能促进市场竞争，无人能形成思想上的垄断，中小企业的产品具有差异性并符合人们的需要，也可以在市场中占有一席之地。

(4)广告与总体消费。批评家们一致认为，广告通过刺激人们的欲望制造消费需求，促使人们购买自己并不需要的东西，将人们的收入从节余转入消费。但反对观点指出，广告是"消费的结果而不是起因"，是可支配收入的增加促进了消费，从而带动了广告支出的增长。而且，广告对总体消费的冲击力远远不及人口变化、生活方式改变等社会因素来得大。

第三节　广告传播的社会文化功能

作为社会发展的产物，特别是作为现代商品经济的伴生物，广告是向消费者传递商品信息、树立企业形象的传播工具。广告在宣传商品信息的同时，还传播着思想意识、价值观念及科学知识，在潜移默化中影响受众的知识结构、思维方式、价值取向、审美标准及世界观，其在社会发展中的地位和影响早已超出经济领域，应当将其视为独特的文化现象。除了具有促进经济发展的功能，广告还具有文化功能、意识形态功能、审美功能、教育功能等社会功能。此外，广告在传播不良文化方面的负面作用也不可忽视。

一、广告传播的文化功能

(一)广告与文化

广告不仅是经济活动，而上升为文化现象。早在1926年，我国著名的报学史专家戈公振先生在研究中国报学史的过程中就提出，"广告为商业发展之史乘，亦即文化进步之记录”，一语道出广告的商业本质和文化负载功能。

文化，是在群体经历中产生的代代相传的共同的思维与信仰方式，它是无形而抽象的。马克思主义观点认为文化是人类劳动创造的物质财富和精神财富的总和。这种观点是一种静态的概括。西方学者则倾向于动态的分析，美国社会学家L·布鲁姆等人认为，文化指“在群体经历中产生的代代相传的共同的思维与信仰方式，它是一个社会的生活方式以及适用于其成员的知识、信仰、习俗和技能”。另一个美国学者F·R·鲁特则认为，“文化可以定义为某一特定的人类社会的独特的生活方式，即一代又一代延续下来的独特的思维方针、观念、感情、信仰和行为”。①

广告是一定社会文化的产物，任何广告无不带有该社会文化的烙印。广告传受双方都生活在社会中，要遵守一定的社会文化习俗，不同民族、不同国家、不同种族、不同地域、不同宗教的哲学思想、思维方式、文化心理、伦理道德、审美情趣、风俗习惯、宗教信仰、社会制度等都会潜移默化地影响广告。

具体而言，文化对广告传播的影响表现在：文化制约着广告传播的信息内容，制约着广告传播的诉求、创意和表现策略，制约着广告传播的传播方式，制约着受众对广告所传播的信息的理解和接受，制约着广告传播的效果。

在现实社会中，经济与文化之间没有绝对的界限。商业性是广告的本质属性，广告同时是大众文化的突出形态。大众文化是工业社会的产物，它是大众消费社会中通过印刷媒体和电子媒体等大众传播媒体所承载、传递的文化产品，这是一种合成的、加工的文化产品，满足了大众的文化需求。大众文化遵循商品经济的逻辑，寻求大量制造的可能性和市场的可销售性，基本上是一种消费文化。

作为企业达到销售目的、获取利润的手段，广告首先要满足消费者的需求，为其经济属性服务，奥格威认为：广告唯一正当的功能就是销售而不是娱乐大众，也不是运用你的原始创力或美学天赋使人们留下

① 王博文：《文化营销》，全球品牌网2006年5月24日。

深刻的印象。他一针见血地直指广告的最终功用。广告传播商品信息,广告文化中包含的价值观念和行为模式,引导大众的消费观念,改变消费模式和生活方式。

(二)广告传播与流行文化

广告传播对大众消费行为的引导主要通过引导流行时尚来实现。广告传播与流行文化,就好像一枚钱币的正反两面——看似无关,实则紧密相依。

流行指“一个时期内在社会流传很广、盛行一时的大众心理现象和社会行为”。① 简单的说,流行是人们普遍追求的生活模式,彰显个性的行为方式,在短期内迅速延展开来,不具有强制性但感染力极强的意识形态。流行有 3 个突出特点:一是短暂,表现为突然迅猛的扩展与蔓延,又很快地消失;二是新奇,表现为人们对一种新的事物、风尚的仿效;三是有较宽的波及面。流行本身根植于生活,又引导并改变人们的价值取向、行为方式。流行本身不能给人们带来物质利益,但流行会影响人们的精神生活,使参与者产生社会的认同感、个性的归依感。

广告的终极目的在于促成目标消费者的购买行为,因此,一方面,广告会无时无刻追逐生活中的流行趋势,以便从表现内容、形式、风格诸方面契合目标群体的价值趋向、关注热点、心理动向,促使广告效应从眼球关注向商家利润飞跃。另一方面,广告在流行时尚的形成过程中的作用举足轻重,有时甚至是“始作俑者”。广告传播者经常能敏锐地发现消费潜力之所在和消费趋势的发展方向,并为之推波助澜,就此意义而言,流行文化的发掘、创新、形成,都离不开广告传播活动。广告传播与流行时尚紧密结合,以广告传播带动流行风尚,以流行时尚促进广告传播,从而获得更好的广告传播效果。

具体来说,广告传播主要通过以下途径来引导流行文化:

---

① 沙莲香:《传播学》,中国人民大学出版社 1990 年版,第 92 页。

1. 制造流行事件,提供娱乐话题

广告是企业花钱实现其商业(或经营)意图的手段,但在传播过程中,广告却有意或无意地成为消费者的娱乐活动,具有娱乐功能。在生活中,广告已与电影、文学、音乐等一样,成为消费者的娱乐内容,广告为人际交流提供各种各样的话题。

广告善于通过制造流行事件来带动广大消费者的积极性,扩大广告的社会影响力。以百事可乐为例,在很长一段时间里,百事可乐在与可口可乐的交锋中无法占到任何便宜。在确立了年轻人市场差异化定位之后,百事可乐一直通过音乐、运动这两个年轻人最喜欢的活动来树立其“新一代的选择”的品牌形象。1984 年,美国本土百事可乐花费 500 万美元请流行乐坛巨星麦克尔・杰克逊代言,此举被誉为有史以来最大手笔的广告运动。杰克逊不辱使命,踏着如梦似狂的舞步,唱着百事广告主题曲出现在屏幕上,年轻消费者无不为之震撼。20 世纪 90 年代中期,百事可乐聘请香港明星郭富城为中国区的形象代言人,郭富城与美国流行音乐天后珍妮・杰克逊共同演绎《渴望无限》,引起轰动,许多年轻人因为喜欢百事音乐而喜欢上百事可乐。百事可乐经常赞助各种体育活动,主要是年轻人喜欢的篮球和足球。2006 年德国世界杯期间,百事可乐邀请贝克汉姆、卡洛斯、罗纳尔迪尼奥等足球明星共同演绎百事广告。从 1999 年开始,百事可乐连续 7 年赞助举办中国青少年五人制组足球比赛,推动中国青少年足球的发展和普及,更多的青少年通过这个活动认识这个年轻、活力的品牌。百事可乐制造了一次又一次的流行事件,创造了独树一帜的百事流行文化,把品牌深深根植消费者脑海中。

2005 年,娱乐选秀节目“超级女声”火爆一时。其独家冠名赞助商蒙牛集团瞄准时机加紧推广其酸牛乳产品,推出了由首届超女季军张含韵演唱的广告歌曲《酸酸甜甜就是我》,借助超女的强大社会效应迅速风靡全国。蒙牛酸酸乳一举击败伊利、光明等其他品牌的乳酸饮料,销量大幅上升,在一些地区甚至卖到断货,蒙牛的品牌形象更是得到飞跃性的提升。

2. 创造流行广告语和广告歌曲

广告歌曲具有容易传唱、记忆度高等特点，可以调动受众的听觉感官，加深广告印象，因此越来越多地运用在广告中，广告歌曲对流行文化的影响最为显著。早在80年代，一曲“我们是害虫，我们是害虫，正义的来福灵（音译），正义的来福灵，杀死！杀死！杀死！”迎合了当时青年的追求叛逆的嬉皮心态，迅速成为大街小巷传唱的流行歌曲；80年代出生的人至今仍对娃哈哈果奶广告歌的旋律记忆犹新：“甜甜的、酸酸的，喝果奶味道好，甜甜的、酸酸的，妈妈我要喝，娃哈哈果奶！”，琅琅上口，娃哈哈果奶成为当时最畅销的儿童乳饮料。有的广告歌曲并非为广告而创作，只是利用流行歌曲的既有影响力，关联品牌，从而迅速提升品牌的知名度。孔府家酒趁电视剧《北京人在纽约》风靡一时推出电视广告，“千万里，我一定要回到我的家”传唱大江南北，也使孔府家酒品牌深入人心。

作为品牌或企业的传播口号，广告语承担着诉求品牌利益的功能，在与消费者的沟通中起非常重要的作用。广告语对流行文化的影响更多体现在对社会流行语的改变上。流行语指在某一时期，某一地域或特定人群中，迅速盛行，广为传播的语汇。流行语反映当代社会的重大事件、生活现象，富有时代性，传播范围广，传播速度快。流行语不仅是语言现象，它从特定角度传达人们的价值观念和文化心态，真实反映社会现象。《国际广告》杂志曾经搜集了改革开放以来中国广告20年间（1979—2000）的流行广告语，摘录部分如下：

1979 可口可乐添欢笑（可口可乐）。

1980 味道好极了（雀巢咖啡）。

1982 车到山前必有路，有路必有丰田车（丰田汽车）。

1983 燕舞，燕舞，一片歌来一片情（燕舞收录机）。

1984 威力洗衣机，献给母亲的爱（威力洗衣机）。

1987 当太阳升起的时候，我们的爱天长地久（太阳神）。

1991 一股浓香，一缕温暖（南方黑芝麻糊）。

1994 海尔，真诚到永远（海尔电器）。

1997 没有最好，只有更好（澳柯玛冰柜）。

牙好，胃口就好，身体倍儿棒，吃嘛嘛香（蓝天六必治）。

1998 农夫山泉有点甜（农夫山泉）。

1999 知识改变命运（公益广告）。

2000 呼机，手机，商务通，一个都不能少（商务通）。

尽管这些广告中的商品有的早已销声匿迹，但经典的广告语还耳熟能详，它们真实记录了时代的变迁和文化观念的改变。

如今的流行广告语更是层出不穷。有年轻一代的青春宣言："我的地盘，听我的（动感地带）"，"年轻，没有什么不可以（清逸洗发水）"，"我要我的滋味（伊利优酸乳）"；有积极向上、勇于挑战的运动精神："一切皆有可能（李宁）"，"impossible is nothing（阿迪达斯）"，"just do it（耐克）"；有成熟沉静的人生感言："鹤舞白沙，我心飞翔（白沙集团）"，"简约不简单（利郎西服）"，"思想有多远，我们就能走多远（红金龙）"。这些流行广告语早已融入流行文化并不断"推陈出新"，推动着流行语言和流行文化的创新。

二、广告传播的意识形态功能

实践证明，人们消费产品，并不仅因为其物质特性和实用功能，还因为广告张扬的抽象的、非实用的精神因素能够使人们产生兴趣和认同。广告包含各种观点、价值与精神取向，广告中的商品不折射着生活态度、生活方式、生活哲学和意识形态。

1. 广告传播影响消费观念和价值观

广告能改变大众文化，能转变语言，能开创事业或挽救企业，广告甚至能彻底改变世界……这个说法虽然夸张，然而广告的确具有改变世界的力量。美国广告学学者朱丽安·西沃卡深入研究美国广告史认为："广告业……作为销售商、品味制作人、教育家、流行文化创造者以及历史学家，多方面、多层次地影响和塑造着美国人的日常生活。"①这

① ［美］朱丽安·西沃卡著，周向民、田力男译：《肥皂剧、性和香烟》，光明日报出版社 1999 年版，第 103 页。

证明，广告不再无足轻重，而成为影响文化，制约人们的精神世界和现实生活的具有强大意识形态性的事物，这种意识形态使人们的消费抉择有利于广告主利益，他们会不知不觉接受有利于广告主的特殊知识和立场。这便是广告“润物细无声”的功夫，也是广告形态对现代消费者天长日久、滴水穿石般的塑形。

传播学者 Sut Jhally 曾指出：广告“作为现实表现的‘反映’，不过是从现实反映中抽取出来的一部分……广告形象事实上就是社会现实的一部分”。① 于是，广告中的意识形态往往能够反映一个时代的主旋律，折射出人们的精神面貌和生存状态，不同的社会语境，有不同的广告意识形态。

回顾中国改革开放以后广告发展的不同时期，我们发现不同时代的意识形态是不一样的。上个世纪 80 年代末、90 年代初，广告荧屏上充斥壮丽崇高的“宏大叙事”的意象符号，广告的意识形态气魄宏大，受政治意识形态影响，强调社会责任与奉献，纠缠着难解的英雄情结。长虹广告广为人知的口号“以产业报国，以宏扬民族精神为己任”正是这种意识形态的优秀代表。从 90 年代末到 21 世纪初，随着社会的进一步转型和市场经济的推进，英雄情结受到平民意识挑战，社会意识关注的重点也从整体过渡到个人，从崇尚牺牲、奉献过渡到注重自我实现和现实的快乐。与这种时代的精神状态相对应，广告的意识形态也呈现出相对狭小化、个体化的趋势。对个体价值和自我梦想的张扬，对当下的享受和愉悦感的重视，多以生活哲学而非道德教条的面貌出现，是当代广告意识形态的一大特征。

2. 广告传播影响社会规范的形成和内容

社会规范是社会得以运行的重要保障，也是社会控制的手段之一。广告传播的不仅是商品信息，也是理念，这种理念自始至终贯穿现有的社会规范和形式，是人们了解社会和认识社会首选广告所宣传的角度。人类的记忆过程实际上是不断地重复的一个过程，广告不断重复的时候就是人们被动接受广告传播的社会规范和形式的时候。随着广告快

① ［美］Sut Jhally：《广告的符码》，远流出版社 1998 年版，第 51 页。

速增多,媒体饱和,消费大众开始厌烦到处充塞的商业讯息。广告主和广告公司努力模糊广告与非广告的界限:或者透过公益活动或手法,达到商业目的,或者通过赞助文化体育活动来间接宣传商品利益等,向人们暗示各种各样的角色期待。

通过广告传播来引起大众对社会问题的关注和对现行社会规范的反思,意大利服饰品牌贝纳通做得尤为成功,它的新款广告都会在各主要发布的国家引起轩然大波。贝纳通认为,对于品牌而言,最重要的是在真实的世界里展现出一种姿态,而不是用广告预算去制造不朽的神话,让消费者只是通过购买他们的品牌而感到快乐。贝纳通广告喜欢使用“能够表达世界关心的强大人类”主题,贝纳通希望人们从广告中读出死与生的辩证法,读出蕴含其间的永恒主题——爱。

1985 年,贝纳通不断推出以人权、战争、种族歧视、艾滋病等敏感话题的创意,以英美为代表的西方媒体开始聚焦它,甚至封杀其广告。在贝纳通的广告世界里,有死在萨拉热窝的士兵穿过的鲜血淋漓的军服,刚刚出世尚未剪断脐带的婴儿,黑人母亲哺乳白人婴儿,接吻的牧师和修女,五颜六色的安全套……这些广告展现了对人类真实的关注,给视觉和精神带来强烈冲击。贝纳通的广告创意已经超越产品本身,变为捍卫思想的利器。

三、广告传播的审美功能

广告作为一种信息传递手段,其功能在于运用艺术表现手法,把商品信息传达给消费大众。通过卓越的创意,动人的形象,诱人的情趣,多变的艺术手法,唤起消费者的注意和兴趣,起到引导消费的作用。因此,要使广告取得好的经济效应,就不仅要注意广告的真实性和思想性,还必须具有一定的审美价值,在一定程度上满足消费者的审美需要。

广告审美属于社会美的艺术范畴,在社会美中,审美客体内容方面的真和善,是构成美的基础和前提。真善美的统一,是社会美的基本特征。广告审美自然也不例外。

广告的美必须以真和善为前提。真实性是广告的生命,也是市场经济对广告活动的客观要求。真,就是实事求是地宣传商品信息,用真诚的宣传来向消费者提供、介绍商品的情况。广告之善,则主要体现在广告的公正性之中。作为沟通企业和消费者之间的广告,应该充分考虑消费者的利益,真诚、善意地为消费者提供完备的商品信息。

广告的艺术美主要取决于创意、设计和制作。首先,由于广告传播的商业属性,它所体现的审美艺术具有鲜明"个性"特色,即广告推崇"个性美"而忌讳"大众美"。商业广告作品除了同绘画、音乐、文学等艺术作品一样讲究文案的优美,讲究画面的精彩外,更注重广告本身给顾客留下深刻印象,必须要在广告中制造某种差异,让你的商品在众多对手中显得有"个性";其次,广告作品要吸引消费者的注意,就要不断拓宽广告的艺术表现形式和手法。一般来说,目前广告设计的艺术表现形式有:强调和突出商品的形式,寓意的形式,带有故事情节的形式,反常态的悬念形式,动画夸张形式,虚实对比的形式,以及运用特技摄影、制作技巧等等。

广告是说服的艺术,而抵制说服是人类的心理共性。因此,不激发受众的认同感,只知道露骨地推销产品,只会引起人们的反感。优秀的广告能以新奇的创意、丰富的文化底蕴带给观众以美的享受,进而让受众把情感和观念上的认同感转移为对产品和企业的认同感,让形式美与内容美完美结合,使受众获得心灵的升华或者更高层次的审美快感。

总之,艺术的魅力是永久而不可抗拒的。艺术为广告增添了审美价值,同时也点亮了广告的灵魂。广告传播在自觉创造审美价值的同时更要真正融入社会化进程,体现积极向上、乐观、无私的道德精神,培养受众高尚的审美情趣。

四、广告传播的教育功能

1. 道德教育功能

在日常生活中无时不在、无处不在的形形色色的广告,在传播经济信息的同时,广告所组含的社会文化价值观,自觉或者不自觉地对广告受众的道德观、价值观产生潜移默化的影响。近年来,公益广告不断推出,对社会主义精神文明建设起到了积极的促进作用。如在1998年的抗洪救灾中，在2003年抗击“非典”斗争中，广告界充分利用自身的优势，发布了一批制作优良、主题突出、创意新颖、振奋精神、感人至深的公益广告，引起社会强烈反响，对鼓舞全国人民的斗志，增强民族凝聚力，对促进社会主义精神文明建设发挥了独特的、不可替代的作用。

2. 教育消费者

广告可以教育消费者，满足他们的信息需求，使他们在知情的状态下作出购买决策。通过经常地考察信息和广告许诺，消费者对产品的特性、利益、功能和价值会有更深入的了解，受过良好教育的消费者可以通过明智的市场决策来改进自己的生活方式。广告极大地降低了消费者搜索信息的成本，大量随时可以获得的信息使消费者可以轻松地考察市场中某一特定产品或服务的潜在价值，而不必花时间和精力到销售现场去一个个地比较产品。尤其是在如今科学技术不断得到应用、新产品的不断问世的情况下，广告被赋予了传授各种商品知识、承担部分新知识和新技术的社会教育功能，以使消费者更快地了解和接受高科技含量的新产品、形成现代化的消费理念。

五、广告传播对社会的负面影响

广告讲究功利，广告文化不可避免地具备了功利性与工具性的色彩。一方面，广告传播者会调动文化中的积极因素，在促销的同时深化和升华受众的价值取向，增加其艺术旨趣；另一方面，广告的传播方式或内容会有不良影响，对文化建设起到消极作用。因此，我们应该清醒地看到那些不容忽视的广告文化的消极影响。

1. 广告传播助长了享乐消费主义的盛行

广告的终极目的是推销商品，鼓励消费，广告无论怎么天花乱坠或清静无为，始终为消费服务，以消费主义为中心。

广告总是强化消费活动对人的控制及人对消费的依赖，更重要的是，广告中的商品形象成为社会赋予日常生活特殊意义的价值载体，广告的直接功能，在于鼓励以商品形象及其意义为对象的感性欲望和满足的全面滋长，从而全面掌握人的心理。

欧美工业革命之后，广告诱发了消费冲动和购买欲望，改变了人们的陈旧观念，把人们从积聚财富推向了享受财富，导致分期付款购物习俗的形成，最终造成了美国式享乐主义的滋蔓和娱乐道德观的盛行。广告尽管不是导致这一现象的唯一动因，但无疑是有效的催化剂。

人们在消费中发现自我、确证社会身份、取得社会认同，人们还在消费中找寻人生的方向，习惯了用物质的占有来标量生命价值的高度和效度。在广告建立的物质神话里，现代人找到了安身立命、立心之所：选择某款手机能显示你的“生命充满激情”，消费某种洗发水因为自己“就是那么自信”，而拥有宝马名车、高尚别墅意味着功成名就，成为社会精英。这种对物的符号的片面依赖走到极端，会导致当代人把生命的价值和体验都归结为具象的物质。

2. 广告的真实性问题

广告的真实性涉及消费者的切身利益，甚至涉及社会的稳定和健康发展。因此，为了保护消费者合法权益，许多国家都将维护广告的真实性上升到法律层面，设立若干法律规范，通过强力保证执行。我国现行的《广告法》也把保护消费者的合法权益作为立法宗旨之一，虽然只有四十九条，但60%的条款涉及广告真实性。然而，虚假广告却一直禁而不止。

原因是多方面的。首先，广告主支付巨额费用的目的很明确——获取商业利润，为了促销的。要求广告主传达不利于己的信息，显然不实际，这决定了广告“王婆卖瓜，自卖自夸”的本质，决定了广告不可能是“完全信息”。人们对广告的适度夸张尽管存在抗拒心理，但依然表示理解和不太在意。如果广告由传达不完全信息走向骗局，社会、公众就不会再容忍。其次，《广告法》有些规定不够明确，在规范广告市场方面缺乏力度。《广告法》虽然要求广告应该“真实，合法”，“清楚、明白”，也列出若干保证“真实，合法”的规范性条款，但对真实性的界定不明确，也未提及判定广告真实性的具体标准，执法人员仅凭自己的理解，难以正确执法。

目前我国广告中出现的一个突出问题，就是名人“证言式”广告的真实性。明星们在广告中以消费者名义亲身示范、现身说法，很容易混淆视听，诱使消费者做出错误判断，成为虚假违法广告不折不扣的“帮凶”。中消协法律与投诉事务部官员表示，在之前曾查处的一些“证明”性广告中，一些名人把没吃过、用过、体验过的东西，在广告中说成用过、吃过、体验过，使广告本身具有很大的欺骗性。2005 年，据北京某媒体报道，北京 11 部门曾联手对虚假违法广告进行整治，六种违法广告被重点查处，影视明星等社会公众人物在保健食品、药品、化妆品和医疗广告中以消费者、患者、专家的身份，向受众推荐商品服务或者介绍商品服务的优点、特点、性能、效果等，均被列为商业欺诈行为重点打击。

要解决广告的欺骗和虚假问题，除了进一步健全国家法律法规和广告监督制度，更要加强社会的道德约束和广告从业者的自律。

3. 潜意识广告

潜意识广告指在广告中使用不太为人认识、但又能下意识感觉的刺激，或者其他不为人注意的其他因素，来促使人们接受广告信息的广告。威尔逊·布赖恩·基指出，广告主若想引诱消费者，就必须有意在广告中安排隐讳的讯息，但其表现不能超过消费者的阈(limen)，所以，潜意识广告又叫阈下广告(subliminal advertising)。

1957 年，美国人贝加里在电影院上映的影片中，叠映“请喝可口可乐”、“请吃爆米花”字样的广告，以三分之一秒的速度叠映，结果电影院小卖部这两种商品的销量大增。

潜意识刺激可以分为 3 种：以极快的速度出现在视觉内的刺激，如电视或电影广告中的背景；低音听觉讯息中的快速讲话刺激；印刷品中包含的诸如文字或印象的性感刺激。

这种广告被指责为不道德，有人斥之为“服务于消费社会的伪科学工具”，但在利益的驱使下，潜意识广告越来越多。人们普遍担心广告主在未经许可的情况下从心理上操纵消费者，迫使消费者购买自己本不想要或者不需要的东西。在这方面尤为令人担忧的是有些广告把目标指向了儿童。研究表明，12 岁以下儿童基本上不具备理性思维能力，他们无法正确理解广告的销售目的，很容易受广告内容影响，他们一看到食品或者玩具广告就要求父母购买广告中的商品。

有广告研究者指出，在符合社会规范和人们接受心理的前提下，可使用"广告的潜意识折射化策略"，即有指向性地对目标消费者的潜意识进行分析和提取，并将之折射到广告作品，触动消费者的潜意识，从而改变消费者的态度甚至行动。

4. 广告中的刻板印象

刻板印象是"以选择及建构未经发展的、概括化的符号，将社会族群或某群体中的个别成员予以类别化的做法"，①刻板印象会使人们对某一类人或事物产生比较固定、概括而笼统的看法。它往往阻碍人们看到新的现实，接受新的观点，结果导致人们对某类群体的成见。

刻板印象在媒介广告对女性形象的再现中表现得尤为明显。当前我国电视商业广告中女性形象所占比例占有绝对优势。广告中的女性一般扮演"站在成功男人背后的伟大女性"和"母亲"的角色，或着意渲染女性对男性似乎是必然的崇拜、臣服和温柔，或在其中被打下了花瓶的烙印，是被看、被评价的对象。

女性形象大量用于广告，有其深层次的原因：男性话语仍在社会各领域占据绝对优势，男性作为具有主动性的主体，拥有欣赏女性的欣赏和评价女性的权利。以马爹利酒的广告为例：三位职业男性在酒吧里，其中两位年轻男性被对面穿着职业装的漂亮女性吸引，镜头中的职业女性的表情半羞涩半挑逗，一位中年职业男性向其举杯示意，美貌职业女性回报挑逗眼神。广告中女主角与酒没有任何关系，她的出现只是为了让男性鉴赏。即便她的穿着打扮非常职业化，但依然是男性观赏和评论的对象。

在美国，由于广告业的发达，广告也常常被认为是形成社会偏见的原因之一，尤其是对妇女、老人和少数民族的成见，因而不断受到抨击。全美妇女组织为她们认为最侮辱妇女的广告开列了一个名单，呼吁组织成员向广告主和制作广告的广告公司提出抗议。近年来，随着观众

① ［美］Lisa Taylor & Andrew Willis 著，简妙如等译：《大众传播媒体新论》，韦伯文化出版社 1999 年版，第 53 页。

对广告信息筛选和鉴别能力的加强及弱势群体社会地位的提高，这种状况有所改善。

5. 广告内容的媚俗

为了刺激人们的欲望，广告常常诉求于人最原始的需求。广告中运用大量媚俗的表现，比如利用低俗的性诉求、粗俗的语言来引起消费者的注意。稍加注意就能发现国内广告不乏这种现象。某洗衣粉的“泡了吗？漂了吗？”；某口香糖的“让你的感觉一浪接一浪”；某芦荟排毒胶囊女主角带有挑逗意味的：“我要，我就要……”。更有甚者在路边竖立一大广告牌，上面是一个衣着暴露的女郎，广告语是：“等着你来包”……还有些广告传递有争议的观念，比如脑白金，年年在春节前后鼓吹“送礼还送脑白金”，将送礼这种有争议的社会习俗拿出来大肆宣扬。这样的广告在权威的官方电视台播出，对人们行为方式和意识形态观念的影响不容忽视。

波德里亚认为：“媚俗是一个文化范畴，它在消费社会学现实中的基础便是‘大众文化’；媚俗有一种独特的价值贫乏，而这种价值贫乏是与一种最大的统计效益联系在一起的：某些阶级整个地占有着它。”①广告传播为了迎合某一阶层人的“品味”，不得不刻意破坏广告本身的价值内涵，而把它降低为一种“大众文化”意义的时尚，并且有策略地营销，以达到“最佳”效果。

广告作为一种文化行为，无论是物质形态还是观念形态，它都通过传播渠道渗透到受众的文化心理中，示范、引导着受众的价值取舍。广告具有树立品牌形象的作用，但通过煽情炒作来吸引眼球，就算在短时间内扩大了品牌的知名度，没有美誉度的支撑，知名度也只能是无源之水、无本之木。

6. 广告对媒介的控制

批评家们认为广告操控了媒体，这个问题由来已久。早在 1911 年，美国著名新闻记者 E. W. Scripps 指出了新闻与广告的关系：“大广告客

---

① 盛宁：《鲍德里亚·后现代·社会解剖学》，《读书》1996 年第 8 期。

户是忠诚的新闻记者的天敌，我宁可在黑暗的小巷里遇见刺客，也不愿意在商业领域中作为一名年轻的新闻记者，与大的广告赞助商合作。”①

在西方资本主义国家，社会经济力量除了通过对传播媒介的垄断来进行社会控制外，另一种常见的方法就是广告控制，即以提供广告的形式对媒介进行经济的牵制，以达到控制的目的。广告是大部分媒体的主要收入，如美国报纸必须有60％以上的广告版面才能盈利。因此当新闻、信息内容同广告发生冲突时，报纸编辑们不得不砍掉新闻而保留广告。

一项对报纸的调查显示：“90％的编辑受到来自广告客户的压力，要求他们修改报纸登载故事的形式和内容。7％的编辑被要求删除部分内容，而超过90％的编辑称，广告客户会因为内容上的争论而撤销刊登广告。多于1/3的人承认，广告客户成功地影响了报纸内容。”“控制信息的权力是控制社会的主要杠杆”，②谁控制了信息的发布权谁就掌握了控制社会的杠杆。

著名传播学者和社会学家拉扎斯菲尔德和默顿指出，有权势的利益集团控制大众媒介，形成信息垄断，从而实施对社会的控制。我们通常情况下从广告中所得到的信息仅仅只是正面的信息，所以从这种意义上讲，广告宣传实际上就是一种信息的垄断，受众不可能根据广告内容来得到全面的信息，只能根据自己已有的认识来评判商品或者服务的好坏，而我们已有的一部分认识又是来源于先前接受到的广告的宣传。

因此，广告不仅引导了人们的各种行为模式和态度，还在一定程度上控制着媒介，进而影响社会。

---

① ［美］W. Ronald Lane：《广告学简明教程》，清华大学出版社2004年版，第203页。

② ［美］巴格迪坎著，林珊等译：《传播媒介的垄断》，新华出版社1983年版，第242页。

第六章
广告传播模式

广告学是在许多边缘学科的基础上发展起来的，在发展过程中吸取了许多相关学科的理论基础。从本质上来说，广告学的研究对象是人类社会中普遍存在的信息传播现象，研究各种信息传播的过程、效果及其发展运动规律，其侧重点在于经济、市场信息的传播规律。

为详细掌握广告信息传播相关知识，本章将系统介绍广告信息传播过程中的每个要素。然后，借鉴传播学中成熟的传播模式，概括出相应的广告传播模式，并详细介绍广告传播过程。

第一节　广告传播要素

广告传播活动是典型的社会传播现象，应把其看作完整的整体，运用分析方法详细了解其规律。分析即把思维对象的整体分解为几个部分，把复杂的事物分解为简单的要素，以深入了解这些部分的固有特征。① 从这一方法论的角度来看，一个完整的广告传播过程可分为几个主要的组成部分：信源（广告主、广告公司）、广告讯息、传播渠道、广告受众、广告效果、反馈和噪音。广告传播的过程也就是从信源发出特定的广告信息，经由传播渠道传递给广告受众的过程，其间受到噪音的干扰。

一、信源

广告传播的信源主要是指广告主和广告公司。

① 刘蔚华、陈远：《方法大辞典》，山东人民出版社 1991 年版，第 51 页。

(1)广告主。我国广告法对广告主的定义是“推销商品或者提供服务,自行或者委托他人设计、制作、发布广告的法人、其他经济组织或者个人”。可见,只要具备法定条件,任何法人和自然人都可以成为广告主。广告主是整个广告活动的发起者,在广告传播诸要素中占据核心地位。一般来说,广告主在发起广告活动之前,应当要有一个明确的、具体的目标,这一目标应当是切实可行的,最好是可量化的,以便在后期进行广告效果的测评。广告主还必须承担两大主要的义务:一是将自己要传播给受众的讯息提供给广告代理机构;二是为广告代理机构提供广告调研、设计、制作、发布广告的费用。作为广告市场主要组成部分的广告主,他们的广告意识和广告行为,既关系到企业自身的生存和发展,也直接影响和制约广告市场的发育和成长。

(2)广告公司。广告公司泛指广告经营者和广告发布者。广告公司是以“替委托人设计和制作广告方案为主要职务的服务组织”,我国的广告法将广告公司界定为广告经营者,它接受广告主的委托,为其设计、制作、代理相关的广告业务,是市场经济的重要参与者,对市场经济的发展起着重要的作用。广告公司自诞生以来经历了版面销售时期、版面经纪人时期和技术服务时期,至20世界20年代开始,真正现代意义上的广告公司才开始在美国诞生。

我国目前的广告公司主要包括三大类型,即广告代理公司、广告制作公司、企业广告公司和媒介广告公司。按其所有制形式又可划分为本土广告公司、中外合资广告公司和外商独资广告公司,截至2007年底,我国共有广告公司113 222家。在广告市场中,广告公司扮演多重的角色:对企业来说,广告公司是广告活动的策划、承办者,企业通过广告公司来完成他的整体广告运作;对媒介来说,广告公司是他们广告产品的销售者,可以帮助媒体销售其版面和时段,并从中取得一定的佣金。广告公司是广告传播活动中必不可少的环节,是广告运作科学化的有力保证。

(3)对于信源对传播效果影响的研究,最突出的是信源可信度理论。根据这一观点,广告信息的发出者可信度越高,则受众对广告信息的信任感越强,受众接受广告讯息时,不会考虑广告出自哪家广告公司之手,只会关心是哪家企业、哪个品牌的广告,这对广告主既有的企业形象和品牌形象提出较高要求。

二、广告信息

在以消费者为导向的新的市场环境下，注意力经济促使广告主和广告公司重视广告信息的创作。一般而言，广告信息包括广告的主题与定位、创意与表现等，这些广告表现通过广告文案和构图等来实现。

(1)广告主题与定位。广告主题指广告所要宣传和要明确表达的核心内容，是广告为达到目的所要说明和传播的基本观念。科学的广告传播活动必须要有明确的主题，从这一意义来说，广告主题在广告传播活动中居于统帅和主导的地位。后期所要进行的广告创意、广告表现等也均围绕这一主题展开。

广告定位指根据广告主的整体定位策略，为广告主所要传达的信息提供一个独特的主张，以此来满足、培育消费者的特定需求，从而与竞争对手之间划清界限。定位的基本方法，不是创造新奇或与众不同，而是组合心中已有的事物，形成新的关系。定位原来是传播沟通策略，但其对营销的影响超过传播范畴而成为营销策略的基本步骤。到20世纪70年代，广告学者里斯和特劳特更是旗帜鲜明地提出定位概念，把广告定位理论推向更高层次。

(2)广告创意。广告创意是广告信息的灵魂，没有创意的广告不能称为好的广告。奥格威认为“好的点子”即创意。詹姆斯·韦伯·杨则认为，创意是一种商品、消费者以及人性诸事项的结合。他认为，真正的广告创作，眼光应放在人性方面，从商品、消费者的及人性的阻隔去发展思路。我国广告学者则认为，广告创意是表现广告主题的、能有效与受众沟通的艺术构想。[①] 由此，我们可概括出广告创意的两大内涵：一是广告创意必须以广告主题为核心，紧扣广告主题；二是广告创意必须是能与受众有效沟通的艺术构思。除此之外，广告创意还应讲究科学性和艺术性。

(3)广告表现。广告主题与定位的确定、创意的产生都要通过广告

---

① 张金海、姚曦主编：《广告学教程》，上海人民出版社2003年版，第165页。

表现来传递，从消费者接触广告信息的感官认识出发，可以把广告表现分为视觉表现和听觉表现两大类。

视觉表现指广告信息创作中直接作用于人的视觉器官引起知觉的基本元素，它包括文字、图像、色彩、光纤、线条、形体等。日常生活接触的报纸广告、户外广告、公交广告、杂志广告等均通过视觉表现来实现广告信息的传播。听觉表现指广告信息创作中运用的能够引起广告受众听觉感知的各种元素，通常包括语言、乐曲、歌声、音响等。牛排广告中用的“吱吱”声，娃哈哈电视广告中的广告歌曲，都是运用听觉元素的杰出之作。广告表现的感觉因素中还包括嗅觉元素和触觉元素等，由于它们的运用较少，本篇不详细解释。

三、广告传播媒介

广告传播渠道是广告信息的载体，凡能够在广告主与广告受众之间起媒介作用的载体均可称为广告传播的渠道。随着科技的进步，广告传播的渠道也越来越多，用途也越来越广。

广告传播渠道不仅包括传统的四大传媒——电视、报纸、广播和杂志，其他类型的传播渠道也格外抢眼：户外媒体，近几年我国的户外媒体得到了长足的发展，涌现了 TOM 户外、大贺户外、大禹伟业等实力强劲的户外媒体集团；新兴媒体，如手机广告、楼宇电视、移动电视等，分众传媒在纳斯达克的一路飚红，显示出这一新兴媒体的无限潜力；互联网广告的增长速度也加快，许多跨国品牌都削减了传统媒体广告预算，增加互联网广告投入，各大门户网站和专业网站纷纷加强广告服务。

合理运用媒体，是广告获得成功的关键。新兴媒体不断涌现，市场竞争日趋激烈，广告媒介选择将面临更大的挑战，传统的单媒体作战已不再有效，现代传播对媒体整合运用能力提出要求。以较低的成本有效地选择与组合媒介资源，挖掘利用别人未使用的媒体，在媒介发布上有所创新与突破，成为现代广告媒介运作的核心。

四、广告受众

广告受众是广告信息的接收者和反应者，是广告主作用的对象，广告活动必须要有明确的受众，否则就失去意义。作为广告传播的信息接受点，受众在广告活动中的地位十分重要。研究广告受众、了解广告受众的基本特征、心理规律及消费行为特征，提高广告信息的有效到达率，具有重要意义。

1. 广告受众的特征

广告传播活动是一种特殊的传播行为，其受众也相对特殊，这首先表现为广告受众的覆盖面广。广告传播活动是一种非人际化的传播活动，使用的媒介多种多样，包括电视、报纸、汽车、霓虹灯、气球、候车亭甚至人体等。制定广告传播策略时，应详细了解各类媒体的目标接触对象，据此选择恰当的媒体。其次，广告受众具有层次性。广告信息发出后，面临广告受众的选择性接触、选择性理解和选择性记忆及选择性购买。只有接受广告信息的说服并产生试购买行为的受众，才是广告传播真正的受众。

2. 广告目标受众

广告目标受众指广告针对的特定人群，即广告产品的目标消费群体。广告传播活动的真正起点是确定广告目标受众，所有广告传播活动都围绕广告目标受众展开。广告信息的输出对象、广告媒体的目标受众与广告目标受众应高度一致，否则，广告传播的效果就会被削弱，而不能实现最大的投入产出。

五、广告效果

广告大师伯恩巴克说，假如商品卖不掉，即使有世界上最了不起的服务，也将会得到客户不满的结果，这句话强调广告的最终效果是商品销售。广告效果相当复杂，指广告活动目标的实现程度，是广告信息在传播过程中所引起的直接或间接的变化总和。就一般传播过程而言，传播效果未被列为基本因素之一，而广告传播相当特殊，带有较强的目的性，追求经济利益。广告主进行广告传播活动，都是希望能产生最大的社会影响，从而实现经济目标。因此，广告效果应作为广告传播过程中的重要因素。

1. 广告效果的分类

按实现层面划分，广告效果可以分为广告的传播效果、销售效果和社会效果三个方面。

(1)传播效果。也称广告的“到达效果”，指接受广告的人数及接触的程度，它主要考察广告的视听程度。在实际操作中，可以通过电视的收视率、报纸的销售量等来测评。

(2)销售效果。指以销售情况的好坏为标准来评判广告效果，强调广告活动对广告主经营、销售活动产生的促进作用。这种测评方法不太准确，按此标准评价，销售不佳往往会被归咎于广告的失败。

(3)社会效果。指广告传播活动应传播知识、促进社会道德建设、推广最新科技成就等。

2. 广告效果的特征

广告效果具有一系列特征：

(1)滞后性。广告必须经过一段时间之后才能显示出效果。

(2)复合性。广告活动是综合的、复杂的信息传播活动，受多种内在因素的影响。

(3)累积性。广告传播活动是动态的，效果要通过多次传播来实现，要通过多频次的暴露，对广告受众不断施加影响才能实现。

(4)层次性。广告效果不仅指活动的最终结果，还呈现多层次的结构。评估广告效果时，必须考虑各方面因素，得出客观和全面的结论。

六、反馈

反馈指广告受众对接受到的广告信息作出的反应或回应，是广告受众对广告主、广告公司的反作用。反馈是现代广告传播中必不可少的因素，随着消费者的日趋成熟和主观能动性的提高，其反馈的积极性也越来越高。反馈为广告主和代理公司提供了广告信息创作的源泉，他们可以根据广告受众的反馈及时修正广告传播的内容，真正满足受众的需求。反馈要素的加入，使广告信息不再单一、陈旧，每次反馈回来的信息都成为下次广告信息的参照。在此基础上不断完善广告传播信息，逐步扩大广告传播活动的影响。

广告传播中的反馈又可以分为积极（主动）反馈和消极（被动）反馈两种。积极反馈指广告受众接触广告信息后，主动与广告主联系，表达自己的接触感受并提出希望；消极反馈指广告受众接受广告主或其委托的代理机构的市场调研活动，真实反应接触认知。这两种反馈都为广告主的传播活动提供了参考依据，有利于广告活动的科学化、实效化。

七、噪音

“噪音”并非广告传播的必备要素，但只要有广告传播活动，就必然存在噪音，噪音贯穿整个广告传播过程，应以积极的姿态应对广告传播过程中的噪音。

广告传播过程中的噪音可概括为：干扰广告传播主体与广告受众之间信息编制与解读过程的任何因素，这个概念较为宽泛，一切环境的、设备的、心理的因素都是噪音。一般而言，噪音可分为三类：

环境噪音——信源和受众之间交换信息时的外部干扰因素，如广告受众在解除广告信息的过程中出现的室外轰鸣声、闹市的喧闹声等。

设备噪音——信息传递过程中由于装备不良而引发的干扰，如报纸由于印刷出现问题，导致其上面的广告讯息内容模糊；电视机由于显像管出现问题而使广告作品产生色偏等。

心理噪音——由信源和受众的编码、释码错误或疑问而引起的干扰、甚至是对广告信息的疑惑和敌意。由于广告受众本身的刻板成见或原有体验经验的乏善可陈，这些均会成为广告信息接受过程中的心理噪音。

因此，广告传播主体必须要弄清各种形式的噪音，尽量减少噪音。

至此，简单而全面介绍了对广告传播诸要素。这样分析有助于认识广告传播的各要素，但也容易拘束于广告传播的局部，容易陷入“只见树木，不见森林”的片面视野中，而不能把握认识对象的整体。分析本身不是思维的目的，分析之后应当综合。

第二节　广告传播模式

模式是科学研究经常采用的方法，采用图像模式描述和解释传播现象进是传播研究的一大特色，也是广告传播学研究的重要方法。从本质上看，广告是付费的信息传播方式，广告传播可使用传播理论的一般模式。

一、模式的基本概念

所谓模式，是对现实事件的内在机制以及事件之间的关系的直观和简洁的描述，它是理论的一种简化形式，能够向人们表明事物结构和过程的主要部分以及这些部分之间的相互联系。① 国内传播学者认为：模式是科学研究中以图形或程式的方式阐释对象事物的一种方法。②

1. 模式的特征

模式的特征，主要表现在它与原型和理论之间的关系上。从模式的定义中，我们可以大致总结出模式与原型以及理论之间的关系：

(1)模式与现实事物之间具有对应关系，但不是对现实事物的简单描述，而具有某种程度的抽象化和定理化性质。具体来说，在将客观事

① 倪波、霍丹：《信息传播原理》，书目文献出版社 1996 年版，第 122 页。

② 郭庆光：《传播学教程》，中国人民大学出版社 2001 年版，第 59 页。

物概括为模式的过程中，应当遵守相似性、简化性和客观性这三大原则。

(2)模式与一定的理论相对应，具有解释和素描理论的作用，可作为理论的辅助工具，是以直观、简洁的形式表达出的理论。模式用简化的形式表现深奥的理论，对理解理论有启蒙、启迪的作用。

模式实际上充当了现实事物与理论之间的桥梁，虽然不完全，但为人们提供了理解事物、探讨理论的更有效的手段。

2. 模式的功能

(1)构造功能。模式能够揭示事物内部的次序及事物之间的关系，帮助使人们整体而清晰地认识事物。

(2)解释功能。准确解释事物发展过程中的信息，用其他方法则可能出现信息的冗余等情况。

(3)启发功能。引导研究者关注过程或系统中的相应环节，启发他们深入研究相应环节。拉斯韦尔传播模式提出后，研究者从中受到启发，将传播学之前较为松散、混沌的研究分别归纳为五大领域的研究。

(4)预测功能。模式的建立能为估算不同结局发生的可能性提供基本依据，研究者因此可以建立假说，从而预测事件的进程或结果。

二、广告传播模式

广告传播活动十分复杂，引入相应模式，有助于理解错综复杂的广告传播现象。模式的功能不同，可将模式大致分为两类：结构性模式和功能性模式，前者注重描述现象结构，是物理层面上的提炼；后者则从事物的作用机制出发，概括其功能产生的内在机制。因此，广告传播模式也相应分为结构性模式和功能性模式。广告传播与传播联系密切，本篇讨论的广告传播模式多采用传播学对传播模式的研究成果。

(一)广告传播的结构模式

1. 广告传播的线性模式

拉斯韦尔模式：1948 年，美国学者 H·拉斯韦尔提出完整的传播过程模式(即日后著名的5W模式),也称"拉斯韦尔模式"。拉斯韦尔将传播过程概括为五个基本元素(5W),并按照一定的结构顺序将它们排列。所谓的5W,即who(谁)、say what(说什么)、in which channel(通过什么渠道)、to whom(对谁说)、with what effect(有什么效果)。

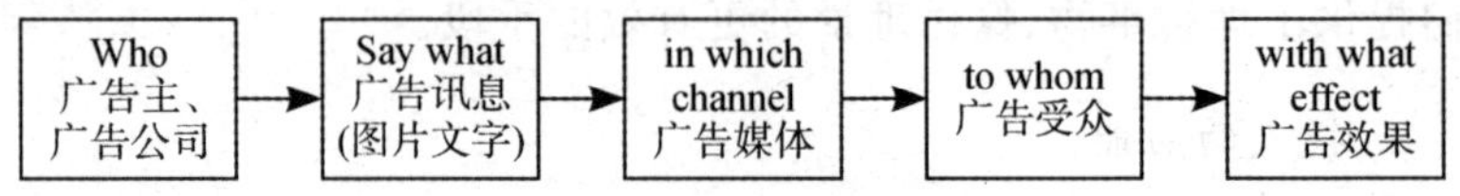

图 6-1 拉斯韦尔线性模式

拉斯韦尔传播模式的引入,对于广告传播研究具有重要的意义,为人们理解广告传播活动的结构和特征提供了具体的出发点,其所归纳出的传播过程的五个重要因素也分别成为后来广告学研究的五大领域,即"广告传播主体(广告主、广告公司)研究"、"广告讯息研究"、"广告媒体研究"、"广告受众研究"和"广告效果研究",并由此衍生出一系列专业化细分的研究内容。

香农—韦弗模式:在拉斯韦尔提出其传播模式的同时,美国的两位信息学家C·香农和W·韦弗在《传播的数学理论》中提出自己的信息传播模式,称为传播过程的"香农—韦弗模式"。

香农—韦弗的传播模式是描述电子通信过程的,但也适合用于描述广告传播过程。香农—韦弗提出"噪音"概念,这有助于更贴切地描述现代广告传播活动——广告传播活动不是在封闭的真空中进行的,除受传播学的一般规律的影响外,还受社会经济生活、市场环境等一系列因素的影响。竞争对手的广告攻势、广告接收终端仪器的故障,消费者注意力的转移,都构成噪音。

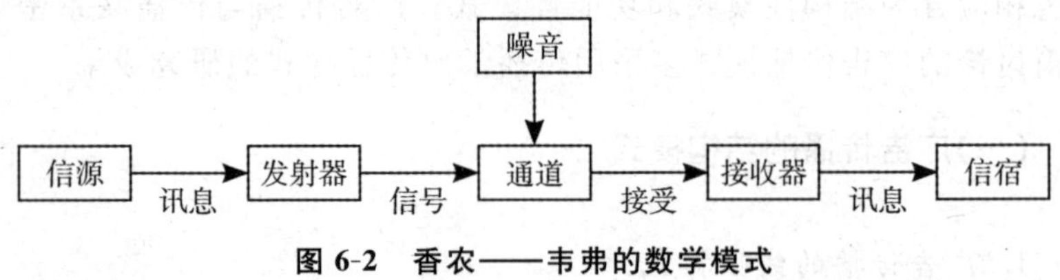

图 6-2 香农——韦弗的数学模式

作为最具代表性的两个传播过程模式,拉斯韦尔模式和香农—

韦尔模式却不尽能解释广告传播过程中的诸多问题。一个主要的原因在于它们都是单向性的传播过程模式，将信息传播中传、受双方的关系固定化，缺乏必要的反馈要素和环节，使信源无法预测广告效果，不能体现传播活动的互动性质。广告传播活动不仅是信息传播行为，也是经济活动，功利色彩较强，注重传播效果，因此，反馈是现代广告传播的必要因素。随着分众化趋势的加快，点对点沟通的实现，单向的传播模式中将传受双方角色固定化的做法也面临挑战。研究广告传播的模式，应当跳出单向传播的限制，引入“循环和互动”模式。

2. 广告传播的循环和互动模式

认识到传播过程直线模式的局限，许多学者将目光转向其他类型的模式，最具代表性的是施拉姆的循环模式、大众传播过程模式、德弗勒的互动过程模式和丹尼斯的螺旋模式。

(1)施拉姆的循环模式。1954 年，传播学家施拉姆在 C. E 奥斯古德观点的启发下提出一个新的传播过程模式——循环模式。

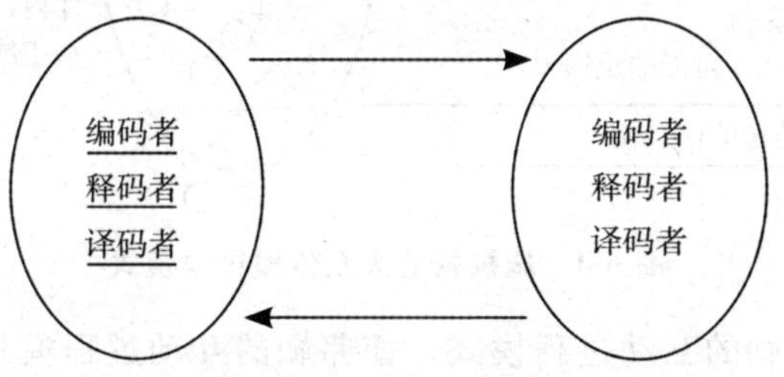

图 6-3　施拉姆——奥斯古德的循环模式

这一模式中，传者和受者模糊，传、受双方的角色功能对等化，带有显著的人际传播的特征。广告传播活动通常借助于大众传媒，广告信息发出者和接受者有明确界限。就传播的资源、能力和传播时间而言，传播往往是不对等的。因此，这种循环模式似乎不适用于广告传播过程，该模式的重要启示是：应重视广告传播过程的互动性，重视广告受众的反馈。随着广告受众的越来越细分化，即时沟通技术的成熟，广告传播中出现这种细分化情况应该是可能的。

(2)大众传播过程模式。施拉姆本人认识到“循环模式”存在局限，因此又提出“大众传播过程模式”。这一模式突破循环模式人际化传播的局限，充分体现大众传播的特征，信息传播过程的两端分别是大众传媒和受众，中间连缀以反馈渠道。大众传播模式合理概括了广告传播活动，处于这一模式中心的是媒介组织，媒介组织将来自信源(广告主、广告公司)的信息转化为适宜传递的语言或代码发送给广告受众，广告受众由个体组成，绝大部分个体分属于各个基本群体和次要群体的个体，在此群体内对接受的广告信息进行再解释，并据此行动。引入大众传播过程模式，广告传播不仅跳出了单向的、狭窄的传播视野，还使得广告传播活动具备与整体社会融为一体的特征。

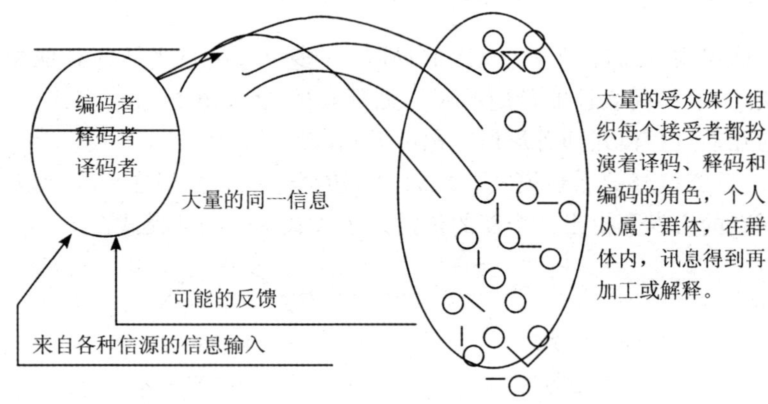

图 6-4　施拉姆的大众传播过程模式

(3)德弗勒的互动过程模式。德弗勒的互动过程模式是在香农—韦弗模式上发展起来的，克服了香农—韦弗模式单向直线的缺点，增加信息反馈渠道和环节，扩充了噪音的概念，将噪音的存在推及到传播过程的每个要素中。

(4)丹尼斯的螺旋形传播模式。施拉姆、德弗勒的传播模式都提供了完整的反馈渠道，体现传播的双向互动特征，但未说明反馈机制对传播活动的影响。为了克服这一缺陷，丹尼斯提出螺旋形传播模式。根据丹尼斯的观点，广告传播活动不是在于每一次的传播，而是着眼于不断传播的持续过程。国内学者在丹尼斯模式的基础上提出广告传播的

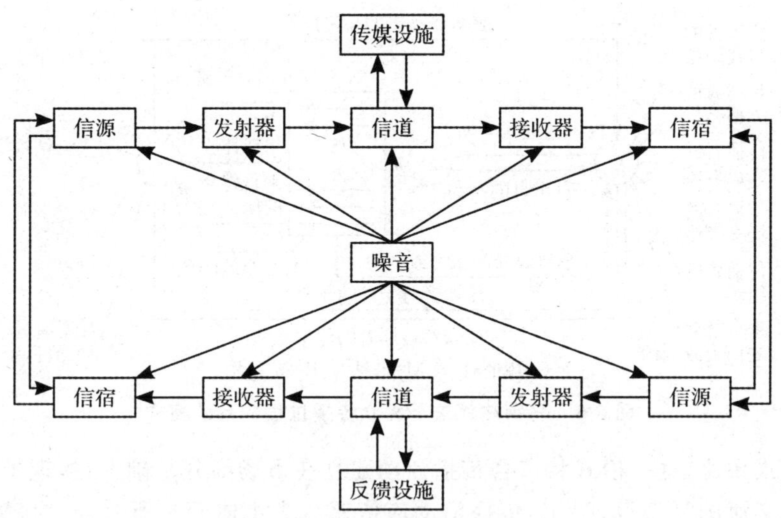

图 6-5 德弗勒德互动过程模式

螺旋形模式。[①] 广告传播主体接受受众的反馈后，不断修正传播内容，将前一次的传播活动作为后一次传播活动的基础，并不断扩大传播行为的影响，这种影响力的扩大，正是广告传播活动作要实现的直接效果。

施拉姆的循环互动模式、大众传播模式，德弗勒的互动模式，还是丹尼斯的螺旋模式，都不是十全范畴，而广告传播活动不仅受过程内部因素的制约，还受外部条件或外部环境的制约和影响，因此，研究广告传播模式，还应具有更为开阔的眼光。

3. 系统结构下的广告传播模式

任何广告活动都不是在真空中进行的，其性质和结果也不仅仅取决于过程内部的因素。只有将广告传播活动纳入整个社会信息系统中，才能更深入地认识和把握广告传播活动。德国学者马莱茨克提出的 CRM 模式则是将传播模式与市场细分结合的成功典范。

该模式全面系统地分析了涉及信息传播过程的各因素。与前两类

① 丁长有:《广告传播学》，中国建筑工业出版社 2004 年版，第 174 页。

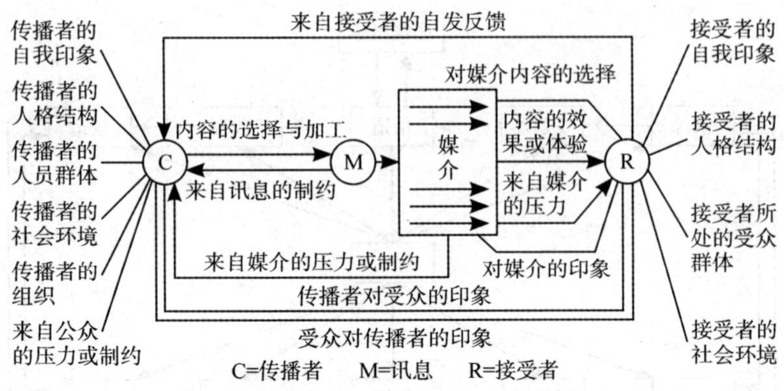

图 6-6　马莱兹克关于大众传播过程的系统模式

模式相比，这一模式将广告传播活动建立在市场细分基础上，体现了信息交流的复杂性，提出，传播活动应依照行为主体而有所差异，对模式的演进产生了深刻的影响，较适合于解释目前实践应用中较为广泛的广告传播现象。该模式体现了广告主体对客体及渠道的关注，是在广告运作较为成熟的情况下，与买方市场成熟和媒体极大丰富等客观环境相对应的一种模式。①

（二）广告传播的功能模式

广告传播的功能模式重在揭示广告传播效果产生的机制，其最基本的原理是心理学上提出的“刺激—反应”理论，可分为三个层次来说明：

1. 简单的“刺激—反应”模式

该模式认为，客观存在作用于人的感觉器官时，都会得到相应的反应。在广告传播活动中，广告信息便是一种外在的刺激，会引起受众的各种感觉和行为，“刺激—反应”模式在广告传播中广泛存在。

这一简单的模式发展到极端时即成为传播效果的“子弹论”，认为只要有广告传播活动，就会有传播效果。显然，这不足以解释现代广告

① 姚颖等:《广告信息传播模式的研究要适应经济发展不断创新》,《情报科学》2004 年 3 月。

传播活动。

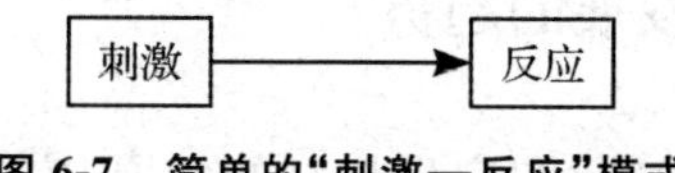

图 6-7　简单的“刺激—反应”模式

2. 发展了的“刺激—反应”模式

这一模式完善了“刺激—反应”模式，增加反馈环节。从消费者的角度看，只有提供足够“刺激”，才能引起他们的“反应”。因此，广告主、广告公司需要通过不断的市场调研活动搜集消费者反馈的信息来完善“刺激”的内容，以此来促进广告效果的实现。

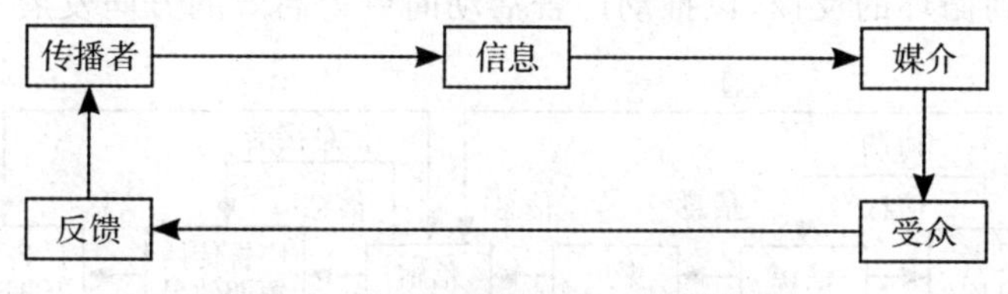

图 6-8　发展了的“刺激—反应”模式

3. 加过滤器的“刺激—反应”模式

广告受众日益成熟，他们对广告信息不再被动接受，他们会筛选信息，选择那些对自己有用的信息，过滤没有用的冗余信息。这一过程包括广告受众的选择性接触、选择性理解和选择性记忆三个环节。广告信息的传播必须突破这三层关卡，最终成为广告受众“选择性记忆”的对象，才能实现有效传播。这就对广告信息的创作提出更高的要求。

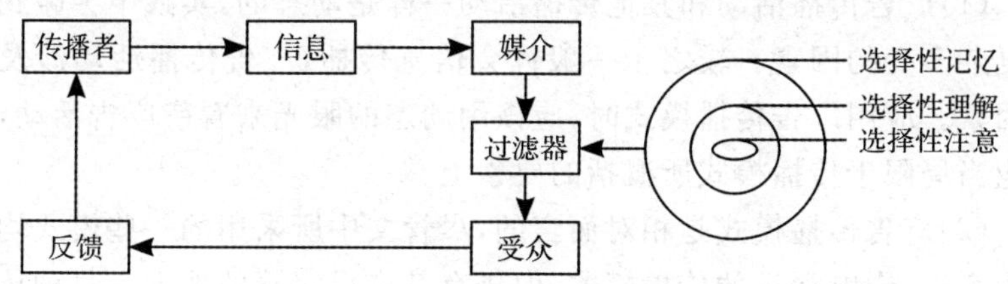

图 6-9　加过滤器的“刺激—反应”模式

三、广告传播模式发展的趋势

随着环境的发展变化和广告自身的发展，广告传播模式也在不断演进，旧模式不断瓦解，新模式不断诞生。在这样的背景下，国内研究者提出“广告传播模式发展趋势图”。这一结构模式优化了广告信息资源的开发和利用，改变了原有要素的联结方式，弥补了广告主与广告受众之间相分离的缺陷。这一趋势指出，广告模式研究应扩展传播模式内在结构和外在边界，积极适应现代广告传播活动对于反馈的需求，充分体现网络经济平台的优势，将现有广告信息传播模式由单纯自发反馈进化到循环的反馈，以推动广告活动向更为高效的方向发展。

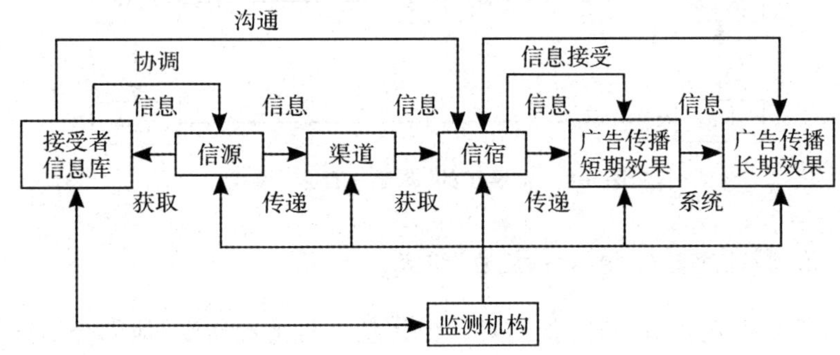

图 6-10　广告传播模式发展趋势图

广告传播模式为理解复杂的广告传播活动提供了浅显易懂的参照模型，运用广告传播模式研究广告活动时应注意以下几点：

(1)广告传播活动和其他传播活动一样是动态的，实践中会碰到许多复杂多变的因素。较之于一般社会信息传播，广告传播活动涉及更多因素。应用广告传播模式时，应该用动态的眼光来看待广告活动，而不应当局限于传播模式所概括的要素上。

(2)广告传播模式是相对而言的，尽管文中所采用的一些模式均是较为突出、影响深远的传播模式，但仍有其未尽完善的地方。每种传播模式都有其自身的局限，有一定的适用范围。研究广告传播模式应当参考其他传播模式，如格伯纳(G. Gerbner)模式、纽科姆(F. M. Newcomb)模式和韦斯特利—麦克莱恩模式等。

(3)这些模式都是基于一个假设——媒介传播的有效控制,过高估计大众媒介的传播效果,研究广告传播模式不能生搬硬套。中国广告传播正处于现代性与后现代性的多维框架中,分析消费文化影响下的中国广告传播也要具体问题具体分析,将广告传播置于多维的框架体系中进行多维解析。①

第三节　广告传播过程理论

广告活动是兼有科学性和艺术性的信息传播行为,深入研究广告传播过程,结合相关学科理论形成广告传播过程理论,有助于开展广告传播活动。

广告的最终目的是让受众接受产品或服务,目的性极强,因此,研究广告信息传播过程应结合广告效果产生机制来展开。广告传播效果的形成并非简单取决于广告主和广告公司的主观愿望,而要受传播主体、广告信息内容、广告说服技巧、广告受众等因素的制约。

本节围绕广告传播效果的实现,以广告传播过程的要素和模式为线索,探讨广告传播过程中的相关理论。

一、信源可信度理论

信源是广告信息发出的起点,也是研究广告传播过程理论的出发点。广告传播主体可以选择传播渠道、传播方式,还可以选择要传播的信息,其地位十分重要。但信源出发的传播信息具有极强的功利性,受众对广告信息持有排斥心理。

对广告传播主体的研究,最主要的理论基础应当算是信源可信度

① 陈祁岩:《现代广告传播模式探析》,《武汉大学学报》(人文科学版)2005年7月。

理论了。这是传播学研究中关于传播主体与传播效果关系研究最有代表性的理论成果。其中,信源可信度包括两部分:一是传播者的信誉,包括是否诚实、公正、具有公益心、社会责任感等;二是专业权威性,即传播者对特定问题是否具有发言权。这两点构成了可信度的基础。①

传播学中对信源可信度研究的结果表明,信源的可信度越高,其说服效果越大;可信度越低,说服效果越小。因此,对于广告传播过程来说,广告主的良好形象是争取受众信任和加强传播效果的前提条件。如农夫山泉捐助希望工程,在广大受众心目中树立了良好的企业形象,其广告宣传语"农夫山泉有点甜"也深入人心;海尔自揭疮疤,公开砸毁不合格的洗衣机、联想赞助北京奥运等一系列努力,都在消费者心目中留下了值得信赖的印象。这些企业的产品广告均有较强的说服力。

结合相关传播技巧,国内有学者指出,对于可信度高的信息来源,宜用单面论证,对于不太可靠的信息来源,宜用双面论证。可见,广告主可信度的高低,对广告信息的创作、广告表现技巧等都产生较大影响。

然而,可信度对广告效果的影响也不是绝对的。相关的研究也表明,尽管低可信度信源发出的信息,由于信源可信度的负面影响,其内容本身的说服力不能得以马上发挥,但是,随着传播过程的延续,可信度的负面影响减弱或消失后,其效果将充分表现出来。这样说来,尽管广告主自身形象严重影响广告信息的传播,但制作精良的广告作品仍是实现广告传播目标的有力武器。在更为理想的情况下,好的广告作品甚至能改变广告主在广告受众心目中的消极印象,这种情况在现代广告实践中并不鲜见。

德国福斯轿车进入美国时,受两方面影响,销售成绩不理想:与美国的主流车型差别很大——造型太短小;战后人们普遍仇视法西斯,而福斯为二战中的法西斯军队制造轿车,它在美国人心目中的形象并无可取之处。伯恩巴克通过在广告中持续地传递"想想小的好处"的产品利益点,启发消费者思索小型车的种种好处,既而产生对产品和企业的信赖。事实表明,这则广告取得巨大成功,不仅扭转了福斯金龟车在人

---

① 郭庆光:《传播学教程》,中国人民大学出版社 2001 年版,第 201 页。

们心目中的不良形象，还确立了福斯在小型车市场不可动摇的霸主地位。

二、广告传播内容相关理论

广告传播内容即广告信息，是广告主体编码和受众解码的统一体，是有效传递广告主的意图的关键。为广告信息确定主题与定位、创意与表现，艰难而富有挑战，需要使用诸多技巧。对于广告传播内容的研究成果主要集中在对表现技巧的研究中，具体包括：

1. 比较理论

比较是广告信息中常用的表现手法，通过对有关信息的比较分析来突出和陈述产品的优越性，通常可分为三种形式的比较：产品使用前后比较、产品更新前后比较和竞争品牌比较。许多产品的成功上市即得益于广告表现中比较手法的巧妙运用，如海飞丝使用前后的比较（去屑效果）；钙中钙与竞争品牌的比较，“一片抵三片”。比较能有力地说明广告产品或服务的优点，造成足够的诱惑力。对于新品牌而言，通过直接与知名度高、实力雄厚的大品牌做比较，能够迅速地提高产品的知名度和促进销售。

如伯恩巴克为美国 AVIS 汽车出租公司做的一则广告，通过与行业老大的对比，提出“我们只是第二”的口号。尽管其实力离行业老大甚远，但其在消费者心目中的地位一下子提高许多，创造了极高的企业知名度。美国 BBDO 广告公司在 1975 年提出使用比较广告应注意的四个前提：本公司产品必须具有固定的优点；竞争品牌比本身品牌在市场上占有优势；品牌忠诚度低的消费者居多数；不直接批评家庭主妇的判断力。[①] 这四个前提充分概括了使用比较广告应注意的问题。使用比较手法时需特别注意法律的许可度，许多国家的广告法规都对比较广告进行了限定，比较不当而被诉诸法院而付出沉痛代价的案例也屡见不鲜。

---

① 黄合水：《广告心理学》，高等教育出版社 2005 年版，第 155 页。

2."一面提示"与"两面提示"理论

任何事物都包含对立的两个面,产品同样如是。消费者都希望买到尽善尽美的产品,广告把产品优点表现得淋漓尽致就无可厚非,但广告产品也有缺点,表现其缺点的时候就需要技巧,通常有两种做法:仅向消费者展示产品的优点和有利于说服的材料,这称为"一面提示";不仅向消费者展示产品的优点,也适当暴露产品的不足,这称为"两面提示"。"一面提示"使广告简洁易懂、论旨明确;"两面提示"有助于消除受众心理上的反抗,还具有"免疫功能",①有助于广告主抵制竞争对手的广告攻击。两种方法互有长短,现实使用时应视具体情况而定。具体而言,应考虑以下几点因素:

(1)广告受众的既有态度。对广告信息中所宣传的产品和服务原来就持赞成态度的人来说,"一面提示"的传播效果明显大于"两面提示";相反,如果既有态度是负面的,则"两面提示"的效果要好于"一面提示",适当暴露产品或服务的缺点能够消除其抵触心理,促使他们接受广告信息。

(2)广告受众的知识水平:知识水平越高的人,其思维能力越强,辨别能力也就越强,具有较强的批判精神,"一面提示"的广告容易遭到质疑。对这样的人群来说,宜用"两面提示"的方法来减轻他们对广告信息的质疑和抵制。知识水平较低的人,由于批判能力相对较弱,比较容易屈从于权威的力量,对这样的人群来说,一面提示的方法较佳,使用两面提示的说服反而会让他们产生迷惑。

3. 感性诉求与理性诉求

广告的诉求的方式也是广告传播中的一个重要因素。广告表现通常有两种做法:一是摆事实,讲道理,运用理性的逻辑和合理的推断来

---

① 接受"两面提示"信息的受众在遭遇"反宣传"时,其态度与原来并无明显的变化。传播学者拉姆斯丁和贾尼斯认为,"两面提示"由于包含着对相反观点的"说明",这种"说明"就像实现接种牛痘疫苗一能够使人们在遭遇对立观点的宣传时具有较强的抵抗力。"两面提示"的这种效果被称为"免疫效果"或"接种效果"。

使受众接受广告信息所传达的观点；二是通过营造气氛，运用人性化的说辞来感染广告受众，引起其情感上的共鸣，以此来传播信息。理性诉求是一种信息的尝试，用于直接与消费者沟通。在沟通信息上，特别采用产品或服务在使用上，或产品本身上所具有之特性及利益为主要信息。理性诉求基本提供资讯，用以影响消费者的态度。对消费者有“经济理性”的假设，认为消费者在进行产品购买及决策中，用理性态度来看待广告信息。感性诉求可以引发消费者之感受与情绪，具有人性化，以转换情感为重心，若能与消费者经验符合，更容易诱导消费者产生共鸣。

表 6-1　广告理性诉求与感性诉求之比较

诉求方式 / 比较方式	广告理性诉求	广告感性诉求
目的	改变消费者态度，建立品牌之知名度，形成产品独特形象	经由品牌形象，建立产品差异化
功能	1. 产品特殊功能 2. 解决消费者问题的功能 3. 带给消费者最大利益及额外利益 4. 产品间差异性与相同性功能	1. 引导消费者产生强烈之感情 2. 建立强劲之品牌形象
特性	1. 广告非人性化及物性化之强调 2. 产品之放大及机械化之表现 3. 功利性之诱导及说服 4. 直接式表达，强调购买产品之逻辑	1. 广告人性化 2. 人员接触 3. 温馨、温暖的感觉 4. 软性打动人心

资料来源：祝凤冈：《广告感性诉求之策略分析》，《广告学研究》1995 年第 5，8 集，台湾政治大学广告学系。

感性诉求和理性诉求孰优孰劣，目前没有一致结论。其效果的取得要视产品、诉求对象、传播媒介而言，运用得当，都可以得到不俗的表现效果。如乐百氏的“层层 27 层净化”和孔府家酒的“孔府家酒，叫人想家”，都曾经轰动一时。广告表现无论用哪种方法，正确把握产品的核心诉求点和广告诉求的对象是取得好的效果的前提。

4. 恐怖诉求

恐惧，是人们失去安全感时的心理状态。安全需求，在马斯洛的人类需求五个层次中处于第二层次，是基础性的人类需求；恐惧则可看成是安全需求的全面表达。因此，恐惧针对人们普遍存在的害怕、担忧心理，常常被广告人拿来作为基本的诉求主题。通过展示可怕的场景，唤起人们的危机意识和紧张心理，促成他们的态度和行为向广告传播主体既定的方向靠近，成为广告表现中常用的方法。

美国广告人常常用恐惧手法来劝说人们注意安全，改变抽烟、酗酒、吸毒、滥交等不良行为。劝说人们开车时要系安全带的广告中，玩具木轮小车装有两枚鸡蛋从斜坡冲下来，遇障而猛然停下。结果，系了安全带的蛋完好无损，没系的蛋却弹出车外打得稀烂。这支广告片家喻户晓，深受好评。[①] 恐怖诉求犹如一把双刃剑，运用时要相当谨慎，专业细腻的恐怖诉求容易立竿见影，促成销售；相反的，操作粗糙，很容易伤了客户又丢了业绩。台湾有一则抑制螨虫的护肤霜广告，宣扬 90％多的人都有螨虫，用显微镜下螨虫的可憎样子来恐吓消费者。有人买来试用，也不见有什么特别之处，反而对其恐吓诉求失去信任。

对广告中恐怖诉求的研究，主要集中于对恐怖表现程度的运用上。就恐怖诉求所唤起的心理紧张而言，效果的大小与恐怖的程度呈现一致，恐怖诉求的程度越重，造成的心理紧张效果越大，反之，造成的心理紧张效果越小；但无研究证实恐怖诉求有助于广告达成最终目的——引起消费者的态度变化和购买行为。一般认为，太强或太弱的恐惧感不如适度的恐惧感有效。传播学者麦奎尔的研究也表明，过度或过低的恐怖水平都不容易引起受众观念的改变，只有适当的恐怖水平才能

① 卢泰宏、李世丁等著:《广告创意 100》，广州出版社 1995 年版，第 140 页。

引起消费者态度的改变。因此,广告表现中运用恐怖诉求的时候,一定要遵循适度的原则。

三、广告传播媒介的相关理论

在现代广告运动中,媒介一直占有极为重要的地位,也是广告运动中投入最大的一个环节。因此,广告传播主体也历来将媒体作为企业营销战略的重要考虑因素。然而在很长的时间内,由于媒介资源的匮乏和广告服务水平的低下,企业在广告媒介的使用上处于简单购买水平。随着媒介环境复杂化、媒介资源迅速增加和媒介受众的进一步分化,选择有效的媒介,最大化地传播企业和产品、服务信息,成为广告媒介运作不可回避的问题。企业不再像以前那样,不计成本地盲目往媒体上撒钱,浪费有限资金,转而考虑媒体的投资回报率。

整合营销传播理论是近年来影响最为深远的广告传播媒介理论成果之一,它是现代市场营销理论和广告传播媒介运作紧密结合的产物。整合营销传播理论产生于20世纪90年代的美国,由 Don E. Schultz 教授提出,包括营销的整体框架、营销核心的转移等一系列核心概念,涉及传播媒介,适应于今天复杂的市场环境。也适合指导广告媒介运作。营销工作的核心已由交易走向关系,广告媒介的工作也应相应地由"广告"扩展到"多渠道的沟通",实现建立顾客关系这一营销最核心的目的。

传统广告媒介策略围绕产品这一核心,以区分和识别为目标,整合营销传播理论则要求整合商标、公关、售点广告、招贴等各种可能触及的沟通渠道,帮助目标消费者突破多元化的信息包围,识别和接受广告主传达的广告信息。整合营销传播不仅突出广告媒介在营销沟通中的重要性,还强调不能仅仅使用单一的手段,而要通过有效的媒介整合来强化广告传播的攻势。

在具体操作上,整合营销传播理论也有一些可资借鉴的研究成果,如媒介的影响力理论、消费者对媒体广告的态度、受众的媒介接触情况、主要广告媒体的接触心态等。这些理论成果都为广告媒介策略的制定提供了理论依据。

四、受众研究角度下的广告传播过程理论

广告主通过媒介发布广告讯息，希望尽可能实现广告讯息与目标受众的接触。然而媒体的多样化极大地分散了广告受众的注意力，受众通过广告媒介直接接触广告讯息的机率越来越小。在这种情况下，受众之间的人际传播、口碑效应的作用就凸现出来。因此，可以借鉴意见领袖、二级传播等传播学理论来研究这一广告传播过程理论空白。

1. 意见领袖和二级传播

在传播学中，意见领袖指活跃于人际传播网络中，经常为他人提供信息、观点或建议并对他人施加个人影响的人物。[①] 广告受众的文化水平、收入情况、兴趣爱好等众的不同，对广告信息的接受存在差异。有些人会乐于接受广告信息，并向他人介绍自己的感受，并努力让对方赞同自己的想法，这样的人就称为广告传播中的意见领袖。一般来说，意见领袖并不集中于特定群体和阶层，而是均匀地分布在社会上所有群体和阶层中。广告讯息经由广告媒介到意见领袖，再到一般受众的过程，即称为广告传播的二级传播。意见领袖可以影响一般消费者对产品的认知、评价，对时尚的追求等。

在媒介费用越来越高的情况下，深入研究意见领袖并利用他们进行口碑宣传，可以缓解广告主在媒介预算上的压力。针对特定的意见领袖设计相应的广告信息，能够以最经济的方式实现传播效果的最大化。如医药产品可以以医护人员为意见领袖；学习器材以教师为意见领袖等。准确捕捉意见领袖比较困难，但对广告主来说，认识到这些人的存在，无疑会对广告传播活动产生积极的作用。

2. 层次理论

从受众对广告信息的认知来看，广告传播呈现出一定的层次性，有研究学者提出传播过程的层次理论，该理论认为，消费者接受广告信息

---

① 郭庆光:《传播学教程》，中国人民大学出版社 2001 年版，第 209 页。

后，从最初的对产品的知晓到最后的实际购买，中间要经过一个连续的发展程序，每向前一步，犹如登一个台阶，上一个层次。[①] 但对于"层次"的划分，各个层次的组成因素，研究者们的观点还不一致。针对广告信息受众接受广告信息的特征的心理学研究，20 世纪初就开始了，但真正得到广告界认同的是勒韦兹和斯坦纳(Lavidge and Steniner)模式，简称 L&S 模式。该模式认为，广告受众对广告信息的认知包括三个组成部分：认知方面的学习、情绪上的感受和行为上的购买。

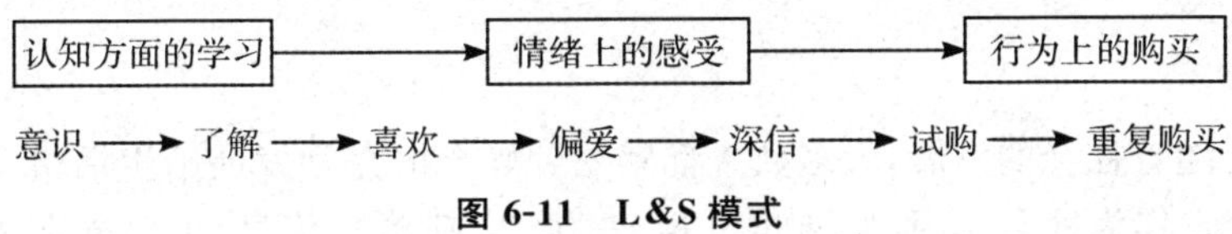

图 6-11　L&S 模式

层次理论有个前提假设：消费者的购买行为发生在整个广告信息的认知过程之后。这种情况在现实中大量存在，但也存在特殊情况，消费者的购买行为不是发生在广告讯息接受之后，而出于偶然；或者消费者多次接触广告讯息，但没有形成购买欲望和行为。

层次理论对广告运动的有效进行提供了有利的参考。优秀的广告应提供足够吸引消费者注意的因素，使用消费者便于理解的符号，提高广告的可信度，为消费者购买提供便利等。

广告传播极为复杂，受众多因素影响。深入研究这一特殊的传播行为，可借鉴分析法，分解广告传播活动的全过程，区分广告信源、广告信息、广告媒介、广告受众、广告效果、反馈和噪音的概念、特征，详细说明其在广告传播过程中的作用。

了解广告传播过程中的各要素后，应用整体的、系统的眼光对待广告传播的过程。传播学中对传播模式研究的成果同样适用于广告传播过程。从典型的线性模式到循环互动模式，再到广告传播的系统模式，这些模式为我们理解广告传播活动的总过程提供了清晰、明了的理论模型。对广告传播模式的研究要适应现代广告传播的整体环境，要随着经济环境和广告环境的变化而改进。

---

① 丁长有：《广告传播学》，中国建筑工业出版社 2004 年版，第 187 页。

第七章 广告传播媒介

第一节 广告传播媒介概述

随着社会的发展，大多数人都感受到媒介的蓬勃发展给生活带来的剧变。作为社会人，我们通过电视、报纸、广播收集信息，了解外在的世界；作为生活中的一员，我们通过电视、网络提供的节目娱乐自己并同周围人沟通感情；作为社会现有的一代，我们通过音像制品、书籍杂志教育后代。计算机、互联网、手机等新兴媒体的崛起，更丰富了这种变化。

广告信息是社会各种信息中最活跃的一种。广告信息通过整合媒体来进行传播，并随着媒介的发展不断优化。本章讨论广告使用的各种媒介的种类与特点，讨论有效使用媒体的方法。

一、概念和特点

媒介是事物运动过程中的中介，通常称作媒体。① 广告媒介是将创意讯息传达给消费者的媒介，②一般认为，在广告主和广告对象之间起媒介作用的物质都可以称为广告媒介。

广告费用大部分都流向媒体：85%的广告费通过广告代理公司流向媒体，广告代理公司只有剩下的15%。广告代理公司的许多工作都同媒体有联系，广告媒介在广告传播过程中的地位非常重要。

广告媒介包罗万象，要熟悉和掌握需要合理的分类。通常按照媒介的载体性质或传播的广泛程度来划分，本书根据载体性质进行分类：

---

① 邵培仁、海阔：《大众传媒通论》，浙江大学出版社2005年版，第2页。

② 傅根清编著：《广告学原理》，山东教育出版社2002年版，第240页。

(1)印刷媒介。如报纸、杂志、挂历、书籍(电话簿等)、海报、传单、票证等。

(2)电子媒介。如广播、电视、网络、电影、传真机、电子显示大屏幕、电动广告牌、幻灯等。

(3)户外媒介。如路牌、霓虹灯、交通车船、飞机、飞艇等。

(4)直接反应媒介。如直邮、销售信、明信片、订购单、商品目录等。

(5)销售现场媒介。如橱窗、招牌、门面、室内外装潢、模特等。

(6)其他媒介。如打火机、火柴盒、手提袋、包装纸、广告衫、购物袋、雨伞、书包等。

其中,报纸、杂志、广播、电视的影响最大,网络、手机等新媒体的影响不断扩大。广告媒体充斥人们的生活,其干预生活的趋势日渐明显。以下简要介绍几种重要的广告。

(一)印刷广告媒介

印刷广告媒介(Print Media AD.)是包括报纸、杂志、海报及各种邮寄品在内的经过印刷的广告的总称,其中,报纸是最早的大众媒介,也是最早的较为成熟的广告媒体。杂志是司空见惯的媒体,随着印刷技术的革新,杂志广告档次越来越高。

1. 主要优势

(1)使用便捷性,可携带。
(2)说明能力强且保存时期长。
(3)受众主动接受信息,参与度强。

2. 缺点

(1)内容繁多,影响阅读。
(2)表现手法单一,以文字图片为主。

(二)电子广告媒介

电子广告媒介指广播或者电视(网络、手机等新媒介也基于电子技术,后文将涉及)。

1. 主要优势

(1)多种传播手段共同使用,传播效果强劲。
(2)覆盖面广,公众接触率高。
(3)带有较强的娱乐性,易于为受众接受,内容雅俗共赏。

2. 缺点

(1)必须依托电子产品。
(2)转瞬即逝,不易保存。
(3)制作难度较大,成本较高。

(三)户外广告媒介

户外广告媒介包括墙面、广告牌、路牌、招贴等在内的设置于户外的广告。在主要的广告媒介中,户外广告媒介最廉价。户外广告媒介针对户外行动的人,表现方式由传统的静态、固定、较消极逐步变得动态、清晰、积极。

1. 主要优势

(1)成本低廉。
(2)冲击力强,吸引力强。

2. 缺点

(1)内容简洁,所能到达对象的内容有限。
(2)位置固定,缺乏机动性。

(四)直接反应广告媒介

广告主将印刷、书写或以其他形式处理的广告信息直接寄送给目标对象,这样的媒介形式即为直接反应广告媒介。

1. 主要优势

(1)针对性强。

(2)广告信息的容量较大,生命周期较长。

(3)帮助消费者节省时间和相关成本,较为便利,促使消费者行动。

2. 缺点

(1)潜在的虚假广告。

(2)成本较高,传递速度慢。

(五)销售现场广告媒介

销售现场广告媒介即POP广告,是近年来国内外普遍关注的广告形式,在我国的发展也比较快。一般认为,厂商在销售自己产品的商店或者其他场所布置的宣传自己产品的广告即为销售现场广告;有人认为,销售现场广告包括购物场所一切刺激购买欲望、促进产品销售的广告。

1. 主要优势

(1)购买现场的渲染作用强。

(2)针对性强,命中率大于大众传播媒介,作为大众媒介的补充。

(3)具有弹性和适应性强,且成本低。

2. 缺点

(1)造成销售现场的繁杂。

(2)只对冲动型购物者有效。

二、广告媒介机构

了解了各种媒介,还应相应了解广告媒介所属的机构。在传媒机构手中运作的媒介,其运作效率、传播效果、后续效应等因素,严重影响投放的广告。广告主或广告代理机构同广告媒介机构合作时,必须知己知彼,通过了解传媒机构的具体情况,来确定合作的具体事宜,保证广告传播工作顺利进行。

各国的传媒机构有相近之处,也各有不同。我国的传媒机构,以电视台、电台、报社、杂志社、出版社、影视机构等整合而成的各地广电集团和报业集团为主，各县市的视台、电台、报社为辅；几大门户网站加之以大量商业网站和个人网站等各种广告媒体并存。简言之，主要传媒机构有：广电集团、独立电视台、电台、报社，商业公司、事业机构、广告代理公司、有时甚至是个人。

1. 广电集团

1999年9月17日，国务院办公厅转发了信息产业部和国家广电总局“关于加强广播电视有线网络建设管理意见的通知”([国办发1999(82)号文件])，规定“在省、自治区、直辖市组建包括广播电台和电视台在内的广播电视集团”。广电总局的有关文件阐述的指导性意见是，大力推动组建广电集团、倡导三台合一、整合系统资源、实现集约经营。其意图是，用集团化运作弥补传统的广播电视管理模式条块分割的结构性缺失，促进生产要素的合理流动，以调整广播电视行业生产关系。

把握广电集团这个传媒机构，需要了解其合并的三大原则：

(1)国有独资原则。集团总公司(母公司)应为国有独资公司，广播电台、电视台等直接关系意识形态的单位，可为集团总公司(母公司)设立的企业化管理的国有事业单位或国有独资子公司。

(2)党管干部的原则。党依法通过国家授权的机构或部门，制定集团总公司(母公司)章程，委派董事会成员，指定董事长等。

(3)重大决策事项请示报告的原则。在集团总公司(母公司)章程中，应当明确要求公司的年度宣传计划、年度财务预算方案和决算方案等重大决策事项，需向国家授权的机构或部门请示报告。各地区集团的具体运作有所不同，根据具体情况操作。①

广电集团是目前广告传播服务辐射力最广的媒介机构。以上海文广为例：它是集广播、电视、报刊、网络等于一体的多媒体集团。集团是在2001年整合上海人民广播电台、上海东方广播电台、上海电视台、东方电视台、上海有线电视台等单位的基础上组建而成的，集团主营广播

① http://academic.mediachina.net/academic_xsjd_view.jsp? id=4773。

电视媒体及相关传媒娱乐业务(包括演艺、体育、技术服务与研发、传媒娱乐投资等)。旗下的广播电视媒体包括12套模拟电视频道,11套模拟广播频率,同时开办数字付费电视、宽频网络电视、手机电视和IPTV业务;集团还主办和参股经营《每周广播电视》报、《第一财经日报》、《竞报》、《上海电视》、《哈哈画报》、《OK!》等报纸、杂志和新闻网站及音像出版等。此外,集团还管理或控股上视女足、东方男女篮球、东方男女排球、男女沙滩排球等7支体育运动队。①

2. 报业集团

上个世纪末,组建报业集团成为热潮,报业集团为广电集团的创办奠定了坚实的基础。广州日报报业集团是国内第一个媒介集团,在它之后,中央、省及主要城市的报社相继组建成报业集团,至2006年,全国报业集团已达39家。

多年运作,报业集团积累了一定的市场化运作经验。目前,中国的报业集团可以分成两种模式,也许可以说是南北特色。南方以广东为主,偏重市场因素,报纸的相关产业经营逐步壮大。北方则以上海和北京为首,行政色彩浓厚,以报纸经营为主。但现实情况是,集团化改革并未明显提高中国报业的整体经营水平,原因在于报业集团化改革的形式主义倾向。绝大多数报业集团成立时并不明确报业集团的性质,也无法洞察成立报业集团的意图。

3. 三大门户网站、商业网站、个人网站

搜狐、新浪和网易是中国国内最大的门户网站,在网络竞争中成长起来,稳居鳌头。截至2006年5月31日,这三家企业缴纳税款超过1.2亿元。

目前的法律允许私人企业按照程序获得运营增值电信服务的权利,该增值电信服务包括商业网站。这样的广告媒体机构十分灵活,与三大门户网站不同,它们没有编辑采访权。

个人网站的数量庞大,难以统计,随着博客、播客的盛行,个人网站

---

① http://www.smg.sh.cn/intro.html。

更加红火。个人网站的通过个人或少数人来运营,要形成成熟的商业运营还需较长时间,其广告传播方面的服务也还需改进。

4. 新媒体的支持——电信运营商

手机媒体、未来的IPTV、网络宽带、新一代的流媒体等媒体在媒介市场中的影响力不断增强,电信运营商变得举足轻重。尽管这些新媒体还是电信运营商身份,但其本质是媒体。电信、移动、联通、网通四大电信运营商都在想方设法铺设自己的业务范围,不管结果如何,他们对各类媒体影响会越来越大。

5. 小媒体、新媒体代理公司

社会上出现各种名目的小媒体、新媒体代理公司,新媒体开发速度快但规模不大。传统媒体机构来不及也不屑于介入其中,大量市场空间留给新媒体代理公司,其中部分以广告公司形式存在,部分以文化传播公司形式存在。控制媒体的机构情况相当复杂,购买这些非传统媒体媒体空间时,必须注意确认对方的具体情况。

6. 其他

各地还出现一些有特色的媒体机构,在一定领域内占有自己的位置。

第二节 广告新媒介

许多国家都在建设文化产业,大多以媒介产业为领导产业。媒介产业朝向规模化、多元化发展,伴随网络和数字化等传播技术的发达,媒介的"质"和"量"都发生变化。传统广告媒介稳步发展的同时,广告新媒介也迅速发展,成为广告传播活动中不可忽视的力量。

有线电波、无线电波、网络、电子在不同时代都代表新媒介,新媒介不是绝对的概念,而相对于已存在的传统媒体而言。当前的新媒介是网络、个人手持信息终端(手机、PDA、IPTV)和传统媒体的变种,所谓的第五媒体、第六媒体,都是对新媒介的称谓。

具备一定条件,上述新媒介就能成为广告媒介:如能使受众获得广告认知、广告冲击力并能产生购买行动。例如,借助网络购物拍卖,不能只让受众了解产品,还得让受众直接在网上实现购买,这时,网络才能同其他广告媒体相抗衡。

网络、手机到在不久就要普及的数字互动电视,广告新媒介基本是基于双向沟通的媒介。业界人士应继续努力,使这些新的广告传播媒介发挥人们寄予的期望。

一、网络广告媒介

有了网络,地球成为一个村落。无论国外国内,网络都是一个蓬勃发展的产业。互联网常被喻为继报纸、杂志、广播、电视以后的第五媒体,以其快速、高效将广告信息传递带入全新境界,同时为企业带来前所未有的商机。企业需要宣传产品,使消费者认同并且购买,广告在构筑品牌知名度和影响消费者购买决定过程中起着重要作用,互联网的成熟与发展,为广告提供了一个强有力的、影响遍及全球的载体。互联网超越地域、疆界、时空的限制,使商品品牌传播全球化。

(一)主要特点

1. 主要优势

(1)网络交互性,双向传播,受众由于信息的及时反馈和交流而积极参与。

(2)持久性强,网友的惯性使他们对于网上的广告同样产生一定的黏度。

(3)形式多样化,以富媒体出现为代表的网络广告载体的推陈出新。

(4)不受时空的限制,制作成本低,信息成本低廉。

2. 缺点

(1)上网条件要求高,受教育程度和费用的影响较大。

(2)规范不完善,影响广告的可信度。

(二)主要类型

(1)横幅式广告(Horizontal Banner)。又名"旗帜广告",以gif、jpg等格式建立的图像文件,或定位在网页中,大多用来表现广告内容。有时还使用Java等语言使其产生交互性,用一些插件工具增强表现力。它一般出现在网站主页的顶部和底部,是网站中最重要且最有效的宣传手段。

(2)竖式旗帜/网络门户(Vertical Banner/Portals)。一般出现在网站主页两侧,效果突出,价格相对横幅旗帜广告低廉。竖式旗帜是网络广告的主要形式,既可以使用静态图形,也可用多帧图像拼接为动画图像。动画图像广告集动画、声音、影像和用户的参与于一体,富有表现力、交互性和娱乐性,对浏览者的吸引力大于静态图形广告。

(3)按钮式广告(Buttons/Icon)。最常用的按钮广告定位在网页中,由于尺寸偏小,表现手法较简单。它的位置一般设在竖式旗帜和网络门户下面,也有相互交错放置的。图标在主页上是不动的,但由于价格相对低,许多广告主都看好这项服务。

(4)插页式广告(Interstitial Ads)。又名"弹跳广告"。广告主选择自己喜欢的网站或栏目,在该网站或栏目出现之前插入新窗口显示广告。

(5)赞助式广告(Sponsorships)。一般有内容赞助、节目赞助、节日赞助。赞助式广告形式多样,广告主可赞助自己感兴趣的网站内容或网站节目。网站节目特指时效性网站,例如世界杯网站、网站周年庆等。

(6)电子邮件式广告(E-Mail)。广告以旗帜的形式体现在提供免费电子邮件服务的网站上,广告会出现在个人邮箱的主页上。

(7)邮件列表广告(Direct Marketing)。这是一种网络"直邮"。利用网站电子刊物服务中的电子邮件列表,将广告加在读者订阅的刊物中。广告形式多样化，例如 Banner、文字。

(8)互动游戏式广告(Interactive Games)。互动游戏式广告可以随时出现在页面游戏开始、中间、结束，还可根据广告主的要求量身定做互动游戏广告。百事可乐 2006 年夏季的广告中，就出现一个打冰块的广告，因其趣味性广为流传，为其品牌宣传提供支持。

(9)关键字广告(Key Words Ads)。关键字广告有两种基本形式：一是关键字搜索结果页面上方的广告横幅，可以由客户买断；二是在关键字搜索结果的网站中，客户可以根据需要购买相应的排名，以提高自己网站被搜索者点击的几率。大的搜索引擎都提供该项服务。

(10)专栏支持(Content Sponsorship)。在网站首页中的专栏的顶部冠名。如"＊＊医院医学顾问"，为树立广告形象有极大的帮助，也是众多广告客户青睐的广告形式。

(11)链接网站广告(Anchor Sponsorship)。链接网站广告一般出现在网站主页的顶部和底部的横幅旗帜广告的一侧，也可出现在其他重要位置上。链接网站广告图标独特，容易给浏览者留下印象。图标广告(Logo)也是链接网站广告的一种。

(12)文字链接(Text Link)。在信息量较大的情况下，以文字的方式提供链接，从而避免页面的拥挤。

(13)网上问卷调查(Questionnaire)。广告主可以就某个产品或某项活动制作问卷，利用网络媒体的交互功能，由访问者直接在网上回答，获得统计数据。

(14)Rich Media 的 banner 广告。采用 Java、Shockwave、VRML 或视频技术，在多媒体上增加点击、填表等交互功能，这就是"Rich Media"。Rich Media 广告比动画更能吸引用户的注意力，这种广告的缺点是容易受链接速度的影响，站点上的页面传送太慢或广告使用户的系统死机，广告不但起不到传播作用，还会有副作用。

(15)在线分类广告。该广告提供平台，任何人都可以在该平台上免费刊登广告消息。全球最火的也是最早的分类广告网站是美国的 Craigslist 网站，该网站提供房产、招聘、商品、交友等各种生活信息，开设各种交互社区，信息全部来源于网民。每月有 1 000 万人使用 Craigslist 网站，月浏览量达 30 亿次，网站的网页数量每年以近百倍的速度增长。

以上涉及主要的网络广告形式，由于网络的潜力还在不断地开发，所以在这个平台上究竟能发展出多少广告媒体，是很难预测的。

（三）网络广告媒体之路

2007年7月18日，中国互联网络信息中心（CNNIC）发布《第20次中国互联网络发展状况统计报告》。报告显示，截至2007年6月30日，我国网民人数达到1.62亿，占中国人口总数的10.9%。网络的到达率也十分喜人。从下表中也可以发现：

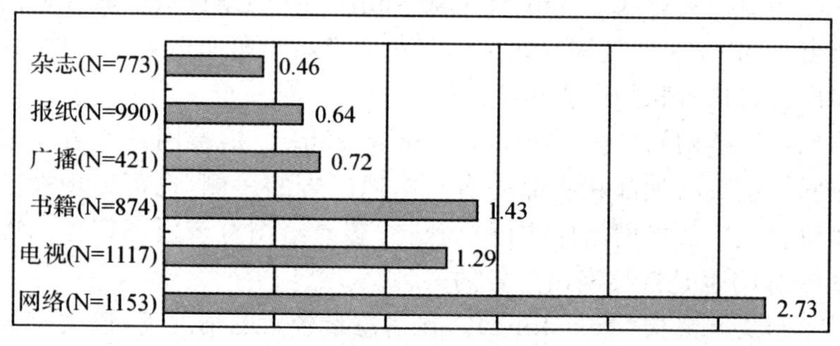

图7-1 用户平均每天使用媒介的小时数①

伴随着这一浪潮，在所有的媒体投放量中，网络营销投放量的增长是最大的。2005年，互联网广告在美国的投放量是125亿美元，中国是5亿美元左右。中国的网民只比美国少6 000万，美国的国民经济增长总值是中国的六倍，美国大约占全球的24%，中国的互联网广告市场应有20亿美元的规模，中国的网络广告媒体拥有巨大潜力。

2005年，网络广告的覆盖率首次超过广播，中国消费者和广告主的增长，一直以来在网上消费的时间在非常稳定的一条线上，互联网广告的能量正在被释放。在这种时候，利用网络营销品牌引起广告主的注意。随着中国网络和电子商务环境的成熟，比如支付手段、配送手段的成熟，越来越多的人会在网络上进行消费。因此，必须探讨网络媒体

---

① http://tech.sina.com.cn/i/2007－05－28/15111531923.shtml。

如何把效果营销和品牌营销进行有效的结合。

二、个人终端广告媒介——手机

不到10年,手机已十分普及,手机的功能也不断扩展。手机不只是语音通信工具,已经成为人们随时随地获取信息的工具,还是个人传播信息的工具,手机随身化传媒工具的特性体现得越来越明显。信息产业部的统计显示,截至2006年4月底,全国手机用户数超过4.16亿户。统计表明,手机用户2007年以来又出现较快增长,前四个月月均增长580.4万户。与此同时,被用户广泛使用的手机短信发送量也越来越多。此时,全国固定电话普及率为每百人27部,手机普及率为每百人30.3部。① 最新的调查发现,作为广告媒体,手机拥有巨大的发展空间。

对于广告传播来说,这种随身媒体是不可多得的高效载体,能帮助广告主准确地把广告讯息传达到目标对象。这有利也有弊,色情、中奖等垃圾广告也一直困扰着手机广告,手机用户转而倾向于限制电信公司的传播。手机广告的发展,还需要得到立法方面的引导。

作为广告传播媒体,手机的前景不可小觑,随着3G牌照的派发,手机将集文字、音像于一体,将转变成为更利于传达广告信息的媒体。精明的广告商已经注意到这些,世界第三大广告公司BBDO首席执行官罗伯逊称:今后广告客户的方向将是利用无线设备,把广告传递给消费者。我国媒体公司的新起之秀分众传媒也将成立新公司专门运营手机广告,这个新公司将与分众、聚众、框架媒体一起,成为分众集团旗下四大品牌之一。分众传媒CEO江南春透露,分众将继续通过收购与合作等形式,加强与SP和运营商的合作,拓展短信广告、流媒体广告等手机广告种类。

(一)主要优势

(1)中国的短信奇迹打造强势广告媒体。在迈入信息时代的中国,

① http://news.iresearch.cn/0468/20070523/64754.shtml。

商家间的广告大战日趋激烈，最为人熟知的手机广告——短信广告更像风暴一样席卷全国。2005 年，中国的手机用户达 3.4 亿，而有线电视的用户也不过 1.3 亿左右。2006 年 1—4 月，手机短信量达到 1 322.5亿条，比上年同期增长 46.5%。巨大的市场无疑蕴含着无限的商机。

（2）互动性，有很强的针对性。手机传播是一对一的传播，广告主掌握了用户资料，就能和受众一对一地交流，针对性很强，互动性也很强。此外，手机用户群体拥有较强的消费能力，也相对稳定，针对这个媒介实施的受众定位，确定广告投放的目标群体，可大大节省资源。

（3）到达率高。手机是人们接触最多的物品，无论何时何地，用户都能查看到手机广告，查看率可达 95%以上甚至 100%，这是其他媒体无法达到。遇有紧急的宣传活动，手机短信非常适合。

（4）成本低廉。相对于电视、报纸及户外广告等媒体来说，短信成本低廉许多。使用相同的广告宣传费用，手机短信的受众用户要比传统媒体的受众用户要多出数倍。

（二）主要形式

（1）短信广告。作为新兴广告媒体，手机短信广告内容各异、名目繁多，给消费者提供了许多有用信息，对商家的促销活动或临时项目的推广起到良好的传播作用，尤其适合广告费用不充足的商家。

（2）手机内置广告。手机里的内置图片可以用作广告媒体，可以放置广告图片文字。这些可以供你浏览、发送、甚至成为待机画面。

（3）手机短剧、手机电视的贴片广告。3G 将带来手机服务内容的多样化。短剧、电视等接近传统媒体的服务将为手机广告开辟出更广阔的市场。

（4）手机电子地图、手机网游。当手机上网不再受速度限制时，手机媒体就将部分起到网络媒体的功用。人们可以通过手机察看信息，发布信息，这为广告传播提供了新的平台。

（三）前景

有人把手机媒体称为“带着体温的广告媒体”，手机具有的兼容性、整合性、贴身性是其他媒体不具有的。随着电信网、计算机网、有线电视网的融合，手机媒体化时机来临。有人断言，手机将成为继报纸、广播、电视、网络四大媒体之后的“第五媒体”。毫无疑问，围绕手机的整个产业链可能发展成一个拥有巨大“钱”景的新产业。但由于规范的缺失及新媒介给人带来的陌生感，人们短期内较难接受手机广告。

三、其他数字广告媒介

除网络和手机系统外，还出现许多其他数字媒体。数字化浪潮袭来，数字电视、数字电影、数字图书馆、数字摄影等新媒体、新产业、新市场不断涌现，逐渐成为各国战略发展的重点，广告传播自然不会轻易错过数字化这一机遇。

数字技术成为当代传媒的核心技术和竞争的有力武器，媒体出现两个比较显著的变化：传统大众传媒的数字化日益加快，各大电视台、报纸、杂志都把内容搬上了网络，制作过程也积极地向数字化靠拢；采用数字技术的新媒体和新技术手段层出不穷，数字照相机、个人数字助理、电子书、电子报纸、3G手机……

全面数字化是现代传播世界的主要特征之一，当前的广告传播活动将很大程度地依赖于数字媒体。

(一)主要类型

数字媒体日新月异，在实际运作中不断变化升级，社会中到处都是数字媒体。以下简单把数字媒体分为三类：

1. 传统媒体数字化

这个类别下主要包括数字书报刊、数字广播、数字电视三者，它们基本上是传统媒体的数字化。在广告传播活动中，传统媒体一直占据最重要的地位，一直是广告主实施广告活动的第一选择。数字时代来临，传统媒体明显感受到数字化将对媒体的未来带来的巨变，加强了本身的数字化进程。

(1)数字书、刊、报。这些历史悠久的大众媒体，本来使用纸质印刷物,现在转变为数字出版。具体说是:一,最终产品仍为纸质印刷物,但制作过程完全计算机化、网络化、自动化,各环节均使用数字化设备和器材;二,最终产品不再使用纸质介质,而使用磁盘、光盘或者其他介质,以及网络传播形态和其他各种电子传播形态的完全意义上的数字出版物。未来的数字报纸据称可以卷起,方便携带,每日只需要通过接口,从制定的网络上下载内容即可。

(2)数字广播。无线广播经历了两个重要阶段——20 年代的调幅广播(AM)阶段,40 年代的调频广播(FM)及在调频广播的基础上形成的立体声广播阶段。随后经历了第三个阶段——90 年代中期出现的全新的数字音频广播(DAB)。第三个阶段不的特征是,广播与信息产业紧密联系。

(3)数字电视。数字电视指节目信号的摄取、记录、处理、传播、接受和显示均采用数字技术的电视系统,包括节目采集、节目制作、节目传输,到用户接受的全过程。数字电视是继黑白电视、模拟彩色电视之后的第三代电视。

2. 数字娱乐媒体

社会物质和精神的丰富离不开娱乐,娱乐工具也随着社会的变化而向数字娱乐媒体发展,主要包括数字摄影、数字电视、网络游戏。

(1)数字摄影。数字摄影指用数字照相机拍摄生成静止影像,涉及静止影像数字化,包括使用扫描仪对照片、胶片扫描后产生静止影像。数字摄影不仅给拍摄、制作、传播静止影像带来变化,也对传统摄影市场及相关产业带来影响。

(2)数字电影。数字电影指使用数字电影机拍摄、数字放映机放印的活动数字影像,涉及活动影像数字化,包括数字化设备将传统胶片转为数字方式,或专门制作数字影像并与传统光学影像合成等。

(3)网络游戏。互联网的发展,尤其是宽带的普及,给网络游戏带来发展的绝好机会。网络游戏主要分为三种:益智休闲类游戏(Round Game)、社区式游戏(Match Game)和大型在线游戏(Online Game)。

3. 数字跨媒体

新媒体层出不穷，“跨媒体”成为传媒界最热门的词汇，也成为全球媒体的共识和发展思路。“跨媒体”指将报纸、广播电视、互联网站的采编结合起来，资源共享，集中处理，衍生出不同形式的信息产品，通过不同的平台，传播给受众。

(二)数字电视

在狭义上，数字电视指将传统的模拟电视信息转化成二进制的数字信息，然后进行处理，经过机顶盒接收、解码、转换成 AV 信号，通过现有的有线网络传输到每家每户。其图像质量可达到 DVD 的质量水平，声音质量也非常好。数字电视是一项全新的有线电视服务系统，不同于现在电视节目所采用的模拟信息。从广义讲，数字电视超出一个简单的产品范畴，而是指一种方式，指电视节目的采集、制作、集成、发射、传输、接收都用数字方式。

许多人认为数字电视就是收费电视，实际上，现在的有线电视就是收费电视，真正的数字电视可以实现可选择的双向互动性，这意味着信息服务的丰富多样。所以，数字电视是多种功能复合于一体的视听设备。数字电视是计算机、传输平台、消费电子三个环节融合的聚焦点。就像互联网的意义远远超出计算机本身一样，数字电视的革命意义也超出数字电视的终端设备，变革了整个系统。

全世界的媒体行业都在进行数字电视开播、普及与推广：

在德国：2006 年关闭模拟电视。当局强调所有市场中的各方，包括公共和商业电视商、DTT(地面数字电视)传输服务商、机顶盒制造商和媒体管理机构，需形成一个全国性的推出计划，以实现这一目标；

在法国：2004 年 40%的居民可看到数字电视，2008 年覆盖用户可达到 80%；

在澳大利亚：正在进行试播数字电视，交互性是数字电视播出的下一步；

在美国：2006 年 12 月 31 日以前停播微波模拟广播电视；

在加拿大：数字电视用户的骤增使加拿大主要电视公司的年收入

猛增48%。AAC公司7个数字电视频道中，有3个频道在25～54岁观众收视中排名前10位；

新加坡：国内第二大电信运营商于2002年7月，收购7年前开始运营的新加坡Cablevision公司后进入付费电视业务，在新加坡100万个家庭中，该公司拥有超过35万个付费电视用户；

韩国：2001年数字电视开播，数字电视机逐渐成为韩国出口的主要产品；

印度：2003年6月正式提供DTT服务，估计到2012年完全停止模拟电视传输。

在我国数字电视的发展计划中，除北京、天津、上海、重庆四个直辖市外，分东部、中部、西部三个地区：东部地区包括广东、福建、江苏、浙江、山东。中部地区包括湖南、湖北、海南、四川、安徽、江西、广西、河南、河北、山西、陕西、辽宁、吉林、黑龙江。西部地区包括新疆、西藏、青海、宁夏、甘肃、内蒙古、云南、贵州。具体内容如下表：

表7-1　有线电视向数字化过渡时间表

	时间	内容
第一阶段	到2005年	直辖市、东部地区地(市)以上城市、中部地区省会市和部分地(市)级城市、西部地区部分省会市的有线电视完成向数字化过渡。
第二阶段	2005—2008	东部地区县以上城市、中部地区地(市)级城市和大部分县级城市、西部地区部分地(市)级以上城市和少数县级城市的有线电视基本完成向数字化过渡。
第三阶段	2008—2010	中部地区县级城市、西部地区大部分县以上城市的有线电视基本完成向数字化过渡。
第四阶段	2010—2015	西部地区县级城市的有线电视基本完成向数字化过渡

数字电视的电视节目极大丰富，结合多种先进技术，给数字电视的发展带来了两大问题：节目过多，没有足够输出的渠道，造成各级电视台之间的矛盾；数字电视产业各环节利益分配不均。盈利模式的单一，电视制作单位只能通过广告收入方式支撑，致使各电视台之间展开争

夺广告的恶性竞争。节目越办越多，制作成本越来越高，但节目相互雷同，广告恶性竞争。各层次之间经济利益矛盾加剧，最终影响整体效果。

第三节　广告媒介传播策略

一、媒介评估

投放广告，不能不借助于媒体，使用媒体必须选择最适合的，这个时候，评估媒体成为相当重要的工序。评估的变量很多，忽略任一个变量，就可能导致错误投放，后果小至广告费浪费，大至给品牌宣传带来负面效应。

评估标准可分为定量标准和定性标准，定量标准就是可以明确测量得出的变量：如卖多少份报纸和你的广告究竟可以到达多少人；定性标准是指社会对媒体较为主观的分析，例如认为它所具备的价值，例如哪些媒体是高档的、权威的，还是市民化的，以及媒体本身无法控制的一些因素。当然，根据广告主的营销目的或其他因素的不同，这些因素的侧重点都会发生变化，实际操作还要根据具体情况具体分析。

（一）量化指标

1. 媒体针对群体数据

这个变量是选择媒体时主要考虑的内容。首先，必须进行详细的市场调查，了解媒体能覆盖的受众和受众能接受的媒体进。调查得越仔细，就越能判断出哪种媒体是正确的选择。一般来说，人口统计学方面的数据是比较好的标准：性别、年龄、社会阶层等，但这些远远不够的。洗发水等一般消费品需要考虑的变量不多，工业或者技术型产品则应再考虑受众的工作性质或者个人爱好，这两个变量比性别年龄变量更重要。

2. 地域

了解媒体到达的地域和明确受众的构成同样重要。营销范围不同,对地域的要求不同,它们之间存在紧密的联系。我国南北跨度大,东西风俗不同,在不同的市场行销应使用不同的手段。在选择媒体上,就必须了解真正与行销目标市场在地域上相吻合的媒体。

3. 渗透和覆盖

除了体现媒体针对性的指标和地域上的指标外,还必须了解媒体的规模。这里的规模并非指媒体的有形无形资产,而指有多少人能接收到该媒体传播的信息。主要有两个指标:渗透率和覆盖率。

4. 费用与折扣

在媒体选择的过程中,费用是最终的决定因素。预算外的媒体,无论它对营销目标的实现有多大的帮助,也不会是正选。央视春节联欢晚会是每个广告主都希望能投放广告的地方,可是有几家企业能轻松获得这样的位置?一些资金少的广告主就连省级卫视的广告都望而却步。媒体的报价是重要的考虑因素,通常情况下,一些边角时间或边缘的广告能获得折扣,媒体也会考虑你购买的总量和付款方式等。

(二)定性指标

1. 内容环境

这里指媒体提供的内容给受众造成的心理状态。受众在接受媒体的信息时的心理状态,会明显的提高或者降低受众对广告的效果。试想,在枪杀案的充满暴力色彩的文章下方投放麦当劳的广告,效果会如何?那香喷喷的汉堡包是否还能勾起你的食欲?

2. 时间

主要考虑以下几点:时机、频度、速度、灵活性。在时机上把握媒体的投放也是很重要的。对于很多广告主来说，时机就只是季节的选择，但是更多的广告主需要更精确的判断：2005 年的超女节目广告中，“致忠和”的宣传脱颖而出，其品牌借超女这匹电视节目中的黑马一炮而红；频度是时间上需要考虑的第二个因素。市场情况和广告主的要求都会影响媒体的频度，而且有时媒体只能提供短期的时间；第三个时间方面的因素是速度。如果广告主需要在竞争对手之前将产品或者信息推出市场，这时就必须考虑到广告信息设计的时间限制。比如报纸就有截稿排版期等等；这种情况下，媒体的灵活性就显得很重要了。现在的许多媒体都提供了广告的套餐，也就是为了满足广告主需要灵活配合的需求。

3. 保存期

不同媒体提供的信息保存期不同。电视广告转瞬即逝，报纸在休闲的时间内保持时间较久，网络在受众到达某一空间时可无限使用。广告应提供详细的数据或信息，以方便受众的接受，就这一点来说，广播或者电视都不是最佳选择，因为受众没有可供仔细分析的介质。

4. 耗费

尽管有各项指标对媒体进行评估，但是大多媒体还是很难发挥广告主希望的效用。广告业内也一直流传着广告主的一句心声：我知道我的广告投入浪费了一半，但是不知道到底是哪一半浪费了。的确，由于传播过程中充满了各种各样的噪音和不确定因素，传播效果自然不容易得到保证。所以这点也必须放在广告主选择投放媒体的考虑之中。

5. 直接影响

主流媒体能通过自己的权威性，直接影响广告主重视的团体。这种情况经常发生在分销商身上，他们对主流媒体的广告充满信心，他们认为这种广告能刺激消费者购买产品，而他们也有更好的推荐理由。许多新上市的消费品品牌会在自己的广告宣传画的下角特意注上“中央电视台上榜品牌”。

6. 媒体的竞争能力

媒体的竞争力也是选择媒体时应考虑的要素，进入宣传阶段，广告主和对手的竞争就从现实中搬到媒体上，对手的广告媒体强势于你选择的，可能给消费者造成错觉——你的产品不如竞争对手的。与对手选择同一个媒体，又想造成相对的强势，就必须购买大于对手的版面，这样才能引起消费者的注意。

二、媒介计划的目标

基本了解媒体后，可开始拟定广告媒体计划。制订计划前还需了解广告主的产品、市场份额、市场策略，之前的广告、约束条件、竞争情况等。选择媒体是为了达到广告目标，广告主有很多的广告目的，或者因时而异，广告投放应制定多套计划，根据实际情况调整。

明确广告目标是做出媒介计划的基础，必须明确，广告主要占领某个地区的市场，还是要使自己的品牌区隔于对手的品牌，或者同时有多个目的，这些目标要实现到什么程度。计划制定者应明确这些目标指数，归纳出广告投放的目标：

(1)提高用户的忠诚度。人的记忆很短暂，广告应该进行合理的重复。消费者会受到对手的广告狂轰滥炸，受其他精彩广告的轮流登场的诱惑，受许多干扰物的干扰……，必须用广告不断提醒用户，这成为传播活动中的重要一环。

(2)征服曾买过产品的买主，让他们成为口碑传播者。许多产品，尤其是大型昂贵的工业产品，其潜在消费者不会轻易接受广告信息，广告应曲线救国，通过与老主顾沟通感情来使他们成为产品的代言人，从而起到说服新的购买者的效果。

(3)维持销量。市场的自然萎缩是广告主最不希望看见，但是却又无法控制的趋势。所以广告的另一个目的，就是通过提醒性广告来维持目前的市场容量。

(4)抓住下一代使用者。社会结构时时处在变化之中，生老病死是自然规律。昨天和这个产品不相关的人，今天可能就变成产品的消费者。这个规律在团体上一样适用，公司发展变化的时候就会产生不同的需求。所以广告主需要抓住产品的下一代消费者，才能保证自己的发展。

(5)产品改进的通知。公司常常听说投下大笔资金在经营的产品上，那么就必须通过广告的形式告知消费者：他们不断有新产品、有改进的地方、有新包装，或者其他变化。这样消费者对产品的认识就能不断更新。

(6)稳定产品的需求量。许多广告主，他们的目的不是促进销售，而是稳定需求量。在工厂无法负荷高强度生产时，或者遇到淡季，产品积压太多。这种时候，通过广告来填补市场需求的波动，在淡季时多上广告，在高峰期停止广告。

(7)给消费者新鲜感。有时消费者会对于广告语或者广告片产生厌倦感，这时新的广告语广告片就需要推出。麦当劳之前的“更多选择、更多欢笑”是很受欢迎的广告，但是在 2006 年被改进成了“I’M LOVING IT(我就是喜欢)”，也就是这个原因。

(8)提高品牌威望。对于一些大型的企业来说，品牌就是他们的生命线。这样并不是说小企业就不需要品牌，而是在投放大量广告方面，大企业较有实力。

(9)“伞式”运动。营销活动很少是单打独斗，它们常常是几个运动同时搭配进行。所以有时候的企业形象广告并不是单纯的为改良形象，它也可能是为了统一品牌旗下的所有活动，使分散的活动在广告的统一下而成为“伞形”的活动。

(10)为子品牌助威。在子品牌上市的时候，广告支持是非常重要的。

(11)新产品推广。新的产品和服务上市的时候，市场教育的任务就不得不由广告来进行。告诉潜在消费者新产品上市了，并告知主要的功能及好处。

(12)市场调查。把广告作为一种市场调查的手段。方法是准备一个广告活动，在整个过程中，仔细测量消费者的反应。以此证明未来更大规模的广告活动，可以在怎样的媒介投放下能达到最好的效果。

(13)引导并辅助销售代理。不论是对销售人员还是销售代理，都需要来自广告的激励。这种支持能让他们在消费者面前表现得更好。

(14)直接销售和邮件订购。有的企业采取的是直接销售和邮件订购的方式销售,这样的企业就十分需要广告活动的辅助。在若干年前兴起的电视购物就是以这种目的出现的。

(15)清仓。促销广告的即时效果远大于长期的效应。所以促销广告如果不是为了制造销售高潮,就是为了明年的新产品空出仓库,并且提供资金。

(16)提升企业购买竞价能力。做广告不是永远为了销售,它也可能是为了更廉价的购买。比如企业在同对手在竞争拍卖,或者争取上游供应商的时候。广告的证言能力就能得到体现。

(17)促进销售。提升销售是广告目的中最常见的一种。

三、媒介计划预算

收集决策信息后必须确定广告目的,然后可以着手预算。谈到预算,首先要确定一种思维——广告是一种投资,广告虽然是一种开支,但能促进销售从而带来利润,提高销售可以降低成本,从而提高边际利润以及其他利润。

(一)注意点

广告预算的定义很多,最简单的定义是:"在指定时间内用于广告投放上的全部费用。"在指定时间内投放的广告费和如何让这些广告费在特定时间内合理地分布,这两点都是制作计划的重点。广告预算时要防止以下三种情况:

(1)零预算。广告投放计划需要仔细地考虑。但是在实际情况下,经常会有一些突入而来的安排,比如广告主忽然认为自己要投放广告了。这种突然转变的广告投放是很难带来效果的。所以在这种时候,作为计划制定者需要做的就是拒绝做计划,因为广告投放计划并不是一个独立于企业其他活动的。

(2)反对专断估计的预测。随便的估计一个广告预算,很少能给广告投放活动带来成功。不要听从一些自称有 20 年或者更多年工作经验的人拍脑袋得出的结论，这样只会造成广告预算的浪费或者效用不足。

(3)拒绝“总裁规则”。如果广告经理必须在广告预算方面完全听从董事会或者董事长的指示，我们就称这样为“总裁规则”。这种情况和上面提到的情况没有很大的区别，可能还会更糟。试想把广告投放预算这种大事交给没有足够相关知识的人，是一件多么可怕的事情。所以也是很不可取的。

(二)预算方式

广告媒体投放预算的制定方法很多，这里仅列出其中常见的几条：

(1)量力而行法。根据企业提供的资金来确定广告预算，其他市场营销活动优先分配经费，有剩余时再供广告之用。

(2)百分率法。按销售额或利润额的一定比率来确定广告费用，具体分销售额百分率法和利润额百分率法。

(3)竞争对抗法。比照竞争者的广告开支决定本企业广告预算，以保持竞争上的优势。行业的广告费数额越大，本企业的广告费也越大；反之，则越少。把广告作为商业竞争的武器，实行针锋相对的宣传策略，使用这种方法的一般都是实力雄厚的大企业。

(4)目标达成法。根据企业的总目标和销售目标具体确定广告目标，再根据广告目标制定广告预算。这种方法比较科学，能根据企业的经营变化灵活地制定预算。

(5)投资利润率法。先预测广告促销带来的利润增长，推算出广告的投资利润率，然后计算出广告预算。

(三)准备具体计划

在做好了前几步的准备之后，具体的媒体投放计划可以开始了。制订媒介计划有很大的压力。因为，少则几百万，多则几千万，甚至上亿元的费用。广告主关心效果，媒体关心规模和价格，还有不少人惦记着回扣。制订媒介计划要兼顾多方面需求。

1. 把握投放“质”和“量”之间的“度”

量方面，要注意媒体投放的信息量，使其积累到一定程度产生效应。俗话说,三人成虎,“三”就是量,就是“重复”的重要性。广告也要重复传播同样的信息,讲究足够的时间和密度,以引起顾客的注意。重复的次数不够,就会造成更多的浪费。就像烧水,烧到80度就熄火,前期的投入全部白费。

质方面,要注意信息不能重复太多,这同样也会导致浪费。有的广告创意在媒介上投放三年甚至更长,这是极大的浪费。嚼口香糖,刚开始很甜或很刺激,但嚼一段时间就没感觉了。广告投放也类似,同样的信息重复得太多,其边际效应会递减。

2. 注意媒体投放组合的科学依据

通常情况下,媒体计划要考虑这两个指标:目标受众的覆盖率和每次覆盖的相对成本。我们可以用这两个指标形成一个矩阵。①

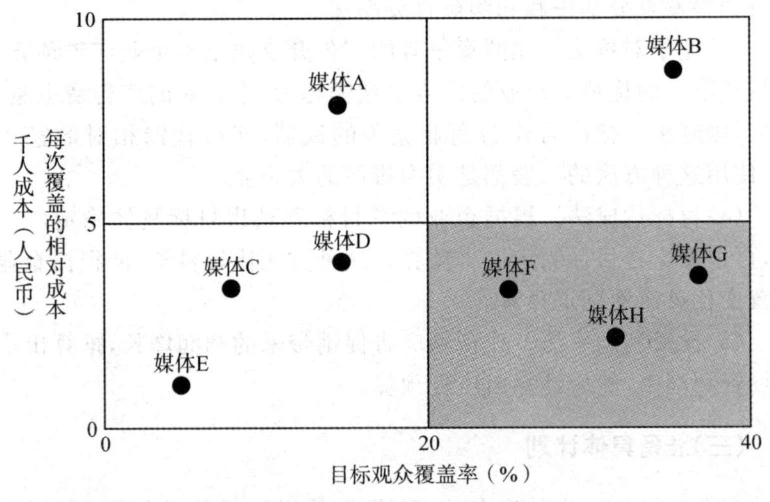

图 7-2 媒体组合矩阵

目标受众的覆盖率是相当重要的指标,主要衡量这个媒体对目标受众的覆盖能力,通常情况下,覆盖率越高越好。然而,“一分钱一分

① 《媒体组合:投资与浪费的博弈》,http://www.sh360.net/Article/200606/8992.html。

货”,覆盖率高的媒体通常不便宜。企业恰恰追求覆盖率高而便宜的媒体,于是需要第二个指标——每次覆盖的相对成本,一般用千人成本(CPM)来表示。这个指标衡量媒体每次覆盖1 000人需要的花费。

把所有媒体的这两个指标都搞清楚,媒介选择就简单许多,要尽可能选择覆盖好的、更便宜的媒体,如图中的“媒体G”、“媒体H”和“媒体F”等。

3. 其他问题

(1)战略性媒体与战术性媒体要均衡。媒介投放,不能想起的时候才去策划、组织和实施。有些媒体必须要提前一年,甚至两三年就要买断。因为好的媒体就像好的交通要道一样,人人都去抢,事前不去挤,事临就无法着手。通常把这种媒体叫战略性媒体。只有战略性媒体,也难以满足营销策略的全部要求,还要根据季节变化、竞争态势和促销活动及时调整或加强媒体投放。媒体投放还要有足够的灵活性。这种“即抓即投”的媒体,叫做战术性媒体。媒体组合,一定要把这两种媒体组合好,确保其均衡,这样才能游刃有余地达成营销目的。

(2)不同媒介之间要相互补充、相互促进。不同媒体,其覆盖能力和说服能力不同。电视的覆盖率高,但说服力有限;杂志的覆盖率低,说服力却很高。必须根据营销目的组合好不同的媒体,选用合适的媒体来与不同的目标顾客沟通,尤其要善于利用楼宇广告、MSN广告、彩信广告等新媒体,这些媒体刚刚出现,成本低廉,性价比好,利用得好,事半功倍。

(3)投放时间的长度和强度要有的放矢。长度,主要是投放周期的长度。可以是一年,可以是半年,也可以是一个月。强度则是一个相对短的周期内广告投放的密度。比如,6月份是产品销售的旺季,从4月份就得加大投放密度。再如,淡季每天投放2次,那么旺季必须每天投放6～8次。

解决强度问题,有经典的三种方式:连续式投放、栅栏式投放和脉冲式投放。连续式投放很稳定,一般企业很少单一采用;栅栏式投放不连续,根据预算和需要断断续续投放;脉冲式投放综合连续式和栅栏式投放。规模较大的企业适合脉冲式投放,因为这种投放方式既能兼顾投放时间的长度，也能突出强度。

(4)有机组合不同创意的广告。一般情况下，企业投放广告时不可能仅投放一种创意，而会同时投放产品广告、促销广告和形象广告等若干版本的广告。但媒体投放预算有限，应该组合投放，比如，CCTV-1天气预报前投放形象广告；省级卫视投放产品广告；《中国电视报》、《南方周末》投放促销广告等。“硬广”与“软广”应该组合使用，硬性广告的说服力有限，有些信息必须通过软文宣传来传达，这也需要有机组合。

(5)同一个广告篇的长短要紧贴策略需要。企业应根据产品生命周期阶段调整广告的长短，产品刚上市，最好投放 30 秒广告，这样传达的信息完整一些；过一段时间，可以缩短到 15 秒，因为顾客已经知晓产品的特征，只需维持其记忆，没必要花双倍的钱去投 30 秒广告。

四、执行跟进广告计划

一旦和广告主确定了投放计划，接下来就是投入实施，其实际操作难度颇大，执行中非常讲究细节，执行过程中还应进行相应的调整，任何调整都要围绕广告目的和广告预算进行。

投放计划实施后，计划制定者要测量计划实施的效果：

(1)这些计划是如何实现媒体目标的；

(2)这种媒体计划对实现总体营销和传播目标所起的作用。如果战略是成功的，就应该在未来的计划中采用他们。如果不成功，就应该对它们的缺陷进行分析。

执行和效果反馈跟进非常重要，鉴于篇幅，具体内容不在此展示。

第八章

广告传播效果

第一节　广告传播效果概述

一、广告传播效果的定义和分类

广告传播效果，是广告活动或广告作品通过广告媒体传播产生的直接或间接影响的总和，包括广告活动产生的信息传播效果、销售效果及对社会道德、文化教育、伦理、环境的影响等效果。

作为信息传播活动，广告传播的影响多种多样。为了方便测定，可以将广告效果分成几类：

(1)按照广告传播效果的具体内容来划分。广告效果可以分为传播效果、经济效果和社会效果，这是最常见的分类。其中，广告传播效果又可具体划分为广告的到达效果、认知效果、态度效果、行动效果等。

(2)按照广告效果测定过程来划分。广告传播效果可以分为事前效果、事中效果与事后效果。这是实际广告测定中经常采用的分类方法。

(3)按照广告产生效果的时间长短来划分。广告效果可分为即时效果、近期效果和长期效果。

(4)按照产品市场生命周期来划分。广告效果可分为导入期的广告效果、成长期的广告效果、成熟期的广告效果、衰退期的广告效果。

(5)按照广告活动周期的长短来划分。广告效果可以分为短期效果、中期效果、长期效果。具体时间的长短，要根据实际广告活动中的时间周期和具体的测定要求来确定。

另外，还可以根据广告媒体的不同将广告效果分为印刷媒体效果、电子媒体效果、售点广告效果，等等。

以上分类方法不是绝对的和互斥的，实际操作中可根据测定要求和情况灵活搭配运用。

二、广告传播效果的特性

广告活动复杂多样，广告信息传播受多种因素的影响，因此，广告效果也要从多方面，多角度考察。总体来说，广告效果有以下五个主要特征：

(1)延迟。广告效果的延迟性指广告效果的发挥与广告活动的运行不同步，这主要体现在广告对产品销售的影响上。例如，消费者观看广告后，虽然受影响打算购买，但可能正在使用另一种产品或缺钱，所以无法购买，广告促进销售的效果不是马上产生的。

一般而言，广告发布后，受众需要一段时间才能看到(或听到)，有一定的时间间隔，间隔的长短与媒体特性有关，也受商品的类别(如耐用品、选购品、日用品)、价格的高低、购买的难易等因素的影响。消费者对广告效果的延迟性也会产生影响：消费者接触广告后需要时间来消化广告信息或寻找其他信息以验证广告信息；消费者相信了广告的宣传后，但可能没钱购买，这也造成延迟。

(2)累积。广告传播效果的累积分为时间累积和空间累积。从时间上看，要达到好的传播效果，一两次广告无法奏效，广告需要一定的时间跨度，不断积累效果。从空间上看，信息环境日益复杂，媒介种类日趋增多，仅用一种媒体很难达到满意的效果，组合系列广告媒介，集中系统地传递广告信息，积累多种媒体的效果。

(3)复杂性。广告传播效果的复杂性体现在两个方面：传播效果的多样性；广告效果受多种变量的制约。广告传播不仅直接影响受众，还会通过“二次传播”影响其他消费者；不仅影响微观层面的受众、企业，也影响宏观层面的经济、文化，这就是传播效果的多样性。广告的表现形式、广告的媒介策略，公关等营销因素的配合、竞争等都会影响广告的效果，多种因素共同作用达成广告效果，广告效果要受多种变量的制约。

(4)两面性。在具体促销方面，广告不仅能促进产品销售的增加，还能在市场疲软或产品进入衰退期时延缓产品销售的下降。此时，用销量增长来衡量广告传播效果显然不合适。广告传播不仅能促进经济发展、丰富民众生活、倡导正确的价值观，也能传播不正确的信息、培养不良的社会行为和生活方式、使社会文化低俗化。

(5)难测定。广告传播效果具有延迟性和累积性，很难准确测定广告效果的起始时间，也很难明确影响广告效果各因素的具体作用。广告传播效果的复杂性说明广告效果的广泛性与分散性，它既表现为多种营销工具效果的交融，又体现在经济、社会文化、心理等各层面，渗透于多种层次的消费者中。准确、及时收集消费者对广告的反映信息很困难，广告所导致的产品或劳务销售下降，给社会带来的负面影响也很难测定。

以下四小节具体介绍广告传播的经济效果、社会效果、心理效果。鉴于广告传播媒介效果的重要性和复杂性，本篇将另立一节进行分析。

第二节　广告传播的经济效果

一、广告业与经济

广告的经济效果可以从两个方面来阐述：广告业本身就是重要的经济门类，属于第三产业。改革开放以来，我国广告业取得长足进步；广告传播能促进生产、流通、消费、分配等社会经济活动，提高消费者的物质生活水平，改变消费者的消费观念，促进社会的消费结构、消费层次更合理更完善。

二、广告与企业

企业的生存和发展离不开广告。

(1)广告是企业市场信息的重要来源之一。通过广告，企业可以了解同行的产品的价格、定位、品牌形象等相关情况，借此获取竞争对手的营销策略和发展状况等市场信息，为企业制定对应的营销计划和发展战略提供依据。广告的内容、广告传播的时机和风格同样传递重要信息。

(2)企业可以通过广告传递产品信息或者传播企业倡导的理念，这时的广告传播起告知作用。企业有新产品上市或产品有所创新，这方面信息需要及时传递给目标消费者，广告可以迅速并且广泛地传播企业要传递的信息。这种类型的广告也十分多见，电视上不时会看到麦当劳或者肯德基的新产品上市广告，这类广告的时效性都比较强。

广告除了传递产品相关信息外，还可以传递企业价值和理念，企业广告就属于这样的观念广告，该类广告旨在帮助目标群体了解企业的价值观和文化，目的是树立企业形象，维持企业信誉，提高企业知名度，引起消费者对企业的关注和好感。

(3)广告也是有效的非价格竞争手段，企业可借助广告制造有效的产品区隔。市场上有许多的产品等待消费者购买，厂商为了生存和发展，对使用包括广告在内的竞争手段非常感兴趣。相应的，早期实务界的广告理论家们就开始研究用广告来推销产品，广告理论史上以约翰·肯尼迪、克劳德·霍普金斯、阿尔伯特·拉斯韦尔为代表的“原因追究派”和以西奥多·麦克马纳斯和雷蒙·罗必凯为代表的“情感氛围派”，研究用广告来赢得竞争对手、达到更好的销售效果。

三、广告与消费者

对消费者而言，广告是传递信息的方式，传递最新的产品信息和企业信息；一方面为消费者的购买决策提供信息支持，另一方面也或多或少刺激着消费者的购物欲望，后者是广告饱受争议的原因之一。

总的来说，广告的价值就是传递传者与受者知道的信息，就商业广告来说，企业希望通过广告达到对消费者的告知和影响——说服和引起好感、偏好甚至引起购买欲望。广告通过影响消费者的认知和心理乃至行为，间接影响经济。投资、贸易和消费是拉动经济增长的三匹马车，无论是产品广告还是企业广告，其终极目的都是刺激消费者购买。

四、广告与产品

1. 广告与附加价值

在市场营销术语中，附加价值指市场营销活动的结果增加了满足需求的价值。产品的更新换代、优质的售后服务或者精美的包装都可以增加产品的附加价值。广告通过作用于消费者的心理，进而影响其行为而产生销售效果。在实践中，广告通过引起消费者对产品特性或功能的注意来增加价值，或通过加强消费者对产品的主观的、非物质的满足需求价值的认识来增加价值。广告给产品增加的附加价值不是实实在在的物质的功效，而是心理上给予消费者满足感或愉悦感。

不同的广告对产品附加价值的影响不同。例如，制作精美、国际明星代言的产品同一般制作、普通消费者代言的产品，功效上，两种产品并无多大差别，可消费者的感受却很不同。

2. 广告与价格

关于广告对产品价格的影响，历来有两种看法：一种看法认为，广告比人员推销更经济，其寻找消费者的成本更低，降低了销售成本，因此也降低了产品的价格；另一种看法认为，企业花大笔钱做广告，这些额外的成本都会摊派在产品价格上，广告使产品价格更高。

这两种看法乍一看似乎都有道理，实则不尽然。产品价格取决于许多因素，除产品成本外还取决于产品定位、竞品价格等因素，广告对价格的影响要视具体情况而定。如果产品定位为高档品，相应的，其价位也会高于一般的同类商品。此时，虽然企业大做广告，其产品价格仍旧会“高高在上”；如果企业通过做广告创造出巨大的市场需求，得到良好的销售效果，虽然花了许多钱，但这方面的成本可以通过减少流通费用和加快资金周转速度来冲抵。同时，企业会因为规模生产而降低单位产品成本，产品拥有降价空间。如果消费者可以在市场上买到质优价廉的同类竞争产品，企业会慎重考虑是否会把广告成本转嫁到消费者头上。所以，广告对商品价格的影响要视具体情况而定，不能一概而论。

第三节　广告传播的社会效果

广告传播的社会效果指广告对社会文化道德和人们的思想意识形态产生的影响。广告内容都会带着特定时期特定地区社会意识形态的痕迹,这种痕迹必然通过广告媒体影响受众。可以说,社会的道德风尚、文化时尚、消费观念和生活方式都会在事实上受广告的影响。美国评论家波特认为广告对现代社会的影响不仅限于经济领域,他指出:广告对社会的影响,已发展到可以与拥有悠久传统的教会和学校相匹敌。广告支撑了各种媒体的发展,严重影响大众兴趣的形成。广告成为当代重要的社会组成部分。

一、广告传播与价值观

广告是营销工具,这使其在传递信息时暗含说服意图和价值取向。这样,人们不仅在广告中获得商品或服务的信息,还会在意识形态、思想观念及行为方式方面受到潜移默化的影响。这种影响可以是积极的,有利于社会的进步和发展;也可能是消极的,不利于社会的进步和发展。

其积极影响,不仅表现在广告可以通过传播产品和服务的相关信息起到教育大众的作用,还表现在广告可以传播和倡导正确的价值观念,引导合理的社会行为。美国总统罗斯福十分肯定广告的教育功能,他说:如果让我重新选择,我想我会进入广告界。若不是有广告来传播高水平的知识,过去半个世纪各阶层人民现代文明的普遍提高是不可能的。

广告也是一种特殊的说服艺术,美好的广告艺术表现可以对社会的思想意识形态产生良好的影响,使人们在美的感受中获得情感和理智的满足,形成对人生、社会的正确认识,进而形成正确的人生观和价值观。

广告传播影响的消极方面，集中反映在广告的虚假、低格调、传递错误的价值观以及示范不良的消费习惯和生活方式等问题上。下文将详细分析。

二、虚假广告

虚假广告指广告活动中采用欺骗的方法或者引人误解的陈述，对商品或者服务的主要内容作不真实的宣传，侵害了消费者或者其他经营者合法权益的违法行为。随着媒体和技术的发展，广告对社会的影响日益扩大，在这种背景下，虚假广告的危害也越来越大了。

常见的虚假广告夸大宣传产品性能，有的企业将产品专利申请号作为专利号来宣传；有的商家在广告中使用未经认可的“首创”、“独家经营”等欺骗性用语；在未经比较的情况下采用“换代产品”、“第二代”等词汇进行不法广告宣传，等等。由于信息不对称，消费者很难辨别该类广告的真假，其危害甚大。

虚假广告对社会的危害显而易见。虚假广告是违法现象，虚假广告会误导消费者、扰乱竞争秩序，甚至危及社会的诚信建设。虚假广告会给社会和消费者带来危害，所以要制订针对虚假广告的法律、法规。虚假广告还不断翻新手段，有迷惑性。有关管理部门应从保护消费者权益出发，完善相关法律和制度，加强对广告业的规范和管制。

三、广告泛滥现象

有人说，我们呼吸的空气是由氧气、氮气和广告构成的。这形象地说明了广告充斥生活空间的事实。广告和经济关系的研究表明，经济和广告共生共存相辅相成。经济的发展带来广告的发展，广告的发展又促进经济的发展，世界各国经济和广告业发展的现状得到证实这一关系。所以，广告泛滥某种程度上象征着这个国家或者地区经济的发展程度。

但广告泛滥也给社会带来困扰。很多时候，广告以它的无孔不入直接参与着、改变着人们的生活。广告的铺天盖地客观上对消费者构成信息暴力。作为传递信息的媒介，广告也不可避免地带有自身的局限性——它选取象征性的事件和信息进行加工，重新加以结构化再面向人们传播和灌输，它不可能客观和公正，肯定会打上深刻的商业和功利主义的胎印。社会学家更指出，过多的广告使消费者生活在广告的洪流中，使消费者对现实产生虚假印象，使消费者脱离实际需要和自己的能力去追求过多过于昂贵的商品，从而造成社会浪费。

四、广告与刻板成见

传播学理论认为：稳定的人类社会相互作用方式指导着人的行为，即群体中的人们在相互了解的规则范围内组织彼此之间的交流。大众媒介往往通过选择性的陈述和强调某些主题来反映文化规范，从而与受众交流并得到最大限度的认同。同时，大众媒介也是模式化的重要来源。①

广告不仅传递商品的信息和价值，也向消费者传达商品在生活中的意义，传达购买商品将给消费者带来的生活价值。在这个过程中，广告往往倾向于将一个典型的角色置于一个典型的环境来表现一个典型的行为，这种角色的模式化会形成关于该角色的社会刻板成见。比如，广告中的女性经常以打扫卫生或女侍者的角色出现。美国的研究发现，妇女、老人以及少数民族等常被广告塑造成刻板成见的形象，表现刻板成见的广告常受到相关团体的抵制和批评。在日本，出现这种问题并引起消费者的质疑，有关管理部门就会要求企业和广告公司修改广告。

五、广告与儿童

针对儿童的广告不仅期望刺激儿童现有的消费力，更期望对家长施加消费影响，同时期望这些儿童未来成为自己企业产品忠诚的消费

---

① [美]梅尔文·德弗勒，桑德拉·鲍尔—洛基奇著，杜力平译：《大众传播学诸论》，新华出版社 1990 年版，第 205 页。

者。许多企业乐此不疲地制作了许多针对儿童的广告，或以儿童为目标受众，或以儿童形象演示，主要涉及食品、饮料、玩具、日常生活用品、益智增高类保健品、文具、企业形象广告等。①

研究表明，儿童要到 12 岁左右才能形成理性思维能力。在此之前，儿童无法理解广告的性质和目的，所以儿童比成年人更容易受广告的影响。2005 年 12 月，美国的一项广告研究结果表明：广告与儿童对垃圾食品的偏好之间存在明显的联系。报告显示，美国电视食品广告使得美国儿童多选择营养少、热量高的食品，这给儿童的身体健康带来了危险。研究人员呼吁，如果食品公司自身改变的努力不能奏效，政府应强迫他们停止广告行为。

其实，国外很早就有关于广告传播对于儿童的影响的研究。一般认为：儿童因为不了解广告的销售意图、缺乏足够的识别能力而容易受广告操纵。因此，为了儿童的身心健康，应制订专门的儿童电视广告管理法律法规，保证最大限度地对儿童施加积极的、健康的、正面的广告影响。

六、广告与消费主义

消费主义指一种生活方式：消费的目的不是为了满足实际需要，而是满足不断追求被制造出来、被刺激起来的欲望。换句话说，人们消费的不是商品和服务的使用价值，而是它们的符号象征意义。合理满足消费的使用价值与无度占有符号意义的消费，是基于两种不同类型的生活伦理、观念、价值的生活方式和生存状态。② 为消费主义推波助澜也是广告饱受指责的原因之一，持批评观点的人认为，广告借用或时尚或另类的包装，“美化了消费选择的快乐和自由。它为私生活和物质追求的种种优点进行辩护。它把消费者和消费理想化。它或隐或显的认

---

① 徐红：《中国儿童电视广告态度解析[EB/OL]》，http://www.ccmedu.com/detail.aspx? boardID=26&ID=1609,2005-05-26。

② 陈昕、黄平：《消费主义文化在中国的出现[EB/OL]》，http://www.cc.org.cn/newcc/browwenzhang.php? articleid=1532,2005-04-26。

为，商品世界能决定自由、满足和个人变化”。[①] 广告不仅创造出不存在的需求，还使得抽象的概念具体化，将对人的感情转移为对物的崇拜。结果不仅导致社会资源的巨大浪费，也加剧现代人的精神贫乏，让现代人变得急功近利、目光短浅。

第四节　广告传播的心理效果

广告传播的心理效果是广告发布作用于目标对象而产生的认知、心理、态度等的变化，也称为传播效果，狭义上的广告效果是广告传播活动关注的基本内容，受众对广告的反映首先表现在其心理效果上。

根据勒韦兹(Lavidge)和斯坦纳(Steiner)的 L&S 广告心理效应模式，消费者对广告的反映由三部分组成：认知反应、情感反应和意向反应。

认知反应包括知晓和了解：知晓指消费者发觉到产品的存在，它发生于消费者与广告接触之际；了解是消费者对产品性能、效用、品质等各方面特点的认识。

情感反应包括喜欢和偏好：喜欢是消费者对产品的良好态度；偏好是消费者对产品的良好态度扩大到其他方面，喜欢和偏好是密切联系的两种反应，它们是消费者对产品的评价。

意向反应包括信服和购买：由于偏好，消费者产生购买欲望，而且认为购买该产品是明智的，这就是信服。信服代表决策的结果，它说明，决策之后消费者已经坚信购买广告产品，或者说有利购买广告产品的动机；购买是由态度转变为实际的行为反应。

广告传播的心理效果可以用 L&S 模式来分析。

一、广告提高消费者的品牌意识

品牌的重要性毋庸赘述，可口可乐曾自信地认为：即使所有的厂房

---

① [美]迈克尔·舒德森著，陈安全译：《广告——艰难的说服》，华夏出版社 2004 年版，第 168 页。

和设备一夜之间化为灰烬，其企业的价值也毫发无损；可口可乐可以凭借品牌特许专营合同和集体知识得到恢复。知名跨国企业都把品牌资产看得比固定资产和人才还要值钱，强生公司的手册就赫然写着："本公司的名称和商标绝对是我们最有价值的资产。"

光企业有品牌意识还不够，消费者也必须有品牌意识。消费者有品牌意识，认牌购买才有可能，企业的品牌意识才有实际意义。

消费者的品牌意识可以通过终端销售人员的介绍获得，也可以通过展销或其他店内促销获得，但广告是提高消费者品牌意识的主要手段。

国外很早就有研究关注广告对于消费者品牌意识的作用。盖斯勒(L. R. Geissler)1917年调查300名被试，要求他们在听到20种商品的名字时，说出首先出现在心中的第一品牌。结果发现，一类商品中品牌数量越少，知道该商品一或两个品牌的人越多。而广告是回忆品牌时第二个最常被提到的原因。①

二、广告增强消费者的品牌信任感

在信息爆炸、信息渠道发达的社会中，品牌信任度拥有别样的意义。首先，市场上越来越多的品牌和产品，让消费者无从下手、无所适从，谁都说自己的产品好，谁都有很好很充分很有说服力的购买理由，到底该相信谁呢？其次，在这个越来越"要想人不知，除非己莫为"的时代，信息的迅速公开和透明化，使得企业一夜之间就可能会因为用了不该用的原材料或者做了不该做的事情（如肯德基的"苏丹红"事件，SK II的虚假广告宣传等）而不得不面临信任危机。这个时候，消费者选择"避之唯恐不及"还是"不离不弃"，就取决于其对产品和品牌的信任感。

心理学研究表明，熟悉的环境和人、事件让人有安全感。所以，人们更倾向于相信熟悉的人或东西，而排斥和拒绝未知的陌生的人、事件等。经常做广告的产品，事实上能与消费者"混个脸熟"。消费者自然会对通过广告认识或者自以为认识的产品产生亲切感，继而

---

① 黄合水：《广告心理学》，高等教育出版社2005年版，第77～79页。

产生信任。日常生活中也有这样的体会：去商店买东西，面对众多品牌，看见常见的广告产品，我们会更愿意相信导购员的说辞，因而就更容易购买。

另外，广告是信息传播的手段和方式，它暗含着说服的意图，或者试图说服消费者信任它的产品或者说服消费者采取购买行为。卡尔·霍夫兰等学者关于信源与说服效果关系的研究表明：一般来说，信源的可信度越高，其信息的可信度也会越高，说服效果也越大；可信度越低，其说服效果越小。所以，广告可以选择权威的媒体、采用可信的表现方式（如请专家代言）等来增强消费者对广告产品及品牌的信任。

三、广告激发了消费者的购买欲望

广告的最终目的是诱发消费者的购买欲望，进而促成购买行为。刺激欲望的最好办法是强调产品所能给予的利益满足。这种利益满足不仅有具体的实在的利益，也有精神上的意境上的利益。

广告刺激需求包括两方面的内容：初级需求和选择性消费。初级需求指对某类商品的需求。新产品进入市场后，多数运用广告来刺激初级需求，如 1979 年及其以后的十年内电视机市场的变化。刚开始是黑白电视机的上市，厂家通过广告宣传，介绍该产品的视听兼具的优越性；晚些时候，彩色电视机上市，广告则通过突出宣传彩色电视机的逼真效果和清晰图像来刺激消费者的初级消费欲求，从而使消费者的消费欲求发生转移。电脑选台彩色电视机、电脑遥控彩色电视机和平面直角遥控彩色电视机随后上市，其广告也基本上根据产品各自的特色，进行了旨在刺激消费者的初级消费欲求的宣传。选择性需求（消费）指对特定商品牌子的需求，这是初级需求形成后的进一步发展。广告通过介绍商品的优点和有别于其他同类产品的特色，从而刺激选择性需求，引导消费者认牌购买。

随着经济的发展，竞争的加剧，产品同质化程度越来越高。这时，强调具体的利益承诺往往不容易奏效，于是广告越来越强调产品的文化、精神内涵，强调产品能够满足消费者的精神需求。

根据马斯洛的需求层次理论，人的需求可以分为五个层次：生理需要、安全需要、归属和爱的需要、尊重需要及自我实现的需要。产品的实际利益满足消费者基本的生理、安全需求，越来越多的广告承诺可以给予消费者以愉悦，以美、以彰显身份、自我实现等更高层次的需求。无论怎样，都是为了激发消费者的购买欲望，进而促使其采取购买行为。

四、广告影响消费者的购买行为

根据消费者购买过程中的理性参与程度，购买行为可分为理性购买行为和非理性购买行为。影响购买是计划还是冲动的因素包括：以前对产品的兴趣水平、以前购买对产品的考虑、广告暴露等因素。

研究表明，不论是理性还是非理性购买，广告都与消费者的购买行为密切相关。因为广告是有效的信息传递手段，还因为广告传递信息的手段灵活、方法多样。例如，电视广告具有声画并茂、信息接受快、传播面广、诉求鲜明、新颖等特点，在传递信息（尤其是感性信息）方面有得天独厚的优势；报纸广告则以冷静理性见长，可以传递更丰富更详细的信息，很好地满足消费者理性购买行为的信息需求。

此外，日常身边的一些例子也可印证广告对消费者购买行为的影响。例如，许多流行性商品的出现就与广告的大肆渲染分不开，消费者的消费习惯也会受广告的影响。例如，咖啡这种舶来品在茶文化深厚的中国流行，广告立下汗马功劳。

第五节　广告传播的媒介效果

广告传播的媒介效果，指广告对媒介的影响：“虽然广告是一种典型的大众传播活动，但其所使用的媒介，却远远超出了一般大众传播媒介的范畴，甚至也超出了一般意义上的媒介的范畴，在广告实践中，举凡可以用来承载、传递广告信息的各种物质实体、物理能和信息传播渠道，如民墙、服装、大楼的楼体、公交车、报纸、互联网、商业函件等，都可以被作为广告载体，从而成为广告载体。”①

严格来说，广告传播的媒介效果可归属于广告传播的经济效果，如对整个媒介产业的影响；也可归属于广告传播的社会效果，如通过大众媒介影响社会的价值观、文化。鉴于广告传播媒介效果的复杂及重要，本书单列出广告传播的媒介效果进行分析。另外，由于大众媒体对社会经济、人们生活影响的深远和发展的相对成熟完善，本节将着重分析广告传播对大众传播媒介的影响。

一、广告传播是媒介的主要收入来源之一

在西方国家，广告甚至成为大众传播媒介存在的条件之一，许多商业的电台、电视台、报社完全靠广告来生存和发展。“经济独立，人格才能独立”，对以“第四种权力”自居的西方媒介来说，广告为其职业理想的实现提供条件。在我国，广告也已成为包括报纸在内的大众传播媒介收入的主要来源，雄厚的广告收入给媒介提供了“做大做强”的条件。媒介有足够的资金关注自身的改革及改善经营环境，以吸引更多的受众和更多的广告资源，形成媒介与广告发展的良性循环。

二、广告带来媒介的专业化

资讯铺天盖地，受众的注意力成为稀缺资源。为了抓住目标群体的注意力，吸引广告资源，媒体越来越专业。报纸由传统的综合性报纸转向定位更清晰、受众更明确的专业类报纸；电视则出现影视、音乐、体育、财经、娱乐、生活类等专门频道。报纸纷纷推出“汽车周刊”、“房产经济”等专有版面，来吸纳汽车、房产等广告资源。

三、广告对媒介形式和内容的影响

(1)广告对媒介形式最典型的影响是“厚报现象”。“厚报现象”的

---

① 星亮：《广告学概论》，上海古籍出版社2003年版，第80页。

出现还受其他方面因素的影响，如满足消费者“一站式”资讯需求等，作为创收手段的广告也是其产生的重要原因。“亏本的生意不会做”，报纸版面篇幅大量增加，不但为安排广告增加更大的选择空间，同类广告“扎堆”产生的规模效应形成“黄页”功能，更好地满足消费者选择广告信息的需求，这也成为读者和广告主青睐报纸的共同理由。另外，广告也促进了大众传播媒介表现形式的发展；广告对报纸期刊版式、印刷质量的高要求，还美化了媒体版面，为人们带来审美愉悦。

(2)广告对媒介内容的影响。这一影响，最直观地表现为电视媒体中广告表现的节目化倾向。广告表现节目化指广告借用节目中的人物、情节或表现形式来表现，意在打破节目和广告之间的界限，将自己混同于节目，以便让人们像接受节目一样接受广告。如中央电视台广告部，就在新闻频道的广告经营中推出过主题式、栏目分类化的广告，包括事件类的主题广告，如“庆贺新闻频道开播”、“伊拉克战争直播”、“7·13 申奥”等特定事件的主题广告；还有面对特定行业、特定客户的栏目(分类)化广告，如“名车高速路”、“国际品牌”、“中国知名品牌”等栏目化广告形式。①

四、广告推动媒介的发展和变革

广告对媒介发展和变革方面的影响，主要体现在新媒体的层出不穷和媒介技术的发展上。

(1)新媒体的出现。广告媒介具有开放性、多元性和自创性特征，广告活动主体既可以开发新的、专门的广告媒介；也可以选择普通的物体来作为广告媒介。新媒体的概念就不仅局限于由新创造的媒体形式，也包括媒体使用方面的创新，如楼宇广告、公交移动广告、DM 杂志，等等。这些新媒介不断涌现，其背后的重要动因便是广告。

(2)媒介技术的发展。现实需要是技术发展和革新的重要动力，现有技术不能满足广告客户的需求，为了吸引目标受众，满足广告客户的

① 张殿元：《广告对传媒的负面影响分析》，http://media.people.com.cn/GB/22114/49489/57231/4001918.html，2006－01－05。

需求，新的广告技术就出现了。弹出式的网络广告硬把广告推给受众，引起受众反感，敏锐的企业对之进行改进，最后，融合先进多媒体技术的网络广告形式取而代之。加拿大街头近期出现“随你而动”新广告牌，广告牌里的图画能随行人的脚步一起动起来。这种新技术新奇有趣，有效地吸引了路人，达到较好的户外广告传播效果。

五、广告影响媒介的形象

广告在客观上也构成媒介的内容。随便拿起份报纸，广告总要占到其版面的20％～30％以上。日常评判媒介的主要标准，是其提供的主要信息的内容和质量，但大比例的广告内容无疑会影响媒介形象。电视里播放的都是粗制滥造、有夸大欺骗消费者嫌疑的劣质广告，在厌烦广告的同时也会对该频道颇有微辞。如果播放制作精美、可信的广告，则会在喜欢广告的同时对该频道产生好感。媒体刊播广告时要有选择，广告没人看是小事，丢了受众是大事。毕竟受众才是媒介安身立命的根本，也是广告客户所以青睐的原因。

广告对媒介的发展和变化有许多积极的作用，因此为人称道。但与此同时，广告也因其对媒介的负面影响而饱受指责。批评者认为，广告充当了企业和媒介联姻的红娘。企业的逐利本性使其在有关自身的信息传播方面有着“趋利避害”的本能，于是企业手中的“金元宝”成了媒介内容的“指挥棒”。当发生了与广告企业相关的负面新闻时，媒介往往有意或者无意地不报、少报，而有正面新闻时则大“报”特“报”。广告因此间接地损害了消费者、媒介受众的权益，必须对其进行严格的规范和有效的监管。

第三篇　广告传播实务研究

第九章 广告营销传播

第一节 广告与营销传播

一、营销观念的演变

营销观念是企业从事营销活动的指导思想,是企业在经营实践活动中逐步形成的。总结西方发达国家的市场营销经验,营销观念大致可分为五种:生产观念、产品观念、推销观念、营销观念和社会营销观念。

1. 生产观念(production concept)

在生产观念的指导下,企业认为消费者可以接受任何买得到和买得起的产品。企业的目标是集中精力和资源发展生产,提高生产效率,增加产量,降低成本。

生产观念盛行于20世纪初的西方资本主义国家。当时社会生产力水平较低,市场需求旺盛,社会产品供应能力相对不足,市场上供不应求,处于典型的卖方市场阶段。消费者关心得到产品,而不是产品的细微特征。企业不必过多关注市场需求差异,只需扩大生产,就能获得利润。

生产观念在两种情况下适用:物资短缺,产品供不应求,企业应当扩大生产,提高生产效率,满足市场供给;产品的生产成本很高,市场价格居高不下,这时企业也应改进生产,降低成本,以扩大市场。

2. 产品观念(product concept)

产品观念认为,消费者喜欢质量好、功能多、具有创新特色的产品,企业的主要任务是开发和改进产品，不断提高产品质量、增加产品新功能。

市场由卖方市场转向买方市场，消费者不仅仅满足于产品的基本功能，开始追求产品的质量、功能特点。这一时期，生产出比竞争对手质量更好、功能更多的产品成为企业的追求目标。

生产观念和产品观念都以企业为出发点，“以产定销”，重视产品而忽视市场需求。在社会供给相对不足的情况下，持有这两种观念会促使企业的发展。随着生产力的提高和供求形势的变化，企业仍然以产品为中心，忽视市场需求的变化，忽视消费者的需求，最终会陷入困境。

3. 推销观念(selling concept)

推销观念认为，通常情况下，消费者具有购买惰性或抗衡心理，企业应积极开展促销活动，刺激消费者大量购买产品。

20 世纪 30 年代以后，西方国家科技、经济发展迅速，生产规模不断扩大，产品激增，社会产品供应过剩，市场竞争日趋激烈。这一时期，企业不但注重产品生产，还需大力推销，促使消费者购买产品，增加产品销售，扩大产品市场占有率。

在推销观念指导下，企业重视产品销售，通过推广活动促使消费者购买。但这种推销仍以企业为中心，仅对现有产品进行推销，不注重研究市场需求和满足消费者需求，仍然执拗于“以产定销”。

4. 营销观念(marketing concept)

营销观念认为，“消费者需要什么，我们就生产什么”。企业的一切计划都应该以消费者为中心，根据目标市场的需求制定产品、定价、分销和推广策略，最大限度地满足消费者的需求。

营销观念是在 20 世纪 50 年代后逐步发展起来的，当时，二战刚结束，大量军工企业转向生产民用品，社会产品供给增加，随着第三次技术革命的兴起，新技术产品也不断面市，市场竞争日渐激烈。西方各国开始实行高收入、高消费政策，消费者的可支配收入不断增加，消费需求多样化，消费者选择产品越来越苛刻。在这种情势下，企业将目标重点放在研究市场的需求和满足消费者需求上，在以消费者的需求为导向制定战略目标。

确立营销观念是一场根本性的变革，它变“以企业为中心”为“以消费者为中心”，通过满足消费者需求而获得企业利润。营销观念要求企业从外到内计划生产，即在市场调研的基础上，根据市场和消费者需求来组织生产和经营，根据消费者的反馈不断改进生产经营。

5. 社会营销观念(societal marketing concept)

社会营销观念认为，企业在实现盈利目标、满足消费者需求的同时，必须兼顾社会公众的长远利益。

社会营销观念是对市场营销观念的修正。70 年代后，环境污染、资源短缺、人口膨胀、世界范围内的经济危机等问题使营销环境发生巨大的变化。企业在满足消费者个人需求的同时，可能与社会公众的利益发生矛盾，社会营销观念适时出现，要求企业平衡追求利润、满足消费者需求和社会利益三者之间的关系，将满足消费者需求和实现消费者与社会公众的长期利益作为企业的责任。

二、营销的定义和内涵

营销是实践的产物，不同时期，营销概念的内涵不同。美国市场营销学会、营销管理学派的代表人物——美国西北大学教授菲利普·科特勒、欧洲关系营销学派的代表人物——格隆罗斯对营销下的定义被各国营销界广泛引用，具有代表性。

美国市场营销学会(AMA)认为，营销是：计划和实施对观念、产品和服务的形象建立、定价、促销和分销策略的过程以实现满足个体和组织目标的交换。有效的营销要求管理人员认识到销售与促销等活动间的相互依赖关系，协调它们来制订营销方案。

菲利普·科特勒认为：营销是通过创造和交换产品及价值，从而使个人或群体满足欲望和需要的社会和管理过程。

格隆罗斯认为：营销是在一种利益之下，通过相互交换和承诺，建立、维持、巩固与消费者及其他参与者的关系，实现各方的目的。

从这些定义看，营销这一概念有一些核心要素：

1. 需求和满足

营销活动的出发点是满足消费者需求。生产前，企业就应周到细致地调查市场，深入了解消费者的需要。这些事先调查包括：研究消费者行为、进行消费者诊断、研究消费者偏好，分析用户调查、产品保证和服务等方面的数据，观察本企业产品的消费者和竞品的消费者，了解并掌握他们的喜好和尚未得到满足的需求，为制定营销策略提供依据。

消费者满意产品，这是企业营销成功的标志。消费者往往无法理性、精确地分析产品的成本和价值，常以感知到的产品价值来评价。感知价值不符合期望值，消费者的需求就得不到满足；感知价值符合甚至超过期望值，消费者的需求就得到满足。企业只有满足消费者的需求，才能够实现自己的营销目标。

2. 交换、交易和关系

交换是营销中的核心概念，交易是营销双方价值的交换。营销活动包括前期市场调研分析、商品流通、售后服务、营销效果评估等，交易是营销活动的中心，消费者需求的满足和企业营销目标的实现都依赖于交易的实现。

在成功营销的基础上，企业应与相关利益者（消费者、分销商、零售商）建立长期关系，这种长期关系是实现企业的长期营销目标的有力保证。

三、营销与传播

营销是商业机构（或其他组织）与消费者交换价值的活动，传播是个体之间或组织与个体之间传递、分享思想、观点的过程。现代市场营销观念要求营销活动从消费者出发，通过满足消费者的需求和欲望来创造利润。企业应该以消费者为中心，按照消费者的需要提供相应的产品，同时，在提供产品的过程中，主动寻求有目的的对话，注重和消费者及利益相关者进行积极的交流，在平等的交流反馈中构建互动传播沟通平台。从营销过程看，营销活动的每个步骤都包含传播因素，从设计、包装到销售等，营销的每个环节都要与消费者交流。广告、公关、促销等是不同形式的沟通传播，产品的设计、包装、商品陈列等是为了传播产品信息，售后服务也是传播。从向消费者进行单向诉求到谋求与消费者进行双向沟通，这是现代营销的转变。通过信息交换和共享活动，企业与消费者完成了价值交换，因此，营销过程本身就是传播过程。在这个层次上，营销即传播，传播即营销。

四、营销传播组合

营销传播组合包含四个要素：产品（product）、通路（place）、价格（price）和促销（promotion），这些要素相互组合，构成企业的整体行销传播力量。

产品不仅是一组物理属性的组合，还是营销活动中的核心要素，是满足消费者需求的多种利益的组合。价格是消费者为产品付出的金钱，是产品价值的货币体现，它包含了制造成本、流通成本及企业的预期利润。产品经过通路而从生产环节进入流通环节，并通过通路展现给消费者，销售给消费者，通路包含批发商和零售商。推广是连接企业与消费者的重要营销传播组合方式，主要包括广告、人员销售、销售促进和公共关系。

五、广告营销传播战略

制定广告战略是包含调查、计划、实施、评估、审核、再计划的连续不断的过程，要围绕营销战略目标来进行。营销战略决定企业的广告规划，有助于管理者分析并改进企业的营销和广告活动，决定了广告在营销组合中的作用，以更好地实施和控制广告活动，使之保持连续性，确保广告预算得到最有效的分配。

营销战略的书面体现就是营销计划书，营销计划书必须反映企业高层管理者的目标，并与企业的使命与能力相符。计划书要随企业的规模、生产品种的多寡不同而调整，可以长而复杂，也可以简单扼要，内容要包括所有与企业、其服务的市场、产品、服务、消费者、竞争状况有关的客观事实。计划书促使各部门——产品开发部、生产部、销售部、广告部、信贷部、运输部——围绕消费者展开工作。营销计划书还要明确一定时间内达到的目标及为实现这些目标采用的战略和战术。

广告计划是营销计划的自然产物，与营销计划的准备方法大致相同。企业可根据具体情况详简各异，但基本内容大体一致。

第二节　品牌营销传播

一、品牌的定义和分析

市场竞争激烈，新产品一上市，就会被竞争对手模仿、抄袭甚至超越，产品的同质化现象严重，依靠产品本身很难吸引消费者的注意，品牌的魅力才是持久的竞争优势。现代社会已进入品牌竞争时代，品牌号召力是企业竞争力的外在体现。可口可乐就表示，即使全世界的可口可乐企业一夜之间化为灰烬，凭着“可口可乐”这个品牌，可口可乐可以迅速重新崛起。

美国市场营销协会：品牌是一种名称、术语、标记、符号或设计，或者是它们的组合运用，借此和其他竞争对手的产品和服务区别开来。

菲利普·科特勒：品牌是一个名字、名词、符号或设计，或是上述的总和，其目的是要使自己的产品或服务区别于其他竞争者。

奥格威：品牌是一种错综复杂的象征，它是品牌的属性、名称、包装、价格、历史、声誉、广告方式的无形组合。品牌同时也因消费者对其使用的印象及自身的经验而有所界定。

大卫·艾克：品牌是产品、符号、人、企业与消费者之间的联结和沟通。品牌是一个全方位的架构，牵涉消费者与品牌沟通的方方面面，品牌更多地被视为一种“体验”，一种消费者能亲身参与的更深层次的关系，一种与消费者进行理性和感性互动的总和，若不能与消费者结成亲密关系，产品就从根本上丧失了被称为品牌的资格。

汤姆·邓肯:品牌即指所有可以区分本公司和竞争对手的产品的信息和经验的综合并为人所感知的内容。

约翰·菲利普·琼斯:能为顾客提供其认为值得购买的功能利益及附加价值的产品。

上述定义从不同角度阐述了品牌的内涵,品牌并无确定意义,从不同角度出发会有不同的理解。但总体来看,可从两个方面来把握品牌的内涵。

1. 品牌的物质要素

品牌并不是一个物质实体,但人们对品牌的感知要通过品牌的物质载体来完成,这些有形要素产品包括、品牌名称、图形、标志等外在信息。

(1)产品。很多时候,人们都将品牌和产品混同起来,其实,产品并不等于品牌。产品是物理属性的结合,是具体实在的物质,产品的使用价值能够满足消费者的功能性需求,产品是品牌的基础,没有好的产品,也就不能形成持久的品牌效应,但好的产品不一定能树立起知名的品牌。

(2)品牌名称、图形和标志。品牌名称是品牌构成的核心要素,它是品牌进行传播的主要内容。品牌名称既要反映产品的中心内容,还要反映品牌的核心价值、企业的价值追求、经营理念、文化观念等。图形和标志也是品牌构成的形象要素,它们通过具体的、生动的形象或抽象的意蕴传达品牌的个性和内涵,反映出不同品牌之间的差异,帮助消费者更好地识别和记忆品牌。比如奥运五环标志、肯德基上校、麦当劳大叔等。

(3)其他。品牌外在形象的构成要素还包括标志字、色彩的应用、文字标识等。

这些品牌要素的组合或部分组合塑造出品牌的外在形象,构成不同品牌相互区别的标识,以此吸引消费者关注产品,记识品牌。

2. 品牌的心理要素

美国《福布斯》杂志的专栏作家布洛克,曾对万宝路香烟品牌进行过一项调查，1 546 万名万宝路香烟的爱好者都要回答问题“为什么喜欢这种香烟?”绝大部分受访者的回答都集中在香烟的物质属性上，比如：觉得这种香烟的味道好、香烟味道浓等。布洛克又表示，将向喜欢万宝路香烟受访者半价提供这种香烟且保证提供的香烟货真价实，但香烟的外包装上看不出万宝路品牌，结果在自称喜欢万宝路香烟品质的人当中只有大约 21%的人表示愿意购买。布洛克据此分析，表示喜欢万宝路是出于其品质的人并未真实表达自己的想法，或者不知道自己喜欢这种香烟的真实原因。这些烟民之所以选择万宝路香烟，是因为品牌带来满足感，而不是因为香烟的自身品质。这就是大多数烟民放弃以半价购买没有品牌标志的真品万宝路香烟的原因。这两种包装的香烟在制作工艺、内在质量上绝无二致，但后者缺乏与品牌相伴而来的情感上的满足感。

品牌产品能提供消费者需要的使用价值，更能带给消费者情感上的满足感，是功能价值和精神价值的统一体。品牌不仅具有产品属性，还蕴涵了其所关联的所有的消费者感知，不仅给消费者带来产品或服务，更带来许多多的集合因素，这些集合要素中包括了名牌名称、标志等前面所提到的识别性内容，但这些只是一种区隔方式，是一种具象的符号形式。品牌向消费者传达一系列与品牌相关的信息、经验和联系，据此建立起品牌个性。通过品牌个性中的联想提示和情感暗示，使品牌与消费者建立起良好的关系。这种心理因素导致具有相同使用功能的产品不同的价值体现，这也是企业打造品牌的原因。成功的品牌能够创造出产品与人们生活方式、情感理念的联系，通过影响消费者的心理而形成附加价值，这种附加价值与功能性价值共同构成完整的品牌价值。

二、品牌营销传播策略

(一)品牌形象理论

奥格威是品牌形象理论(Brand Image，简称 BI)的倡导者，他认为，广告的目的是树立品牌形象，建立、培育和发展品牌；品牌的整体个性决定产品的市场地位。

(1)广告主要为塑造品牌服务,广告中的商品品牌应具有突出的品牌形象。

(2)品牌形象树立的长期性和品牌投资的长效性。广告是对品牌的长期投资。奥格威认为,在竞争激烈且复杂多变的市场,品牌是企业拥有的最持久的资产,品牌增加价值及其应变性和稳定性直接影响企业利润。因此,广告必须保持一贯的风格与形象。树立品牌形象要有长期打算,不能仓促凑合。

(3)产品竞争同质化,同类产品的差异日渐缩小,消费者购买时的理智考虑越来越少,消费者往往根据好恶选择购买。为了获得较大的市场占有率和较高的利润,为品牌树立突出的形象比强调产品的功能价值更有效。

(4)消费者购买产品不仅为了获取产品的使用价值,还追求心理上或情感上的满足感,即“物质利益+心理利益”。应重视运用品牌形象来满足消费者的心理需求。

(二)品牌个性理论

品牌个性(Brand Character,简称 BC)理论兴起于 20 世纪 80 年代,最初是美国精信广告公司提倡的。该理论认为,广告不能只“说利益”、“说形象”,更要“说个性”,该理论主张品牌的人格化,主张品牌独特的个性差异,主张将品牌当作人,创造它的个性(而非特征),从而塑造出品牌形象差异,这种观点继承和发展了品牌形象理论。奥格威论及品牌形象策略时也曾提及品牌个性(多使用“性格”一词):“最终决定品牌的市场地位的是品牌总体上的性格,而不是产品间微不足道的差异。”“性格”这一概念较为宽泛,“个性”这一概念的内在指向则更具体明确。

品牌个性涉及消费者对品牌的认知尺度,反映品牌的核心领域。品牌个性是品牌形象中最能体现差异、最具活力和价值的部分。品牌个性理论认为,形象只能造成认同,个性则可造成崇拜。

在品牌个性理论基础上,品牌专家大卫·艾克提出品牌个性尺度理论、品牌个性要素理论和品牌关系理论,进一步丰富和发展了品牌个性理论。

品牌个性尺度理论认为，要了解品牌的个性，最简单的方法就是把品牌当人看。在日常生活中，消费者会通过使用具有个性的品牌来界定自己及所属群体。因此，面对同类产品，消费者总是寻找那些与自己个性一致的品牌。大卫·艾克提出五种品牌个性要素：纯真、刺激、称职、教养、强壮，大卫·艾克用这五种品牌个性要素来测试60个品牌，结果显示，这些要素能形象地描述出许多品牌的个性。

从下表可以看到，每个品牌个性要素可以分为不同层面，各个层面表达出在品牌个性塑造中风格各异的策略性选择，它们在品牌个性尺度中各有其明确的名称。

表 9-1　品牌个性尺度

五大个性要素	不同层面	词语描述
纯真（如康柏、贺曼、柯达）	纯朴	家庭为重的、小镇的、循规蹈矩的、蓝领的、美国的。
	诚实	诚心的、真实的、道德的、有理想的、沉稳的。
	有益	新颖的、诚恳的、永不衰老的、传统的、旧时尚的。
	愉悦	感情的、友善的、温暖的、快乐的。
刺激（如保时捷、绝对牌伏特加、班尼顿）	大胆	极时髦的、刺激的、不规律的、俗丽的、煽动性的。
	有朝气	冷酷的、年轻的、活力充沛的、外向的、冒险的。
	富于想像	独特的、风趣的、令人惊讶的、有鉴赏力的、好玩的。
	最新	独立的、现代的、创新的、积极的。
称职（如Amex、CNN、IBM）	可信赖	勤奋的、安全的、有效率的、可靠的、小心的。
	聪明	技术的、团体的、严肃的。
	成功	领导者的、有信心的、有影响力的。
教养（如凌志、奔驰、露华浓）	上层阶级	有魅力的、好看的、自负的、世故的。
	迷人	女性的、流畅的、性感的、高尚的。
强壮（如李维斯、万宝路、耐克）	户外	男子气概的、西部的、活跃的、运动的。
	强韧	粗野的、强壮的、不愚蠢的。

大卫·艾克认为，驱动品牌个性的因素可以分为与产品有关的特

性和与产品无关的特性两类，为了塑造鲜明的品牌个性，应该综合运用各种因素。见下表：

表 9-2　驱动品牌个性的因素

与产品有关的特性	与产品无关的特性	
产品类别	使用者形象	公司形象
产品属性	上市时间长短	广告风格
包装	名人背书	总裁特质
价格	公共关系	象征符号
	生产国	

艾克列出了不同的品牌行为（有关或无关）所导致形成的不同个性特色。见下表：

表 9-3　品牌行为与品牌个性

品牌行为	个性特色
经常改变定位、产品形式、象征、广告等	轻浮的、精神分裂的
经常性的赠送和发送折价券	廉价的、未受教育的
密集广告	外向的、受欢迎的
强势服务、易使用的包装等	易亲近的
特性、包装的延续	熟悉的、舒适的
高价位、独占的流通、在高级杂志上做广告	势利眼、世故的
友善的广告、担保人	友善的
与文化事件、大众电视发生关系	具有文化意识的

（三）品牌资产与品牌认同

20 世纪 90 年代初，大卫·艾克提出品牌资产理论，他认为，品牌资产就是一组与一个品牌的名字及符号相连的品牌资产与负债，它能增加或扣减某产品、服务所带给该企业或其消费者的价值。这个理论为企业经营者指出了商标权转化为无形资产的方向和策略：品牌是一项重要的资产，能否管理好品牌与企业和产品的成功休戚相关。品牌资产价值的构成包括五个部分：品牌知名度、品质认知度、品牌忠诚度、品牌联想和其他品牌专有资产。

1. 品牌知名度

品牌知名度是消费者识别、记忆某一品牌归属于某一类别产品的能力，从而在观念中建立起品牌与产品类别间的联系。一般把知名度划分为四个级别：第一提及知名度（Top of Mind）、未提示知名度（Unaided Awareness）、提示知名度（Aid Awareness）和无知名度（Unaware of Brand）。无知名度一般出现于在品牌初创时期，这时候品牌还没有建立起自己的品牌形象。未提示知名度很重要，一个消费者在没有提示的情况下，能够说出某个类别产品中的某个或某几个品牌，比如关于手提电脑，可能会说出惠普、IBM、索尼、华硕等等，消费者要购买手提电脑，往往就会在这些品牌中进行筛选。提示知名度指经过提示之后，消费者表示能够记起某个品牌并能说出自己曾经听说过的品牌名字，这是建立品牌认知的初步目标。拥有第一提及知名度的品牌是该领域中的市场领导者或强势品牌。在没有任何提示的情况下，提及某一产品类别，消费者立刻就能想到并说出名字的品牌，这个品牌一般就是消费者在某个产品区隔中的首选购买品牌。

品牌知名度能够提高品牌的影响力，知名度高的品牌能够帮助消费者消除由于不熟悉而产生的不信任感，向消费者传递有关产品和企业的正面信息，使消费者感觉“有这么大名气的品牌，产品应该很不错”，“企业一定有着雄厚的实力”，引导消费者树立对品牌的良好印象，影响消费者的态度进而影响其购买选择，最终影响品牌的价值实现。

2. 品质认知度

品质认知是消费者对产品的感知评价，它是消费者的主观感觉或体验。偏好不同的消费者对相同的产品会有不同甚至相反的品质认知，这种认知不一定符合产品本身真正的品质，而只是消费者对于品牌的总体质量无形的、整体上的感觉。产品品质包括功能、特点、可信赖度、耐用、服务、高品质外观等要素，还包括与产品实际质量无关的价格、品牌名称等要素。品质认知的价值体现在五个方面：

(1)提供购买理由。品牌产品的品质是影响消费者购买选择的重要因素,一般来说,消费者购买决策时无法得到全面信息,会依赖于心目中对品质的认知,先进入消费者心智的品牌会得到优先考虑。

(2)建立差异化品牌定位。品质是制造差异化定位的基本途径,如果产品品质上的特点是消费者真正需要的,这个产品就拥有品质上的差异优势,找到一个有竞争力的定位。

(3)有利于实行高价位策略。拥有品质优势的品牌可以制定较高的价格,从而获得高于一般品牌的收益。消费者能接受这个价格,认为物有所值,购买品质卓越的产品就应该要比购买一般产品要付出更多,这就是知名品牌的市场价格比一般产品市场价格高的理由。

(4)增加对通路的号召力。品质优良的产品有助于分销渠道的畅通,也有助于通路各经销商(代理商、分销商、零售商)树立形象,经销商通常会选择出售受消费者青睐的品牌。

(5)有助于品牌的延伸。消费者对新品牌的评价受到原有品质印象的影响,原有品质印象越好,对新品牌的正面影响越大。拥有高品质印象的品牌,可以利用原有品质的良好声誉扩展新的产品种类,从而成功延伸品牌。

3. 品牌联想

品牌联想是人们记忆中与品牌有关的事情的总和,是人们对品牌感知的集合体,品牌形象由消费者心目中对该品牌的一系列联想经过各种形式组合而成。品牌联想的范围很广,包括产品特性、消费者利益、相对价格、使用方式、使用对象、生活方式、产品类别、比较性差异等。

品牌联想具有丰富的资产价值,成功的品牌总是让人产生美好、积极的品牌联想,它是品牌具有竞争力的象征,意味着该品牌为消费者所接受、认可和喜爱。品牌联想可以帮助消费者处理大量信息,获得与品牌有关的信息,并影响消费者对信息的回忆和解释。另外,品牌联想本身就体现出了不同品牌之间的差异性,一个具有明显区隔性的品牌联想可以带来竞争优势,引导消费者对品牌产生特定的感知和特殊的感情,加深品牌在消费者心智中的印象。

4. 品牌忠诚度

品牌忠诚度是品牌资产的核心构成，反映消费者对品牌的信任和依赖程度，忠诚度高的品牌，消费者重复购买该品牌的可能性就大，转向同类产品中其他品牌的可能性就小。品牌忠诚度的价值主要体现在：

(1)降低营销成本。研究表明，吸引一个新消费者所需要的开支是保持一个已有消费者的4～6倍，从品牌忠诚者身上所能获取的收益是非品牌忠诚者的9倍。因此，培养一批品牌忠诚度高的消费者，能够大大降低营销成本，同时给竞争品牌造成压力，形成获取利润能力上的优势。

(2)建立在流通渠道的优势地位。零售商会根据销售终端的商品流通信息反馈了解消费者对品牌的忠诚度，了解消费者购买时的第一选择，拥有较高忠诚度的品牌会成为零售商们进货时的优先选择。

(3)有利于吸引新的消费者。品牌拥有的忠诚消费者群本身就是形象广告，它展示了企业的实力和品牌可信赖的程度，为其他潜在消费者产生购买行为建立了信心。

(4)拥有竞争弹性。品牌忠诚度的存在会给企业争取改进产品的时间，以新开发的产品来满足消费者不断变化的需求，而不至于因为竞争压力马上失去市场。

5. 其他专有品牌资产

其他品牌专有品牌资产指与品牌密切相关的，对品牌的增值能力有重大影响的特殊资产，例如专利权、商标、商业形象和分销渠道，等等。

三、广告与品牌营销传播

广告是推广品牌时主要使用的营销传播工具，大众传播媒介广告在品牌建设中发挥尤其重要的作用。作为公开的、普及性的信息传播方式，广告本质上是针对大众进行的，它允许广告主以较低的成本来广泛传达品牌信息，合理控制传达品牌内涵的信息内容。广告在品牌建设中的作用主要有：

(1)提高品牌知名度。广告能够传递信息，起告知、教育作用，广告提供的信息包含产品功效、特色、使用方法等品牌产品相关内容，还能提供购买地点、价格、包装等购买信息。新品牌刚上市，还不为人们知晓，通过大量的定位准确的密集广告投放，能够迅速地扩大市场知名度。

(2)建立正面的品牌认知度。品牌广告的诉求点往往是其品质上的特点——较竞争对手而言具有竞争力的特点，这个特点通常是整个品牌特性中最能够引起消费者关注的和喜欢的利益点。广告能将这个利益点表达出来，建立优良品质的形象。对于使用过品牌产品的消费者而言，他们会将已有的关于产品品质的体会和经验与广告所宣传的内容进行对照和检验，体验和广告表现内容一致，就会加深对该品牌的信任感和依赖感，容易重复购买。

(3)塑造品牌形象，丰富品牌联想。广告能够通过创意和各种表现手法，使消费者产生与品牌相关的联想，创造出品牌的差异化特点。比如，消费者穿上金利来西装的感觉与在廉价商店购买的普通西装的感觉就会截然不同。穿着金利来西装让人联想到事业上的成功者，这种体验是广告塑造的品牌联想和品牌形象给消费者的认知所带来的影响。大卫·奥格威在论述广告的作用时曾经说过："我们的广告并不需要僵硬地依照产品本身特性和细节来展开诉求，而完全可以更加灵活地赋予产品某种人性化的成分，从而使产品像人一样具有自己的个性，即便是外形、动能、价格甚至品质一样的产品，也完全可以由于个性的不同而显示出自己的差异。"

(4)培养品牌忠诚度。成功的广告不但能够引发试用，起到短期促销作用，还能强化消费者对品牌的肯定态度，增加消费者的品牌忠诚度。研究表明，由于广告所引起的销售量的增加中，只有30%来自于新的消费者，另外70%的销售量来自于产品的已使用者。因此，广告的重要目标就是巩固已有的消费者群与品牌之间的关系，使已经存在的消费者更加忠诚，增加重复购买的次数。

第三节　广告与整合营销传播

现代人或多或少都要受广告的影响，广告信息是广告主与目标受众进行有效、迅速的沟通的关键。但这个领域正发生巨大变化，这种变化来自多个方面——代理商要求更佳的广告效果；规模小但极有创造力的广告代理公司参与市场竞争；销售促进和直接营销公司期望大公司每年投入大量的金钱来促销其产品和服务；传统广告已无法激起消费者的兴趣；新的科技发明不断涌现，可利用的媒体形式有多种——印刷品、收音机、有线和卫星电视、互联网，它们争相吸引消费者的注意，广告信息充斥。新的技术和方式不仅为产商提供了接触消费者的新途径，也影响传统媒体。电视、广播、杂志和报纸被细分以吸引更挑剔的受众，媒体受众减少，传统广告影响力减小。这些因素促使产商努力摆脱传统媒体模式，探寻与消费者沟通的更新更好的方式。

20 世纪 80 年代以来，一些企业发现有必要对营销传播工具进行策略性整合，整合所有的沟通努力，把认知信息传递给消费者。这些企业尝试进行整合营销传播，结合多种促销要素与其他营销活动，以便与消费者更好地沟通，取代主要依赖媒体广告的营销传播方法，整合营销传播理论在 20 世纪 90 年代得到了长足的发展。许多企业在实践中接受整合营销理论（IMC，Integrated Marketing Communications）概念，将其看作协调和管理营销的手段，以确保消费者能得到企业和品牌的连贯信息。这些企业认为，消费者对企业及品牌的了解，来自他们接触到的各类信息的综合，如媒体广告、价格、包装设计、直接营销活动、促销活动、网上信息、产品演示会，甚至出售产品和服务的商店的情况。整合营销传播的目的在于使企业所有的营销活动形成总体、综合的印象。例如，一种高价值的商品可能由于质量、外表设计、包装、品牌名称或出售商店的形象而受欢迎。对这些企业来说，IMC 代表一种改进，取代了以往单独计划各种传播要素的方式，提供了协调营销促销计划的思路，还可帮助它们明确如何更恰当有效地与消费者和其他利益关系人，如雇员、供应商、投资人、媒体和公众接触。

一、整合营销传播的内涵

整合营销传播理论随营销实践的发展而产生，其概念的内涵随实践的发展不断丰富和发展。下面是有关整合营销传播的定义：

美国广告公司协会（Advertising Association of Advertising Agencies，4As）：整合营销传播是一个营销传播计划概念，要求充分认识用来制订计划时所使用的各种带来附加值的传播手段——如普通广告、直接反应广告、销售促进和公共关系——并将之结合，提供具有良好清晰度、连贯性的信息，使传播影响力最大化。

唐·E·舒尔茨：整合营销传播是业务的战略过程，可以利用此过程设计、发展、执行以及评估品牌传播方案，此方案对于消费者、客户和其目标中的或有关的内部及外部观众来说，通常应该是可以协调权衡的，且具有说服力。

APQC（American Productivity and Quality Center，美国生产力与质量中心）：整合营销传播是一种战略性经营流程，用于长期规划、发展、执行并用于评估那些协调一致的、可衡量的、有说服力的品牌传播计划，是以消费者、客户、潜在客户和其他内外相关目标群体为受众的。

汤姆·邓肯：整合营销传播指企业或品牌通过发展与协调战略传播活动，使自己借助各种媒介或其他接触方式与员工顾客、其他利益相关者以及普通公众建立建设性的关系，从而建立和加强与他们之间互利关系的过程。

整合营销传播可以看作一个过程，包含计划、创造、整合及营销传播各种形式（广告、销售促进、公共事件等等）的运用，这种营销传播将品牌的综合信息传递给目标消费群，以影响目标消费群的行为。整合营销传播将所有消费者可能了解品牌的方法都看作潜在的信息传播渠道，充分利用消费者能接受的传播方法，整合营销传播要求所有传播媒介传递一致的信息。整合营销传播要求营销者以消费者为出发点决定传播信息的内容和传播渠道的类型，以达到告知、说服消费者并引导消费者行动的目的。作为营销传播战略，整合营销传播具有五个特征：

1. 消费者为主导，由外向内的传播过程

整合营销传播认为，传播应该开始于消费者，然后再回到品牌传播者，以决定使用的信息形式和媒介，以诱使消费者采取对品牌有利的行动。

2. 使用多种传播形式和消费者接触

各种传播形式和所有可能的接触方法都可以作为整合营销传播的渠道，"接触"代表信息媒介，它能够为目标消费群所接触同时以一种容易接受的方式展示品牌。这个营销要素的关键特征在于反映了品牌传播者的意愿，他们试图使用任何能够为目标消费者所接触的恰当的方法。

在这一原则的指导下，营销传播者不会仅仅使用任何单一媒介或者某种媒介的一小部分，也不会拘泥于使用任何单一的传播方式(大众媒介广告)，而是使用任何可能的媒介和接触方法将品牌信息发送给目标消费者，用品牌信息包围消费者，方便他们使用任何他们认为最有用的品牌信息。直邮广告、体育和娱乐活动赞助、在其他品牌的包装上作广告、在T恤上印标志、店内展示以及网络标语广告，这些都是与现有和潜在消费者接触的方法。整合营销传播的最终目标是有效地使用任何可行的接触方法，使信息有效地到达目标消费者。整合营销给出的不再是广告、直邮、公共关系和企业统一形象，而是结果。

3. 营销传播要素协同发挥作用

整合营销传播要求营销传播要素协同发挥作用，各分类传播要素(广告、卖点标记、销售促进、活动赞助等)必须代表相同的品牌信息，通过不同的信息渠道或接触方法传递一致的信息，营销传播必须"用一个声音说话"。信息和媒介的协调有利于树立有力而统一的品牌形象，并使消费者倾向于采取购买行动。传播要素没有整合，会导致重复性努力，浪费大量财力、物力和人力，品牌信息相互抵牾则会导致混乱。

品牌应用一个声音说话，选择一个独特的定位。这一定位应合理描述品牌所要代表的目标市场，披露品牌要通过各种媒介渠道向消费者传递的一致信息。整合营销传播实践者就充分重视品牌与目标消费者接触的每个接触点上传递一致的信息。

4. 与消费者建立长期关系

营销传播应在品牌和消费者之间建立良性互动关系，建立关系是现代市场营销的关键。在品牌和消费者之间建立持久联系能够培育消费者的忠诚度，引起消费者的重复购买，与消费者建立持久的联系比寻找新的消费者带来更多的利润。

有人把企业比作成漏桶，消费者不断从桶底的漏洞中流失，企业又会努力地在桶的顶部不断加入新的消费者。因此，如果企业能够补上漏洞，即使是部分补上，这个桶也会相对满一些。这样一来，即使增加的新消费者数量相对减少，也能保证企业获得相同水平甚至更高的利润。留住已在桶里的消费者，成本更低而利润更高，现代企业认识到，争取一个新消费者的费用是留住一个老消费者费用的 5～10 倍。因此，在已有消费者的基础上再增加一个很小的百分比，便能够使利润加倍。

实践中可使用各种方法与消费者建立关系，维持其品牌忠诚度，这些方法的核心都是留住消费者并鼓励他们购买以满足自身对产品或者对服务的需求。比如，航空公司、旅店、超级市场等商业组织，为了让消费者连续光顾，大都实行积分制；商业组织经常举办活动来制造正面的、持久的品牌印象，如组织有奖销售的获奖者去野外露营，举办爬山等极限活动等，通过活动让消费者感觉品牌与生活紧密联系，以此培养品牌和消费者之间的关系。

5. 影响消费者行为是最终目的

整合营销传播的最后一个特征也即最终目的是影响传播受众。营销传播不应仅影响消费者对品牌的认知度或是加强消费者对品牌的态度，更应该得到消费者行为方面的正面回应，营销传播的目标是让消费者采取相应的行动。但是，希望每个传播方面的努力都能影响行为的想法过于单纯而不切实际，一般来说，在购买一个新品牌之前，消费者必须知道该品牌，了解它能给自身带来的利益以及对该品牌有积极正面的态度。因此,在销售产品之前进行传播方面的努力十分必要。

最初,很多企业仅把整合营销传播当作协调和管理营销传播(广告、销售推广、公共关系、人员销售和直复营销),保持企业信息一致的途径。更成熟、更全面彻底的整合营销传播观点是稍后产生的,把消费者视为现行关系中的伙伴,接受他们与企业或品牌保持联系的多种方法,并将消费者作为企业的最大资产。

要真正理解整合营销传播,就必须从消费者的角度看待问题。在消费者心目中,传播产品信息的媒介形式多种多样:电视、购物袋、社区活动、新闻报道、口传、闲谈、专家评论、财政报告,甚至企业领导的个性,都在消费者形成对企业或品牌的印象的过程中发挥着作用。所有这些传播活动或品牌联系都会在消费者心中产生出一个整合产品印象。消费者会自动把企业或其他信源发出的对品牌有关的所有信息整合到一起,他们整合这些信息的方式又会影响他们对企业的感觉。整合营销传播为企业控制或影响这些感觉,与这些利益相关者建立较好的关系提供更好的机会。

二、整合营销传播的理论基础

整合营销传播理论是在新的营销传播背景下建立和发展起来的。1990 年,美国北卡罗来纳大学教授劳特鹏提出整合营销概念,强调企业的全部活动应围绕营销活动展开,他提出用“以消费者为中心”的 4C’s 理论取代传统的“以企业为中心”的 4P’s 理论,唐·舒尔茨认为,过去是“消费者请注意”,现在是“请注意消费者”,这个理论奠定了整合营销传播的基础理论框架。

(一)4P’s 理论

1960 年,美国密执安州立大学教授 J·麦卡锡提出 4P's 理论,其核心要素有 4 个:产品、价格、渠道和促销。这个理论,构造了传统市场营销策略的基本框架。该理论认为,企业生产出适当的产品,定出适当的价格,利用适当的分销渠道,并辅之以适当的促销活动,就会获得成功。市场营销活动的核心在于制定并实施有效的市场营销组合。

(1)产品(product)。企业应注重开发产品的功能,要求产品有独特的卖点,把产品的功能诉求放在第一位。

(2)价格(price)。根据不同的市场定位,企业应制定不同的价格策略,定价依据是企业的品牌战略,注重品牌的含金量。

(3)渠道(place)。企业不直接面对消费者,而注重培育经销商和建立销售网络,企业与消费者的联系通过分销商来进行。

(4)促销(promotion)。企业改变销售行为来刺激消费者,以短期的行为(如让利、买一送一、营造现场气氛等)促成消费增长,吸引其他品牌的消费者或诱导提前消费来促进销售的增长。

(二)4C's理论

4C's理论关注的重心从企业经营者全面转向对消费者,实现了"由内而外"到"由外而内"的历史性转变。该理论认为,市场竞争激烈,企业必须将重心转移到消费者身上,从消费者的角度出发,利用各种营销传播工具为消费者提供利益。

(1)消费者需求(consumer wants and need)。企业要生产消费者需要的产品,而不是自己能制造的产品。只有深刻探究消费者真正的需求,才能获得成功。产品的品质、产品的文化品味都取决于消费者的认知,要为消费者提供合适的产品,必须调查消费者的心理和需求。只有充分与消费者沟通,才能把握消费者心理。产品策略只是企业向消费者传达利益的工具,是满足消费者需求的形式。制定产品策略必须从消费者的需求出发,而不是从企业的研究与开发部门出发。

(2)消费者愿意付出的成本(cost)。企业定价的依据不是品牌策略,而是消费者的收入状况、消费习惯以及同类产品的市场价位。对消费者来说,成本不仅只是产品价格,付出的货币只是其中一部分,有时间、消费产品时带来的不快与烦恼、消费后可能产生不良后果的担忧等也是代价的有机组成部分。消费者决不会购买不认同的价值,无论这种价值有多大。由外而内的营销思考模式认为,首先要分析消费者的认知,根据认知价值定价。定价的关键,不是卖方的成本,而是买方对价值的认知,而认知价值是利用其他沟通手段在购买者心中建立起来的。

(3)为消费者所提供的方便(convenience)。销售过程中应使消费者快速便捷地买到产品,由此产生送货上门、电话订货、电视购物等新的销售行为。企业应当忘记通路策略,应当站在消费者角度,考虑消费者购买需要的诸种方便,企业必须深入了解消费者购买方式偏好。从企业角度看,企业生产出来的产品,只有通过一定的市场营销渠道,经过物流过程才能在适当的时间、地点以适当的价格供应给广大消费者,满足市场需要。这时企业应考虑大量销售,降低成本。然而随着市场营销环境的改变,竞争的加剧,任何通路策略都可以复制。为了形成竞争优势,企业必须不断分析竞争状况和消费者购买行为,根据消费者购买偏好提供最好的服务和最大的方便。

(4)与消费者的沟通(communication)。消费者不只是单纯的受众,其本身也是新的传播者。因此,企业应与消费者建立双向沟通,以与消费者建立长久的关系。在现代社会,媒体和消费者传播和接受信息的模式发生深刻变化,新的媒介形式不断涌现,媒体分散零细化使单一媒体的受众接触时间减少,单一媒体难以接触到所有的目标受众消费者,大多数情况下,消费者只能简单认识信息,传统的促销方式对消费者的影响力减弱。新的营销环境要求与消费者对话,进行沟通,而且是双向沟通。

企业必须与消费者交换信息,为了达到这个目的,企业必须先了解消费者的媒体习惯和类型;其次,了解消费者需要何种信息,然后满足其需要。产品同质化程度提高,同类产品的相似信息太多,新产品不断涌现,营销的重心要从促销向沟通转变。产品及品牌不断膨胀,在媒体以及信息通道快速作用下,消费者无所适从,其对信息的认知可能与企业想像的并不一致。另外,产品生命周期缩短,消费的多样化、个性化也要求企业时刻倾听消费者的声音。媒体的零细化,产品同质化,消费多样化、个性化,消费者认知差异化要求企业改变促销模式,变促销为沟通,变单向沟通为双向沟通,变单次沟通为循环往复的连续双向沟通。

三、整合营销传播的战略

企业和产品的品牌化是实施整合营销传播(IMC)的驱动力,"一个声音，一种形象”的协调一致的传播，在创建和维护品牌的过程中要比传统的传播方法更为快捷和经济。作为一种整体性的模式，IMC将企业组织的所有部门与其他部分看作相关联的，要求企业同步关注内部和外部客户。它认为，企业的任何行为都会对品牌价值和客户关系带来正面或是负面的影响。为了实现其价值，企业就必须对其品牌以及与现有消费者和潜在消费者的关系进行战略规划和管理。

整合营销传播这一概念还在不断变化、丰富，以适应外部环境的变化。唐·E·舒尔茨教授认为，IMC其实就是一个“业务战略流程”，一个“品牌传播计划”，从最初的在战术上进行整合，已经发展到战略层面，以战略及价值为驱动力，整合营销传播方法将不再局限于产品销售的目标，而与企业组织的长期目标和短期目标都紧密相关。

（一）IMC的四个发展阶段

APQC（American Productivity and Quality Center，美国生产力与质量中心）首创系统化研究，建立IMC的最佳实践标准，提出IMC的四个发展阶段，促使IMC的模式从实用的策略导向型逐渐发展到以了解客户及客户行为为驱动力的模式。这个模式更具战略性取向，执行时所面对的问题将会逐渐变成协调内部与外部业务、利用客户资源决定优先级以及在战略议题上贯彻IMC原则。

1. 协调策略传播

企业的营销传播组织应该牢牢掌控整合流程的主导权，通过高度的人际传播与跨职能的传播以及书面文件来协调组织内部、企业部门之间和与外部供应商之间的关系，从而协调各种战术性的外部传播活动，形成“一种形象，一个声音，一种表达”的对外传播，更有效地结合信息的传递与市场，充分发挥各种传播方式和传播媒介的优势，产生整体大于部分总和的传播功效，达到最佳的信息影响效果。

2. 重新定义营销传播范围

这个阶段，营销传播观念进一步扩展，企业不仅关注营销传播部门的业务，还关注消费者与企业进行接触带来的各种信息，横跨了从品牌、客户、产品到服务的整个范围，密切注视企业与所有利害关系者的接触。他们认识到与消费者以及潜在消费者建立持续对话的必要性，试图广泛而深入地了解消费者以及潜在消费者，不仅仅限于消费者的感受，还包括他们的行为以及这些行为的原因，以捕捉传播机会。企业应该结合内部实践与流程和外部的传播计划，支持企业所有员工——包括那些不定期接触客户的员工都参与营销传播环节，了解企业的营销宗旨以及本身在满足消费者需求上的角色。

企业应该通过市场研究来源、消费者实际行为数据以及消费者信息反馈等渠道广泛搜集消费者信息，比如消费者满意度数据、基本态度数据与认知研究、地理与人口统计数据、执行传播计划前后的研究、交易数据、消费者服务报告以及销售商机数据等等，定期分析消费者关心的事及消费者需要，定期分析销售反馈以及消费者服务反馈，形成更具关联的信息，在各个部门之间充分共享这些数据，让员工更好地了解消费者的行为与态度，从而高效地整合所有对外发送的信息。

3. 信息技术的应用

这个阶段体现了信息技术的应用在整合过程中的重要性。企业可以运用一个或数个数据库来获取、储存并管理消费者与潜在消费者的相关信息，并利用新技术改善给消费者、潜在消费者及其他目标对象传送信息的方式与效果。另外，在内部传播方面，可以利用新的信息技术促进消费者信息在企业内部的传播与分享，让各个部门都能了解企业整个的营销与传播状况，方便营销传播人员制定营销传播计划时获取尽量多的数据资料。这一阶段的目标并不是掌握消费者与潜在消费者的广泛数据，而是分析和运用这些数据资料，正确识别和评估能带来最大收益的最佳消费者，推断消费者为企业带来的长期利润，了解发展新消费者与留住消费者的成本，以此制定传播预算，确保有效实施整合营销传播。

4. 财务整合与战略整合

发展到第四个阶段，企业必须把 IMC 工具和原则应用于整体战略目标之中，营销传播从传统角色上的策略活动提升为战略管理工具。

营销传播部门应该认识到其规划对于企业战略的重要性，要从战略角度看待这一工作，协助企业分配有限的资源。正因为此，营销传播的投资回报被纳入战略规划中，并以财务回报来作为评估的关键要素。同时，企业应该拟定切实的步骤来实践“以客户为中心”的观念，采用“由外而内”的传播规划，与消费者和潜在消费者沟通，不断完善提供给消费者的服务，从各个方面为消费者创造价值。

（二）IMC 的八项指导原则

唐·E·舒尔茨教授从理论研究和实践者的案例分析入手，发展出 IMC 的八项指导原则，这些原则超越国家和文化界线，站在全球化的视角高度上，是企业建立和执行整合计划的关键。

1. 成立以客户为中心的组织

终端消费者必须处于任一整合的中心。在日益复杂的全球市场上，执行 IMC 的企业组织在实践“客户至上”的概念时应率先考虑最终消费者的需要。对于以客户为中心的企业来说，通路，即批发商、零售商和其他中介，虽然重要，但终究只是价值链上的中介，相对而言，最终购买或使用产品的人才是最重要的，这些人帮助让企业完成战略目标和实现利润。依赖于最终客户带来的利润，企业组织才能回报员工、股东、管理层等相关利益人。因此，企业组织必须以最终消费者为中心。

为了有效实施 IMC 战略，企业应该建立起以客户为中心的组织。传统组织按层级划分，在各个系统中，管理高层关注的是活动或执行活动的部门，在某种程度上。他们可以指挥和控制这些部门，这些部门的职能不一定能满足企业最终服务的客户，各部门间缺乏跨职能的互动，无法协调为客户带来好处。

在以客户为中心的组织里，客户是中心。所有的职能活动、要素和部门都被导向并将重点放在提供客户利益、迎合客户需求或是满足客户的要求上。企业的主要目标是服务并满足客户，建立这些客户的忠诚度与持续的收入来源。以客户为中心的企业都强调这一点，组织成员才会同心协力地提供最好的产品、服务和解决方法。企业一旦认可这种组织原则，以客户为中心时，组织内的各种职能团体就要在各个层

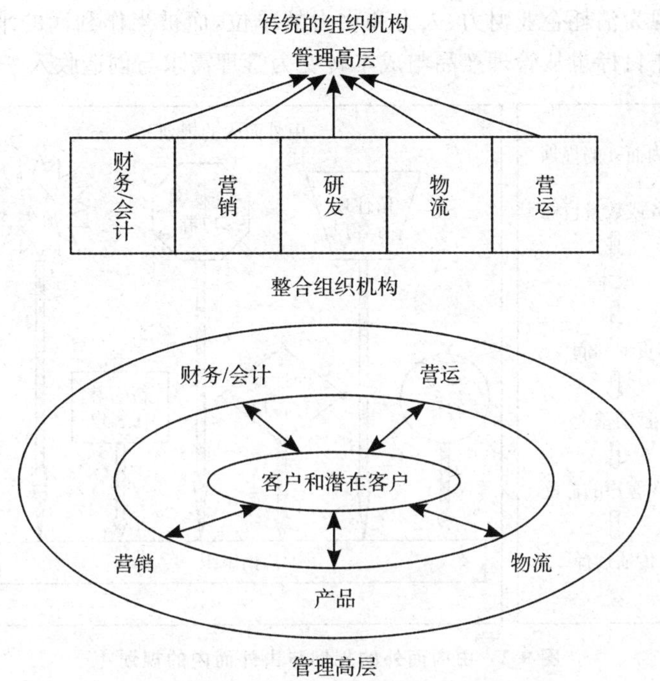

图 9-1　传统组织与以客户为中心的整合组织

次上进行全面整合。

2. 采用由外而内的规划

客户至上的概念要求企业彻底改变营销规划方式，建立以客户和潜在客户为中心的运作制度，调整预算与规划、营运、传输和评估绩效等环节的工作。在传统的由内而外的规划方法中，企业首先要确定自己想要获得什么，然后把各种活动安排成一连串的行动步骤，以得到期待的结果。规划的任务数量或财务目标决定营销与传播的投资或支出水平。达到预期目标，企业将会在营销与传播活动上投入更多资金。这样规划，营销支出和销售收入之间没有必然联系，管理层自然也不会对营销传播投资期待多大的财务回报。这样考虑问题，企业会认为减少不必要的支出等于增加盈余，会倾向于减少营销支出，从而改善盈亏状况。IMC采用完全不同的由外而内的营销规划方式，客户与潜在客户不再被视为消耗企业财力、人力和物力的单位，而被当作利润的来源，企业的工作目标也从管理产品与成本转变为管理需求与创造收入来源。

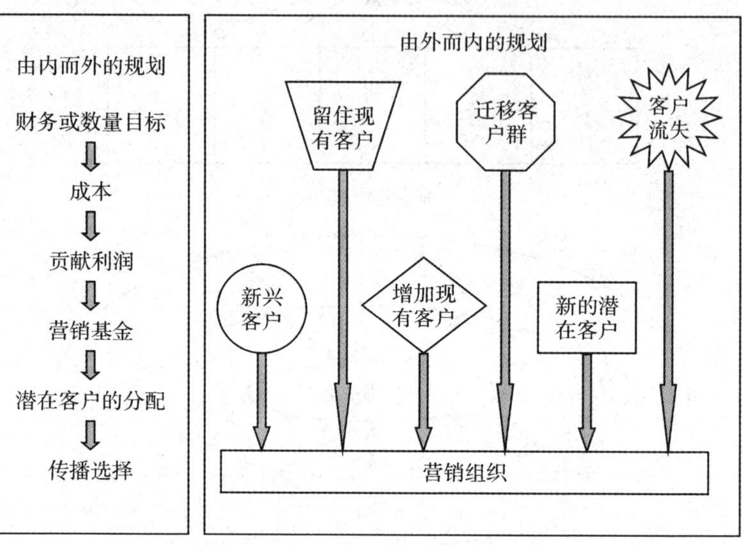

图 9-2　由内而外的规划与由外而内的规划

3. 以整体客户体验为重点

战略性 IMC 方法的重点在于客户对产品和企业的整体体验上。整体客户体验包括了产品在市场上如何发挥作用、如何获得、通路提供产品的效率和能力、如何实现客户服务以及企业对于所处社会将造成什么样的社会影响等等。战略性的 IMC 方法是以检视整体客户体验为目标，判定并管理各种对客户的感受体验带来正面或负面影响的因素。在相互连结、相互影响和日益全球化的市场中，任何事物都可能发出信息、带来体验或与产品（企业）发生关系，这要求考虑所有事物。企业必须明确下列问题的答案：根据各种资料分析，客户是哪些人；他们对本企业或产品有何体验；企业应该用什么方法提供客户希望的体验？

当客户和品牌及企业进行全面持续的沟通时，企业所拟订并落实在客户与潜在客户身上的正式营销传播计划只不过是其中的一小部分。不管是否经过规划，企业都会用各种方式与客户及潜在客户保持持续的沟通，客户最终都会将企业的各种传播信息整合起来。因此，战略整合已经超出传统的营销传播角色或活动，其中牵涉客户及他们对于企业的看法、感觉和体验，营销传播的重点任务是整合传播系统，确保传达的信息有利于发展企业和客户的持续关系，并有助于形成企业的正面形象。

4. 把客户目标与企业目标结合起来

在竞争激烈的全球环境中，管理层很难在客户的要求与企业所能提供的产品之间达成平衡，如果客户的要求与企业的相应目标之间不相互选择并保持相当的水平，企业就可能面临困境。要在快速变迁的环境中达到这种平衡，就必须将企业目标与客户结合起来，然后用适当的营销与传播计划来支持这些目标。

在整合营销传播框架中，营销传播不只是附属于策略支持活动，新技术的发展使企业可以获取、储存以及分析大量的客户资料，以客户为中心因此成为可能并得以落实，营销传播在实现企业的整体目标上发挥着越来越重要的作用。作为企业的一个战略角色，营销部门应该在融会贯通企业组织方向的基础上，制定出适应的IMC计划，给企业带来现实回报以证明其自身价值。为了提供现实回报，IMC不仅要完成传统的传播目标，如打造认同度和品牌意识等，而且必须完成企业的财务目标，如加强盈利能力、扩大市场份额等。

5. 设定客户行为目标

客户之所以能够为企业带来收入，就在于他们的购买行为。IMC通过影响客户的行为来为企业创造收入，影响客户的行为主要体现在四个方面：

(1)赢取新客户。这是营销传播计划的明确目标之一，在现有客户的基础上，不断增加新的客户，是企业扩大收入来源的重要途径。

(2)维持与现有客户的关系。留住现有客户的开支要远远低于开发新的客户，管理与现有客户的关系就是为了让他们保持已有的购买行动，持续地为企业带来稳定的收入。

(3)提高现有客户所带来的销售量。这个行为目标就是要通过各种方法激发已有客户增加对产品的需求量，强化他们的购买行为，从而提高销售量。

(4)吸引现有的客户购买企业新的产品。这个目标其实是对已有客户消费结构的提升，通过引导客户购买企业其他价格或利润更高的产品，为企业带来更多的收入。

6. 把客户当成资产

客户是企业的唯一收入来源，在 IMC 计划中，企业将客户当成资产来经营。对于客户的投资会通过各种营销与传播计划得到可以衡量的反应，进而维持并扩大企业的收入来源。IMC 计划用财务价值(客户给企业带来的收入)来评估其价值。如图 9-3 所示，首先评估出客户过去的财务价值，然后决定对客户投资的金额数量，在营销传播计划执行后，再衡量这些投资对收入来源带来的变化。在这个 IMC 的闭环系统中，企业可以从实际的角度出发将营销传播投资与财务回报结合起来，有效地实现企业的各个财务目标。

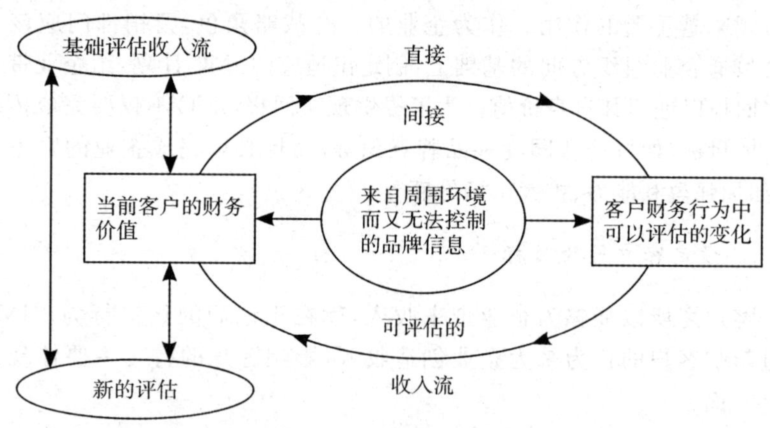

图 9-3 IMC 的闭环系统

7. 精简职能业务活动

企业组织整合的一个很大挑战就是给错综复杂的职能结构以及业务活动进行分类，从而让营销传播得到发展。传统的营销传播职能内有许多部门阻碍整个营销传播工作，不同的职能专业领域之间存在着日益扩大的人为差异，给营销传播工作带来不必要的地盘与预算之争。

IMC 打破了不同的营销传播范畴，将营销传播部门各种职能要素精简为信息和激励。信息指品牌的概念、创意、联想、价值以及企业希望客户与潜在客户保存在记忆中的其他想法，激励指企业认为做某件事可能会对本身和客户双方都有价值，从而提供短期的优惠或反馈。制订计划时采取这种以信息或激励为核心的观念可以促使营销传播经理超越策略思考的视角。从战略角度思考问题，从而简化规划与发展。比如，当需要用传统分门别类的传播工具来传播产品信息时，营销部门经理就会考虑使用广告、促销、事件营销传播、公关、电子营销传播等多种营销传播方式。

8. 集中营销传播活动

营销传播计划的核心内容必须集中。客户接触产品信息的途径多种多样，看报纸的客户可能看电视广告，也可能上网购物。企业应集中各种营销传播活动，这一集中既包括各种传统的营销传播活动的集中，还包括传统形态的营销传播与电子形态的营销传播的融合。

（三）IMC 的五步规划流程

在促成 IMC 的八项原则指导下，运用 IMC 的五步流程有助于实施营销传播计划，这五步流程分别是：

（1）识别客户与潜在客户；

（2）评估客户与潜在客户的价值；

（3）创建并传递信息与激励；

（4）评估客户投资回报率；

（5）预算、分配与评估。

IMC 的五步流程包含了五个不同的但相关的活动或步骤，牵涉营销传播的多个传统职能领域。通过整合各种营销传播活动进行整合，使整体效果远远超过部分的总和。

第十章 广告符号传播

广告文本由符号组合而成，广告符号学以广告文本为研究对象。从传播学的过程模式或线性模式探讨广告传播，这样的探讨只重视广告传播的过程。我们则从另外一个角度——广告符号学角度来讨论广告信息传播。

第一节 广告符号

传播是交流和交换信息的行为，其最根本的特性在于借助符号进行信息的交流和交换。信息必须通过符号才能得到表达和传递，广告传播同样要借助各种符号。

一、符号的定义与广告符号

1. 符号

费尔迪南·索绪尔是现代符号学创始人之一，他认为，“符号是指能指和所指相联结所产生的整体”①；“符号是一个具有意义的实体(a physical object with a meaning)”；“符号由能指和所指组成，能指是符号的形象，是纸上的记号和空气里的声音，可以由我们的感官感知。所

① [瑞士]费尔迪男·德·索绪尔等编，高名凯译：《普通语言学》，商务印书馆 1980 年版，第 102 页。

指则是符号指涉的心理上的概念"[①]。举例来说，名词"树"——字和发音的集合，是能指；但它的含义确是其他事情，比如自然界中生长的树木，这就是"所指"。索绪尔最感兴趣的是语言，他关心符号与符号的关系，焦点集中在符号本身。

另一个现代符号学创始人皮尔斯把符号理解为"一种三角形关系，从它的各个组成部分的同时性出发，那么符号是同时作为媒介、被表征对象及其解释的"，"当某个人用这一媒介表征出一个对象时，它才是一个完全的符号"。[②] 在皮尔斯看来，符号始终处于三位关系中：首先，作为媒介物，符号应该可操作；其次，符号可以表示一个对象；第三，符号在与其他符号的联系中赋予被表示对象以意义。作为媒介的符号是三角关系的完全符号，"一个符号不是一个客体，而是一种联系，即表现了一种关系"。[③] 可以看出，皮尔斯更多的是从符号与指涉的外在实体的关系上进行阐述的。

日本符号学学者永井成男认为，只要在事物 X 和事物 Y 之间存在指代或表述关系，X 能够指代或表述 Y，X 便是 Y 的符号，Y 便是 X 指代的事物或表述的意义。[④] 一提到符号 X，人们即能明白其所指涉的对象或意义 Y。任何符号都不可能单独地与其他符号不相关联地出现，单独的、孤立的符号并不存在，符号若要能被解释，需要至少借助另一个符号。

不管如何定义，符号都涉及意义，符号必须能代表自身之外事物或表示某种意义。法国结构主义代表人物罗兰·巴特的说法有助于我们理解符号的实质：

> 在此，我们必须谨慎的是，尽管一般人们只是说能指表达所

---

① ［美］John Fiske 著，张锦华译：《传播符号学理论》，远流出版事业股份有限公司 1995 年版，第 65 页。

② ［德］马克斯·本泽、伊丽莎白·瓦尔特著，徐恒醇编译：《广义符号学及其在设计中的应用》，中国社会科学出版社 1992 年版，第 36 页。

③ ［德］马克斯·本泽、伊丽莎白·瓦尔特著，徐恒醇编译：《广义符号学及其在设计中的应用》，中国社会科学出版社 1992 年版，第 185 页。

④ 郭庆光：《传播学教程》，中国人民大学出版社 1999 年版，第 42 页。

指，但我们在任何符号学系统中面对的不是两个而是三个不同的方面。因为我们的把握并不是一个方面接着另一个方面，而是把它们结合在一起的共同关系，即能指、所指和作为前两个方面的结合整体的符号。拿一束玫瑰为例：我用它来意指我的情感。我们在这里只有一个能指和一个所指即玫瑰和我的情感吗？不是的。准确地说，我们这里只有“被赋予情感”的玫瑰。但在分析层面，我们其实有三个方面；因为这些玫瑰完美地加强了情感，并正确地允许自己被分解为玫瑰和情感，而且前者和后者在联结并形成了第三个对象之前就已经存在了，那就是符号。确实，在经验的层面上，我们无法使玫瑰和其所传递的讯息分开，同样地，在分析的层面，我们也不能混淆作为能指的玫瑰和作为符号的玫瑰：能指是空洞的，符号是充盈的，它是一种意义。①

2. 广告符号

从大众传播学角度而言，广告是一种信息传播活动。在广告传播中，信息都携带意义，都要通过符号来传达。广告语、标题、正文等广告文案，产品、广告音乐、广告人物等广告元素，都表现为一定形式的符号。这些各种符号构成的广告组合，即广告文本（文本指由代码组织起来表达意思的具有完整性的结构）。

从静态的角度来理解广告传播，可以认为，广告是多种符号的综合，广告人的工作就是制造符号。他们根据自己的经验和调查结果来选择视觉的或听觉的符号，向消费者传递信息。广告的冲击力不仅来自广告使用的人们耳熟能详的符号，更来自于以超越常规的编码方式来组合符号，即符号学家证明的，由无限的能指形式去意指有限的所指。

从符号学的观点来看，每则广告信息都包含3个基本要素：目标客体、符号或象征、诠释。目标客体指广告符号指向的产品；符号指代表

---

① ［法］罗兰·巴尔特、让·鲍得里亚等著，吴琼、杜予编译：《形象的说辞》，中国人民大学出版社2005年版，第5页。

目标客体意义延伸的感性形象；诠释即引申的含义。它们的关系如下：[①]

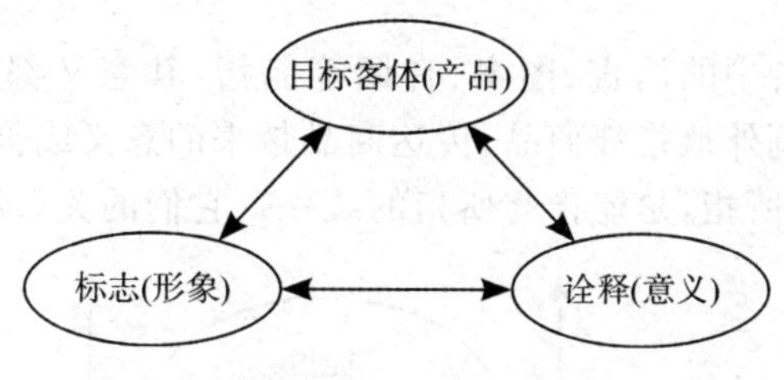

图 10-1　广告信息三要素

广告涉及的产品或品牌对于解释者和关心的人具有意义（价值）——一种可供使用的商品。作为可操作和可传达的媒介，广告本身可产生某种说明或意义，由此成为符号。

二、广告符号的结构

广告是有组织的符号组成的文本，广告符号的结构至少涉及以下两个方面：

1. 能指与所指

广告符号由能指和所指两部分构成。能指指符号直接作用于人的感官的形象、图形、物体等，指向它自身之外的意义或事物。正如巴尔特所说，"我们已看到，关于能指所能说的，它是所指的一个（质料的）中介物"。[②] 所指就是符号的意义，事物要构成符号，就应该是一种能指，即具有指向它自身之外的特定意义的能力。

在广告中，美女往往并不代表美女自身，她只是一种符号，其价值在于有一定的所指，即某种品牌的商品，这种商品给人带来现实或者情

① [美]迈克尔·R·所罗门著，卢泰宏译：《消费者行为学》，电子工业出版社 2006 年版，第 64～65 页。

② [法]罗兰·巴尔特著，李幼蒸译：《符号学原理》，三联出版社 1988 年版，第 137 页。

感上的好处。广告文字所言说的爱情、友谊等等，其真实价值也往往不在爱情、友谊本身，而是另有所指地带出商品或者商品带给消费者的好处。

所以，广告中的语言、图案、音调等能指，其意义都不在于它们自身，它们无一例外地指涉商品、传达商品带来的意义或价值。每个广告都包含能指与所指，是能指与所指的统一。它们的关系用图示为：

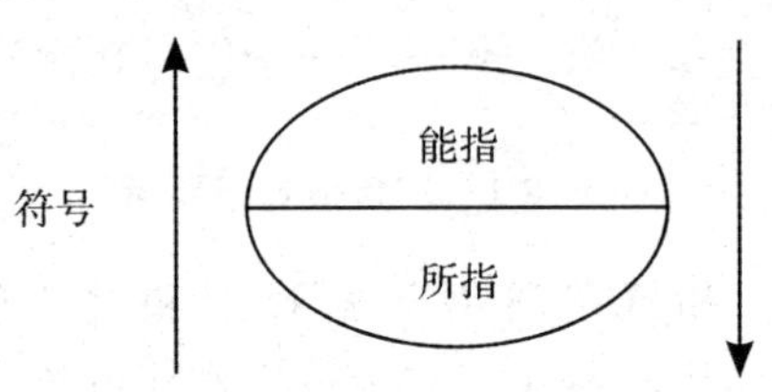

图 10-2　能指与所指关系示意

广告符号的能指和所指之间没有必然关系，广告中的语言、图像等符号能指和产品并无关系，它们之间的关系是由广告人“创造”出来的。百事可乐只是一种碳酸饮料，众人皆可饮用，但经过广告符号的操作，百事可乐和年轻人联系在一起，一提起百事可乐，人们就会联想到年轻人喝的饮料，其实百事可乐和年轻人并无必然联系。广告符号能指和所指之间具有任意性，但在成为广告符号之前，这些符号本身已经是各自独立存在的符号系统，符号能指和符号所指之间的关系经过长期积累，具有相对稳定性，是约定俗成的，同一语境下的人们对它们有一致的认识。例如，交通标志的红灯停、绿灯行等。能指与所指之间的约定越是含混，符号的价值(或意义)就越是随使用者的不同而变化。① 广告要尊重原有的文化符号系统，利用大众普遍的认知有效地传达意思。

2. 直接意指与间接意指

意义的外延能够让一个符号具有表意的作用，除了外延上涉及的东西以外，它也能够传达其他暗指的、含蓄的意义。这些意义的形式也

① [法]吉罗著，怀宇译：《符号学概论》，四川人民出版社 1988 年版，第 27 页。

是社会知识的形式，它们来源于社会实践、制度的知识、信仰与各种合法的东西；它们散布在社会的各个角落；这些知识也预定了该社会中，人们将以什么样的占统治地位的意义模式来理解这个世界。① 把能指和所指联结成为符号的过程是意指。在现代的广告符号中，能指和所指之间的这种联结通常不是一次性完成的，它们之间具有一种序列关系。在第一级层面中，广告作品中出现的各种符号成为能指，指涉广告中的产品，这两者的联结构成完整的广告符号系统（广告符号小系统），这一层面称为直接意指层面；在第二个层面，也就是更大的广告符号系统里，第一个层面的符号成为第二个层面的能指，与另外的所指共同构成第二个层面系统，称为间接意指。用图表示为：

表 10-1　直接意指与间接意指示意

<table>
<tr><td>1. 能指</td><td>2. 所指</td><td></td></tr>
<tr><td colspan="2">3. 符号
Ⅰ. 能指</td><td>Ⅱ. 所指</td></tr>
<tr><td colspan="3">Ⅲ. 符号</td></tr>
</table>

在直接意指层面，广告通过凸显其主要符号能指而指向所指之物，让广告受众对产品或品牌产生认知并予以识别。在间接意指层面，第一层面的广告符号系统嵌入消费者的文化价值体系中。在这个系统里，广告符号要表达的是消费者的价值、消费者的梦想，使消费品变成代表文化含义的符号象征，或让消费者在消费品和文化意义间取得习惯性联想。例如，喜之郎果冻广告中动用的广告符号组合（能指）无非是要带出喜之郎果冻产品所指；而在间接意指层面，喜之郎已经升华，与爱情、浪漫、开心联系在一起。

直接意指和间接意指对分析现代广告符号非常重要。广告符号表达的直接意指固然重要，但现代商品本身的同质化，致使现代广告不得不在第二层面（即间接意指）上下工夫。

---

① ［美］苏特·杰哈利著，马姗姗译：《广告符码》，中国人民大学出版社 2004 年版，第 155 页。

第二节　广告符号的种类

每次广告信息传播，都要组合使用多种不同的符号元素，灵活运用这些广告符号，就要进行归类，了解每一类广告符号的特性。

依据不同的标准，可以对广告符号进行不同的分类。比较普遍使用的主要有三种分类法：

一、广告视觉符号与广告听觉符号

按照广告受众对广告符号的感觉方式不同，广告符号可以分成广告视觉符号与广告听觉符号。这是最简单、最直接的分类方法。广告的信息传播以诉诸广告受众的视觉和听觉的形式进行。

研究表明，一般情况下，广告受众获取的信息至少85%靠视觉来完成，广告符号传播主要依靠广告的视觉符号与受众进行沟通，视觉符号在广告信息传播中具有举足轻重的地位，广告视觉符号传播是广告传播的主要形式。广告视觉符号包括平面媒体广告、电视、网络广告呈现出来的图像、文字等。平面媒体广告更是完全靠视觉符号来完成信息传播。

广告听觉符号靠刺激广告受众的听觉器官来起作用。从人的生理特点来看，听觉最容易被调动、激发、产生兴奋，广告听觉符号是最有亲和力、最富有情感的符号。听觉符号传递拥有视觉符号传递不具有的优势，成为重要的电子媒介载体。在通常的电子媒介中，广告听觉符号由语言、音响效果和音乐三部分组成。通过声音的抑扬顿挫来强调信息的重点；通过声情并茂来打动听众，感染听众的情绪。优美的广告语、通俗上口的广告歌曲，都使广告的新形象传播进一步增值，广播广告尤其擅长运用听觉符号来传达产品信息。

视觉符号与听觉符号都借助媒体而存在，使用不同的传播媒体，就要与不同的传播符号系统打交道，或视觉符号、或听觉符号、或两者结合。广播媒体只能承载听觉符号,平面媒体只能承载视觉符号;电视、网络媒体却可以融合视觉符号和听觉符号,达到视听结合。

二、类像符号、指示符号、象征符号

广告符号是广告能指与广告所指的统一体。根据广告能指与所指之间的关系,广告符号可分成类像符号、指示符号、象征符号。

(1)类像符号(Icon)。类像符号中,能指与所指,或指示物与意义的关系表现出某种性质的共同性,借助能指与所指之间的某些酷似的特征而产生意指作用。① 这类符号和指示物之间,表现出相似性。图片有形象相似,音乐也有听觉相似。属于广告类像符号的有:广告中出现的画像、图案、结构图、模型、简图,或者在广告中出现的产品、企业雇员、企业自身建筑,等等。瑞典名酒绝对伏特加利用其他著名的事物与酒瓶本身的特征与外观的类似性,进行广告创意而大获成功。如英国伦敦,首相府的门看起来像绝对伏特加;威尼斯水城,广场上的和平鸽组成绝对伏特加的酒瓶形状;俄罗斯莫斯科,红场的建筑也像绝对伏特加,等等。

(2)指示符号(Index)。指示符号与其对象具有直接的关系,标志符号与对象(指示物)逐渐存在着空间或时间的接近的关系、前因后果的关系或者部分与整体的关系,标志符号以接近性为基础。属于广告指示符号的有:广告中出现的路标、指针、箭头、专有名词、指示代词等。经常出现在有关牛奶产品广告中的奶牛形象就是指示符号。用奶牛形象作为牛奶产品的表现符号、指示物,是因为奶牛与牛奶有着天然的因果关系。在广告中作为广告创意符号的交通标志也是一种指示符号。

(3)象征符号(Symbol)。象征符号是与其对象(指示物)没有相似性或直接联系的符号,其关系是任意的,象征方式的表征只和解释者相关。符号与指示物之间的联系靠约定俗成和解释者的理解来完成。语言文字大部分属于象征符号,象征符号广泛运用于广告传播中,是表现

① [法]罗兰·巴尔特、让·鲍得里亚等著,吴琼、杜予编译:《形象的说辞》,中国人民大学出版社 2005 年版,第 59 页。

广告创意最有效的符号元素。广告经常利用熟悉的象征符号来指涉产品，暗示产品的正面价值。如白沙集团的广告，利用白鹤的振翅飞舞来暗示白沙集团的蒸蒸日上。

值得注意的是，虽然象征符号与其指涉物可以是任意关系，两者之间的关系一旦固定就很难改变。象征符号本身的特征决定了只能在一定的习俗环境中才能完成传播，离开了这一约定俗成的环境，所传递的信息就无法被接受。因此，"象征符号是一种社会文化现象，同一个象征符号在不同的社会里会有不同的解释"①。跨国企业经常遭遇的跨文化广告传播的"广告门事件"，很大程度上是缘于没有把握好像征符号的这一特性。

大多数广告会同时使用好几种符号，而不使用单纯的类像符号、指示符号或者是象征符号。

三、语言符号与非语言符号

广告符号还可分为语言符号与非语言符号。对人类传播而言，语言符号无疑是一切符号的基础。同样，在广告信息传播中，语言符号是最基本的符号传播形式广告。广告语言符号是广告创作的主体，任何广告都离不开语言符号，都要借助语言符号来传达产品和服务信息。广告创作的成败，在很大程度上取决于广告语言。调查资料表明：广告效果的50％～75％来自于广告文稿。企业和产品的名称、广告标题和广告语等都需要借助语言符号来传达给受众，告知性广告、高卷入产品广告、工业产品广告等的传播更是严重依赖语言符号。因此说，"语言符号是广告内容的承担者，是所有广告的灵魂和主体"②。

学者萨姆瓦等人认为："非语言符号传通包括传通情境中除却言语刺激之外的一切由人类和环境所产生的刺激，这些刺激对于信息发出者

---

① 郭庆光：《传播学教程》，中国人民大学出版社1999年版，第45页。

② 丁俊杰主编：《广告学》，武汉大学出版社2001年版，第160页。

和信息接受者具有潜在的信息价值。"[①]在广告中，人体语、图像、标志、服饰、环境语等构成广告非语言符号。作为信息载体，非语言符号担负表情达意的任务，画面、字体、色彩、布局、音乐、模特的姿态、服饰等无不传递信息。"文字不一定能传达一个人情感的深度，而非语言信息则可以做到"，[②]在广告中，往往要表现对某些产品、服务、人及事物等的喜好、厌恶、理解、评价、态度。这些如单用文字、言语表达，常不尽人意，而借助非语言符号来呈现，则无声胜有声，复杂的态度、微妙的情感尽在不言中。

广告经常利用非语言符号特有的魅力来增加广告的吸引力。其中比较成功利用非语言符号的一则广告是广告创意大师奥格威的力作——穿哈撒韦衬衫的男人。独特的眼罩、仪表非凡、姿态优雅、留着一捋漂亮的小胡子的男爵模特、出没于各种高级场合……这些广告非语言符号的表达使默默无名的小衬衣厂一下子走红起来。又如，曾获全国电视一等奖的南方黑芝麻糊的广告片有这样几组镜头：淳朴憨厚的小男孩喝完黑芝麻糊用嘴巴舔，具有东方气质的卖黑芝麻糊的阿婶注视着小男孩的那慈祥怜爱的目光，天真可爱的小女孩冲小男孩莞尔一笑。此时一举一动，一颦一蹙，毫无言语，既表现了产品的可口特性，又给广告产品融入了东方饮食文化的内蕴，令人回味无穷。

在广告中，语言符号的表达精确有力，非语言符号较语言符号更富感染力，更能吸引受众。因此，它们两者经常结合，相互补充，相得益彰。英国著名语言学家大卫·克里斯特尔曾说过："多数情况是广告的画面内容和版面设计产生第一印象，促使我们注意到它。但是为了使人们认识这个产品，记住它的名称（或者至少是他们感到熟悉它）并劝导他们值得购买，广告几乎完全依靠语言符号的使用。"

以上分法是从广告静态、从不同角度来分析的，目的是清楚了解广告中符号元素及其特性。实际的广告运作中，各种广告符号夹杂在一起，一个广告符号既属于语言符号也属于视觉符号，还可能属于象征符

---

①　李彬：《符号透视：传播内容的本体诠释》，复旦大学出版社2003年版，第18页。

②　纪华强、陈晓明：《广告人物符号传播功能及运用趋势探讨》，《厦门大学学报》（哲学社会科学版）2000年第2期。

号。一则好的广告，应该能够有机结合各种符号，使其互相补充、相得益彰。运用广告符号元素时必须了解这些分类，把握每种符号的特性，才能运用自如、得心应手。

第三节 广告传播中的符号操作技巧

德国广告学者马克斯·本泽认为，创造、传播和信息构成了广告可操作的三个维度，其固有的基质是符号。① 广告的最终目的是推销商品，但广告不是一般意义上的营销，而是营销中的符号操作，通过符号操作来创造信息，传播信息。意义是商品消费的重要一环，广告就不仅仅在传达信息这个意义上是符号操作，在“创造意义”这个意义上更是典型的符号操作。

广告是广告人有选择地从现实的符号储备（文化体系）中挑选适当的符号，并通过一定的编码方式将符号组合成广告文本，然后通过适当的媒介传播给消费者。下列模式可用来说明广告符号的操作和受众对广告文本的解读。

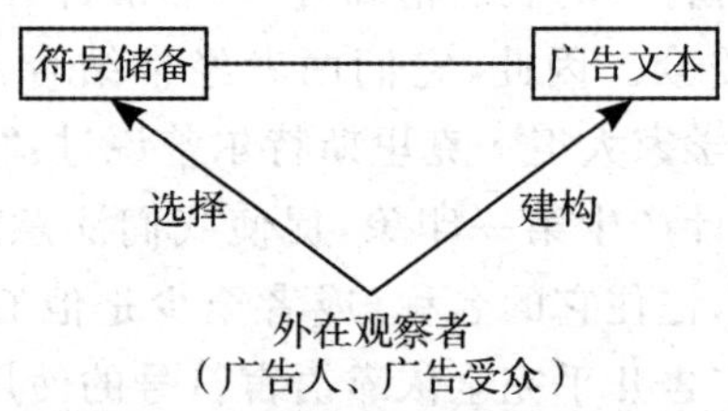

图 10-3 广告符号与受众的关系

广告人从所处一定文化体系中的符号储备中，选取适当的符号来建构广告文本。广告从漫无边际的文化参考资料中提取物质素材与影像内容，然后将这些东西组合到讯息里。广告从文献资料与作品构思，

① [德]马克斯·本泽、伊丽莎白·瓦尔特著，徐恒醇编译：《广义符号学及其在设计中的应用》，中国社会科学出版社 1992 年版，第 187 页。

从其他媒介内容与形式，从历史与未来，从它自身的经验与论述，借取观念、语言和视觉表现手法，然后围绕消费者的主题巧妙地将这些符号重新组合起来。这种构建并非随心所欲的，而是有选择有标准的。正如马科斯·本泽所说，“关键的、典型的广告信息是有选择的产生的，是一种创造性的选择”。①

一、广告符号操作的标准

1. 要有针对性

如果一则广告要被注意，广告符号及其符号编码方式要适应目标受众的要求。广告符号的直接意指或间接意指，都要符合目标受众的文化价值观，其编码方式也要迎合目标受众的偏爱。无法想像，一则面对儿童受众的广告启用美女符号会取得怎样的广告效果。

2. 适合传播媒介特质

各种传播媒介承载符号的形式不一样，广播媒介诉诸于听觉符号、平面媒介诉诸视觉符号，电视、网络媒体兼具视听觉符号。这就要求根据媒介的性质选择不同的符号形式和编码方式，以达到两者的完美结合，充分调动广告符号独有的魅力。

3. 熟悉广告符号意义产生的文化语境

文化是在长期的历史沿袭中积淀而成的，它是一个民族的道德风尚、伦理习俗、文化教育、价值取向的结合体，决定着受众的思维方式、接受心理，“一个符号，一定要在特定的意义体系之内，才有其意义可言”，②这个特定的意义体系就是文化。因此，文化影响着受众对广告

① [德]马克斯·本泽、伊丽莎白·瓦尔特著，徐恒醇编译:《广义符号学及其在设计中的应用》，中国社会科学出版社 1992 年版，第 187 页。

② [美]苏特·杰哈利著，马姗姗译:《广告符码》，中国人民大学出版社 2004 年版，第 144 页。

符号意义的解读。广告创作中，在符号储备中选择创作素材时，必须了解它们所依存的文化环境。正如广告学者苏特·杰哈里所说："广告也依靠我们的知识（文化），将这些知识作为其意义得以运作的参照体系。"①

文化为我们提供了工具，从中我们可以完成意义的转移，广告人与受众双方都从中汲取材料，广告起到了一种文化、消费词典的作用：它的定义就是文化的含义。这样说来，广告实际上起着中介的作用。

为了帮助受众对相关信息（转移的意义）进行正确的解码，广告人必须从受众的社会认识中取得素材，然后把它们转成学习，形成恰当的形式，创造出恰当的内容。② 广告符号运作之前，必须深入了解广告受众所处的文化语境。

以上三个基本原则是广告创作一定要遵守的，但仅遵守这些不足以打动漠视的消费者，广告符号的选择与操作还需要讲究技巧。

二、广告符号操作的技巧

广告经常使用符号操作技巧来创造意义，赋予产品价值，以吸引消费者的注意，带来好感并促成购买。

1. 神话

符号有两层意义：直接意指和间接意指。巴特认为，第二层次意义，即间接意义，很大程度上是通过神话实现的。所谓神话，"是指遍及某种文化的一系列广为接受的概念，其成员由此而对自身社会经验的某个特定主题或部分进行概念化或理解"，③在巴特看来，神话不是一

---

① [美]苏特·杰哈利著，马姗姗译：《广告符码》，中国人民大学出版社 2004 年版，第 146 页。

② [美]苏特·杰哈利著，马姗姗译：《广告符码》，中国人民大学出版社 2004 年版，第 146 页。

③ [美]约翰·费斯克等编撰：《关键概念：传播与文化研究辞典》，新华出版社 2004 年版，第 261 页。

般所说的神话故事，而是一种思考的方式，用概念化、理念化的方式解释、了解现实或自然。如，中国关于传统性别的神话是：男人强壮、决断、勤劳、勇敢、任劳任怨、有责任心；女性是贤惠、勤劳、会持家、温柔的。神话是从传统中积淀起来的(或从现实中挖掘出来的)对事物主流的普通的看法，代表文化中共同的情感和思想和价值观，“广告选取文化中本来已经存在的价值观并形象地加以表现”。①

一谈到神话，人们往往会产生向往，想像自己成为神话中的英雄人物。学者坎贝尔认为，神话有四种作用：(1)形而上学的，有助于解释事物的起源；(2)宇宙哲学的，强调宇宙所有的成分都是统一图景的一部分；(3)社会学的，授予文化成员的社会准则，从而维持社会秩序；(4)心理学的，提供个人行为楷模。② 在广告文本叙事中，可以挪用神话，可以运用这种主流神话，即大众心目中普遍存在的认知、感受、概念、观念，来与大众交流和沟通，减轻人们现实中的各种压力、忧虑，使其从中得到慰藉。

产品与神话联系在一起，对神话的正面看法就会转移到产品上，产品就能获得积极意义。每个社会都有大量的神话故事或素材，我国历史悠久，富有神话，现代神话又不断创造出来，这是广告创作中很好的资源库。如白沙集团的刘翔版广告片，将刘翔创造的“亚洲飞人”现代神话嫁接到白沙品牌上。又如，万宝路香烟利用美国人对西部的神话(美国西部牛仔)创造出了一个神奇的万宝路形象。

2. 隐喻

受众熟悉“熟符号”的能指与所指，利用“熟符号”来编码的广告，人们容易理解其意图，欣赏这样的广告，受众能顺利无碍地由其能指过渡到其所指。广告运用熟符号来引出不熟悉的产品符号的手法就是隐喻。

---

① [美]迈克尔·舒德森著，陈安全译：《广告，艰难的说服》，华夏出版社2003年版，第141页。

② [美]迈克尔·R·所罗门著，卢泰宏译：《消费者行为学》，电子工业出版社2006年版，第528页。

隐喻用日常熟悉的事物或符号来代替不熟悉的事物或符号，在这两个事物之间找到相似与相异之处。有足够的相似点，才能置于同一系统，但也要有足够的相异性，才能比较出相对之处。广告要找到消费者熟悉的符号（或者在消费者心目中已经有特定意义的符号）来隐喻消费者不熟悉的产品，加速消费者的认知进程。

通过广告中的隐喻，美国万宝路香烟自然而然就与西部野马、牛仔、树林、天空等境地联系在一起；同样，消费者一看到薄荷牌香烟（美国香烟）就会联想起瀑布、自然绿地。有一个卖面条的广告：在一个碟子里，通常应该是盛事物的地方，却盛着一片布满金色阳光的麦田。根据一般规范，我们会期待看到一份精心烹调的美食，此处呈现的却是事物的天然原料生长在和煦的阳光下。用隐喻手法巧妙展示产品富有天然成分的特色，简洁而富有新意。又如，瑞典名酒 Absolut 的广告，经常利用隐喻的手法把 Absolut 酒瓶魅力发挥得淋漓尽致。

3. 名人符号

“广告经常使用三种类型的人来作为人物符号：普通老百姓、理想中的人物、名人广告”，①明星尤其成为品牌追逐的对象。

从符号学角度而言，名人首先是一个“熟符号”、一个大众知晓的肖像符号，其知名度比普通人要高，可以吸纳更多的注意力。利用名人符号作广告，可以把名人符号本身的知名度转移到产品上，用名人能指指向产品所指的过渡时间，比用普通人来得更快，来得更容易。但名人符号不仅仅是他本人，广告受众的解读也不仅仅停留在符号表象意义上。名人符号有特指，有丰富的象征意义，蕴含社会意义，此时，名人符号更是一种象征符号。名人符号之所以成为特殊的符号，关键就在于此。

名人身上隐藏着大众的欲望和情绪，是被赋予特定意义的公共形象，他们身上承载着大众心中的理想和愿望。山口百惠扮演过许多纯情少女，成为东方人心目中的古老的理想——青春、纯洁、柔情与美合

① ［美］苏特·杰哈利著，马姗姗译：《广告符码》，中国人民大学出版社 2004 年版，第 165 页。

为一体的女性。用山口百惠来代言，可在瞬间激活储存在消费者脑中的记忆因素——理想、需求、欲望、角色等等，将这些美好的意义转移至产品上。普通人物符号没有知名度，是一个相对比较抽象的肖像符号，需要借助音乐、画面、故事等其他因素来赋予特定的意义，这种意义的产生需要大量人力物力的配合与支援。因此，与名人符号相比，动用普通人符号见效较慢。

从社会学心理学角度看，明星可看作是理想的投射，社会愿景的投射。符号学应该更进一步揭示明星符号意指上的多功能性，解释明星具体怎样实现这些投射。一个歌星的肖像符号（如"滨崎步"）和一个体育明星（如"贝克汉姆"），尽管都能实现较高的到达率和好感度，但即使他们实现的到达率和好感度在数量上基本相同，也不能掩盖他们的效果及质量上的重大区别。这种区别不仅仅由于性别的不同，更是因为符号意指的不同。滨崎步让人联想起她率直而动听的歌曲，反叛而传奇的青春，人们会在流行歌坛和青春语境中来解读其肖像符号的意义。贝克汉姆让人联想起足球的光荣与梦想、绿茵场上的拼搏，力量与智慧的较量，人们会在绿茵场的英雄史诗中来解读他的意义。

鲜明特色的名人符号可以实现差异化，但名人符号折射出来的特定意义要与产品的特色切合，这样，符号的意义才能转嫁到产品上，实现产品的蜕变，树立准确的品牌形象。耐克就使用乔丹这个独一无二的符号而使自己与众不同。

4. 女性符号

有调查显示，"在美国的广告中，女性单独或与其他女性一起作为广告形象的占 70%"。[①] 在中国，同样可以发现，使用女性符号成为广告人的习惯。

在广告创意中，女性符号尤受广告人的青睐。美国斯盖勒尔公司通过广告实践和经验分析了解到，从女性心理看，针对女性特有的用品，女性更关注同性的评价与同性的比较。因此，在女性产品的推

① 吴瑾：《广告中女性形象定位的探讨》，《当代传播》2003 年 5 月。

销因素中，对女性最具吸引力的是女性对自己的形象感到满意，产生自我陶醉感；其次是获得其他女性的认同和赞赏。因此在广告中使用女性作为产品代言人，势必能够更能得到女性消费者的信任，而女性是消费品的主要采购者和决定人。据统计，“女性是美国绝大多数的家庭中的主要采购者，70%～85%的日用品和耐用品由女性购买”。[①] 另一方面，女性一直是男性审美的对象及情感的载体。作为美好事物的象征，作为男性的审美对象，女性符号同样吸引着男性的目光。女性符号同时能够“取悦”大多数消费者，是广告符号操作中的习惯性选择。

奥格威提出的广告3B原则，即美女、婴儿、动物，是广告屡次证实有效的原则。尤其是作为女性符号的美女，更是中外广告大量使用的符号。Emma Halliwell 和 Helga Dittmar 认为，在广告中使用女模特，尤其是漂亮的女模特，比其他的人物形象更令人赏心悦目，更有助于促销。[②] 从符号学角度看，广告中的美女其实是肖像符号，能提高广告的到达率和好感度，美女的能指，即现实中的美女，普遍受到人们的关爱和欣赏，都有“可爱”的好感因素，符合大众的审美要求，必然能够引起广告受众的注意和兴趣，尤其是男性受众。在广告中，美女往往并不代表美女自身，她是一种符号，她有一定的所指，即某种品牌的商品，这种商品会给人带来物质和精神的好处。这样，广告主必然会选择这种能够带来巨大注意力的符号作为促销的有力武器。例如“美的空调”利用具有东方女性魅力的巩俐的一笑，就使“美的”“笑傲市场”。

---

① Waters Judith&George. *The Selling of Gengder Identity*, in advertising culture ,edited by Mary Cross. Pager publishers. 1996. 1

② Emma Halliwell, Helga Dittmar and Jessica Howe(2005). *The Impact of Advertisements Featuring Ultra-thin or Average-size Models on Women With a History of Eating Disorders*, Journal of Community & Applied Social Psychology. 15:406～413。

第四节　广告符号传播及其负面影响

一、广告符号、品牌与意义消费

在产品短缺时代，企业关注的是生产出数量更多、质量更好的产品，人们选择产品的主要标准是价廉物美，很少奢望。到了产品富余时代，产品供大于求，市场竞争者林立，而且，科技的飞速发展使得产品很难长期保持物质功能和品质层面上的优势，同类产品的功能、品质、特征趋于一致，产品难以形成个性，步入同质化时代。

马斯洛需求层次理论认为，人们满足了低层次的需求之后，会追求更高层次的需求，不满足于产品功能性需要，对产品开始有额外的期望，寻求满足精神需求。我们都有这样的经验，面对货架上琳琅满目的商品，不知如何挑选，搞不清这个公司的产品和那个公司的产品有什么区别，最后凭感性选择。消费者已把商品本身的使用价值视为当然，转而以附加“意义”为选择的标准。单纯的产品显然无法满足消费者这样的需求，不得不改变自身，从商品事物提升为符号。正如著名的法国社会学家波德里亚所说：产品必须成为符号，才能成为被消费的物。商品的物质实体部分满足消费者的生理需要，其符号部分则满足消费者的心理和精神需要。产品具有后天赋予的意义，所以要靠营销者来帮助消费者理解那些意义。

符号具有区分和识别功能。产品要在饱和的消费市场中脱颖而出，必须成为一种符号、一种消费的符号，使产品差异化，与其他产品区别开来，即通过广告传播中的符号操作来与同行竞争，这就是符号竞争。百事可乐和可口可乐都试图使用比对方更强大的符号，他们相互种攻击对方的符号，而非其产品或服务，这提醒我们，“今天的商品符号价值将不再关注产品的使用价值——或者换句话说，符号价值就是使用价值”。①

这种赋予产品特殊含义和价值的广告符号操作最终形成品牌，品牌是体现一定精神价值的符号，品牌化赋予商品满足各种欲望的价值和能力。塑造品牌通常要把代表社会地位的符号和产品联系起来，以模拟出一个奇幻的世界，“为了建立品牌认同，广告商用一种商品美学来包装它们的产品，使产品的风格表现为美丽、个性、地位、快乐和欲望的满足”。② 产品或服务要成为商品，首先要转化为便于在现代信息流和物流渠道中流通的符号。这种符号不仅仅以特定的产品或服务为“能指”，同时还以其精神价值为人们所认可，即“品牌是由产品能指和价值所指组成”。③ 许多品牌的成功证明，产品打开市场销路越来越少地取决于它事实上的质量，而更经常地取决于消费者感知到的符号价值。

符号使产品变成品牌的过程，就是广告传播的符号操作的过程。在产品短缺时代，我们注重的是产品的功能性价值。因此，广告的作用很简单：发挥广告告知产品功能性信息的作用就足够了，可以仅利用类像性符号，无需大动干戈。在品牌传播时代，我们消费的是商品的意义。广告除了要传达狭义的商业供求信息外，更要为消费提供意义，“将一个人，一个社会情景，自然界的某个东西、一种物体，或是意指感情，转移到一个商品上”。④ 意义的提供主要依赖象征符号。

二、广告符号传播及其负面影响

广告要吸引受众，就要动用各种“人们向往的符号”，通过符号操

---

① ［法］罗兰·巴尔特、让·鲍得里亚等著，吴琼、杜予编译：《形象的说辞》，中国人民大学出版社 2005 年版，第 137 页。

② ［法］罗兰·巴尔特、让·鲍得里亚等著，吴琼、杜予编译：《形象的说辞》，中国人民大学出版社 2005 年版，第 200 页。

③ 李思屈：《广告符号学》，四川大学出版社 2004 年版，第 79 页。

④ ［美］苏特·杰哈利著，马姗姗译：《广告符码》，中国人民大学出版社 2004 年版，第 145 页。

作，赋予商品意义，满足消费者的不同需求和愿望。这带来一些负面影响，因此受到许多学者的批评。

社会学者罗伯特·古德曼说：广告提升了一个只是显示生活的积极一面，而不是显示生活中冲突、消极和紧张的非真实的世界。广告通过对日常生活的孤立来深化商品，广告制造着“虚假需求”。而且，“制造了虚假的需要仅仅是广告的一个危害，更糟的是，为达到这一目标，广告所采用的手段带来了更为严重的社会危害”。① 这样的批评过于偏激，但广告的符号操作中确实存在不足，广告确实制造了一些虚假需求。广告符号可以任意地与商品连接、断裂和重新连接，消费者在广告符号的刺激下，需求可能变得没有止境。

从符号学角度而言，广告有两个突出问题值得我们重视：

1. 恶炒概念，偏离商品

广告符号拥有与生俱来的文本叙事优势，抽取了叙事元素之后，广告可以精炼到用几秒和几个字就把产品说清楚。简单、明晰、新鲜的概念有助于抓取现代社会中人们吝啬的注意力，给人们以巨大的想像空间，概念营销就利用符号的这种优势来推销产品。从符号学上讲，概念营销就是赋予产品新的意义，开拓出新的意义空间，来满足人们越来越渴求的精神需求，占领新的消费领域。

概念营销指企业在市场调研和预测的基础上，研发并赋予产品具有符合时代精神和消费者需求（特别是心理需求）的符号，并用各种促销传播方式（如广告）传达给消费者，以吸引目标顾客注意的营销传播活动。概念营销通过符号使自己的产品与其他产品区别开来，以吸引消费者的注意。概念营销在符号能指上做文章，运用各种能够强烈刺激消费者感官的能指更精确地指向产品或产品特色。其关键是要落到实处，不能为了概念去营销，而应该用最准确、最个性的方法将概念产品的精髓表达出来，形成注意力。

在注意力资源稀缺，消费者对商品符号视而不见的背景下，制造概

---

① ［法］罗兰·巴尔特、让·鲍得里亚等著，吴琼、杜予编译：《形象的说辞》，中国人民大学出版社 2005 年版，第 188 页。

念的符号操作方式可以使产品与产品区别开来，有助于品牌在市场中获得并维护符号价值。但过多的概念炒作将使产品与符号的关系异化、扭曲，致使消费者产生厌恶。

我们处在信息爆炸的年代，无端的概念制造会加剧信息的繁杂。健康概念、环保概念、基因概念、纳米概念、数字概念等产品概念层出不穷，消费者无所适从，消费者搞不清自己的真实需要。将概念强加给消费者，凭空创造新的概念，而非在调查的基础上了解消费者的需求，这样制造出来的概念只会误导消费者。有的概念违背社会风尚、习俗，违背伦理道德，例如，餐饮业以“人乳宴”、“人体宴”为卖点。

概念营销要建立在深入研究消费者需求和产品研发的基础上，脱离这个基础的概念营销只能使商品符号空壳化，其营销的商品毫无意义。

2. 广告中的女性问题

从效果来看，利用女性符号更容易与受众沟通。因此，广告人普遍拿女性“说事”，广告中的女性问题非常突出。

(1)女性角色单一问题。“男主外，女主内”的传统性别观念一直体现在广告中。广告中的女性不懂科学，不会驾驭技术性强的工具，无论在家庭生活中还是在职业生活中，她们扮演的主要角色是为男性服务的妻子、女乘务员、女秘书等，说话的语气都是娇声嗲气的。广告中的大部分女性形象总是和美丽联系在一起，这种美丽只局限于外表的迷人，这样的广告未曾体现女性美的真正内涵，歪曲了现实生活中的女性角色。“广告中的女性以成年(青年和中年)为主，以正是最耐看的年龄，最有性别意识并且最能勾起受众的性别意识的年龄；未成年的女孩和老年女性形象相对较少”，[①]这样来塑造女性形象造成广告中的女性角色的单一与片面。

(2)女性物化问题。在许多电视广告中，不管广告中的商品内涵是否与女性有关，总会出现一个靓丽的身影，她们或穿着简短，或眼神暧

---

① 陈嫦如：《广告中的女性社会角色》，《厦门大学学报》(哲学社会科学版)2002 年第 1 期。

味,甚至有时还做出挑逗性的动作。这些画面无疑是想挑起男性心中的欲望。有的广告为了迎合消费者的低级性趣,利用女性传达色情意念。有的广告露骨地将女性描绘成尤物,对女性的身体和容貌进行渲染,以迎合一些人的低级趣味及感官刺激需求。

这样的广告中,女性完全成为客体和观赏物,除了形象与外壳,毫无主体的生命力。其容貌与形体之美仅具观赏价值和装饰性意义,与同时被观赏的广告产品并无二致。

广告应塑造真实的女性形象,在广告符号操作中,要摆脱仅是为了销售的观念,淡化商业色彩,加强人文精神。广告要以人为主体和目的,要树立有利于人的全面发展的观念。

第十一章 广告语言传播

语言是人类符号系统的重要组成部分。社会语言学家 W·拉波夫说，语言是社会行为的一种形式，语言是人类在社会中互相传达各自的要求、思想和感情的工具。在广告传播系统中，语言是广告信息内容的载体和具体表现形式，是连接商品信息和消费者心理的中介和桥梁。作为应用语言学的分支，广告语言重点研究广告如何通过语言符号科学而艺术地表达和传递商品信息。

广告语言可以理解为广告学和语言学的交叉，其运用既要符合语言运用的一般规律，又要体现广告传播的特点。广告实务界擅长运用语言技巧，为追求出奇出新的效果，不惜违背语言规律，导致一系列广告语言“弊病”。国内理论界关于广告语言的著作不少，但多侧重于对“术”——广告文案写作的讲解，同样是站在操作层面。两者都忽略了基础层面的研究，即从语言学的角度，分析广告语言的特征、传播规律和运用原则，这恰恰是提高广告语言创作水平的关键。

站在语言学、传播学、符号学等基础学科的角度，结合广告传播的实际规律，本章从理论和实践两个方面探讨广告语言的定义、特征及传播技巧。

第一节　广告语言概述

一、广告语言的广义和狭义理解

广告语言的正确表述应该是“广告的语言(the language of advertising)”，广告语言不是流行于某一人群的语言形式，而是广告中使用的语言。

语言学界对语言的定义向来有两个方向：广义和狭义。一般认为，语言包括口头和书面文字语言，这是对语言简单、明确的概括，也是相对狭义的理解。广义的理解认为：语言是一种表达观念的符号系统，因此，可以比之于文字、聋哑人的字母，象征艺术、礼节形式、军用信号，等等。按照表达观念的原则，除了文字和口语，书面表达的字体、排版、工整程度，口语表述的语气、音色、停顿，各种人体姿态、表情、情绪，甚至颜色、图画、空间等外在因素都可以纳入语言的范畴。基于以上两种理解，广告语言的概念也有广义和狭义之分。

1. 广义的广告语言

广义的广告语言指广告传播使用的各种符号，包括语言符号和非语言符号。语言符号具体指广告中使用的广告语言文本和电子媒体广告中的视听语言；非语言符号包括颜色、人物、声音、音乐、图画、版式等广告中的非文字内容。广义广告语言建构的基础是语言符号和非语言符号功能的一致性，语言符号直接表现和解释产品信息，非语言符号配合语言文字，使之更生动、形象。关于非语言符号，关世杰曾作过详细的分类[①]（见图 11-1），虽然是“非言语语”，作者依然把它们分为“××语(language)”，说明语言外延的广阔。

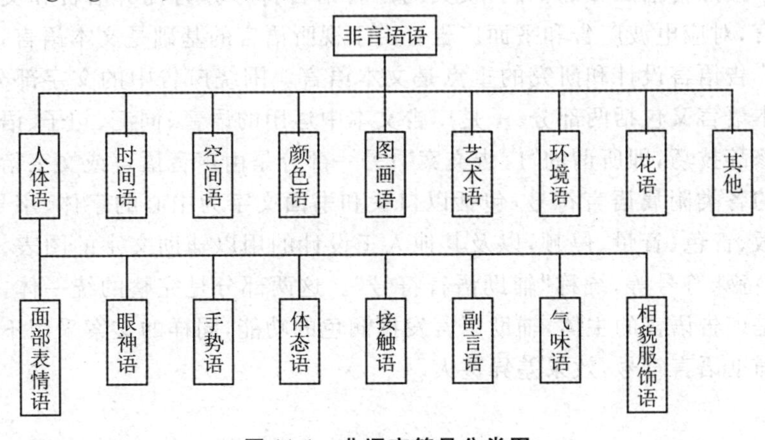

图 11-1　非语言符号分类图

① 关世杰：《跨文化交流学》，北京大学出版社 1995 年版，第 261 页。

2. 狭义的广告语言

广告语言的广义和狭义之分,区别在于是否包含非语言符号。传播学将人类使用的符号分为语言符号和非语言符号。[①] 据此,广告传播符号系统同样由语言符号和非语言符号组成(见图 11-2),语言符号部分即狭义的广告语言,非语言符号中的体态符号和其他物化、活动化、程式化的符号,如音乐、美术、灯光等,都只能称为符号,不是语言。相对于整个广告传播符号系统而言,广告语言是狭义的文字信息;但相对于简单的广告文字,广告语言又成为广义的符号系统。广义和狭义其实是对语言和符号关系的两种理解。

- 广告传播符号
  - 广告语言符号
    - 视听语言
    - 文本语言
      - 广告文案:文字及文字的组合
      - 辅助语言符号:文字衍生出的语言
  - 非语言符号:图像、人物、服饰、颜色、音乐、场景等

图 11-2　广告传播符号系统结构

为了更具体分析广告语言的传播规律和技巧,本章所指广告语言均作狭义理解,即广告中出现的语言文字信息。

按照传播媒介的不同,狭义的广告语言符号分为视听语言和文本语言,对应电波广告和平面广告。由于视听语言的基础是文本语言,所以广告语言设计和研究的重点是文本语言。围绕广告中的文字部分,文本语言又包括两部分:一是广告文本中运用的语音、词汇、句子、语法及修辞技巧,即所谓的"广告文案";另一部分是由声音语言或文字衍生出的各类附属语言符号,包括以口头和书面文字为中心的字体、字号、排版、音色、音量、停顿,以及其他人工设计的用以辅助文字的图表、标志、特殊符号等,统称"辅助语言符号"。这两部分是完整的统一体,文案是广告语言的主体,辅助语言发挥润色的功能,同样的文案采用不同的辅助语言符号,效果差异甚大。

---

① 郭庆光:《传播学教程》,中国人民大学出版社 1999 年版,第 45 页。

二、广告语言与广告文案

提起广告语言和广告文案，很多人会不假思索地在它们中间画等号，其实这是对广告语言狭隘和肤浅的认识，这也是导致广告理论界与实务界错位的主要原因。广告语言研究的是广告中文字及文字与其他非语言符号之间相互组合的规则，它指导着广告文案的具体创作。广告语言应从广告文案中发现规律和问题，并用语言学原理加以分析，而不是简单地就现象论现象，或者复制广告文案创作的经验。

1. 语言和言语的辨证关系

索绪尔关于语言和言语二分关系的论述是区分广告语言和广告文案的理论基础。罗兰·巴特尔认为，语言言语概念是索绪尔语言学理论的核心。索绪尔从纷繁复杂、变化万千的个人言语行为中抽出纯社会性的客体和系统，并把它确立为语言学的研究范畴，“把语言和言语分开，我们一下子就把(1)什么是社会的，什么是个人的；(2)什么是主要的，什么是从属的和多少是偶然的分开来了。”[①]在人类语言系统中，“语言是一套隐而不显的‘准则’和必不可少的‘规约’，是一套关系化的系统或整体性的结构；而言语是个人在日常生活里对语言的具体使用。”[②]语言和言语的关系可以简单理解为社会与个人、抽象和具体、同质和异质的关系。

语言和言语紧密相连且互为前提，“言语要为人所理解，并产生它的一切效果，必须有语言；但是要使语言能够建立，也必须有言语”。[③]索绪尔把语言的作用(脑→嘴)看作心理现象，把言语行为(嘴→耳)看

---

① [瑞士]费尔迪南·德·索绪尔著，高名凯译：《普通语言学教程》，商务印书馆 1985 年版，第 35 页。

② 李彬：《符号透视：传播内容的本体诠释》，复旦大学出版社 2003 年版，第 45 页。

③ [瑞士]费尔迪南·德·索绪尔著，高名凯译：《普通语言学教程》，商务印书馆 1985 年版，第 41 页。

成生理过程。言语是语言与具体世界连接的产物,语言从日常生活的言语行为中找出规律、发现问题,把它们转化、提升为抽象的知识和规则,然后再用于指导具体的言语行为。语言是人类交际的工具,言语是对工具的运用。

2. 广告语言和广告文案

依照语言和言语的关系,广告语言是广告中语言符号的组合规则,广告文案是语言规则在具体广告作品中的应用。广告语言和广告文案是对同一个问题不同层面的认识。广告语言关注广告中各种语言现象背后的规律,如语法、语音、修辞、语词、句式、组织等,把具体形象蕴涵的规律上升为指导一般广告创作的规则;广告文案关心将抽象的原理运用在具体产品或品牌的广告中,从而创作出效果显著的广告作品。层次不同,目的却根本一致,即研究如何最大限度地发挥语言符号对产品或品牌概念的意指功能及影响消费者心理和行为的功能。

例如,"钻石恒久远,一颗永流传"这句经典广告语,从广告语言的角度评析,它利用中国传统五言诗词的平仄手法,注意末字的压韵,而且把钻石的物理特点(恒久)引申为感情的恒久相续,一语双关;从文案创作角度看,这句广告语借用钻石在实际生活中的象征意义(爱情),赋予品牌和产品感情色彩,找到这类产品最核心的诉求点,引起消费者共鸣。押韵和双关手法运用在其他产品的广告中同样有效,但钻石的感情意义却是其他产品无法替代的。

广告文案是具体的、操作性的,虽然有规律可循,但绝对不会被固定的规则束缚。所以,本章探讨的范畴界定在广告语言一般的应用规则层面上。

三、广告语言的地位和作用

1. 广告语言传播系统

作为广告传播符号系统的主体,广告语言本身也是独立存在、相对完整的传播系统。布拉格学派代表人物雅各布森(Raman Jakobson,

1896—1982)曾提出著名的语言六要素及六功能理论。按照这一理论,任何语言交流活动都包含六个要素,它们之间构成图 11-3 的关系①:

语境

信息

说话者……………………………受话者

接触

代码

图 11-3　雅各布森言语交流过程图

信息是说话者和受话者之间传递的内容,说话者和受话者双方通过渠道接触,以代码的形式,在双方都能理解的语境中顺利传递。其交流模式与拉斯韦尔的五"W"模式和德弗勒的"互动过程模式"非常相似。由此可见,言语交流的过程事实上就是信息传播的过程。

借用雅各布森的"言语交流过程图",我们可以画出"广告语言传播过程图"(见图 11-4):

广告创意

产品概念

广告主……………………………消费者

传播媒介

表现形式

图 11-4　广告语言传播过程图

广告主希望通过传播媒介向消费者传递产品概念或品牌概念,广告语言根据传播媒介的不同使用不同的表现形式,或口语、或文本,语言发挥传播作用的前提是有好的广告创意,它是沟通产品和消费者心理的语境。

2. 广告语言的功能

与交流过程的六要素相关联,雅各布森又提出语言的六种功能(图 11-5)。语言可以表达说话者对特定情景的情感反应(情感功能),并能

① 李彬:《语言·符号·交流—谈布拉格学派的传播思想》,《新闻与传播研究》2000 年第 2 期。

影响受话者的情绪和行为(意动功能)。语言运用各种表达技巧(诗的功能)传递信息,达成交际(交际功能),并在这个过程中实现丰富代码形式的元语言功能。

指称功能(语境)
诗的功能(信息)
情感功能(说话者)……………………………意动功能(受话者)
交际功能(接触)
元语言功能(代码)

图 11-5 语言的六种功能

广告语言是广告作品的核心,广告效果的50%~75%来自广告中的语言文字,"广告语言要用简练、生动的语言,集中而形象地表明商品的特色和性能,表达消费者的愿望和要求;它要用富有感情色彩的语言来吸引读者、感染读者,使读者了解商品、信任商品"。① 对应语言的六种功能,广告语言在广告传播符号系统中主要发挥表现、沟通、意动三项功能。

(1)表现功能。表现是所有语言符号和非语言符号共同的"使命",对广告语言来说,表现就是灵魂和主体。首先,广告语言要真实、生动地传达产品或品牌信息,将抽象、复杂的产品概念转化为消费者可以轻松理解、记忆的内容,语言的表现魅力体现于此。其次,广告语言是表现创意、解释画面的工具,源于头脑的无形创意必须通过有形符号的转换和传达才可能传播,语言和画面亲密配合,相辅相成,消费者借助语言理解画面,透过画面进一步体会语言的内涵。

(2)沟通功能。语言是交际沟通的工具,广告语言不可替代的主体地位更使它成为沟通产品和消费者的渠道,"同类产品、服务或企业本身业务并无明显区别,但是在消费者心目中的形象却可能完全不同,而造成这种有差异性的形象塑造的最主要手段就是广告文案"。② 广告语言具有高度的浓缩和概括能力,通过运用不同的语言技巧、表达方式提炼出同类产品不同的品牌个性,在消费者心目中塑造真实可感的形

① 陈培爱:《广告学原理》,复旦大学出版社 2003 年版,第 102 页。

② 高志宏、徐智明:《广告文案写作》,中国物价出版社 1997 年版,第 15 页。

象。优秀的广告语成为企业重要的形象资产，如雀巢的“味道好极了！”、耐克的“Just do it”。

(3)意动功能。正如文学语言希望感染读者一样，广告语言的根本目的是影响消费者的情绪和行为。广告对消费者的影响包括认知、态度和行为三个方面。广告语言包含丰富的信息，是受众全面认知产品的前提；其次，真实、诚恳的语言给人可信赖感，优美、动情的文字连同画面、音乐能有效避免和缓解消费者对广告的排斥心理，带给人们丰富的联想；再次，广告语言善于激发消费者现有和潜在的需求，一些刺激性很强的语言能诱导受众的购买行为，特别是在快速消费品或促销广告中。

第二节　广告语言特征

作为最重要的广告传播符号系统，广告语言承载大部分广告信息，对消费者的影响最大。广告语言既具备一般语言符号的基本特征，又体现广告这项应用传播活动的诸多特点。

一、语言符号的特征

能指和所指的统一是语言符号的本质属性。索绪尔认为语言符号是一种两面的心理实体，它联结着概念和音响形象，概念(所指)代表符号的“内容面”，音响形象(能指)代表符号的“表达面”，两者共同构成完整的符号。对语言符号而言，能指代表表达方式，如“树”在英语中用“tree”表述；所指代表意义，树是大地上生长的那些实际树木的心理印迹。能指和所指是对立统一的关系，“语言的实体是只有把能指和所指联结起来才能存在的，如果只保持这些要素中的一个，这一实体就将化为乌有”。①

罗兰·巴特尔在索绪尔基础上对能指和所指做出更明确的解释，

① [瑞士]费尔迪南·德·索绪尔，高名凯译:《普通语言学教程》，商务印书馆1985年版，第146页。

“所指不是‘一桩事物’，而是该‘事物’的心理表象，能指与所指的唯一区别是，能指是一种中介物”。① 他还提出“意指”(signification)概念，即“一种把能指和所指结成一体的行为，这个行为的结果就是符号”②。作为植物的玫瑰和作为符号的玫瑰完全不同，前者是空洞无物的，后者却是充满意味的(爱情的象征)，使之充满意味的就是意指。

能指和所指的统一也是传播行为实现的前提。传播学是研究社会信息系统及其运行规律的科学，信息是符号和意义的统一体，事实上也是能指和所指的有机结合，“人类传播在现象上表现为符号的交流，而实质上是交流精神内容，即意义”。③ 符号的交流表现为传播活动中大量运用的能指，包括语言，意义的交流，即实现沟通双方对所指的认可。更进一步说，语言传播关注的焦点是运用什么样的能指系统实现所指意义的传递和被接受，这是所有传播活动追求的目标。

二、广告语言的特殊性

在广告语言领域，能指是广告语言呈现于受众面前的所有外在形式，包括使用的各种语言符号，如文字、图表、标志及不同语言符号组合的技巧，如修辞手法、语体风格等。所指一方面表现为“客观所指”，即产品、品牌的核心利益诉求点；一方面表现为企业通过广告希望表达的主观感情和意愿，即“主观所指”。所指决定能指的选择和使用规则，不同品牌、产品，由于其卖点、定位、针对人群的差异，总要采用不同的广告语言形式，这一细节在接下来的“广告语言技巧”中有详细阐述。

广告语言、文学语言、新闻语言、公文语言是应用语言的四个重要领域。同是语言运用的艺术，广告语言却因能指和所指的个性表现出独有的文体特征。

---

① [法]罗兰·巴尔特著，李幼蒸译：《符号学原理》，三联书店 1988 年版，第 136～137 页。

② [法]罗兰·巴尔特著，李幼蒸译：《符号学原理》，三联书店 1988 年版，第 140 页。

③ 郭庆光：《传播学教程》，中国人民大学出版社 1999 年版，第 47 页。

1. 广告语言与文学语言

与文学语言相比，广告语言最突出的特征是它浓厚的功利色彩，广告存在的意义就是说服消费者购买商品。这决定了广告语言的能指不可能是文学语言那样天马行空式的想像，它使用的所有表达技巧要受到来自广告主、商品、媒体、广告策略、消费者心理等因素的限制。广告语言不会刻意追求语句的华丽、优美，但一定要准确、完整地表现广告主题。

从所指角度看，文学语言历来追求"抒情言志"，它倾向于表达作者的主观感受，目的是感染读者，引起共鸣。广告语言却忌讳强烈的个人意识，"广告文案写作是为了传达企业、产品或服务的信息，不能包含写作主体的个性色彩，如个人的爱好、兴趣、喜怒哀乐等等"。① 广告语言的目的不会止步于感染消费者，它希望影响受众的情绪和态度，进而引发购买行为。强烈的说服目的与文学语言的目的明显不同。

不可否认，广告语言中的很多表达技巧都借鉴自文学语言，但借鉴不等于照搬，内涵和目的的不同决定了同样的能指会表现不同的传播效果。

2. 广告语言与新闻语言

广告与新闻都是大众媒体传播的重要内容，但语言运用却截然不同。在能指方面，受社会职能的限制，新闻语言运用规范严格，如消息写作尽量少使用形容词，人物通讯不能太多心理描写等，如果是时政新闻，写作风格更要慎之又慎。相比之下，广告语言就比较自由、灵活，没有固定的格式和强制性的规范，可根据所指不同不断调整。

广告语言和新闻语言所指的差异体现在内容和目的两个方面。客观、真实是新闻的生命，新闻记述的人和事都必须是现实中存在的，不允许任何虚构。广告语言也要求真实，但毋需完全实录，只要典型真实，只要与产品概念些许相关，就可以通过艺术加工成为广告表现的主体。在传播目的上，新闻强调"用事实说话"，态度倾向隐含在对客观事实的陈述中，引发读者思考；广告语言具有鲜明的意识倾向性，目的直

① 高志宏、徐智明：《广告文案写作》，中国物价出版社 1997 年版，第 37 页。

接明确——说服消费者接受产品概念。

3. 广告语言与公文语言

公文语言特指企业对内、对外商业、管理公文中使用的语言，现实中一些广告形式，如招聘广告、企业通告、寻人启事、挂失声明、致歉广告等常采用公文语言。公文由于其强烈的管理职能、命令口吻或法律效力，在能指上往往表现出"整体的逻辑性、信息的条理性、语言的严谨性、风格的严肃性、传达的正式性、行文的简明性"。① 广告语言没有约定俗成的格式，它的能指更灵活、生动，消费者对广告充满排斥心理时，公文式的语言会加剧受众的反感。

在所指层面上，公文传达的是指令或要求，几乎不带感情色彩。广告语言诉求的是一种意愿、一种期望，它追求传受双方的彼此认同。即便是招聘、通告、声明之类的事务广告，也完全可以通过运用形象化的语言发挥更大的传播效果。

三、广告语言符号的特征

1. 任意性

任意是语言符号的基本特征。索绪尔提出任意性的概念，是基于能指和所指、概念和音响形象关系的复杂性。语言间的差别和不同语言的存在，证明语音(能指)和语义(所指)之间对应关系的任意性。索绪尔同时指出，语音和语义的对应关系是社会约定俗成的，即便理论上是任意的，实际中也不可能随意改变，"能指在它所表示的观念来说，看来是自由选择的，相反，对使用它的语言社会来说，却不是自由的，而是强制的。"②

索绪尔提出的"任意性"是针对语音和语义的关系的，但也可以用

① 高志宏、徐智明：《广告文案写作》，中国物价出版社1997年版，第39页。

② [瑞士]费尔迪南·德·索绪尔著，高名凯译：《普通语言学教程》，商务印书馆1985年版，第107页。

于解释其他语言现象。广告语言本身的任意性和灵活性决定了广告语言能适应纷繁复杂的产品、媒介，同样的产品、品牌概念，可以用不同的语言形式表达，同类产品竞争时，独特的销售说辞（USP）尤为重要。例如，某地产的核心卖点是交通便利，广告语言可以摆事实，详细列举小区附近的交通设施及到主要路段的时间；用讲故事的语言形式，生动描述业主因交通便利节省时间的经历，或许更有说服力。

2. 象征性

象征行为，是用具体事物表示抽象概念或思想感情的行为，它通过使用象征符（能指）传递象征意义（所指）。

能指和所指的联接是任意的，这种任意只发生在符号和所指形象之间，符号和深层思想之间的象征关系却是一一对应的，“象征行为的特点，就是使象征符的第一层意义向第二层意义发生转化，这种转化取决于两者之间的类比关系，即它们之间必须有某种类似性”。[①] 广告语言的象征行为同样必须找到产品和消费者心理认知类似的符号，否则要么违背产品属性、不伦不类，要么消费者不接受。例如，汽车广告的语言一般比较理性、书面化，善于运用有气势的形容词；食品广告的语言则比较幽默、生活化，善于刺激购买欲望。用卖糖果的语言卖汽车显然不合适。

3. 指向性

语言符号的任意性，正如索绪尔所说，始终存在着理论和现实的矛盾，任意性中包含着不变和可变的对立。广告是指向性很强的传播活动，这是广告与新闻、文学最大的不同。广告传播的是特定产品的特定概念，广告针对一定范围的人群，通过不同的媒介发布，这些在一定程度上限制了广告语言的任意性。

广告语言的创作和传播必须依据产品特性，符合品牌定位，适应消费心理和传播媒介，才能事半功倍。“动感地带”定位时尚年轻人，广告语“我的地盘，听我的”体现个性和反叛；“全球通”定位成熟社会精英，

---

① 郭庆光：《传播学教程》，中国人民大学出版社 1999 年版，第 51 页。

广告语"我能"代表这类人群的勇气和自信。

4. 功利性

广告语言的功利性表现为两点。首先,广告语言追求的目标不是文学语言的感染读者,不是新闻语言的教育受众,而是刺激消费者的购买欲望,说服他们采取购买行动,所以,广告语言有夸大产品的嫌疑。其次,广告语言必须经济实效,广告传播高昂的成本及消费者对广告的普遍排斥心理,决定广告语言不可能像文学语言那样洋洋洒洒,而要"一字千金"。虽然广告语言长短尚无定论,但简洁实效始终是所有广告语言追求的方向。

5. 文化性

广告语言产生自社会文化,同时又创造社会文化,"一个民族社会的哲学观念、思维模式、文化心理、道德观念、生活观念、风俗习惯、社会制度乃至政治信仰等等,都不可避免地会对广告语言产生作用,任何一个社会的广告语言都无不带有该社会文化的痕迹"。[①] 大到广告语言中渗透的民族文化心理,小到广告文案创作中的表达技巧,社会文化是广告语言流行的基础和保障。

广告语言还是社会语言文化亮丽的风景线,浓缩思想精华和语言艺术的经典广告语成为时代社会文化的真实写照。

第三节 广告语言传播技巧

广告语言符号的特殊性,说明广告语言创作和传播的复杂性。广告并不是一般人想像的那样,是创意、灵感的产物,广告要综合考虑各种因素,要讲究科学思维。产品、消费者、媒体是影响广告语言创作和传播成功的关键。

① 曹志耘:《广告语言艺术》,湖南师范大学出版社 1991 年版,第 129 页。

一、广告语言传播中的产品因素

产品是广告语言表现的主体和创作源泉。不同产品，由于其物理特征、消费习惯、市场定位的差异，需要各具风格的广告语言。

（一）产品类别

1. 快速消费品

快速消费品指那些消费周期短、重复消费频率较高的大众消费品，是主要面向个体消费者的短期消耗品。[①] 这类产品的功能、物理属性差异不大，消费者做出购买决定时更多考虑产品的感性利益，品牌忠诚度不高，容易受价格、包装、促销、广告等外在因素的影响。

快速消费品的广告既要塑造产品个性，给消费者留下深刻印象，又要注意导入情感元素，满足消费者心理需求。它具体有三个特点：一是口语化、生活化的语言风格，易记忆、易理解、易传播，高度体现和消费者的关联度；二是语言简明、扼要，常突出一个产品卖点，与竞争对手形成区隔；三是语言不断更新，不失时机地推出新的兴奋点，适应消费者的品牌转换。

总之，由于快速消费品广告受众的卷入度比较低，广告语言一定要个性鲜明、简单易记。

2. 耐用消费品

与快速消费品相对，如家电、汽车、房地产等耐用消费品的特点是消费周期比较长，重复购买频率低。这类产品的价值大、价格高，消费者普遍会理性、审慎地做出购买决定，从收集资料、性能研究、品牌比较，到最终决定购买，消费者会卷入始终。广告是消费者收集资料的主要来源，所以耐用消费品的广告一般注重介绍商品知识，希望消费者全面了解产

① 王咏、管益杰：《从消费者心理看快速消费品的营销与品牌建设》，《中国广告》2003 年第 9 期。

品性能。广告语言以理性分析为特色，通常充分论证产品卖点，提供有说服力的事实依据。不过，随着大众生活水平的提高和居民消费意识的提升，这类产品的广告语言也出现感情化趋势，感性语言＋理性分析成为这类广告新的表现风格。如房地产广告把主题思想延伸到家的温暖和追求生活品质，汽车广告与生活和事业联系起来。

(二)产品生命周期

广告，特别是商业广告，以商品性能为基础，广告的生命周期也必然以商品的生命周期为依据。① 广告在产品生命周期的不同阶段，面对不同的市场环境，自然需要相应的语言风格。营销学一般把产品的生命周期分为导入期、成长期、成熟期、衰退期四个阶段，鉴于当今产品周期的不规则性，这里仅论述前三个阶段。

1. 导入期

在导入期，产品面临未开发的新市场，或者已经开发，但仍有空间的市场(跟进者)。不管哪种情况，消费者都不熟悉新产品。使消费者短期内全面认识并尝试产品是上市期营销的主要任务，广告责任重大。上市期广告语言诉求的重点有两个：告知新产品的上市和详细介绍性能，提出具体的、可感知的利益承诺；中心明确，主题突出，广告要花大量笔墨描述新产品的核心卖点，把它作为广告创意表现的重点。这个点或者是产品的性能，或者是某种附加感情。

畅享都市精彩②

思迪(CITY)，流畅时尚的外观造型融合宽敞舒适的内在空间及精致内饰，搭载 VTEC/i-DSI 发动机与 5 档自动变速器，实现高动力、低油耗与低排放的完美结合，实现了同级车中独特领先的欧 IV 排放水平，让城市精英畅享先进、优质的新都市精彩生活。

---

① 陈培爱：《广告学原理》，复旦大学出版社 2003 年版，第 36 页。

② 广州本田“思迪”汽车上市广告

2. 成长期

成长期，消费需求升温，新产品销售快速上升；同时，竞争对手增多，同类产品趋向同质化。此时营销的重点是刺激消费者关注产品，使其对产品的关注从认识层面提高到喜爱及购买层面。面对竞品的模仿，成长期的广告语言要更加重视塑造鲜明的个性，并与导入期的核心卖点前后连贯，宣传口号和主题应保持统一。

为了刺激消费者由认知转向喜爱、期望，这时期的广告语言风格应从理性介绍转为感性诉说，赋予产品更多感情内涵。2000 年，雕牌洗衣粉在前期“只选对的，不买贵的”广告主题基础上，成功推出“下岗工人”篇系列广告，为赋予产品更多感情色彩，深得消费者喜爱。

3. 成熟期

成熟期产品的质量基本定型，消费需求趋于稳定，市场竞争的焦点转向价格、终端、促销、服务等领域，个别企业退出市场。此时营销的任务是寻找市场空白，保持稳定销售。广告宣传的重心趋向于品牌，广告语言主要是重复强调产品核心卖点和感情利益，语言风格更加感性，文案篇幅逐渐缩短。有些产品为了延续生命力，在成熟期对产品进行全面更新、改进，此时的广告语言又重新回到上市期。

(三)品牌定位

定位是品牌在消费者心目中独特的、有竞争力的位置。功能导向和情感导向是品牌定位的两个基本依据，由此形成功能利益定位和情感性利益定位两种基本策略，“一个强势品牌必须能以一种始终如一的形式，将品牌的功能与消费者心理上的需要连接起来，以其鲜明的特征将品牌的定位信息明确地告诉消费者”。①

1. 功能性利益定位

功能性利益具体指与产品有关的各种客观属性，如性能、功效、质

① 余鑫炎:《品牌战略与决策》，东北财经大学出版社 2001 年版，第 129 页。

量、价格等能带给消费者的实在利益。定位于此的产品或品牌一般具备功能优势，这成为广告表现的重心。广告语言一般比较务实，全篇介绍产品的核心卖点，突出产品带给消费者的实在利益，语言风格习惯采用理性与感性结合的方式，以感性引入产品，用理性语言详细分析产品性能。

宝洁旗下品牌的广告最常运用这种策略，如舒肤佳香皂定位“杀菌”。多年来，它的广告创意千变万化，但诉求的重点依然围绕产品“除菌效果好，防止细菌再生”的基本功效，变化的只是广告中的故事情节。

2. 情感性利益定位

情感性利益即产品或品牌带给消费者的心理感受和感情愉悦，定位情感利益的产品，其功能通常与竞品没有明显区别，所以寄希望于通过广告塑造品牌与众不同的个性。这类广告常把产品放在特定的情感氛围中，用形象符号赋予产品更多意义内涵。广告语言基本运用感性诉求策略，以向受众传达情绪或情感，唤起情感认同为主要目的，追求形式的华丽和意义的唯美。如同样是计时用的钟表，铁达时的广告说：“不在乎天长地久，只在乎曾经拥有”，诉诸爱情；罗西尼的广告说，“时间因为你而在”，强调自我认同；欧米茄的广告说，“明星的选择”，赋予产品明星气质。

二、广告语言传播中的消费者因素

消费者是广告信息的接收者，但并非毫无选择地完全接受传者提供的所有信息符号，他们会选择，选择的依据是兴趣和有用。兴趣、需要、动机、个性等都是影响广告传播效果的受者心理因素，这里选择讨论消费动机和卷入度，具体分析广告语言针对不同人群的设计策略。

（一）消费动机

动机是引起个体活动，维持已引起的活动，并促使活动朝向某一目标进行的内在作用。[①] 内在需求和外在诱因共同导致动机。消费者普遍具备求实、求新、求美、求名、求廉五种动机，不同动机的消费者选择接触广告信息的标准存在明显差异。

1. 求实动机

这类消费者以追求产品或服务的使用价值为主导倾向，特别注重衡量产品性价比，要求一分价钱一分货。接触广告时，他们更关心广告中提供的具体事实，而对表现形式不太在意。针对这类动机的消费群体，广告语言最好直接运用真实可信、可供参考的事实依据，如数据、图表等，语言通俗易懂，直截了当，避免专业词汇。

路遥水玲珑，日久显身手

超级节水无孔内筒，一年可节省约500桶水

节水约40%，节洗涤剂约27%，节电约10%

新品靓丽登场

2. 求廉动机

价格是这类动机消费群体购买产品时考虑的第一因素。他们善于比较同类产品的价格，从中选择价格最便宜的产品。这样的消费者不太计较产品的质量、款式、外形、品牌，但非常关心产品价格的变动信息，特价、促销活动广告对他们很有吸引力。面对这样的消费者，广告语言应透露与价格有关的信息，"降价"、"免费"、"送礼"、"折扣"这样的字眼就比较能吸引他们的注意力。

蹬三轮车师傅：昨天，我给儿子买了台PC上网

平实价格轻松拥有

如果你想拥有一台品牌电脑，实达"梦飞"不是梦。

平实的价格，精通的销售网络，优质的服务，让寻常百姓感受一份关爱，一片热情，一种轻松拥有的满足。

---

① 符国群：《消费者行为学》，武汉大学出版社2000年版，第65页。

3. 求新动机

喜新厌旧是一般人都有的心理，求新动机的消费者追求产品、服务的时尚、新潮，他们关注产品最新动态，喜欢尝试新产品。收入水平较高的人群及青年群体中，求新的购买动机比较常见。针对这类消费者的广告，从内容到形式要突出新颖、个性。广告语言应活泼、随意，遣词造句、文字排版都应比较灵活，语言中会详细介绍新产品的诸多新颖之处。

SONY 数码摄像机平面广告(橙色篇)

橙色是火爆的 Rock and Roll，
拿你最 ka-wa-ii 的 pose 来 show。

4. 求美动机

爱美之心，人皆有之。求美动机的消费者主要追求商品欣赏价值和艺术价值，他们选购商品时特别看重产品的外观、造型、包装。追求造型美，体现出这类人群自我欣赏意识和渴望得到外界关注的心理需求。面对这样的消费者，广告应把自身的美和带给消费者的美作为主题，广告语言应尽力渲染使用产品后带给消费者的感觉，如，在人群中脱颖而出，备受周围人的关注等。

BMW 汽车 7 系平面广告

BMW7 系　驾驭世人眼光　驾驭心中期望

精英注定要生活在世人眼光的聚焦中，正如 BMW7 系，无论是外观上的天工之作，还是内在上的精雕细琢，BMW7 系都堪称一件纯粹的艺术品。驾驭 BMW7 系，既是一次奢华的艺术体验，更是一次内心的自我之旅。BMW7 系行走的轨迹，皆是世人眼光尾随的所在，亦是心中前进的未来。

5. 求名动机

这类消费者购买产品时倾向于选择名牌、高档商品，借以显示或提高自己的身份、地位。他们不大考虑产品性能，但非常在乎产品带给自己的满足感。对他们来说，产品或品牌的附加价值远远超过产品的使用价值。

这类产品的广告语言应侧重描述使用产品后带给消费者的身份、地位和认同感，语体应正式、华丽，文化内涵和情感意味浓厚，常见于奢侈品广告中。

人生是无尽的传奇

> 异国的黑夜，激情而沉默，美丽而神秘。在苍穹之下，人类欢笑悲哭，创造了无数展示天地均衡之美的建筑与工艺，也缔造了人生无尽的传奇。浪琴表嘉岚系列意念正来自个中动人处，纯粹艺术均衡美态，人生的绚烂与平淡融于一体。伴你以翩然意志，见证时间。

以上五种动机并非相互孤立，消费者购买产品时经常混合有多种动机。广告不可能面面俱到，应根据产品特点和优势，基于目标消费者的特点，选择一种有显著刺激作用的动机作为广告主题。

(二)广告卷入度

广告卷入度具体指消费者对广告的关心和关注程度。广告卷入度高，说明受众认真理解和接触广告内容，传播效果比较好；相反，卷入度低，受众对广告不感兴趣甚至有排斥心理。卷入度高低既是衡量广告传播效果的重要指标，又是广告改进传播内容的依据。

1. 高卷入消费者

一般认为，受众排斥广告，事实不然。陈培爱等人 1996 年的调查结果显示："不喜欢"电视广告的人仅占 22.7％，而"喜欢"电视广告的人达到 49.7％①；北方经济咨询公司 1999 年的数据显示，认为广告"必

① 陈培爱、黄合水、朱健强、纪华强、赵洁：《国内电视广告社会效益研究》，《现代广告》1996 年第 6 期。

不可少”的被试占66.7%，认为广告“最好没有”的只占5.6%[①]。这些数据说明，大部分人对广告还是持高卷入状态的。

Park和Young把卷入度又分为“认知卷入”和“情感卷入”。认知动机导致“认知卷入”，而富于表现价值的情感动机导致“情感卷入”。[②]美国学者Kim和Lord进一步指出：认知卷入的消费者在加工广告信息时，最注意有关产品品质或性能的内容；情感卷入的消费者则注重感觉和情感反应，他们更关注情感的内容。[③] 针对高认知卷入的消费者，广告语言应尽可能多地提供有用信息，语言风格应平实、理性，减少务虚成分。房地产和医药是典型的高认知卷入产品，消费者希望从广告中看到更多科学、真实的参考信息，但现实广告语言却截然相反，或夸大其辞，或含混不清。

针对高情感卷入的消费者，广告语言的重点是找到产品物体属性和人间情感的连接点，着力烘托情感意境，注重运用语言形式、修辞技巧，以动情的文字感染人，如“孔府家酒，叫人想家”，“好东西和好朋友分享”，“一股浓香，一缕温暖”等。

深圳某房地产的广告标题，形象道出中国房地产广告普遍存在的问题。

广告一：堆几座假山，就算是依山而居吗？

广告二：挖几条小溪，就算是亲水生活吗？

广告三：栽几棵树，就算是融入自然吗？

2. 低卷入消费者

消费者不关心广告的原因很多，可以归纳为两点：广告本身不吸引

① 黄合水：《广告心理学》，高等教育出版社2005年版，第55页。

② Park. C. W. & Young. S. M. *Consumer response to television commercials: The impact of involvement and background music on brand attitude formation*. Journal of Marketing Research. 1986. 23. 11～24。

③ Kenneth R. Lord and Chung K. Kim. *Inoculating Consumers Against Deception: The Influence of Framing and Execution Style*. Journal of Consumer Policy. Mar 1995;18,1;PG1。

人或者遭人讨厌；消费者对广告中的商品不感兴趣或不需要。消费者本身的因素虽然不可控，但广告设计本身却可以改进，创意手法、表现方式的细微调整都可能带来截然不同的传播效果。

广告语言首先必须真实。有调查表明，我国受众认为电视广告基本真实（真实度＞80％）的仅占31％，认为完全真实的只有1％。① 广告语言的任何修饰都必须以事实为依据，广告语言不是文学式的主观再造，它要对消费者的利益负责。2005年出现的消费者投诉宝洁、SK-II广告中承诺效果不实等事件，给广告人敲响警钟。广告语言设计必须吸引人，这对低卷入的消费者尤其有效。除了语言风格，字体、字号、颜色、位置、语调、语气、音量等辅助语言符号都能显著吸引受众的注意。

三、广告语言传播中的媒介因素

媒介是广告信息传播的载体，广告语言表达的表层、潜层意义都必须通过媒介才能为受众感知。不同传媒的传播特性需要不同的语言设计，下面重点分析印刷、电视、广播、户外四类广告媒体语言传播的原则和技巧。

（一）印刷媒体

印刷广告媒体的种类很多，限于篇幅，我们仅选择报纸和杂志两个最主要的媒体。报纸和杂志均属阅读媒体，“受众主动性较高，广告与内文同时并存，受众可以依自己意愿主动选择接收内容；可以依自己方便随时重复讯息的接触；受众在接触时注意力较集中，通常很少分散注意力做其他事”。② 作为以文字为传播符号的媒介，报刊对受众的文化水平要求较高，而且在中国，报纸和杂志的读者主要集中于城市，杂志的受众群就更有限。

受众主动选择的特性使报刊成为高卷入度商品全面、理性介绍

① 黄合水：《广告心理学》，高等教育出版社2005年版，第63页。

② 陈俊良：《广告媒体研究》，中国物价出版社1997年版，第51页。

产品信息的首选媒体，如汽车、房地产、IT。如前所述，消费者在购买这类产品时比较理性，他们需要更多关于产品的资料，报刊媒体为详细地介绍产品提供了空间。然而，由于生活节奏的加快和报刊信息量的高速膨胀，读者选择性阅读的倾向越来越明显，纯粹的理性诉求不再奏效。广告不得不运用多种语言表达风格，有趣、醒目、简明、通俗、针对性强、与大幅画面配合等成为受众对广告语言传播的新要求。

(二)广播媒体

广播是四大媒体(报刊、广播、电视、网络)中唯一单纯依靠声音传播的媒介，诉诸听觉既是它最具优势的传播特性，又在一定程度上限制其发展。广播以声传情，广播广告奏效的关键是用声音打动听众，大到语言文体、表达方式，小到语音、语调，几乎所有的传播符号都会影响听众的心理。其次，声音的传播不具有排他性，易受周围环境的干扰，所以受众接触广播时往往注意力不集中，随意性强。

以上传播优势和不足要求广播广告语言应表达清晰，避免同音字、多义词、方言、生僻字等可能误导听众理解的语言符号，结合产品特点、受众心理选择音量、音调、音色。变化中的声音更容易引起受众注意，所以广播广告的语言风格不能一成不变，语音、音色、语气的调整以及与音乐、音响的巧妙配合都会吸引听众注意。“广播是一种高情感媒介，它可以运用富有表现力的声情并茂的语言，深深拨动听众心弦”。[①]广播广告语言的口语化、通俗化、形象化特征最明显，常用对话、讲故事、第三方直白、歌曲等表现形式有助于提高听众的卷入度，增强广告语言的感染力。

(三)电视媒体

电视媒体最突出的优势是“视听统一”，“于电视媒介是用忠实记录的手段再现讯息的形态，即用声波和光波信号直接刺激人们的感官和

---

① 朱月昌:《广播电视广告学》，厦门大学出版社 2000 年版，第 34 页。

心理，因此电视广告对受众的冲击力和感染力特别强”。[①] 电视被认为是展示产品形象，表现广告创意的绝佳媒体。

“视听统一”的媒介属性，决定电视广告语言必然是视觉语言和听觉语言的完美结合，视觉语言包括画面和字幕，听觉语言包括画外音和背景音乐。电视广告的语言设计强调“声画对位，以画为主”，电视广告文案的作用是解释和补充画面，它既要与画面节奏保持一致，又必须在画面需要的时候出现，不能重复啰嗦。观众一般主动接触电视节目，被动接触电视广告，看电视广告时注意力也不集中，因此，电视广告文案的总体设计必须简短、流畅，用主题清晰，形象展示代替艰涩词汇，要不断强调重点讯息。

(四)户外媒体

户外媒体泛指所有开放空间里使用的媒体载具。2007 年，中国户外广告经营额为 181.37 亿元，位居电视、报纸之后。[②] 户外广告传播的区域性特征非常明显，接触的都是载具周围的人群，这种区域性、开放性特点导致受众的无意注意性，多数情况下户外广告的信息是无意闯进观者的眼中。因此，“在传播功能上，户外媒体偏重于提醒消费者，而不适合于细节繁复的讯息传递。”[③]

复杂的传播环境对户外广告的视觉冲击力提出很高的要求，相应的，语言设计强调简洁，重点突出核心信息，如品牌名、产品卖点、促销信息；字号偏大，标语尤其要醒目突出；通过运用各种形象指示符号，制造视觉重心。针对户外媒体的区域性，广告语言应巧妙结合周围环境的特点（地理位置、周围建筑、流动人群），提出诱导性强的广告口号。

产品、消费者、媒体是影响广告语言创作和传播的三大重要变量，熟悉产品特征是广告语言创作的前提，洞察消费心理就能合理确定广告语言创作和传播的方向，媒体是广告语言最终发生作用的保障。三

---

① 周建梅、路盛章、董立津：《电波广告·平面广告》，中国物价出版社 1997 年版，第 163 页。

② 《现代广告》2008 年第 4 期。

③ 陈俊良：《广告媒体研究》，中国物价出版社 1997 年版，第 54 页。

者相互交叉，彼此协调，缺一不可，共同保证广告语言的有效传播。

第四节　公关广告语言

前三节分析企业商品广告的语言运用。事实上，在企业的广告传播中还有一种非常重要的广告形式——公关广告。公关广告不是公关和广告的简单相加，而是两者融合的产物。公关广告本质上仍是广告，但服务于企业公共关系，不以营销为目的。撇开公关与广告的复杂关系不谈，本节主要从语言传播的角度，结合企业公关活动的特点，具体分析公关广告的语言运用。

一、理解公关广告

（一）公关广告的内涵和外延

公关广告的英文名是“Public Relations advertising，或 Corporate Advertising”。由于国内关于公关与广告关系的争论尚未终止，所以多数广告理论书籍把这种广告形式称为“企业广告”或“以企业为信息主体的广告”。广告前辈徐百益明确提出：“公关广告是专为公共关系而进行的广告，它又可以包括两种形式：企业广告和公众服务广告。”①企业广告的理解可广可狭，广义指企业所有对外广告，包括商品广告和公关广告；狭义仅指企业形象广告。本节使用“公关广告”这一概念，企业广告则按照狭义理解为“企业形象广告”。

徐百益把公关广告定义为：“有别于商品广告的一种‘广告类型’的总称，包括企业广告、公益广告等形式。其目的主要是为建立企业及其产品的声誉，在公众心目中塑造起良好形象，而不是为了眼前的销

① 徐百益、张大林：《公关广告》，同济大学出版社 1992 年版，第 15 页。

售。”[①]定义明确了公关广告的本质——“一种广告类型”，特点是“有别于商品广告，不是为了眼前销售”，比较准确地概括了公关广告的内涵。

综合国内学者的相关论述，本书认为公关广告大致分为以下四种类型：

(1)企业形象广告。正面传达企业信息，旨在树立企业良好形象、品牌个性和内涵，增强与外界公众沟通的广告。

(2)公益广告。特指由企业赞助的公益广告形式，广告表达企业对社会问题的看法，或者倡导有益于社会的观念，希望获得社会公众的认同。

(3)企业公关活动广告。配合企业对内、对外公关活动的广告，通过广告，企业向社会告知活动宗旨、内容、时间地点等具体信息，传达企业为公共事业做出的努力。

(4)企业公共事务广告。企业为应急、实用目的发布的广告，如招聘、招标、公告、致歉/谢广告、声明等，这种广告有间接塑造企业形象的作用。

以上四种类型都是明确的广告形式，但不包括企业在公关活动中运用的新闻事件、软文广告等其他传播手段。

二、公关广告与商品广告

公关广告与商品广告是两种策略不同、目的根本一致的广告。站在企业大传播的角度，公关广告和商品广告都是企业对外传播的手段，两者紧密相关，共同塑造企业形象，沟通内外。

(一)区别

1. 目的

公关广告和商品广告的作用截然不同。公关广告是为建立企业及其产品的声誉，在公众心目中塑造良好形象，它着眼于长期的生存和发

---

① 徐百益、张大林：《公关广告》，同济大学出版社 1992 年版，第 78 页。

展。商品广告的作用是促进产品的销售，更关注具体的营销目标。

2. 对象

商品广告针对具体的消费者，公关广告还要面对供应商、销售商、政府、媒介、社区、股东、员工等所有与企业经营相关的社会公众，公关广告的传播视野和意义内涵更开阔。

3. 内容

公关广告传达企业的整体利益和价值观导向，其内容多与企业整体发展有关，如企业理念、品牌定位、企业文化、企业实力、经营业绩、表彰奖励等。产品广告诉求的重点是与产品本身有关的内容，更注重披露产品细节。

(二)联系

公关广告和商品广告的出发点和目的根本一致。两者的发布主体都是企业，以企业的经营方针为出发点，服务于整体经营战略。商品广告立足于更好地满足消费者生产、生活需求，这与消费者利益直接相关，企业应带着公关意识运作商品广告。公关广告的目的是为企业发展创造良好的外部环境，用商品广告策划的观念操作公关广告能发挥更大作用。

公关广告和商品广告贯穿统一的运作思想。按照整合营销传播(IMC)的原则，企业对内对外所有传播活动必须围绕一个主题，所谓“不同形式，一个声音”。把广告和公关纳入营销传播系统的做法有待商榷，但这样的整合很有意义。公关广告和商品广告的内容和形式不同，传达的主旨却内在一致——企业的经营理念和核心价值观。

公关广告和商品广告互为补充。企业在初成长期直接面临开拓市场的难题，此时的商品广告同时要肩负塑造企业形象的任务。企业进入成长、成熟期后，维护公共关系的工作非常重要，公关广告弥补商品广告的不足，进一步丰富企业形象内涵。商品出现问题时，公关广告长期积累的资产能帮助企业化险为夷。

三、公关广告的语言运用

(一)四种公关广告的语言特征

1．企业形象广告

企业形象广告是企业整体形象的外在表现形式，社会公众通过企业形象了解企业相关信息。企业千差万别，企业形象广告语言也没有固定模式。结合企业实际，找到最符合自身的个性形象是关键。

不同实力和规模的企业，其形象广告语言不同。实力雄厚、规模庞大的企业会在形象广告中使用高瞻远瞩、具有领袖风范的口号，暗示企业为社会做出的贡献，阐述意义丰富，耐人寻味的企业文化；实力中等、成长中的企业，其形象广告一般突出企业向上成长的活力和巨大的发展潜力，语言常用具体的形象符号说明抽象的精神，如"胜利之鹰——大红鹰"、"鹤舞白沙，我心飞翔"。

"不同的信息主体不仅在表现的内容和侧重上应有所区别，在形式上还要注意其相关性"。① 相关可以从两个角度理解，对企业而言，形象广告语言的运用必须与企业的经营特点和发展方向相关，从内容到形式体现出企业最具特色之处；在公众看来，形象广告语言要与公众认知吻合，微软 2004 年推出以"您的潜力，我们的动力"为主题的全新形象广告，一改冷峻、霸道的形象，充满朋友式沟通语气的广告语言自然、平实，拉近了自己与普通民众的心理距离。

微软形象广告

在我们眼里，一派复兴景象

您未来的宏愿蓝图是什么？而您有合适的工具去构建它吗？我们处处从您的想法出发，正是您，激励了我们不断开发软件，助您把旧的营运模式成功转型。高瞻远瞩，运筹帷幄，建立起前所未

① 胡晓云：《广告文案写作》，浙江大学出版社 2002 年版，第 256 页。

有的企业盛景。

您的潜力,我们的动力

2. 公益广告

赞助公益广告是企业表现社会责任意识,赢得公众认可的良好形式。赞助公益广告的关键是寻求企业与社会问题间的最佳结合点。一方面,广告反映的社会问题必须与企业经营内容、理念存在相关,这样,企业的观点才能发挥影响力;另一方面,公益广告又不能让受众判断出企业的宣传目的,否则与形象广告没有区别。VOLVO 汽车向来以“安全”著称,它曾经赞助过一则主题为“安全驾车”的公益广告,广告中的男主角在一次车祸中死里逃生,这次经历使他进一步明白生命的珍贵。整篇广告看不到 VOLVO 汽车的影子和广告语,但观者强烈感受到企业关爱生命、不懈追求的理念。

3. 公关活动广告

公关活动广告指配合企业公关活动开展的广告。公关活动广告最重要的功能是告知,其广告语言必须包含与活动本身有关的信息,如背景、时间、企业所做工作、意义等,帮助公众了解活动本身。当然,公关广告毕竟不是公益广告,它的语言注重表达企业对公众的关怀和为公众做的工作,语言风格比较感性、真诚,商业色彩和宣传口吻都不强烈。农夫山泉一分钱“阳光工程”电视广告以孩子们的运动渴望为引子,巧妙地带出公关活动的内容和意义。人物、场景、语言、情感真实,给人留下深刻印象,消费者接收信息后会自觉不自觉地加入到活动的行列中。

农夫山泉公关电视广告

一副两元的跳绳,一对 20 元的球拍,一个像样的篮球架

32 双 15 元的球鞋,32 颗渴望运动的心

每喝一瓶农夫山泉,你就为孩子们的渴望捐出了一分钱

到 2008 年,阳光工程将为 20 万孩子带来运动的快乐。

4. 公共事务广告

招聘、通告、声明、迁址等广告的实用性比较强，其宣传企业形象的作用常常被忽视。事实上，这类广告十实用，比其他任何形式的公关广告更需要公众的关注和熟悉，公众也能从广告的字里行间读出企业的风格和个性，招聘广告更是新人了解企业的第一手资料。公共事务广告的语言要避免模式化、形式化，按照企业形象的要求，体现出不同企业间的个性风采，语言的公文气、严肃性应根据情况调整。

华商广告公司迁址广告①

我们要换更大的窝
没办法，我们天生就是勤奋努力，
当然成长特别快速。

现在，为了爆发更好的创意，提供更好的服务，我们更换更大的窝来施展身手，欢迎旧“蚁”新知，竞相走告。

(二)公关广告语言注意避免的问题

与一般商品广告浓重的促销气相比，公关广告明显不同。公关广告既要遵从广告传播的规律，又要发挥公共关系作用。

1. 刻意拔高

公关广告大都采用正面诉求策略，企业在广告中力陈自己的优势、实力。作为公关广告，这样做无可厚非，但相当一部分广告有夸大、拔高的嫌疑。在语言上，公关广告常使用含义模糊，缺乏依据的词句。劲霸男装 2006 年世界杯电视广告中有句话“唯一入选巴黎卢浮宫的中国男装品牌”引来不少争议——卢浮宫怎么可能收藏劲霸男装。后经调查，劲霸男装只是参加了在卢浮宫一个会展中心举行的文化活动。既然是塑造形象，坦诚、真实的态度比浮夸、拔高更让人信服。

---

① 高志宏，徐智明：《广告文案写作》，中国物价出版社 1997 年版，第 374 页。

2. 脱离群众

在4C理论的影响下，广告的沟通作用越来越引起重视，自卖自夸式的单向传播效果甚微。以往国内公关广告单向传播色彩浓厚，企业高高在上，受众被动接受。但现在，社会公众的辨识、判断能力大大提高，主动选择意识明显增强。公关广告语言应在客观陈述事实的基础上，使语气变得平缓，生活化、平民化的词句朴实、坦诚，从盛气凌人变成值得亲近的“朋友”。

3. 公文气重

公关广告和管理公文的语言表达差之千里，前者注重平等沟通、交流，后者是上传下达式的命令。以公文语言的形式创作广告常见于招聘、公告、声明等公共事务广告中，正式、严肃的语言风格给受众带来更多压力、距离、敬畏感，不仅无法塑造形象、沟通内外，反而容易引发误解。如果内容、格式不能随意更改，就应该妥善处理语气、字体、字号、颜色等，关注细节，可能得到意想不到的效果。

4. 追求实效

受商品广告的影响，很多企业总用衡量商品广告效果的标准评判公关广告，如销量增加多少，市场占有率提高百分之几，广告语言刻意增加有关企业产品或营销的信息，希望“一举两得”。公关广告创造的是外界公众良好的评价，这种感性认知会间接推动他们接触、使用企业的产品，公关广告的语言应尽量避免沾染促销色料，与商品广告保持距离，急功近利只会适得其反。

惠普“十”形象广告之一

畅达世界路，皆由孟菲斯

以高效率著称的联邦快递公司，始终在寻找新方法不断完善它的服务。他们得到了HP的帮助，安装并运行HP OpenView管理软件，使识别和纠正潜在问题得到更加简单迅速，效率再度攀升。一个运行平稳流畅的操作系统，令联邦快递的服务在世界各地都赢得了客户的高度赞誉。

联邦快递＋HP＝惠普科技成就梦想

2002—2005 年历届十大流行广告语

	十大流行广告语		十大流行广告语
2002 年	1. 钻石恒久远一颗永留传 2. 鹤舞白沙我心飞翔 3. 中国平安平安中国 4. 一品黄山天高云淡 5. 真情付出心灵交汇 6. JUST DO IT 7. 天生的强生的 8. 健康成就未来 9. 看不到你感觉得到 10. 成功路不同各有各成就	2003 年	1. 多一些润滑少一些摩擦 2. 我的地盘听我的 3. 我就喜欢 4. 帕萨特，成就明天 5. 只要你想 6. 不同滋味不同心情 7. 男人就应该对自己狠一点 8. 热爱生活冷静选择 9. 喝前摇一摇 10. 煮酒论英雄才子赢天下
2004 年	1. 心有多大舞台就有多大 2. 一切皆有可能 3. 我就喜欢 4. 没错，我就是 M-ZONE 人 5. 中国网宽天下 6. impossible is nothing 7. 穿什么就是什么 8. 我能 9. 要爽由自己 10. 冠军风采波导拍	2005 年	1. 觉得好吃就买呗，大家要给我面子哦！ 2. 酸酸甜甜就是我。 3. 蓝色风暴，突破梦幻国度。 4. 地道美味，谁可抗拒，停不了的乐事。 5. 爱上达芙妮，爱上 S. H. E。 6. 有创意，才够味。 7. 运动无限，沟通无限。 8. 反正都是我。 9. 薯我鲜，薯我辣、薯我脆。 10. 我要我的滋味。

第十二章 网络广告传播

网络是20世纪末兴起的新型传播媒介，是基于互联网技术的复合型媒介，它既能传播文字，又能传播视频和声音，还能把文字、视频、声音等存储下来，供用户在方便的时间和地点享用。网络媒体在时间和空间两个维度达到如此程度的复合，难怪尼葛洛庞帝说，网络媒体是对以往传统媒体的整合，它的出现标志着人类传播从大众传播时代进入"后信息时代"。[①] 后信息时代以信息高度个人化（传播方式丰富化的同时传播受众窄小化）为特征，这种精致的传播方式使网络媒体受到营销者的青睐，商人的热情很快就让网络媒体成为商业环境的重要组成部分。

随着网络媒体的高速发展，网络成为互联网收入的主要来源之一，备受关注，被视为新广告媒体的代表而广受赞誉。2004年，全球网络广告销售额达96亿美元，比2003年增长近33%，这个数字比2000年（网络泡沫时期）的最高销售记录超出近20%。[②] 2005年，全球网络广告费用达到195亿美元，[③]又翻了一倍。普华永道发布的《全球娱乐及媒体行业展望：2006—2010年》显示，互联网仍是全球增长最快的广告媒体，其收入将以18.1%的综合年均增长率增加。互联网广告在全球广告收入的占比，将由4年前的不足3%增加至2010年的接近10%。

---

① [美]尼葛洛庞帝著，胡泳、范海燕译：《数字化生存》，海南出版社1997年版，第191页。

② 《普华永道：04年全球网络广告销售额达96亿美元》，http://www.chinabyte.com/busnews/216461966556790784/20050429/1943460.shtml。

③ 《互联网广告，水到底有多深？》，http://www.ccw.com.cn/news2/internet/htm2006/20060510_09OAV.html。

第一节　网络广告传播的理论基础

网络广告传播是广告传播活动的一种，是基于网络媒体环境下的广告传播活动。网络广告传播是一个内涵宽泛的概念，包括企业网站、企业名录、网上商品目录、购物指南、门户网站和垂直网站包含的商业信息、企业的视觉识别标志……正如其他广告形式一样，网络广告借由传递信息来影响目标对象的消费态度和行为。但网络传播是“面对面”的直接传播，不管采用何种形式，网络广告都是企业（品牌）与网民“面对面”的信息沟通。这种直接沟通赋予网络广告传播不同于传统广告传播的特性。下面从经典的传播学理论入手，探讨网络广告传播的独特之处。

一、网络广告传播与传统传播模式

传统传播模式有三种代表性模式：线性模式、控制论模式、社会系统模式。这些模式一直为传播学研究提供考虑问题的框架，并进一步引出新的问题，网络背景下的传播现象也不例外。

（一）网络广告传播与线性传播模式

线性传模式以哈罗德·拉斯韦尔的“5W”模式和香农—韦弗模式为代表。“5W”模式虽然简单，但集中了传播中的主要方面而被奉为经典，普遍应用于大众传播。香农—韦弗模式的影响仅次于“5W”模式，虽然这一模式也未考虑反馈和社会过程对传播的影响，但引入“噪音”概念，多少涉及传播的外在环境。

传统线性模式贡献巨大，但其看待问题直线、孤立，连复杂的大众传播现象都难以解释，更不用说用于解释网络传播现象。美国印地安那大学的莫里斯和奥根认为：“互联网是一种多层面的大众媒介（multifaceted mass medium）”，意谓，网络传播是散布型、交互的、非线性的，网络环境下的广告传播自然也是散布的、交互的、非线性的。显然，网络广告传播可以按照传统线性模式棱角分明地划分出“网络广告传播者”、“网络广告接受者”、“网络广告媒介”、“网络广告效果”，但这样划分意义不大。网络广告传播的主体是从事广告传播活动的组织和个人，相较于传统广告传播，网络广告的门槛低，不需要高超技术，不需要重大投资。在虚拟环境下，用户发布信息和表达观点的机会和途径增多，拥有网络使用权的法人、其他经济组织或个人都可以从事广告业务，网络广告传播主体多元化。

网络广告传播的主体不像传统广告主体那样界限明确，网络广告在一定意义上打破了传统广告基于线性传播模式三分广告主体的做法(传统的经营广告的主体，根据《广告法》第 2 条规定，分为广告主、广告经营者、广告发布者，并有着明确的定义。广告主，指为推销商品或者提供服务，自行或委托他人设计、制作、发布广告的法人、其他经济组织或个人。广告经营者，指受委托提供广告设计、制作、代理服务的法人、其他经济组织或个人。广告发布者，指为广告主或广告主委托的广告经营者发布广告的法人或者其他经济组织)。在网络广告中，主体的界限与定位非常模糊，有的是合二为一，有的甚至是合三为一。ISP 多集广告经营者与广告发布者两种角色于一身，宣传企业自身产品或服务的网站则集广告主、广告经营者和广告发布者三种角色于一身，拥有网络使用权的人都可以在网上发布广告。①

(二)网络广告传播与控制论模式

为解决线性模式的局限，学者们提出一系列以控制论思想为指导的传播过程模式，统称为控制论模式。控制论模式变“单向直线性”为“双向循环性”，引入“反馈”机制，其代表是“德福勒”模式、“奥斯古德—施拉姆”模式和“竹内郁郎”模式。“奥斯古德—施拉姆”模式提出“传播单位”概念，认为，传者、受者身份并非固定不变，都可看作是“传播单位”，兼有传者、受者两种身份。“双向循环”、“传播单位”等概念的提出

---

① 翟汪友:《网络广告:七大难题让法律“束手无策”》，2004 年 9 月 3 日，http://news.xinhuanet.com/newmedia/2004－09/03/content_1938113.htm。

意义重大，网络传播中，传者和受众的界限日益模糊，“传受合一”，双方的地位趋于平等，以往是媒介“推”出信息，现在是用户从网络拉出信息，用户由“被动接受”转为“主动选择”，“用户选择处理信息的主动性等”取代“媒介对受众的作用和影响”成为主流研究主题。据此，网络广告传播应更关注用户的需求，而非广告主的意愿。

（三）网络广告传播与社会系统模式

社会系统模式以“赖利夫妇”模式和“马莱茨克”模式为代表。“赖利夫妇”模式把传播过程看成社会系统的子系统，包含三个相互关联的概念：一是“基本群体”（又称初级群体、首属群体），如家庭，邻里，亲密伙伴等；二是“更大的社会结构”，指关系比较松散的次属群体，如工作单位，学校，社团等；三是“社会总系统”，指民族，国家乃至世界等隶属群体。“马莱茨克”模式勾画出传播中各个要素之间复杂的互动关系。在该模式中，传播者一方要从大量的材料中进行“内容选择”，但又要承受“讯息的压力”和“媒介的压力”；受传者一方，同样要对大量信息进行“内容选择”，受到“媒介的压力”；“感受和效果”也是双向互动的。该模式还强调“传播者”、“媒介”、“受传者的反馈”以及媒介与受传者彼此“心目中的形象”，传者、媒介不断修正自己的“受众形象”以适应对方。

在社会系统论视角下，网络整体的交互性传播特征导致人们社会观念、生活方式和相互关系的变化，这种变化反过来又导致传播过程的革新。自 1994 年以来，网络广告传播形式不断推陈出新，反映了网络广告传播更关注整个系统的互动，为了双向互动，广告主体不断开发能被网民接受的广告形式，基于“受众形象”建设考虑，网站内容越来越实用，网站设计越来越清新悦目。那些网络社区中的隐性网络广告，如BBS 中的品牌讨论、技术咨询，blog 的品牌体验等正是充分利用了网络传播中相关群体的力量，使网络广告像“病毒”一样扩散，成为“病毒式营销”的新形式。

二、网络广告传播与“使用——满足”理论

“使用一满足”理论（uses and gratifications theory）在传播领域影

响甚大，该理论站在受众的立场上，通过分析受众对媒介的使用动机和获得需求满足来考察大众传播给人类带来的心理和行为上的效用。同传统信息作用于受众的思路不同，这一模式强调受众的作用，突出受众的地位，认为受众通过对媒介的积极使用制约媒介传播，使用媒介完全基于个人需求和愿望。

在“使用—满足”之前，传播学研究中大多以传播者和传媒为中心，考察传媒活动是否能达到传播者的预期目的或对受众产生的影响和效果。传统大众传播时代的“使用—满足”“必然是以首先‘满足’传播者的意志和利益为前提的，即使是满足了受众的需求，也常常是传播者为了达到某种宣传或商业的目的”。① 传统大众传播背景下，媒介使用者的控制权极其有限。这种情况在网络媒体时代得到改善——网络传播改变了受众的地位：在传统大众传播时代，传播者居主导，他们是“把关人”，网络传播整合各种传播方式（人内传播、人际传播、组织传播、大众传播），改变了传播格局，传播者不再是中心，受传者地位上升。

关于“使用—满足”理论的研究在网络传播领域得到加强，因为网络媒体与用户的“高互动”特性使得其扩大了“使用—满足”理论学说的影响。② 该理论有助于了解用户使用网络的动机和需要，很多学者对此进行了研究。③ 美国传播学者莫里斯和奥根将“使用—满足”理论列为对互联网研究有意义的四种传播理论之一。有些传播学者甚至认为，传统传播主要走“说服”路线，网络传播的主导模式是“使用—满足”模式，因为网络媒体的受众不再被动接受信息，而会主动寻找需要的信

① 赵志立：《网络传播条件下的“使用与满足”——一种新的受众观》，《当代传播》2003 年第 1 期。

② Ruggiero, Thomas E. (2000), *Uses and Gratifications Theory in the 21st Century*, Mass Communication and Society, 3 (1), 3～37. 转引自，“Internet Uses and Gratifications: A Structural Equation Model of Interactive Advertising”, Hanjun Ko, Chang-Hoan Cho, Marilyn S Roberts. Journal of Advertising. Provo: Summer 2005. Vol. 34, Iss. 2; pg. 57。

③ Iinternet Uses and Gratifications: A Structural Equation Model of Interactive Advertising”, Hanjun Ko, Chang-Hoan Cho, Marilyn S Roberts. Journal of Advertising. Provo: Summer 2005. Vol. 34, Iss. 2; pg. 57。

息。不管主导模式这个提法是否确切，“使用—满足”理论确实成为解释网络传播的热点理论。[①] 这于网络广告传播方面尤为突出：日益庞大的网民群体构成了网络营销时代的强大基石，无论基于传统形式的网络广告，还是受广告主追捧的富媒体视频广告等新式网络广告，广大网民掌握着最终的话语权和决定权。因为，与传统媒体广告不同，网络广告的强制性降低了，而且是在用户的压力下降低的。如果网民觉得网络广告令人厌烦，他们不会像对广播广告和电视广告那样，默默忍受或者暂时避开，他们很可能像对待杂志广告和报纸广告一样，跳过或者干脆屏蔽，网络技术的发展，一方面加强了网络广告的发布力量，另一方面也提高了网民屏蔽网络广告的技术。

随着网民对浏览体验的越发挑剔，面对睿智多变的网民，“说服”理论指导下的广告传播技巧显得“江郎才尽”。媒体、广告主都明白一个道理——强扭的瓜不甜，所以在广告投放策略上越发小心谨慎。从这个角度来说，网络广告的最佳模式是对网民进行按“需”分配，进行定向传播。后文涉及的分类广告、窄告、富媒体广告等网络广告新形式，以及对于弹出式广告等“强骚扰式”广告的逐渐舍弃，广告发布者不断推动互动广告，以更有趣的方式与消费者互动，等等，都体现了网络广告传播之用户“使用—满足”导向——只有迎合网民需求的广告才能生存。

三、网络广告传播的特性

互联网在广告传播过程中到底扮演着什么角色？它使广告事业发展更辉煌了，还是更迷茫了？还没有人能够给出答案。其一是因为尽管网络广告近年在快速增长，但没人能保证它将来不会回落，就像1997年的互联网看不到泡沫一样；其二是因为不同广告领域的人面对各种情况将有不同答案。面对网络广告的大跃进，传统广告领域的人可能觉得彷徨，但是从事网络广告的人则暗暗窃喜。

① 陈正辉：《网络媒体之于广告——从“强制”到“引导”的角色之变》，《新闻知识》2004年第12期。

上个世纪 90 年代末，许多人预测网络会消灭其他广告形式。现在，大家都看到了网络广告量远远低于当初的估计。根据 CTR 对中国 2005 年广告媒体花费的分析，电视和平面依旧是主流媒体。[①] 照目前的形势来看，网络显然无法取代其他广告媒介，也无法让广告主把网络广告作为与目标受众沟通的主流方式。人们不再认为网络广告会一统天下，只把网络广告视为品牌整合传播策略的重要组成部分，[②]但互联网确实促使一些以平面媒体为广告主阵地的行业发生媒体转移。

网络作为广告传播媒介的强大潜能让热爱网络广告的人欢欣鼓舞，他们不断研发有效的网络广告形式，证明网络广告传播的优势。

1. 交互性

交互性是网络区别于其他传统媒体成为“独特”营销沟通工具的主要因素。交互性在传播领域不是新鲜词汇，但网络使它上升到一个前所未有的水平。[③] 例如，网络的交互性允许消费者根据自己的需要和兴趣控制广告信息内容、广告信息量、随时定制样品而主动参与说服过程。[④] 网络广告的互动是实时、多次和持续的互动，这样的互动使基于人机的交互更有可能胜于人与人、面对面的互动。借助多媒体功能，交互可以超越双方的知识范围。J. Thomas Russell 和 W. Ronald Lane 在《Kleppner 广告教程》一书中说：很难确定下一个 10 年将变成什么样子，但是有一点是可以肯定的：未来的广告和传播的标志是消费者参与程度更高，控制力更强，广告和传播由单向传播向双向沟通转变。十

---

① 胡朝阳汇编：《2005—2006 年中国广告市场分析与展望》，《中国广告》2006 年 4 月。

② ［美］托马斯·C. 奥吉恩、克里斯·T. 艾伦、理查德·J. 西曼尼克著：《广告学》(第三版，英文版)，东北财经大学出版社 2004 年版，第 560～561 页。

③ Morris and Ogan 1996; Pavlik 1996; Rafaeli and Sudweeks 1997，转引自“*Internet Uses and Gratifications: A Structural Equation Model of Interactive Advertising*”, Hanjun Ko, Chang-Hoan Cho, Marilyn S Roberts. Journal of Advertising. Provo: Summer 2005. Vol. 34, Iss. 2; pg. 57。

④ Hoffman and Novak 1996，转引自(同上)。

年前的预测已被证实。

传统媒体中，受众被动接受广告信息，而在网络上，受众是广告的主人，受众只点击感兴趣的信息。“交互式”网络广告的出现，使消费者拥有比面对传统媒体更大的自由。他们可根据自己的个性特点，根据自己的喜好，选择是否接收广告信息，接收哪些广告信息。消费者点击广告，其心理上就已经认同了广告，在随后的广告双向交流中，广告信息可以毫无阻碍地进入消费者心中。厂商也可以在线随时获得大量的用户反馈信息，提高统计效率。几乎所有论者都把交互性视为网络广告的首要特性，网络广告商也把交互性当作推销网络广告的最大卖点。

2. 受众易细分性

市场细分是广告人的发明，后广泛应用于大众传播领域(被称为受众细分)。借助细分，广告者将受众分成许多小群体，针对不同的群体规划不同的传播策略。每个细分群体都是整体中的一个子集，他们因为相似的需要和个性而划分成派，广告商选择其中的一个或几个作为广告的目标对象。

细分的依据有许多，传统上常用的有地理细分、人口细分、心理细分和行为细分，这些分类标准很宽泛，也很模糊，据此划分的细分群体自然也难以明朗。然而，在网络上，广告主可以利用技术(浏览器的记录标记、在线资料、用户注册等)快捷精准地跟踪和细分用户。网络弗远无界，能整合碎片，大众传播时代营销学者们担忧的“超细分”问题(市场过分细分，导致产品成本不断上升，影响产销数量和利润)大大缓解。

以 Google 为例，其提供的 AdSense 服务面向数以百万计的中小型网站和个人，对普通媒体和广告商而言，这个群体的价值微小，不值一提。但 Google 通过为其提供个性化定制的广告服务，将这些数量众多的群体汇集起来，获得可观的经济利润。① 这样的赢利模式被称为

---

①　李洋编译:《长尾理论 Web2.0 寻找商业模式理论支点》,《互联网周刊》http://column.chinabyte.com/349/2044349.shtml。

“长尾理论”(《连线》杂志主编 Chris Anderson 的解释是:只要渠道足够大,非主流的、需求量小的商品销量也能够和主流的、需求量大的商品销量相匹敌。这是对传统的“二八定律”的彻底叛逆)。

网络广告小众化,网络广告更注重客户细分,而不只对广告进行分类。网络广告传播中,广告者可以利用其易细分的特性创造许多“长尾理论”这样的“神话”市场。网络传播易细分,许多企业热衷于在网络上建立品牌社区(brand community),将顾客聚集在一起,在顾客与企业间建立联系,顾客有机会互相交流经验、意见和想法。① 品牌社区被视为企业或品牌网络背景下的自广告传播。

3. 受众高价值性

互联网对设备、技术和费用的要求颇高,网络上活跃的人最终是那些文化程度较高、有相当经济能力、年纪较轻的消费者,这一人群有活力,接受新鲜事物快,购买力旺盛,是社会上最具潜力、最具购买力的核心消费群体。

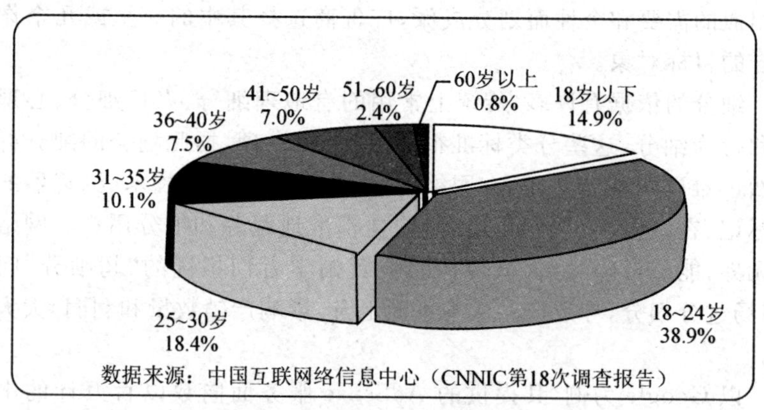

图 12-1 网民年龄分布示意

随着电脑的普及、上网费用的下降,近几年网民数量迅速增长,越

① Albert M Muniz Jr, Thomas C O'Guinn. *Brand Community*, Journal of Consumer Research. Gainesville: Mar 2001. Vol. 27, Iss. 4; p. 412。

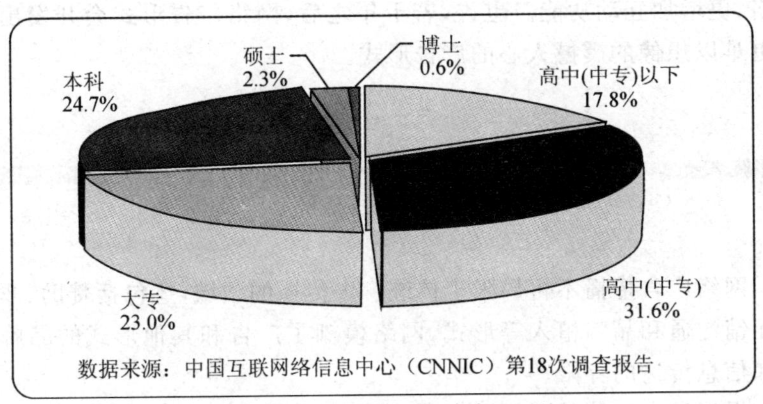

图 12-2　网民文化程度分布示意

来越多非年轻人加入网民队伍，芬兰首都赫尔辛基 2005 年的一次调查显示，赫尔辛基 55 岁以上的老年人中，只有 1/3 非网络用户，大部分老年人像年轻人一样经常访问网站并享受网络的各种服务。① 网络人群逐渐增多，其结构随着基数的增加发生相应变化（如年龄分布、性别分布、阶层分布等）。但是，他们依然是芸芸众生中颇受商家青睐的那部分人，他们也正是广告商要重点"攻击"的对象。相较于传统媒体受众的目标分散、不明确，网络广告可直达高价值目标用户的这个优势很明显。

4. 内容和形式的可延展性

大部分学者关注网络广告内容的可链接性，用户只要点击被链接的主页，就必然会看到广告，这是传统广告无法比拟的；另外，有些网络广告，例如普通旗帜广告，所占位置有限，但其包含的链接可以展示丰富的品牌情境，这些广告通常都有"点击了解更多"的提示。网络广告的形式也可以延展，最初的网络广告的网页上只有旗帜广告，类似传统印刷广告，简单，缺乏表现力，短短十来年，广告者已经把电视广告搬上

① Satu Vuori, Maria Holmlund-Rytkönen. 55 + *people as Internet Users*, Marketing Intelligence & Planning. Bradford: 2005. Vol. 23, Iss. 1; pg. 58。

网络,更增加互动功能。也许,若干年之后,网络广告形式会开发出更多更难以想像的震撼人心的广告形式。

第二节　网络广告传播的形式

网络广告传播不再局限于传统广告传播的领域,还包括赞助、非付费促销沟通和品牌植入等形式,网络模糊了广告和其他形式的品牌促销和信息传达的界限。①

根据发布环节是否经过中介,网络广告传播可分为“他传播”和“自传播”两种类型。“他传播”指广告主像线下广告一样,通过向其他网站付费购买网络空间或时间的形式发布广告信息;“自传播”指广告主凭借自己的资源在网络上自我发布广告信息。

一、网络广告“他传播”的主要形式

(一)旗帜广告(Banner ads)

旗帜广告是一种简单的广告形式,价格低廉,易发展和管理,更容易对准目标消费者。② 旗帜广告又名横幅式广告、网幅广告、页眉广告或头号标题广告,是网络广告的主要形式,常以矩形出现在网页顶端、侧边和底端。在网络广告发展初期,旗帜广告的内容大多是企业标志,起提示作用,可能就是一个标题或一个招牌,网民点击后,能看到更详细的链接信息。随着网络广告传播技术的发展,旗帜广告创意纷呈,花

---

① Ronald J Faber, Mira Lee, Xiaoli Nan. *Advertising and The Consumer Information Environment Online*, The American Behavioral Scientist. Thousand Oaks: Dec 2004. Vol. 48, Iss. 4; pg. 448。

② Jeremy C. Reed, *Advertising With Web Banner Ads*, Nov. 24, 1998. Available: http://www.reedmedia.net/misc/marketing/web_ads.html 13 October 2005。

样迭出，从简单的静态横幅发展到动态横幅，再到交互式横幅（包括 Html banners 和 rich media banner），大多可以表现丰富的广告内容，这样努力无非想诱导网民增加点击量。

图 12-3　旗帜广告

（二）按钮广告（Button ads）

按钮广告一般是纯提示型广告，通常只由 Logo 构成，很少出现广告标语，没有广告正文。按钮广告实质上就是规格较小的旗帜广告，因其外形像纽扣而得名。现在比较流行的是页面漂浮按钮和鼠标响应按钮，这种广告形式虽然尺寸较小，但在网页上非常醒目。

（三）插播式广告（Interstitials ads）

在用户请求登录时强制插播广告——插入广告页面或弹出广告窗口。弹出窗口广告（Pop-up ads）是其中重要的一种，类似电视广告——打断正常节目的播放，强迫观看。国内门户网站大多使用这种插播式广告，常结合使用新的播放技术（如流媒体、富媒体、影音广告），声势浩大，画面诱人。如 tom 插播式广告有各种尺寸，有全屏的也有小窗口的，互动的程度也不同，从静态到闪屏再到视频，视觉冲击力越来越强。浏览者可以通过关闭窗口不看广告（电视广告无法做到这点），但这些广告的出现没有任何征兆，有些广告无法关闭，以保证肯定被浏览者看到，这容易引起反感，适用于企业新品上市及有奖活动推广等较高附加价值的广告宣传。

（四）搜索引擎广告（Search Engine ads）

CNNIC 第 18 次调查报告显示，66.3％的网民表示经常使用的网络服务是搜索引擎。随着越来越多的网民通过搜索引擎来主动寻找信息，越来越多的广告主重视自身信息在搜索引擎中的排名和从中带来的网站流量。这给搜索引擎服务商提供巨大商机。.com 泡沫破裂以后，以 Google、雅虎为代表的搜索引擎以相对较低的成本将感兴趣的买主和卖主联系起来，用针对性较强的搜索广告一度振兴了疲软的在线广告市场。网络广告提供者越来越多，服务越来越好，市场竞争愈发激烈。

Google 显然处于网络搜索广告的最前沿。Google 没有横幅广告，也没有插播广告，其上所有广告都使用文字格式，列入搜索信息条中。由于提供了简单易用、高相关度的搜索结果，Google 成为年营业额数十亿美元的在线广告巨头。[①] 网络广告却是 Google 的重要利润来源，世界上最大的 1 000 家广告用户中，至少四分之三是 Google 搜索广告的用户。[②] 而 2005 年美国关键词搜索广告继续保持优势地位，收入达到 51 亿美元，占美国网络广告总收入的 41％。

（五）网络定向广告

网络定向广告是网络广告中的生力军。从报纸分类广告“复制”到互联网上的分类广告是其基本类型，由于定向广告最能体现互联网的搜索和交互功能及跨地域的优势，其定向投放能力和受众区分能力都

---

① 《品牌广告超越搜索广告谷歌能否赶上潮流》，2006/06/16 ZDNet China，http://www.iresearch.com.cn/html/online_advertising/detail_news_id_31220.html。

② 《网络广告持续升温》，2006－06－19，来自《经济观察报》，转引自 http://www.liudong.org/blogview.asp? logID＝311。

较普通的旗帜广告与巨幅广告出色。网络广告定向投放把广告与网络新闻匹配，在报道 IT 业的文章旁边放置 IT 产品的促销信息；还实现了地域定位，同一篇讲述旅游的文章，北京、上海等地网民分别看到的是各自地域内的旅行社广告。网络广告定向投放的新形式——"窄告"已覆盖人民网、新华网、新浪网等 4 000 家网站，以广告链接形式，让广告匹配地出现在互联网文章页面旁。比如，某著名牛奶厂商，可以通过"窄告"将宣传打到所有与"牛奶"、"乳制品"、"补钙"、"保健"等相关的网页上；上海地区汽车销售商，可以吸引上海地区想购买小轿车的目标观众。"窄告"提倡的"精准营销"和"按效果付费"很受欢迎。目前，戴尔、长虹、SOHO 中国等超过 3 万家各类企业采用"窄告"进行精准营销。

(六)富媒体广告(rich media ads)

进入 Web2.0 时代，互联网特有的点对点交互行为模式激活了每个 IP 细胞，广告不容置疑地成为网民接受信息的快捷通道，但"流氓广告"迅速流行，网民不堪骚扰，发起封杀"流氓广告"的运动。随着宽带的普及，富媒体视频广告出现，凭借其礼貌播放、不占带宽等特点，赢得网民认可。富媒体广告是当今网络广告的主流，成为广告主争夺受众眼球的重要武器。央视国际(CCTV.com)在世界杯期间首次尝试投放 iCast 的富媒体广告，18 个知名品牌(包括"2006CCTV 世界杯报道合作伙伴")的新形式广告以超大界面吸引了眼球，用超炫的创意丰富了视觉。①

(七)电子邮件广告(E-mail ads)

TOM 网站把与邮件服务相关的广告分为三类(其他网络媒体的分类大同小异)：

(1)邮箱登入/出页面巨型广告。这种广告固定出现在网站终端页面顶部，广告表现空间丰富，视觉冲击力强，适用于企业品牌、促销及活动宣传。

(2)定向直邮。针对特定年龄、性别等用户，投放企业产品广告，精

① CCTV 初试富媒体 iCast 激燃世界杯，2006/06/15，http://www.iresearch.com.cn/html/online_advertising/detail_news_id_31217.html。

图 12-4 电子邮件广告

确定位企业产品目标受众群，适用于企业产品促销及有奖活动宣传。

(3)霸王邮。企业广告以邮件名称的形式出现在邮箱内，网友无权删除，广告强迫性极强，适用于企业产品促销及有奖活动宣传。

电子邮件广告和插播广告一样，因为其强制注意而受商家青睐，受众深恶痛绝。美国交互广告署(IAB)于2003年确认垃圾邮件的定义：非现有商业关系或未经对方事先确认而发送的商业邮件即垃圾邮件。按照这个定义，国内很多邮件广告都是垃圾邮件。如此，作为“网络上唯一可以为众多受众个性化定制信息”①的电子邮件，并未发挥其广告传播价值。广告商们求助于幽默的内容和卡通化等创意方式，让电子

① [美]托马斯·C.奥吉恩、克里斯·T.艾伦、理查德·J.西曼尼克著:《广告学》(第3版，英文版)，东北财经大学出版社2004年版，第577页。

邮件广告更赏心悦目。Nike 新加坡公司在 2006 年情人节期间向顾客发送情书式的电子邮件广告，发起"Love Your Body"行销行动，把诉求点放在对女性及其身体的私密关系的关注上。广告使用书信形式。有趣的是，写信与收信的双方是一个女人的身体与头脑，以桃红色调贯穿整个广告，凸显了女性特征，增强了产品的亲和力。[①]

（八）网络赞助广告（Internet sponsorships）

网络赞助式广告指广告主以重大节日、题材为由，赞助感兴趣的网站、频道和专题。如 Nokia 冠名 TOM 彩信频道，海尔、TCL、美的、三星等品牌赞助 2006 年德国世界杯。2001 年，网络赞助广告就已经是美国流行的新式广告，带来 1.87 亿美元的广告收入，占所有广告收入的 1/3 强。[②] 现在，网络赞助广告在世界各国都很普遍，通常要经过特别设计，将广告与正文融合在一起以达到"润物细无声"的传播效果。

图 12-5　网络广告

① 《新加坡 Nike 情人节发起"Love Your Body"行动》，《现代广告》2006 年第 5 期。

② Internet Advertising Bureau，2002，转引自"*The Effects of Sponsor Relevance on Consumer Reactions to Internet Sponsorships*"，Shelly Rodgers. Journal of Advertising. Provo：Winter 2003/2004. Vol. 32，Iss. 4；pg. 67

(九)网络游戏广告

网络游戏广告指在游戏场景中出现企业或品牌的信息,如使品牌出现在游戏背景中的广告牌、跑道护板、体育馆墙壁上或游戏中的角色在喝品牌软饮料等。在中国,网络游戏兴起不过 7 年时间,但发展迅速。CNNIC 调查数据显示:截至 2005 年 12 月 31 日,我国有近 4 000 万人是网络游戏玩家,网络游戏的市场规模在 2005 年已经达到 40.7 亿人民币,年增长速度超过 50%。① CNNIC 第 18 次调查显示,平均每个玩家每周花费时间 11 个小时,一年下来,玩家花在网络游戏上的时间是 23.8 天,每年有接近一个月的时间用在网络游戏上。而且,网络游戏玩家以年轻人居多,意在吸引激情、个性、消费观前卫的年轻群体的商家,自然不会放过这块广告沃土。

最初,无人清楚认识网络游戏的广告平台价值。游戏中许多品牌以现实生活中的真实品牌出现,是游戏厂商努力模拟现实生活提高游戏仿真效果的需要,甚至,游戏商因为使用标识要付费给企业。但是,现在,越来越多的企业认识到游戏是潜力巨大的广告载体,它们以赞助游戏推广或直接付费的方式争取品牌置入游戏的机会。墨西哥的 superfly 有一款自行车比赛的游戏,玩家在游戏中参与比赛中可以看到许多 tang 的广告牌,作为交换,tang 公司承担了这款游戏的电视广告投放费用。②

目前,网络游戏主要有休闲类、对战类和大型网络 RPG 三类,游戏与广告究竟如何结合才能使其既体现游戏的广告价值又能让用户不至于反感,不同的游戏应该具有不同的结合方式。对于休闲类游戏来说,既可在牌面棋面上投放广告,如在扑克牌正面、背面投放广告,也可在游戏界面背景上投放广告;对战类游戏可通过设计和制作相关的广告地图,设立专门的广告地图服务器,每个加入的玩家都自动下载广告地

---

① 《全力进军网游广告市场好耶与天使热线达成战略合作》,2006/06/30,http://www.iresearch.com.cn/html/online_advertising/detail_news_id_31682.html。

② 凯欣译:《当游戏遭遇广告》,《市场观察》2004 年第 8 期。

图;大型网络 RPG 游戏可以尝试用场景地图、公告、虚拟 NPC,或任务等方式来展示广告内容,效果会相当不错。①

网络游戏广告受到玩家的欢迎,他们反映品牌的存在使游戏情境更真实,一些大的品牌把网络游戏广告作为进驻年轻人心智的直通车。麦当劳和英特尔斥资数百万美元在《模拟人生网络版》(the Sims Online)游戏中置入广告。游戏者在游戏中可以进入麦当劳店铺购买各种食物,甚至和现实中一样,可以坐在店铺里就餐,游戏者还可以在游戏中的麦当劳里打工赚钱。同样,英特尔的广告在游戏里也随处可见——游戏者打开游戏中家里的电脑时,可以听到熟悉的"Intel Inside"音乐,还可以随处看到英特尔的商标,甚至可以自己选择 Intel 产品来升级电脑。② 玩家可以控制游戏中的人物,规划他们的日常生活。游戏中玩家对产品的使用预示着一种消费趋势。游戏制造商创造出一些人物,这些人物会使用诺基亚,会吃 dole 牌的香蕉,还喝 bawls guarana——一种含咖啡因的饮料。一些批评家抱怨说,这混淆了娱乐和广告的界限。但广告人说,这使得产品能在更亲密的环境中与消费者接触。③ 对于玩家来说,只要合情合理,他们是不会在意娱乐和广告的区别。网络游戏世界里,商业信息可以全方位,毫无顾忌地作为情境元素展示出来。

(十)其他广告形式

1. 广告游戏

广告游戏是以游戏为载体的广告新形式。在游戏的开始、中间、结束,广告可随时出现,并可以根据广告主的产品要求,为之量身定做专属的互动游戏广告。在南孚电池的"足球射门"广告游戏中,南孚电池

---

① 《网络游戏:广告投放新平台》,2006－5－26,硅谷动力,http://www.a571.com/article/news_net/20060526083212.htm。

② 北京广播学院企业研究所广告主研究课题组:《2003—2004"广告伏击战"战术研究全报告》,第 55 页。

③ 凯欣译:《当游戏遭遇广告》,《市场观察》2004 年第 8 期。

的品牌标志出现在球门背后和球门左右，每次射门后就会出现“坚持就是胜利”的广告口号。这一广告游戏巧妙地联系了南孚电池以往的广告主题，“南孚电池——坚持就是胜利”的品牌形象给玩家留下的记忆更加鲜明生动。这类广告游戏看起来简单，但在强化品牌和产品的形象力方面的作用却不容小觑。①

2. 墙纸式广告

以背景画面的形式，将企业用户形象糅合在页面的整体设计中，加强页面的观赏性，常见于免费发放的光盘和网上免费下载。它既不影响用户的正常阅读，又将企业的文化和形象传递给用户，鲜明地突出企业形象，亲和力强。

图 12-6　墙纸式广告

3. 网络隐性广告传播

隐性广告指采用公认的广告方式以外的手段，使广告受众产生误

① 北京广播学院企业研究所广告主研究课题组：《2003—2004“广告伏击战”战术研究全报告》，第 54 页。

解的广告。在网络上可能表现为：①

(1)以网络新闻形式发布广告。

(2)在 BBS 上发布广告。

(3)以新闻组形式出现的广告。

(4)关键词搜索中的隐蔽广告。

4. 博客和播客

根据 Forrester Research 最新的市场调查，博客与报纸网站如今在 18～24 岁网络读者群的市场占有率平分秋色，各占 17%左右。Forrester 分析师 Charlene Li 说："整体而言，报纸读者群仍比较大，但博客正急起直追。"②艾瑞市场咨询根据来自 PQ Media 的数据整理发现，2004 年美国新形式网络广告，包括博客以及 RSS 广告的收入为 680 万美元；2005 年增长 198.4%达到 2 040 万美元；发展到 2006 年，其市场规模预计将达到 4 980 万美元，增长 144.9%。欧洲及日本的统计数据同样符合这一趋势。③ 举日本为例，以博客广告为其中一种形式的广告市场总额在 2005 财年估计达 314 亿日圆，是 3 年前的 10 倍。据 2006 年最新一期《日经周报》报道，在日本，包括博客广告等形式在内的联属广告在 2005 财年约占网上所有广告的 10%。

在这种新型的网络营销模式中，博客在自己的网页中发布宣传商品或服务的广告，有的还介绍自己使用产品的亲身体验。以精准定位和口碑传播为特征的博客广告开始得到主流企业的认可，如可口可乐(日本)公司营销其改良后的饮料"爽健美茶"时，邀请了博客日点击量超过千次的 100 位女性博客写手做广告。该公司人士说，虽然博客的宣传效果很难量化，但"爽健美茶"这个词确已通过博客在网络上广为流传。2006 年 7 月 3 日起，瑞星公司的形象广告将以 Flash 的形式悄

① 曹益军：《浅谈网络广告的法律问题》，《金华职业技术学院学报》2004 年第 3 期。

② 《2006 博客新势力助推营收年全球网络广告料翻番》，2006－06－14，http://net.91cy.cn/news/11502476219720.html。

③ 同上。

然出现在 1 000 名博客上。

我国的网络传播学者闵大洪曾经表示,“毕竟个人博客作为一种个媒体或者私媒体而存在,其影响力有限,只能在小圈子里产生影响,因此过度商业化和功利化的可能性不大……”。这是怀疑声音的典型代表,也许,博客能不能持续成为广告载体现在还没有人可以定论,唯一可以肯定的是,博客广告价值的前提是消费者买账。CNNIC 最新的调查结果显示,截至 2006 年 6 月 30 日,我国经常使用博客的人数达到了 2 800 万,而半年前的数据只是 1 500 万左右。增长如此迅速,自然使得博客成为广告人眼中的香饽饽。而为了解决国内单个博客难以拉到广告的障碍,和讯网发起成立了博客广告联盟,由联盟成员(博客主)、广告主和广告代理平台(和讯网)共同组成。它的运作是通过广告代理平台,整合大批量博客的广告位出售给广告主,并根据联盟成员的个人背景、博客内容、受众分析以及朋友圈等进行归类和聚合,从而实现定向传播,广告收入则按照流量或广告投放效果等方式,与联盟成员进行分成。[①] 由此可见,“fans”日益增多的博客很可能成为又一个“长尾理论”型的广告模式。

播客译于英文“Podcast”,源于苹果公司的 mp3 播放器(iPod)和广播一词(broadcast)的合成词。它是数字广播技术的一种,网络听众可以选择在网络上收听播客,也可以选择下载到 ipod 或 MP3 随身收听。有人比喻“如果说博客是新一代的报纸,那么播客就是新一代的广播”。网络上很多人在争论播客是否是听觉化或视觉化的博客,无论结论如何,这些都不是商家所关心的,他们只是敏锐地嗅出了播客隐藏的广告价值。2004 年 11 月,喜力啤酒赞助了著名的 DJ“播客”节目,来进行 Thirst 品牌的全球酒吧推广活动。避孕套品牌杜蕾斯 2005 年 4 月和“播客”站点 PodcastAlley. com 中排名第二的节目“Dawn and Drew Show”签署了产品植入广告的协议,通过这个站点的“播客”节目传递品牌和产品信息。[②] 沃尔沃、本田等知名品牌开始通过播客站点播客

---

① 《IT 广告首次大量试水博客》,《上海青年报》2006/07/01,转引自 http://www. iresearch. com. cn/html/online_advertising/detail_news_id_31662. html。

② 谭雪莱:《“播客”,广告客户异度空间,“播客”升温,有关其“钱”途的讨论趋于白热化》,http:// cnfol. com/ news. 050720/101,1280,1350605,00. shtml。

节目传递品牌和产品信息，本田汽车在2006年成为第一个投放视频播客的大品牌。

二、网络广告“自传播”的主要形式

网站本身也被认为具有类似于广告一样的功能（因为它可以告知、劝说并提醒消费者它所提供的产品和服务，尽管它不像传统广告那样需要付费）。① 虽然商业网站能不能被视为广告传播方式目前还有争议，②但毫无疑问，商业网站确实发挥着广告传播的功能，越来越多人认为商业网站是网络广告传播。Hwang等人在2003年通过对160家企业网站进行内容分析后得出结论：企业网站就是传统企业广告的延伸。③

法国的迈克尔·德·科勒—西尔弗认为：至少有一半被调查的跨国公司正在与时代“失去联系”：它们没能有效地开拓互联网市场。他在著作中提到，《经济学家》上的研究显示，在与用户交流方面，许多网站的现状不佳。有些公司可能与互联网联网，但要找到它们的网站很困难，使用它们的网站同样困难。网站上的信息经常需要修改或者不完整，销售的努力也变得三心二意，在线支持和服务让人吃惊地受到人为的限制。④ 2001年左右的情况是这样，经过5年多的加速度发展，网站已经今非昔比。但仍然有相当多的公司（包括一些知名品牌）的网站建设不容乐观，这种现象在中国尤其突出，很多企业建立网站后就不闻不问，更谈不上维护更新，其状堪忧。

---

① [英]戴夫·查菲等著，吴冠之译：《网络营销战略、实施与实践》（原书第2版），机械工业出版社2004版，第200页。

② Ronald J Faber, Mira Lee, Xiaoli Nan. *Advertising and The Consumer Information Environment Online*, The American Behavioral Scientist. Thousand Oaks: Dec 2004. Vol. 48, Iss. 4; p. 450。

③ Hwang, J. S. McMillan, S. J., & Lee, G. *Corporate Web Sites as Advertising: An Analysis of Function, Audience, and Message Strategy*, (2003), Journal of Interactive Advertising, 3(2). Available from http://www.jiad.org/。

④ [法]迈克尔·德·科勒—西尔弗著，方晓等译：《E冲击：游戏新规则——零售商和生产商的电子商务战略》，新华出版社2002年版，第238页。

企业建立网站的初衷是扩大企业的影响，广开市场渠道，所以一定要通过各种方式让网民熟知网站。先明确企业在网络上要扮演的角色，成功的企业网站可用来发布信息和提供娱乐，有的可以成为销售门店。这样的网站不仅是广告信息发布平台，还可以开展网上采购、定制、营销等电子商务活动，整合传播的优势特别明显。这样的网站需要经常更新信息内容，最好每天更新，保持网站的活力和新鲜气息。其次，基于品牌沟通目的的网站应该是体验型的网站，不仅信息要丰富，还要为消费者提供进一步探索的余地，其前提是内容有特色，内容丰富、实用、个性化。品牌大师 Aaker 说，虚拟体验有助于培育网络品牌的个性。

早在 2003 年，大众汽车在推广两款最新甲壳虫系列的时候就成功实施了网站体验传播。公司花了数百万美金在电视和印刷媒体大做广告，他们的目标是在线销售2 000辆新车，推广活动的广告语为“只有2000，只有在线”。大众汽车采用 Flash 技术来推广两款车型，建立虚拟的网上试用驾车，将动作和声音融入活动中，让用户觉得自己是整个广告的一部分。用户可以选择网上试用驾车的不同场景，例如在城市中，在高速公路上，在乡间田野或其他。用户能够在网上建立名为“我的大众”的个人网页，更深入地了解自己需要的汽车性能，通过大众的销售系统检查汽车的库存情况，选择一个经销商，建立自己的买车计划，安排产品配送时间，超过 90％的经销商参与了活动。推广活动获得2 500份在线订单，实际销量也令人满意。

无论如何，这种传播方式关注的重点应该是加强品牌的影响和树立品牌的良好形象。2003—2005 年，联想集团网站（www. lenovo. com）连续三年入选“中国商业网站 100 强”，其以“主动创新整合网络资源，充分释放互联网潜能”为理念，为用户提供贴心的服务：24 小时网络邮件技术支持服务、产品购买与程序下载、知识库服务、联想在线增值应用（www. lenovo. net）等。为客户传递最新资讯信息，让客户体会到周到的服务。海尔集团热情打造信息服务为主的 www. haier. com 和以网上购物为主的 www. ehaier. com，两个网站“双剑合璧”，配合开展比较系统的客户服务。作为国内第一批设立的商业网站，其经营和建设堪称企业网络“领导者”，曾在各年的企业网站评选中获多项荣誉。登录海尔的网站，访问者会看到其页面突出展示产品信息，特别是新产品信息，使人感觉进入精美的专卖店。海尔的网站还提供深层次的客户服务设计，提供售前的应知信息，帮助导购和售后维护。①

第三节　网络广告传播与传统广告传播的关系

西方学者 Branthwaite 等曾经对互联网和其他媒介特性进行过比较，如表所示②：

表 12-1　各种媒介广告特性比较表

	电视	户外广告	印刷品	互联网
启发性	高	高	低	低
消费的可控/可选性	被动的	被动的	主动的，可选的	主动的、可选的
事件的关注跨度	长	短	长	不停的、零星的
情绪	放松的追求情感满足	烦人的、缺乏刺激	放松的，追求兴趣、刺激	目标导向，需求相关
形式	听觉/视觉	视觉	视觉	视觉（听觉有所增加）
处理	偶尔发生，肤浅的	偶尔发生/与之相关的	与之相关的，深入的	与之相关的，深入的
背景	当个体在多人环境中	单独的（在公共场所）	个别的，私人的	深入的，单独的

① 罗树忠（麦肯特企业顾问有限公司）：《海尔经验：网站搞客户服务事半功倍》，http://www.ctiforum.com/management/haier/haier02_1154.htm。

② Branthwaite, A., Wood, K. and Schilling, *The Medium is Part of The Massage-The Role of Media for Shaping The Image of A Brand*. M. (2000), ARF/ESOMAR Conference, Rio, de Janeiro, Brazil, 12 — 14 November. 转引自［英］戴夫·查菲等著，吴冠之译：《网络营销战略、实施与实践》（原书第 2 版），机械工业出版社 2004 年版，第 203 页。

埃弗雷姆·特伯恩等人在《电子商务——管理新视角》一书中进一步比较了网络广告与传统媒体广告的效果(如表所示)①:

表 12-2　各种媒介广告效果比较表

媒体	对广告效果的正面影响	对广告效果的负面影响
电视	入侵式广告——赢得更多注意力;可以很好地展示商品,并利用人们生活中的片刻空闲;对广告需求者来说容易"购得"。	收视率不一定有保障,而且增加了广告费用,观众急剧减少;出售时间段被分到多个节目中,限制了广告主的灵活性。
广播	在各广播电台之间的选择余地很大;广告主可以选择一天或一周中的某段时间以充分利用时间因素;效果依赖于听者的心情和想像。	听众范围受广播的地理限制;电台太多,购买时难以选择;效果的检验很困难,缺少统计学上的指导。
杂志	提供对市场细分的绝好机会;可以随意地重温广告,使用适当的图片和文字可以带来深刻的印象。	广告的影响面受读者控制,新产品尤其易被忽视无法选择广告时间。
报纸	充分发掘一次性机会,尤其是在促销日;读者在准备购物时经常主动查找信息,并依次购买,可随身携带。	因为许多市场信息都集中在一张纸上,所以尽管扩大了影响,但缺少对人群的选择性;大幅广告成本很高;复制的质量低,颜色少。
互联网	互联网广告可以一天 24 小时、一年 365 天被访问,而且不管访问者在哪里,费用都是一样的;人们访问主要是基于对网站内容的兴趣,所以能很好地细分市场;有机会建立一对一的直销关系;多媒体技术将使广告更有吸引力;广告传播的成本很低(只有技术费用),所以接触上百万消费者的成本和接触单个消费者的都是一样的;广告内容可以在任何时候被更新、补充和改变,所以总能保持最新。广告得到的反应(点击率)和结果(页面浏览)就是最好的衡量标准;在网站内导航很方便——你可以随时点击想要看的内容,并且不管逗留多久都行。	没有统一的衡量标准;评价工具和尺度不成熟;互联网上可以使用各种广告格式和广告风格,尽管这有积极的一面,但也使得广告主无所适从;市场的大小很难计算,所以也难以估计自己的地位、份额和接触范围;受众群还很小。

① [美]埃弗雷姆·特伯恩等著,王理平、张晓峰译:《电子商务——管理新视角》(第 2 版),电子工业出版社 2004 年版,第 119 页。

从中可见，没有完美无缺的广告形式。网络广告和传统媒体广告各有优缺点。网络广告传播的出现，让广告者多了一个选择，这对于传统广告业来说，是威胁，也是机会。

一、网络广告传播对传统广告传播的冲击与挑战

全球网络广告市场虽然经历过低谷，但是总体趋势走高。2005年，全球网络广告已经达到180亿美元。

网络给广告商提供了不同于传统媒体的独特功能，所以得到广告主的普遍青睐。传统广告的主要目的是促成销售，通过广告吸引客户注意力、改变顾客态度和引发购买行为。顾客有了购买意愿后，必须登门购买，广告和销售是脱节的。虽然网络广告像所有的传统广告一样，也通过传播信息来影响买主与卖主之间的交易关系，但网络广告能使消费者与广告之间发生相互作用，消费者点击鼠标后获得更多信息，或者直接在网上购物。[①] 相形之下，网络广告提供的信息量不受限制，有助于品牌与消费者更深入地沟通。通过巧妙设计，吸引受众参与，让消费者全方位亲身“体验”产品、服务与品牌，成为品牌个性塑造的主角。这样的网络广告传播具有受众和广告主共同构建网络品牌文化的独特优势。

诺基亚3330的网络广告完美演绎了这个过程，其广告让消费者扮演约会的男女朋友，有效传达时尚、温情、浪漫的品牌个性。期间，消费者与广告的接触时间接近5分钟，网络广告大幅度提高消费者对诺基亚3330的品牌个性的认知和记忆度。[②] 网络广告既可以实现传统广告的功能，又能促进在线交易，是融促销、宣传、广告于一体的整合广告传播方式。

汤姆·海兰德，普华永道公司合伙人，写信给互联网广告局(IAB)

---

① 褚伶利、卢宝岩:《创意的网络广告给促销带来的影响》,《商业研究》2005年18期。

② 赵炳国、赵红、陈绍愿:《基于互联网的品牌个性塑造》,《商业时代》2005年第36期。

说,网络是用户看到广告时,可以发送请求和接收特定产品信息,并通过完成即时购买来节省人们时间和成本的唯一媒介。[①] 习惯网络的消费者养成一个习惯——购买前利用网络研究比较产品,这给厂家提供了改变消费者购买决策的机会。市场调查公司 eMarketer 的调查报告指出,汽车工业将继续大幅度提高他们在互联特网上的投入,预计到 2007 年,该项花费将占到所有媒体费用的 15%。其分析师表示,广告费用投入的巨大转变与消费者消费习惯的改变密切相关。如今,有将近 70%的消费者在购买汽车的过程中通过网络查找相关信息。[②] 随着技术的日趋成熟,网络广告开始拥有自己的核心竞争力,多媒体、双向互动、搜索引擎、邮件列表等模式的不断创新让传统广告难以望其项背。[③] 网络广告经营额年增长幅度已超过传统媒体,一些行业也加大了网络广告的投入,全球网络广告的发展前景非常看好。在所有影响网民消费行为的广告中,网络广告仅次于电视广告,其次才是报纸广告和杂志广告。众多跨国广告公司都成立专门的"网络媒体分部",网络广告已成为继电视、报纸、广播、期刊和户外广告后的又一支新生力量。

针对年轻人的快速消费品的网络广告投放量也逐年增加。养生堂的清嘴含片是 2002 年奥运会期间正式上市的休闲小食品,其目标消费群年轻、追求时尚,容易接受新事物。无论是工作还是生活休闲,互联网对于这一消费群都是举足轻重的。因此,其选择 FM365、OICQ 等深受年轻人喜爱的网站发布形式丰富多样的广告,迎合年轻人的趣味。网络广告成为"清嘴"含片广告策略和媒介组合中重要的一环。

毫无疑问,网络广告不断壮大,将蚕食传统广告的市场份额。网络广告传播势力的不断壮大,挑战了传统媒体广告的生存方式。

---

① Hyland Tom. *Why Internet Advertisng*? 1997. Internet Advertising Bureau, Available: Http://www. iab. net/advertise/content/adcontenthtml。

② 《2007 年汽车行业的网络广告费将提高到 15%》,《现代广告》2006 年第 4 期。

③ 《网络广告的春天气息》,www. XINHUANET. com,2004 年 09 月 13 日,来源:iResearch,http://news. xinhuanet. com/it/2004-09/13/content_1973758. htm。

二、网络广告传播对传统广告传播的延伸和补充

网络广告发展一路高歌，传统广告媒体并未就此消沉。相反，大多数传统媒体把网络媒体视为自己的延伸和补充，传统广告媒体要么转型，要么创新，要么和网络媒体结合推出网络版业务。美国报业协会前不久发表的报告说，2006 年第一季度报纸网站的在线广告总收入为 6.13 亿美元，同比增长 34.9%；传统的报纸纸张版的广告收入只增长了 0.3%，为 105 亿美元。美国报业企业近日预测，纸质媒体的在线广告收入将逐年增加。由此可以看出，网络广告的增长对整个报纸业的增长贡献巨大。[①] 2005 年，网络杂志迅速蹿红，以多媒体技术得到众多网民的青睐，迅速聚集起庞大的阅读群体。很多人相信，凭借多样化的表现形式，细分化的目标受众，网络杂志很快会成为富有竞争力的网络广告载体。当然，尚在导入期的网络广告推广也需要借力传统媒体，如 eBay 和淘宝网等网站都在电视上大打广告。

就消费者来说，现在有一种将互联网广告与其他媒体相结合的趋势。例如，受众可以在电视上看广告，同时在网上查看产品细节和下订单。[②] 面对不同媒体的不同优势，广告主往往青睐于整合品牌传播。公共服务集团是一个全球在线广告业公司，其属下的公共促进集团(PPN)为一家酒店连锁公司做了漂亮的印刷网络复合媒体宣传：PPN 在全美 14 个主要大城市里利用平面广告进行宣传，相应地在网上报纸的旅游和新闻版块中刊登张贴海报，吸引消费者接着访问该连锁酒店的网址。通过网络与报纸结合的复式宣传，充分发挥网络快速直接传达信息的优势，使其服务于各种地区范围内的营销和宣传活动，报纸则是达成上述交叉媒体宣传的重要纽带和重要组成部分。宝洁为 PER-

---

① 《美国报业企业预测纸质媒体在线广告飙升》，《中国证券报》2006 年 6 月 28 日，转引自 http://www.iresearch.com.cn/html/online_advertising/detail_news_id_31581.html。

② [美]埃弗雷姆·特伯恩等著，王理平、张晓峰译：《电子商务——管理新视角》(第 2 版)，电子工业出版社 2004 年版，第 120 页。

TPLUS 做的广告宣传活动，也是媒体交叉复合宣传的典范。[①]

如前所述，蓬勃发展的网络广告在一定程度上排挤了传统媒体广告。但未来社会是多元化的社会，受众媒体使用习惯、媒体偏好也必然会多元化。传统媒体广告份额高达80%的霸主时代一去不复返，但相当长的一段时间内，传统媒体广告不可能被完全取代，新型媒介的加入，只会使媒介竞争格局发生变化，主流广告媒介不断转移。广告主倾向于全面整合电视、广播、互联网、户外等多种广告媒体，以更有效更快捷地到达目标受众。耐克、可口可乐、百事可乐等品牌在开展体育营销传播时，都会将消费者吸引到其网站上进一步体验品牌的魅力。

总体来说，网络广告传播和传统广告传播之间是一种“竞合”关系。大多数情况下，一个品牌的成功，是各种广告传播形式合力的作用。

第四节　网络广告传播发展的趋势

一、世界主要国家网络广告发展现状

根据6月22日普华永道《全球娱乐及媒体行业展望：2006—2010年》最新年度报告显示，互联网仍是增长最迅速的广告媒体，其收入将以18.1%的综合年均增长率增加至2010年的520亿美元。互联网广告在全球广告收入所占的比例，将由2002年的不足3%，增加至2010年的接近10%。[②] 当前来说，世界各国网络广告传播发展形势都是春天气象。

---

① 王刚:《网络广告与传统媒体广告之比较》，http://www.qingdaonews.com/new/ggdt003.htm。

② 《普华永道称到2010年网络是增长最快广告媒体》，2006/06/23，赛迪网，http://www.iresearch.com.cn/html/online_advertising/detail_news_id_31434.html。

1. 美国

美国是目前全球最大的广告市场，其网络广告也是高居榜首。自1994年美国网络广告诞生，美国的网络广告营业额增长迅速（期间有回落阶段），美国互联网广告局（IAB）2006年4月20日发布的统计数字显示，2005年美国网络广告收入连续第三年增长，达到创纪录的125亿美元，比2004年增长了30%。而在1995年的时候，美国的网络广告规模不过区区5 000万美元。美国互联网广告局负责人格雷格·斯图尔特指出，网络广告持续大幅增长，主要是因为市场对网络广告在塑造品牌和促进销售方面的效应有目共睹。虽然网络广告业增长迅速，但根据普华永道会计师事务所的统计，这类广告的收入仅占全美广告业总收入的5%。不过，美林证券的分析师预测，2006年网络广告收入将大幅增长27%，超过杂志和黄页广告收入。① 瑞士信贷第一波士顿则预测，2006年美国网络广告费用支出将增长到166亿美元。

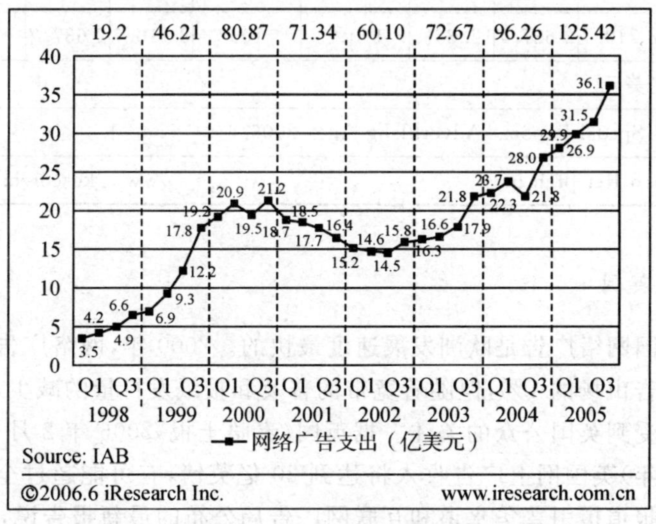

图 12-7　1998—2005 年各季度美国网络广告支出

① 《统计显示：2005美网络广告收入连续第三年增长》，www. XINHUANET. com，2006年04月22日，http://news. xinhuanet. com/newmedia/2006－04/22/content_4459317. htm。

表 12-3　2004—2005 年美国广告市场发展状况

媒体	广告支出(TNS)			媒体所占总额比例		广告支出(COEN)		
	2005 年	2004 年	年增长率	2005 年	2004 年	2005 年	2004 年	年增长率
杂志	304.5	287.5	6.0%	11.3%	10.9%	170.2	163.2	7.3%
报纸	304.5	298.6	2.0%	11.2%	11.3%	473.4	466.1	0.2%
电视	645.0	637.6	1.1%	23.9%	24.1%	679.5	677.9	12.0%
广播	110.5	111.0	−0.5%	4.1%	4.2%	19.6	195.8	−3.6%
互联网	83.2	73.4	13.4%	3.1%	2.8%	77.6	68.5	13.3%
其他	35.3	32.1	1	1.3%	1.2%	756.8	719.6	15.4%
监测数据	1 482.9	1 440.3	3.0%	54.7%	54.6%	2 353.8	2 291.2	2.7%
未监测数据	1 227.9	1 197.4	2.5%	45.3%	45.4%	3 56.9	346.5	3.0%
总计	2 710.7	2 637.7	2.8%	100%	100	2 710.7	2 637.7	2.8%

单位：亿美元

Source：Spedal Report. Adverlllshg Age. 2006.6

© 2006.6 Reteorch lnc　　www.keseorch.com.cn

2. 英国

英国网络广告是欧洲发展速度最快的。2000 年，网络广告额只占英国广告市场的 1%，但随着宽带的普及和报纸发行量的减少，网络广告日渐受到英国公众的关注。据英国《泰晤士报》2006 年 2 月 28 日报道，(当年)英国网上广告收入将达到 20 亿英镑，有可能超过全国报纸广告。报道援引普华永道和互联网广告局公布的最新报告说，2005 年英国网上广告收入上升了 65.6%，达到 14 亿英镑，占广告业总收入的 7.8%。这个数字相当于英国报纸广告 19 亿英镑收入的四分之三。2006 年英国网上广告收入上升势头有增无减，并超过报纸广告。报告说，导致网上广告激增的一个主要因素是宽带网的发展。2006 年英国有71%的家庭接入宽带网，互联网的发展推动广告市场的全面增长。2005年英国其他媒介的广告收入比2004年下降将近2亿英镑，但是网上广告的急剧上升却使英国广告市场的总体收入比2004年增加了2.5%。2005年英国网上分类广告收入增长率为62.4%，从2004年的1.614亿英镑增加到2.622亿英镑，而报纸分类广告的收入却下降5.1%。

3. 日本

日本网络广告近年来一直保持高速发展(见图)。2004年，日本网络广告收入达到1 814亿日元，首次超过广播广告收入。2005年，日本的网络广告(包括互联网广告和无线广告)收入为2 808亿日元。日本的网络广告的最大特点是注重交互。在日本，网络广告与网络趣味性互动式游戏相结合已经是一种趋势。通过将网络广告与网络游戏相结合，日本的网络广告取得了很好的传播效果。

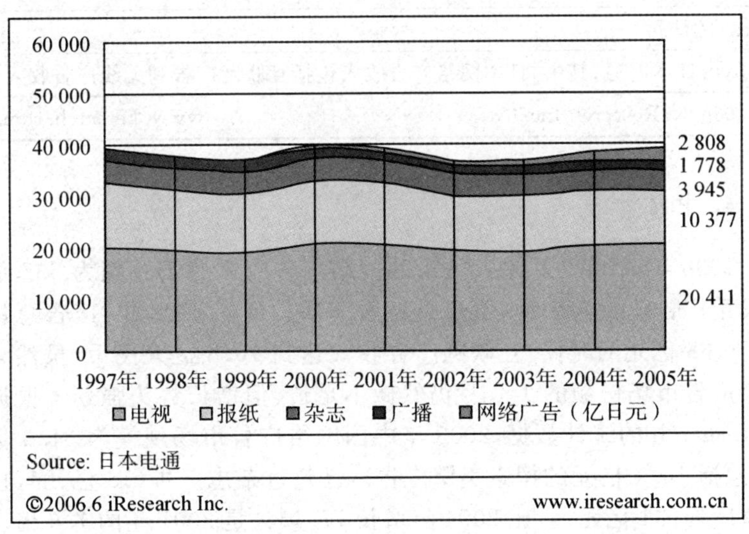

图 12-8　1997—2005年日本五大媒体广告收入发展情况

《光明日报》消息，日本电通广告公司公布的2005年度日本广告市场数据显示，虽然报纸和电视等传统媒体的广告收入比上一年有所减少，但由于网络广告的迅猛发展，日本的整体广告收入还是呈现增长势头。预计 2006 年网络广告收入将保持 30%的高增长率，媒体广告总收入将达到 60 883 亿日元。①

表 12-4　1997—2005 年日本主要媒体广告收入

年份	电视	报纸	杂志	广播	网络广告	其他	广告费
1997	20 079	12 636	4 395	2 247	60	20 544	59 961
1998	19 505	11 787	4 258	2 153	114	19 894	57 711
1999	19 121	11 535	4 183	3 043	241	19 873	56 996
2000	20 793	12 474	4 369	2 071	590	20 805	61 102
2001	20 681	12 027	4 180	1 998	735	20 959	60 580
2002	19 351	10 707	4 051	1 837	845	20 241	57 032
2003	19 480	10 500	4 035	1 807	1 183	19 836	56 841
2004	20 436	10 559	3 970	1 795	1 814	19 997	58 571
2005	20 411	10 377	3 945	1 778	2 808	20 306	59 625

单位：亿日元

Source：日本电通；其中，日本网络广告收入包括互联网广告和无线广告收入

© 2006. 6 IResecrch Inc.　　www. kerecrch. com. cn

4. 中国

1998 年，2 000 万元人民币的网络广告收入对于总额为 537 亿元人民币广告业收入来说，不过是杯水车薪。到了 2003 年，广告总量为 1 078. 68 亿元的时候，互联网广告收入达到 10. 8 亿人民币，虽然只占整个广告市场份额的 1%，②仍然微不足道，但增长势头强劲。根据艾瑞 iresearch 的统计数据，2005 年中国网络广告市场规模为 31. 3 亿元（不包括 10. 4 亿元的搜索引擎广告），已超过杂志广告（18 亿元），接近广播广告（34 亿元）。比 2004 年增长 77. 1%，是 2001 年的 7. 6 倍。网

① 《日本网络广告发展迅速》，2006 年 02 月 25 日，http://news. sina. com. cn/o/2006－02－25/06498300417s. shtml。

② 杨宁：《论网络广告的优势》，《集团经济研究》2004 年第 9 期。

络广告占整体广告市场的比重，由 2001 年的 0.5％迅速攀升至 2005 年的 2.3％。艾瑞 iresearch 市场研究预测，2006 年中国网络广告市场规模将达到 46 亿元，到 2010 年，这一数字将扩大至 157 亿元。

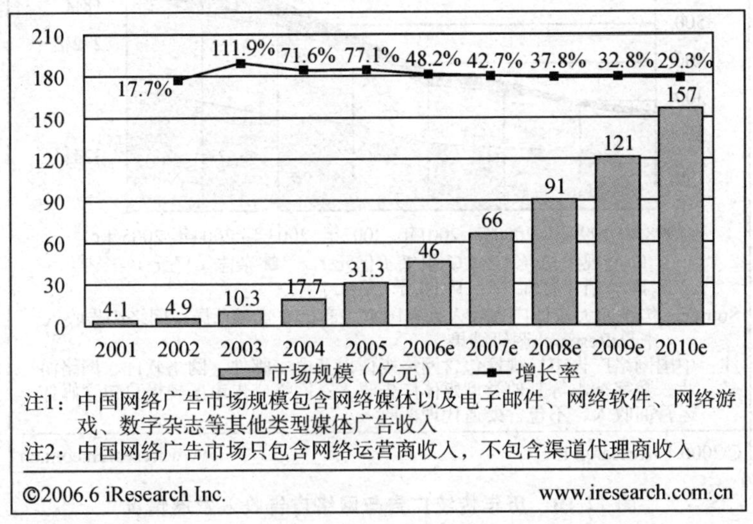

图 12-9　2001—2010 年中国网络广告市场规模及增长率

CNNIC2006 年 7 月 19 日发布第 18 次中国互联网络发展状况统计报告。该次调查显示，截止 2006 年 6 月 30 日，中国的网民总人数为 12 300 万人，与去年同期相比增加了 2 000 万人，增长率为 19.4％。其中，今年上半年我国网民总数增加了 1 200 万，是去年下半年 800 万增长人数的 1.5 倍。上网计算机数达到了 5 450 万台，与去年同期相比增长了 19.5％。目前，中国是全球仅次于美国的第二大互联网市场。调查结果显示，网民平均每周上网 16.5 小时，达到了新的历史高度，甚至已经超过了世界上许多互联网发达国家和地区的网民平均上网时长。与 2005 年同期相比，网民每周平均上网时间增加 2.5 小时，增幅为 17.9％。众所周知，网络人口的增长和规模是保证网络媒体发展的最重要因素，伴随着网络媒体的不断发展，我国网络广告发展前景乐观，越来越多在中国的企业认识到通过网络广告把触角伸入到消费者心智的魔力。

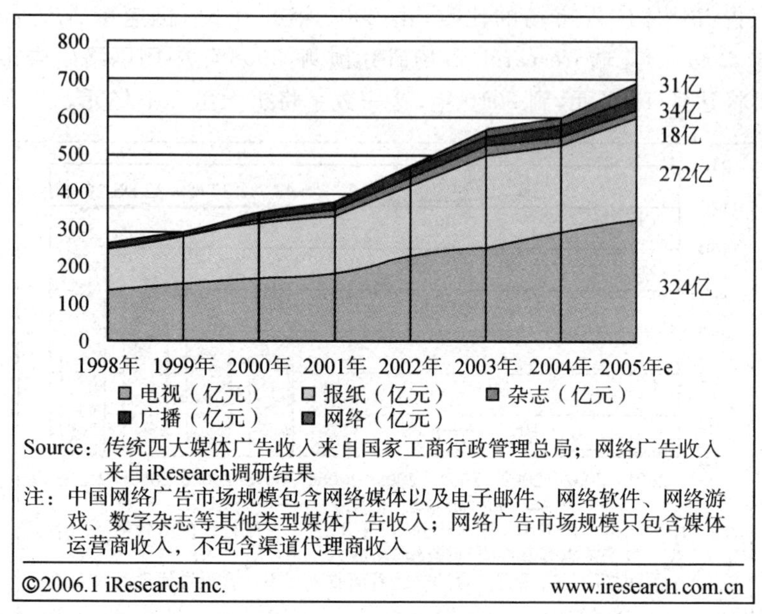

图 12-10　历年传统广告与网络广告收入发展情况

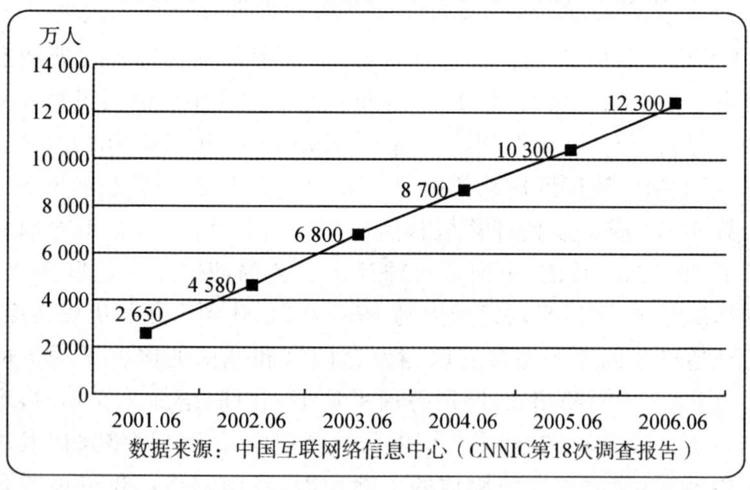

图 12-11　2001—2006 年每年中国网民总人数

二、网络广告传播发展的趋势

(一)网络清洁运动

以高访问量为优势的门户网站和抱着蚂蚁啃大象态度的各式各样中小网站联盟,是目前非常成熟的网络广告商业模式。宽带应用催生了更具吸引力的多媒体广告和视频广告,广告形式更加丰富多彩。但为了追求广告利润,广告形式越来越"霸道"——网页广告幅面越来越大,位置越来越扎眼,网络资源越占越多,但广告点击率越来越低,网络广告的发展陷入了恶性循环。[①] 严重的广告污染给干扰了网民正常浏览网站。CNNIC 第 18 次调查结果显示,弹出式广告/窗口是网民最反感的互联网内容,仅次于网络病毒。

媒介刊播的广告的质量,有时会反过来影响媒介在受众心目中的形象,对传统媒介或网络媒介来说,都是如此。[②] 拿网络杂志来说,广告不厌其烦地弹出、滚动,甚至挥之不去,影响阅读,不适合精英阶层节省时间的快节奏生活与阅读习惯。2005 年,美国 Insight Express LLC 调查发现,68%的消费者根本不读网络杂志。在这些人当中,54%的人声称上网看杂志太麻烦或者不方便;47%的人不喜欢网络广告的花哨(通栏广告或弹出式广告等)而放弃在线阅读。[③] 网络使用者遭遇类似情况采取类似处理的例子比比皆是。大多数不精通互联网的网民遇到浏览障碍时回将反感投射到网站本身。网站是广告投放平台,"浏览量"和"美誉度"相当重要,任何网络媒体都不敢忽视"浏览量"或"美誉度"。

---

① 《网络广告新宠:YAYAD 定向广告投放风潮涌动》,2006/06/27,新浪,http://www.iresearch.com.cn/html/online_advertising/detail_news_id_31532.html。

② 屠忠俊主编:《网络广告教程》,北京大学出版社 2004 年版,第 8 页。

③ 王积龙、雷娜:《重投印刷媒体美国互联网:古登堡又卷土重来》,http://news.xinhuanet.com/newmedia/2006－04/13/content_4419861.htm。

为了躲避恶意广告，人们研制使用各式各样的广告拦截软件，微软也于最近发布封杀 Flash 广告的 IE 补丁。业界正在努力减少恶意广告，尽量降低用户的反感度。各主流网络媒体也在尝试减少例如弹出窗口等干扰性网络广告，提供更多效果更好的网络广告形式。2004 年 9 月，21CN 网站开展大规模的“网络清洁”运动，彻底屏蔽首页弹出式广告、浮动广告。这是中国门户网站首次以实际行动解决广告骚扰问题。中国几大门户网站，仅首页的广告数量就是雅虎、MSN 等全球互联网巨擘的 15～18 倍。过度急功近利，为中国互联网的发展埋下重大隐患。① 权衡长期效益和短期利益，各大网站最终选择开展“网络清洁运动”。其实，欧美、日本已经基本淘汰高“强迫式”广告，相对来说，国内网站的清洁运动仍需努力。

网络清洁运动的另一重要内容是减少不良网络广告。国内媒体对不良广告的理解基本定位在“违法”的阶段上。不良广告包括：黄色倾向广告、欺诈性广告、歧视性广告（尤其是存在男女性别歧视、民族歧视的广告）、低级庸俗广告、恐慌性广告、有政治错误倾向的广告、激化社会矛盾的广告、违法性广告、贬低打压民族品牌的广告、信息有误的广告、朦胧性广告、挑逗性广告。② 互联网时代，性魅力促销仍然流行。一些广告传媒使用性暗示，严重违反传统道德观和审美观，由此引发社会对广告传媒道德观的批判，对广告策划者和广告传媒职业道德的质疑，引发了人们对性暗示广告的深刻反思。性暗示广告现诸媒体，主要原因是广告主为利益所驱，唯利是图，违背起码的社会道德规范、无视消费者的利益，这也说明社会监督机制的乏力。

（二）网络广告形式多样化，创意化

在数寸空间里抓住网民的眼球，谈何容易？自 2001 年美国的 CNET 率先推出大尺寸、Flash 技术、与文字绕排的巨型在线广告之后，消费者眼球争夺战越拼越猛。

---

① 《21CN 坚守娱乐方向新任总裁亮相“网络清洁”运动》，2004 年 9 月 14 日，http://news.xinhuanet.com/newmedia/2004-09/14/content_1980351.htm。

② 莫智勇：《对性暗示广告的反思》，《新闻爱好者》2004 年第 8 期。

受网络安全及网页界面友好度等因素的影响，一些备受企业推崇的网络广告形式(特别是为多数网民诟病的弹出式广告、Email 流氓广告)的发展受到很大的限制。屏蔽软件不断出现，网络广告被拦截，效果大打折扣。为了突出重围，网络广播传播业者不断尝试和开发多样化的网络广告新形式，精心制作广告内容，用富于创意的、让人留下深刻印象的广告打动受众，激发消费欲望，极力“拉取”受众，避免被受众敬而远之。①

广告商一直努力利用科技力量增强网络广告的表现力和强制性。在网络广告之前，从来没有哪个媒体像互联网一样把广告和科技连接得如此紧密。网络使计算机科学、新闻传播学和广告学空前联合起来，网络技术丰富了传播模式，推动广告和娱乐的一体化，提高了沟通效率。为了抓住市场，广告者必须迎合这一整合传播趋势。约瑟夫·杰夫——New Marketing 顾问咨询公司总裁说：“我们正在见证广告业内的巨大变化，如从强推到软推，从打断式广告到温情促销。但最根本的变化是，我们从一个以建立品牌知名度的时代，步入了以受众的参与度、互动性以及喜好度为考量标准的时代。”②这是抽象的“创意化”实现的有效途径。

(三)网络广告传播的人性化

网络广告传播的人性化指以消费者为核心，不机械地照搬传统媒体的广告模式，而在考虑网民能动性的前提下满足其广告信息需求。

广告主嗅觉相当灵敏，他们会估计观众数量来决定广告的制作和投放。网络广告传播的基石是网民，网民是广告价值的创造者，广告应该成为满足受众需求的有价值的资讯。网民很少，或者根本不点击网络广告，或者对塞满网页的旗帜视而不见，广告主期望的传播效果就会大打折扣。网络广告传播成功发展的前提是尊重网民，在尊重网民的前提下满足网络商业信息传播需求。尊重网民就要与网民保持互动。

---

① 屠忠俊主编：《网络广告教程》，北京大学出版社 2004 年版，第 22 页。

② [美]安妮·库帕，易雨晴译：《挑战传统建立品牌》，《国际广告》2006 年第 3 期。

网络广告的设计和传播不单是按照广告主和设计师所设定的程序来执行,还要根据受众的反馈和意愿来决定程序的运行。①

网络广告自诞生之日起就依托网络技术,凭借“双向互动”的优势与其他广告形式竞争。网络广告以“受众本位”为优势和核心竞争力,理应比传统广告更重视受众,重视受众处理信息的心理和态度。但长期以来,网络广告却忽视了这一内在本质与核心竞争力,互动广告应该成为网络广告的最好选择。

在互动广告中,受众地位崇高。网络互动广告修正了侵犯广告完全不考虑受众心理的做法,在“受众本位”下回归网络广告优势。iClick调研社区联机调查结果显示,81.7%的网民更愿意接受以抽奖为诱因的广告宣传方式,其次为促销宣传,占受访网民的49.5%。同时,39.5%的参加调研网民表示对互动游戏类型的广告感兴趣。

(四)分众化传播的趋势

2004年,澳洲广告奖设置了最佳网络媒体组合策略奖,鼓励网络营销人员根据广告目的选择适合的网络媒体。该奖项首个获得者是Sony,产品是PlayStation最新电动游戏Ape Escape,该游戏为小学生设计。广告投放在几个小朋友会上的网站上,赞助其网站活动。在Ozemail的游戏内页中广告可以获得2.2%的点阅率,在Big Bond儿童网站中的点阅率更高达6.5%,赞助的儿童线上聊天室吸引了750小朋友,最后获得5 000个小朋友名单,平均一笔名单只花美金1.90元!②

这是网络广告分众化传播的应用导向。现代社会是逐渐个性化的社会,消费者需要更多的个性化传播,广告传播从满足大众需求向满足部分人特定需求转变,从“大众”向“分众”转变,网络媒体迎合了这种趋势。广告商锁定对特定主题感兴趣的目标受众投放广告,这是基于网

---

① 金琳、赵海频编著:《网络广告设计》,(第2版)上海人民美术出版社2005年版,第4页。

② 金琳、赵海频编著:《网络广告设计(第2版)》,上海人民美术出版社2005年版,第40~41页。

民细分前提下的网络广告细分。自新浪网2001年在中国首次推出网络分类广告收效后,大大小小的网站都如法炮制。

(五)网络广告传播的规范化

首先,是网络广告规格的规范化。给网络广告规格制定标准,是为了方便广告的销售、管理等,使网络广告更系统和规范,有利于其在多种广告媒体的竞争中胜出。网络经营者各自为政,不统一网络广告尺寸,定价必然也无法合理,这会增加广告主投放决策的难度,影响网络广告的发展;广告规格不统一,也不利于监测。

和传统媒体广告规格标准的建立一样,网络广告也必然要经过一段“混战”而走向一致。1997年1月24日,美国报业协会(Newspaper Association of America,NAA)正式发布网络广告标准尺寸,这是网络广告的尺寸规格的第一次规范标准,现在广泛采纳的网络广告规格是按这个标准来定义的。2005年2月底,随着各大网站对大尺寸网络广告的青睐,互联网广告联合会又根据当前采用较多的规格采用了几个新的网络广告尺寸标准。

其次,网络广告传播的规范化在于网络广告法律法规的规范。

对于传统媒体广告,世界各国都制定系统的法律、法规和各种规范性文件。但网络是一种新媒体,网络广告出现不过短短十年,相关政策法规尚未建立,监管上出现许多难题,但立法规范及加强监管肯定是趋势。规范化进程中,网络广告行业的自律也起着不可或缺的作用。在美国,有专门的网络广告标准联盟提出行业总的指导性政策、规范,特别是行业自律措施。

中国网络广告市场的产业形态发展,正在经历一个不断成熟完整的过程。从日益专业化的网络媒体,到数量不断增多的网络广告代理公司,到技术不断升级的网络广告管理系统技术提供商,再到提供网民访问量监测和竞争品牌分析的专业调研公司的介入,网络广告的产业链发展更加完整,产业更加成熟。相应的,北京、上海等地近期相继出台网络广告的管理方法,全国性的立法也将问世,法制的逐步完善为行业的发展营造了良好的外部环境。

第十三章 新媒体与广告传播

第一节　新媒体时代已经来临

电子网络、无线通讯等新技术快速发展，新的媒介形态和产品层出不穷，目前比较热门的就有移动电视、博客、播客、数字电视、IPTV、网络电视、手机电视、手机短信、简易聚合网站等 10 多种。各种数据显示，以网络为主体的新媒体时代已经来临。

一、中国传媒市场现状分析

1. *我国市场经济的发展过程*

1978 年，党的十一届三中全会召开，理论上明确了社会主义社会也应该发展市场经济；1982 年 9 月 1 日到 11 日，中共十二大召开，提出社会主义经济是一种计划经济为主，商品经济为辅的经济形式；1987 年 10 月 25 日到 11 月 1 日，中共十三大召开，提出“国家调节市场，市场引导企业”的市场概念；1992 年 1 月 18 日至 2 月 21 日，邓小平同志南巡讲话，明确提出：计划多一点还是市场多一点，不是社会主义与资本主义的本质区别。计划经济不等于社会主义，资本主义也有计划；市场经济不等于资本主义，社会主义也有市场，计划和市场都是经济手段。

1992 年 6 月 9 日，江泽民同志提出“社会主义市场经济体制”的概念，并在 1992 年十四大的报告中指出：市场经济是社会主义经济体制改革的目标模式；十四大以后，为保证社会主义市场经济的健康发展，党中央和政府不仅制定了一些同市场经济要求相适应的法规，还把社会主义市场经济写进宪法，为社会主义市场的发展提供了法律保证。

市场经济是商品经济充分发展的必然结果，我国社会主义市场经济体制的确立，表明我国的商品经济已有了相当程度的发展，这是我国商品经济充分发展的标志，它要求一切经济活动都纳入市场经济轨道。

2. 中国传媒业的经营现状——市场细分化运作

随着中国传媒业竞争的加剧，市场细分化运作已成为中国媒体生存竞争及发展的基本策略。我国媒介产业经营的历程，就是市场细分观念逐渐形成，占据媒介经营中心视野的过程。

(1)报业。报业早在20世纪80年代就尝试产业经营，但都市报的崛起真正历史性地从整体上改变了中国报业结构、并使报业成为迅速扩展的产业。都市报通过地域化、市民化找到最具潜力的细分市场，进而找到发展空间。

之后新一轮的报业市场化变革以报业集团的规模扩张为标志，这种扩张又表现为抢占细分市场，其中成熟的案例首推南方报业，其旗下各子报分别占据国内财经投资类、文化新闻类、生活消费类、体育娱乐类报纸等细分市场的领先者位置。

2003年以来的报业市场走势，诸如《东方早报》开办、《南方日报》改版等，更进一步表明报业竞争将在读者目标市场细分上，以差异性定位的形式展开。

(2)期刊业。分析最近5年的广告经营额数据，发现期刊广告经营额的增长速度已经超过报纸和电视，继续领先于广播。与之相应，中国杂志越来越走向细分市场、小众化的道路，追求独特品牌价值，深度开发包含不同特质和市场价值的受众资源，其市场细分程度位居四大媒介之首。

(3)广电业。上世纪末才实行财政断奶的广电业，是最后进入市场大潮的媒介，随之而来的白热化竞争使它也迅速向分众化与专业化方向发展，以频道(频率)专业化和节目内容的专题化和对象化为特征，特色竞争成为广电业的主要竞争策略。各地广播电台重点打造面向特定受众市场的交通台、音乐台，使其成为主要的创收来源。在窄播、品牌建设、媒介定位、打造核心竞争力中，湖南卫视、安徽卫视、浙江卫视、海南卫视等一批“标新立异”的频道脱颖而出，它们通过聚焦目标市场，从一家独大的中央电视台手中抢下相当大的市场份额。2003 年，数字电视、付费电视正式列入广电业发展的日程，这意味着频道专业化的进一步向前推进，也意味着广电媒介市场的细分将更加深入。

（4）网络业。经历了互联网冰河期后，各网络内容提供商纷纷对自己重新定位，涵盖的内容由过去的“多而浅”转化为现在的“专而深”，它们不再为简单增加点击率去传播信息，开始注重受众需求市场的作用，出现了专门的新闻网、游戏网、女性网、旅游网等专业网站及不可计数的“小众”网站。在发现和挖掘细分市场的同时，网络媒介的盈利边界得到扩大，盈利能力得到增强。

总之，随着媒介产业运作的深入、市场作用的增强、竞争的加剧，媒体获得成功的前提条件是合理的市场细分及定位。市场细分化运作已成为中国媒体生存竞争及发展的基本策略，成为媒介市场化的必然结果和必由之路。

二、以网络为主体的新媒体时代的来临

2007 年年初，比尔·盖茨在“世界经济论坛”上预言，由于高速互联网的崛起和 YouTube 等在线视频网站的大量涌现，互联网 5 年之内将取代电视。新媒体传播方式导致年轻人减少看电视的时间，越来越多人热衷于互联网视频，放弃节目固定而且插播广告的传统广播电视。

2005 年的统计数据显示：中国的电视机拥有量已逾 4 亿台，电视人口覆盖率达 93%以上，电视机的销售以每年 10%的增长率不断递增。而 2006 的统计数据，全年电视机市场的总销量将达到 1.85 亿台。

据中国互联网络信息中心 CNNIC 统计，截至 2007 年 12 月，我国网民数量已增至 2.1 亿人，相比 2007 年 6 月，增加 4 800 万人，2007 年一年增加了 7 300 万人，年增长率达 53.3%。过去一年中，平均每天增加网民 20 万人，目前，中国的网民人数略低于美国的 2.15 亿，位于世界第二位。① 另，手机上网人数达到 1 700 万人。

---

① 《中国互联网络发展状况统计报告》，2008 年 1 月。

5亿电视荧屏、2.1亿电脑显示器和1 700万上网手机屏幕，其数量上的差距越来越小，受众的观看方式也悄然发生变化。

传统的电视服务，不仅代表着点对面的广播模式，对受众来说，也意味着固定频道、固定时间，必须受电视节目表限制的呆滞服务。IPTV、网络视频下载等新媒体出现后，受众脱离上述模式的束缚，可以根据自己的时间和喜欢来调配节目表，更可以干预节目播放，自主地暂停、倒退和快进，改变观看行为习惯，即所谓的"时移电视"。

同时，手机等移动观看平台的发展，也将受众变成"移动媒体人"，观看地点也将发生巨大变化。2006年是中国移动流媒体业务高速发展的时期，中国移动和中国联通两大运营商均推出手机流媒体付费业务。到2006年8月为止，手机流媒体付费用户已达到28万，其中，移动的"东方手机电视"用户18万，联通用户10万。观众不再是那些电视前无所事事的师奶，而是出没任何场所的手机人。IMS Research的一项报告显示，到2010年，全世界将有1.2亿用户收看手机实况电视节目，手机电视有望成为下一个重量级的媒体应用，电信运营商和消费电子厂商都热切关注这一市场。

在这种前景下，观众的定义也因此改变。观众将不再是被动观看的人，而是能够与内容提供商、渠道商以及其他观众进行有效互动的"主动人"。

三、新媒体的兴起对传统媒体的冲击

新媒体对传统媒体的冲击表现在以下几个方面：

(1)传统媒体面临新媒体的开疆拓域。手机从拥有单一通讯功能变成可以阅读的媒体；互联网推出各种各样的新传播手段不——网络电视、网络广播、博客、播客、电子杂志等，令传统媒体目不暇接，苦于应付。

(2)传统媒体与新媒体的受众争夺战。短期内的受众需求缺乏弹性，他们将重新分配有限的时间，逐渐向新媒体转移，新媒体严重影响传统媒体发行的增长。

(3)新媒体侵蚀传统媒体的广告利润。新媒体到达率可测的特性使其逐渐成为企业整合营销中的重要组成部分。三星、宝洁等国际品牌正逐渐减少电视广告投放，而增加对互联网、手机新媒体、卖场视频等新媒体的投放。

(4)投资商愈加青睐新媒体，传统媒体陷入困境。2007年，中国新媒体受到资本市场关注，PPLive、土豆网、千橡等获得巨额投资。传统媒体增长空间狭小，替代成本极低，危机巨大，新媒体却拥有精确性、用户潜力、营销潜力等潜在商业价值，受国际风险投资商和传统媒体机构的青睐。

(5)新媒体的发展创新促进传统媒体的变革进步。Web2.0等技术使网络媒体的使用趋向傻瓜化，更多人加入网民行列；手机逐渐普及，成为低端消费品。对传统媒体来说，这无疑是釜底抽薪式的威胁。

总之，中国传媒业正经历深刻的转型和深刻的变革，中国传媒的发展正在拐点上。很多人把拐点看做是中国传媒业衰退的概念，事实上，这样一个拐点只是发展重心的转移，是高度成长、高度发展中的弯道。中国传媒业应根据发展的现实和要求重新配置资源及转移运营模式重心。

第二节　广告传播与手机

手机广告，亦称移动广告、手机媒体广告，是基于手机媒体所提供的商业广告。手机广告是网络广告的新类型，其最大亮点在于结合移动电话和广告，形成客户、商家和运营商三方受益局面。

一、手机广告的特点

手机广告具备传统媒体无法比拟的特点：精确细分、便携重复、互动传播、准确投放、广告渗透，这些特点使手机广告成为新的广告载体，并给企业带来方便快速、准确有效、分众精确的量身定做的宣传推广方式。手机广告整合了平面媒体与数字媒体手机广告产业链。

(1)目标精准。广告只出现在真正感兴趣的潜在客户面前,针对性强,更容易实现销售;可以根据广告接收者的实际情况,进行个性化、针对性的传播,使广告效果更加精确优化。例如,在某广场,手机会接收到广场附近商城发送的促销短信,能有效地引导受众前去购物,取得良好的广告效果。成为商场的 VIP 会员后,商场会定期发送促销信息,也能得到双赢效果。

(2)便携重复,反复渗透。手机是渗透性很强的媒体,作为随身携带的信息终端,用户总是独立使用,容易亲近手机上的内容。网易科技频道的调查发现:"有 36%的手机用户认为,除非手机不能用了,否则不会轻易更换手机"。手机是个人随身物品,其他媒体都无法随身携带,用户每天都会随身携带手机,有的用户甚至 24 小时不关机,手机媒介的影响力是全天候的。广告还可以利用手机游戏等方式进行传播,随时随地传递信息,对其进行长期的接触、培育,具有良好的渗透性。

(3)有用实用,摆脱竞争。手机广告能为用户带来实用价值,图、文、声、视并茂,感官效果强,给消费者留下深刻的品牌印象。例如,手机运营商经常发送彩铃、天气预报、商场打折信息等短信广告,让用户免费试用。麦当劳也曾经与"动感地带"合作发送短信广告,凭短信到麦当劳用餐可享受特惠待遇。航空、铁路、公交公司也可以通过短信查询方式方便用户查找航空、火车、公交车等信息,这不但能增加业务,还可以改善企业形象。

(4)运作简单、成本低廉。纯粹的广告会引起用户的反感,传播效果大打折扣。手机广告利用游戏、增值回馈等形式举办有奖活动,企业可直接面对数目庞大的消费者,最大限度地扩大活动的影响面。配合厂商提供的礼品发送,手机广告活动可以用最小的成本达到最好的宣传效果,无需大量组织人员,运作简单,参与者互动性强,容易被消费者和广告主接受。

(5)回馈受众、效果显著。优秀的手机广告策划,可以吸引众多手机用户踊跃的参与。手机用户在了解产品、服务的同时,也帮助广告主完成问卷调查和对参与者的身份确认,手机用户可以得到奖品或增值服务,广告主也可以得到目标受众的信息。例如,联通推出手机广告新业务,只要愿意倾听几秒钟的广告,就能免费使用包括彩铃在内的若干增值业务等；再如，中国移动、中国联通等已经开展“点击广告，免费手机上网”业务，手机点击 MMS 中的超链接，上网进入广告 WAP 页面并浏览一分钟以上，手机可免费上网三分钟。

(6)互动娱乐，广泛推荐。广告的趣味性可以为接收者带来娱乐、消遣价值，以补偿广告带来的干扰、不便。大多数手机用户都乐于使用甚至转发趣味性的手机短信。有趣的广告能打动受众，促其主动转发，影响力不可低估。手机具有网络广告的互动性特征，它可以把广告“互动性”发展为随时随地的存在。使广告接收者随时能与广告主或是群体进行互动，以提高受众对广告的接受度、好感度和黏着度。然而，这里所论述的关于手机广告的若干特点是相互联系、互相促进的，它成为手机广告存在的关键点。另外，在某种程度上，手机广告的这些特点也可以单独或结合使用。广告发行商可以采用其中一项或者若干项特点，合力打造某项业务或者服务。

二、手机广告的使用特点

1. 联姻其他传统媒体

媒体市场竞争激烈，媒体间的合作是资源整合、提高市场竞争力的助推器，也是未来媒体发展的趋势。笔者认为，媒体间的联姻可以应用在 3G 手机媒体的广告上。传统媒体广告无法推陈出新时，可以考虑结合手机媒体，运用新的创意策略及媒介组合策略进行整合营销传播，为广告业的进一步发展注入新的活力。

手机媒体是一种新媒体，相关的管理法规尚未出台，媒体行为没有法律保障，受众有足够的理由去怀疑其真实性及可信性，这直接影响手机媒体的可信度。广告长期给人夸大印象，加上虚假广告从中作梗，广告的真实性、可信度及影响力都逐渐下降。手机媒体广告必须消除受众的怀疑，提高可信度，与传统媒体的结合能有效提高手机媒体广告的可信度。手机媒体广告与其他媒体的联合，既丰富了自身的内容与表现形式，也提高了手机媒体广告的可信度，最大限度地利用好资源。

2. 互动才是硬道理

奥美顾客关系行销集团中国区总裁范庆南认为，目前互动媒介的投资增长速度是广告消费整体增长速度的3倍，这个速度在全球范围内还有不断加快的趋势，广告数字化的趋势，以及消费者对媒介消费控制力的增长，为互动营销创造了一个全新的发展空间。因为互动，媒体与受众得以更有效地进行沟通。

手机媒体是移动的互联网，其优势在于延续了网络的互动性，受众的自主地位得到提高，反馈更加容易。手机媒体广告应该借此优势，将互动元素融入广告创意，消费者对广告的态度从强制性接收转变到半强制性甚至主动搜寻，广告的效果不言而喻，这也是消除消费者厌烦心理的治本之策。

3. 服务个性化

表现力的增强使手机的个性化服务成为可能。手机的消费群十分庞大，其中不乏追逐时尚个性的年轻一族；也有渴望享受多功能商务技术支持服务的商业人士；大部分是将手机作为通话工具的一般市民。面对如此复杂的消费群，移动传媒界人士提出手机媒体“大众化个众媒体”理念。手机已经普及，辐射面广，所以称为大众；手机比电视、网络更有针对性，直接面向精准客户，实现信息一对一的传达，所以称为个众。手机消费群的异质化特征决定了手机提供的服务应该因人而异，体现个性化特征。

三、手机广告未来的发展趋势

结合对当前国内手机广告业务发展现状和存在问题的深刻理解，借鉴国外手机广告先行者的经验，笔者认为，进入3G时代后，我国手机广告产业将在市场发展、广告实现方式和商业模式三个方面呈现以下趋势：

(1)网络融合带来传统媒体广告和手机广告的融合。电信、电视、计算机三网融合是未来电信行业发展趋势。尽管在3G时代，网络上可能还达不到完全统一，但内容制作、服务提供与目标用户群定位上的一致性仍然表明，电信网正在且已经为未来的三网融合做好准备。网络融合的先兆是业务的结合，IPTV 被普遍认为将成为三网融合突破口，手机广告也很可能在 3G 时代完成与跨网传统行业广告的结合，传统媒体广告已经在产业链和商业模式上完成对手机广告的渗透。如传统互联网广告与无线互联网广告的表现形式和计费方式的一致，手机报、手机杂志与传统平面内容制作和广告运作的统一，传统电视、广播广告向手机电视广告的延伸，移动搜索等互联网业务成功进入手机后所带来的相同广告模式，定制类手机广告信息服务和传统直邮广告在数据库营销上的相似。

在 3G 时代，新业务的兴起将把传统媒体广告的优势集结在手机屏幕之中，形成最具有融合性和整合性的手机广告。

(2)广告与信息边界模糊化，传统广告定义被颠覆。分众、定向、及时、互动是手机广告的优势所在，在 3G 时代，这些优势将会得到更充分地发挥，手机广告甚至可能颠覆传统广告。在美国广告协会的定义中，广告指面向大众，付费用的宣传，其主要目的在于告知、说服和创造消费者需求。手机广告借助手机的即时性、随身性、个人性和私密性等特点，提供针对性的服务信息，给接收者带去亲切的提醒、提供友善的参谋及便利的整体解决办法。

试想出现以下的情况：我们在进入商业区时接收到已提前定制的最新商品信息；用餐时间使用位置服务可以看到当前周围餐馆的预定和折扣情况；刚下长途火车就收到亲切的问候短信，可以在酒店查询、预订车票。如果需要，通过手机支付就能完成整个预订和购买过程。在这些情景中，手机广告的性质悄然发生改变，消费把这类信息当作服务信息而欣然接受，而手机广告也逐渐进入以客户为中心的移动营销阶段。

(3)3G 时代手机广告的表现力大大增强。进入 3G 时代，手机终端已经不再仅仅是传统的移动通信工具，各种智能手机的兴起，预示着未来手机将成为集合通信、互联网应用、娱乐等功能于一体的多媒体掌上终端。更大、更清晰的屏幕、更长久的电池续航能力、更快速的数据传输能力使各种业务的实现成为可能，将极大提高 3G 时代手机广告的表现能力。广告主可以根据广告诉求、广告内容和目标受众的不同特征选择合适的广告表现形式，以达到最佳的广告投放效果。不管是言简意赅的文字型广告、亲切近人的音频型广告、简洁直观的图片型广告、张力十足的视频类广告，或者是用户高度参与其中的互动式手机广告，均可以在3G时代的手机广告中得到实现。

第三节　广告传播与博客

Web2.0兴起，作为其代表形式之一，博客在企业广告营销中的前景广阔。博客即WebBlog，原意为“网络日志”，是“一种表达个人思想和网络连接，内容按时间顺序排列，并且不断更新的出版方式”。[①] 从文字、图像到多媒体的音频、视频，博客信息符号形式越来越丰富，其使用也渐渐融入普通人的日常生活和经济活动当中。无论对个人还是企业而言，博客都是一个前所未有的展现个性和特色的平台，是新型的、快速发展的互联网媒介应用，企业应密切关注博客发展，并进行必要的博客营销探索。

博客营销以网络为基础，以博客为传播媒介，通过传播与沟通来达到营销目的。相对于传统网络营销方式，博客营销涉及的受众更分众化、专一化，传播也更快速、精准。[②]

一、平等交流的平台

博客阅读，带有明显的“一对多”的传播印记，可以作为商家主观可控的低成本媒体渠道，结合相关性反馈与评论等功能的交流平台。博

① 方兴东、孙坚华：《LBOG：个人日记挑战传媒巨头》，《南方周末》2002年9月5日。

② 《浅谈中小企业的博客营销战略》，http://blog.wise111.com/blog.php?do-showone-tid-18332.html。

客因其特殊的信息集结方式，因而拥有时效性、参与性及互动性强等显著特征，最大限度地实现平等交流、相互理解和求同合作。

博客简单、容易，在其中表达个人观点易被大众关注，因此也被用来作为营销工具。很多企业建立了企业博客，作为向客户传播信息，与客户进行虚拟沟通交流的平台。例如，华润雪花（大连）有限公司通过博客向人们展示啤酒的酿造过程，倾听消费者对新产品的看法、评价和建议，征集新产品的吉祥物形象，公司设专人负责收集消费者的留言并反馈。2006 年初，招商银行和 MSN 合作，推出了名为工作狂、万人迷、点子王以及金算盘的四张信用卡，在 MSN 的博客服务中开通了名为 BusyKen、Kisshalan、Charleszhu、Mary 金妈妈的四个博客账户，以此进行博客营销。

博客拥有聚合效应，这是其最具企业营销价值的地方。博客中有一个核心概念——“圈子”，指有相同爱好、兴趣或者拥有特定目的的人群。喜欢喝酒的人，可以加入“酒圈子”；使用工作狂卡的人，可以加入“BusyKen 圈子”。“圈子”里的人介绍还没有进入圈子但却具有圈子成员特性的人加入圈子，这就是一个串联的过程，最后得到一个把具有相同兴趣人的博客串联成一个宣传平台的博客。销售中也有一个概念——目标消费群体，这也是一个“圈子”，这两个“圈子”有交集。在此意义上说，企业信息传播的受众和营销的目标受众达到了良好的一致。

博客营销通常影响同事、同行、趣味相投的朋友等身边人，在以小圈子为核心的分众传播基础上实现“意见领袖”的营销价值。在广告泛滥的时代，这种口口传播的信息更具说服力与号召力。企业可以充分利用博客这个平台，筛选博客空间的成员，找出具有意见领袖特质的目标顾客，与其加强互动交流，关注并尽可能满足其需求，进而建立顾客忠诚关系。赢得这些意见领袖的忠诚，利用意见领袖的传播价值，企业的营销活动将事半功倍。

总之，博客提供了围绕兴趣和需求集中进行交流的平台，“物以类聚、人以群分”的博客为明确的广告投放提供了基础，可以有效地提高广告效果。通过拟人化的博客，企业能够更好地与消费者沟通，形成网络化的口碑传播。在博客与消费者的互动中，企业可以促进产品的推广及销售，同时巩固领域内企业更良好的专业形象。

二、全面整合优势资源

企业可以开设博客，通过博客平台介绍企业的品牌理念和产品开发等情况。宝洁“SecretS 怕人看了”系列身体喷雾就成功使用博客进行线上传播，将品牌或产品信息直接植入博客内容之中。其电视广告和平面广告起用了四个各具个性的女孩，以代表四种香型。每个香型以一个女孩为外在表现，为每个女孩开了一个博客，用她们鲜明个性的语言方式和语气与消费者沟通。博客使用青少年的表达方式，内容包括各种促销信息、明星八卦、时尚等，同时推荐诸多优秀的网络资源，起到实际的“门户”作用。

Web2.0 网络平台是网络媒介发展的新领域，给各大企业提供了新的传播契机。为培养忠诚客户群而开设企业博客是企业的普遍做法，谈不上创新但仍有可为之处。相对于在电视、报纸等传统媒体上投放广告来说，开设企业博客的成本较低；在博客文章中杂入介绍企业产品特点、企业文化的软文，可吸引读者阅读信息；开设企业博客能帮助目标消费群及时了解企业信息、关注企业发展，培养其对本品牌的忠诚度。

例如，英国的 Stormhoek 是一家小葡萄酒厂家，生产“Fresh-ness Atters”牌葡萄酒。该厂商未在英国投放任何广告，开设了一个博客，向关注企业的 Blogger 赠送葡萄酒，一段时间后，企业博客流量激增，拉动了葡萄酒的销售。

联姻线下，开拓潜在客户群，通过博客网络平台将有共同兴趣爱好或共同目标的人聚集在虚拟社区中。经过一段时间的网络交往后，他们会产生现实交往需要，这时可举办线下聚会活动。企业可以与 Web2.0 网站合作，赞助网站的线下聚会，让潜在消费者知晓企业品牌并对其产生良好的情感联想。

哈贝马斯剖析工业文明下的现代西方人的交往异化，认为，理想的社会关系应该是交往者在没有压力与操纵的世界里平等交流、相互理解、求同合作。博客体现了这一特色，从而逐渐在以企业公关为代表的各种行销领域展现其不可替代的重要意义。

作为一种廉价有效的行销手段,博客可有效结合广告、活动、终端促销等营销手段,最大限度地整合消费者接触企业信息的渠道。博客所特有的个人交流特性,使得其传播的信息可以深刻影响目标消费者的思想及购买行为,大大提高了企业的整合传播效果。

三、建立并维持与利益攸关者的长期良好关系

美国科罗拉多大学的汤姆·邓肯博士认为:"整合营销传播是一个运用品牌价值管理客户关系的过程。具体而言,整合营销传播是一个交叉作用过程,一方面通过战略性地传递信息、运用数据库操作和有目的的对话来影响顾客和关系利益人,与此同时也创造和培养可获利的关系。"①整合营销具体实施中的主要问题是无法合理确认利益相关者的数量,人数越多越难以与每位利益相关者建立广泛的人际关系。博客的出现改变了这种局面,为企业与客户及企业员工之间搭建起了沟通的桥梁。

1. 建立良好的顾客关系,实施推荐营销

博客的发展模式和影响力已经引起 CEO 们的重视,越来越多 CEO 尝试通过博客来发展其与客户和消费者之间的关系,利用自身的专业魅力来影响服务对象。大公司的 CEO 纷纷开博,展示自己不断更新的知识、思想,使个人作为专家获得认可,从而使其领军的企业获得认可。例如,波音副总裁兰迪·巴塞尔创建自己的博客,阐述波音对竞争对手空中客车推出的新款超大机型 A380 的看法;通用汽车副董事长鲍勃·鲁兹建立了一个名为"快车道"的博客,把在底特律举行的北美国际车展上的所见所闻都贴在上面。

CEO 们重视博客,因为博客提供了新的平台,让 CEO 更直接地与消费者沟通,展示他们对行业、专业和市场的深入了解,发表观点。企业的品牌力,他们自己的名气,都会随着这种互动沟通而日渐膨胀。博客间的相互引用和评论,能把他们的观点像病毒一样传播出去,而且非

① 李慧:《整合传播理论研究的新发展》,《商业时代》2007 年 7 月 10 日。

常快，非常广泛。①

毋庸置疑，博客将成为非常好的直接面向消费者的营销工具，帮助企业在与消费者的互动沟通中实现营销。广泛的传播，对等的交流，有助于企业与消费者建立与维护友好关系。消费者是企业的资源，是企业的合作者，也是企业产品的使用者。忠诚的消费者将热心地为企业的产品与服务做正面的口碑宣传与推荐，有助于企业树立良好的信誉。

2. 通过企业博客进行内部营销，培养与员工的关系

企业博客为企业构建一个真正意义上网上商务与办公门户。它涵盖企业的全部网上商务活动，不只限于"发布文章和日志"，是名副其实的"一站式"企业商务门户。"内部企业博客"是企业内部商业应用的具体表现，是企业内部开展沟通交流、深化组织管理、加强团队协作、进行知识管理、打造企业文化等的相对封闭的信息交互和工作协同平台。

通过企业博客，企业内部各种信息的交流传播更快速。在博客里，上下级之间、各部门之间，可以直接交流。这有利于加强上下级之间的沟通又有利于各部门之间加强协作和促进谅解。信息在内部的高度流通有助于提高办事效率，优化管理机制。

企业可以利用博客宣传企业文化、企业价值观，使企业上下达成共识；鼓励员工进行企业文化创新，使企业朝气蓬勃。博客成本低廉，可以动员有兴趣的员工申请个人博客，放置自己爱好的内容，附带宣传企业文化、产品品牌等。这都有利于促进企业文化的创新。

社会信息化、媒介多元化，企业间的竞争已经进入新的阶段，各种市场宣传行为已经渗透到人们的日常生活中。大量新媒体兴起，传统与单一的营销传播策略已经无法满足新环境下市场营销的需要。Web2.0引发了传播形态、媒体环境及营销手段的变化，这些均为整合营销传播的实施提供了新的契机。作为web2.0的代表形式之一，博客将发挥更大的作用。

---

① 张艳：《基于web2.0的整合营销传播策略探讨——以新浪个案为例》，《广告大观》2007年1月。

第四节　广告传播与播客

在分众传播时代，播客拥有巨大的信息能力和营销潜力。40 多年前，传播学界的“怪才”麦克卢汉用他诗化的语言和丰富的想像引爆传播学术的大讨论，激发了一代又一代的媒介研究者的热情，他预言“地球村”，“媒介是人体的延伸”，生动地描绘了当代媒介图景。

媒介从最初简单的人际传播，组织传播，经过了漫长的发展，走进大众传播时代，报纸，广播，电视成为时代的主角，社会和个人被整合在大众传播里。进入 21 世纪，随着互联网和通讯科技的发展，媒介状态呈现分化趋势。分众传播成为不可抗拒的趋势。在分众传播世界中，播客，这种出现还不到 5 年的新媒体，崭露头角，凭借其科技和传播优势，大放异彩。

一、播客的定义及特点

播客一词的英文词源是“Podcast”，由“ipod”和“broadcast”组合而来，是便携式多媒体播放器和数字广播技术的结合。播客是苹果的技术，苹果推出视频 iPod 后与美国广播公司等电视台签署视频内容供应协议，该协议授权苹果的用户可以通过 iTunes 以每集 1.99 美元的价格下载热播的电视剧，这开始了播客新时代。

维基百科对播客定义如下：播客是一种向互联网发布文件的方法，允许用户使用 RSS 订阅并自动接收文件。互联网就是发布平台。在分众传播的时代，每个播客都可以是生产者，也是发布者，直接面向消费者。

播客 2005 年初在美国诞生，只用了三个月时间就流行到了中国。2005 年 4 月，国内较早的视频分享类网站——土豆网开始运营。经过两年多的发展，截至 2007 年 6 月底，土豆网拥有超过 600 万的注册用户，视频短片超过 350 万个，日上传量达 20 000 余个视频作品，日播放量近 6 000 万。2006 年网络盛典年度最佳播客的“后舍男生”以及《一个馒头引发的血案》就是在土豆网上发布的。[①] 动听播客、播客中国开播，视频播客土豆网、嘻哈哈创立，个人播客反波网开通，中国国际广播电台推出 RSS 服务，香港《南华早报》也宣布与著名游戏软件公司 EA 合作推出播客服务。中国网志年会举行，展开了一场关于播客的对话和讨论，全面探讨播客的版权、赢利和控制问题。

2005 年 8 月，中国首届播客大赛在上海举办。根据菠萝网统计，截至 2007 年 6 月 26 日，中文播客数量达到 271 601 个，比 2006 年同期增长了十几倍；中国互联网协会发布的《2007 中国互联网调查报告》显示：播客的受众规模已达到 7 600 万人，数百万人建立个人播客专区。[②] 在中国经历了萌芽期和酝酿期之后，播客进入井喷爆发时期。

二、分众传播及其特点

90 年代末以来，“地毯式”轰炸的大众传播已逐渐力不从心，大多数受众对信息也产生了一定的屏蔽能力和抗拒情绪。无目标的大众传播浪费了巨大的媒介资源和信息资源，媒介传播业界人士和学者开始探索更深层次的信息价值、媒介价值、受众需求。与传统的以“传者”为中心的价值不同，现代传播更强调受众的主体地位。美国《连线》杂志对当今的新媒体给出了一个定义：“所有人对所有人的传播”。这个定义展示了分众传播时代的图景，在分众传播时代，“一是受众的主体意识加强。如果说传统的传播过程只是一种从传者到受者的单向运动，现代传播过程则表现为传受双方积极的双向互动。受众认知水平的提高使他们对媒介信息的选择能力日益加强，同时通过对信息的加工、分类、组合，形成新的阐释意义，并渴望找到一定的渠道传输出去，于是便

① 陈书毅：《播客，网络文化的又一个神话》，《文化艺术研究》2008 年 1 月号上旬刊。

② 王薇：《传媒革命砸烂门槛博客后播客当道》，中国 B2B 研究中心. http://www.netsun.com/b2b_news/detail——807511.html。

产生了认知参与的需求。”①

熊澄宇将分众传播定义为：“不同的传播主体对着不同的对象用不同的方法传递不同的信息。从传受者的角度，是各得其所，各取所需。不同的媒体形态，不同的受众需求，不同的环境和场合决定了分众传播最佳的传播效果。”②他认为：用户主导和市场调节是分众传播的显著特征。除此以外，分众传播还有以下特征：

1. 病毒式传播

2005 年，北京广播学院教授叶桂刚说过：“播客的诞生对传统广播媒体无疑是具有颠覆性的，首先体现在进入广播媒体的门槛大大降低了。以前个人开办广播电台是无法想像的。连广播电台发射塔上的一根天线都买不起。现在只需要一张桌子、一台电脑就可以了。”③信息的控制权从精英阶层下放到大众中，每个人都是信息的发布者、接受者和转传者，信息如病毒般蔓延。

2. 人际传播

个人会在与他有联系的圈子内进行信息发布，以人际圈方式扩散，具有按人际圈分众的特点。比按照地点分众更人性化，更精确。

3. 汇聚草根阶层的“长尾”力量

美国知名技术专栏作家丹·吉尔默在 We the Media 一书中这样描述个人媒体：“你的声音是重要的。如果你有值得说的，人们会倾听。你可以做自己的新闻。我们都可以。”

曾经广泛流行的视频《大学生自习曲》和《一个馒头引发的血案》就是这句话的最好佐证。网络使它们获得比任何旧传媒更大的影响力，

---

① 梅琼林、陈文举：《从传者与受众的互动看媒体的分众化趋势》，《今传媒》2005 年第 2 期。

② 熊澄宇：《从大众传播到分众传播》，《嘹望新闻周刊》2004 年第 2 期。

③ 陶嘉呈：《草根英雄导演网络生活播客有望迅速发展》，http://news.xinhuanet.com/newmedia/2005－12/08/content_3892740.htm。

成为传播的热点。

分众指在某一时间段内有共同信息需求的群体，他们有相同的接收信息习惯，具有相同社会信息环境。“分众传播是针对分众的一种传播形式，它不是大众传播的一种替代，而是传播系统的一种补充。”①播客，弥补了大众传媒的单一和笼统，将信息传播切分到点对点，无疑是分众传播时代的主角。

三、播客在分众传播时代的营销机遇

一家网络研究机构的调查数据显示，30 岁以下的美国人中，每 5 个就拥有一台 MP3 播放器。每 3 名拥有 MP3 播放器的美国成年人中就有一名听过播客节目。据此，福瑞斯特研究公司测算，2005 年底播客电台的数量达到 30 万，预计到 2009 年将达到令人吃惊的 1 300 万②。显而易见，播客拥有巨大的商业潜力。

菲利普·科特勒认为营销最关键的三个步骤是：细分、选择、定位。对于企业来说，目标市场的选择是否正确，决定了企业的市场营销策略是否能够顺利实现。科特勒使用“利基”这一概念来详细说明“分”的重要性：利基营销“是指企业通过挖掘找到未被满足或很好满足需求的‘部分客户’，并把这一‘小众’作为目标市场，整合资源，集中力量，专心为这一专属客户群服务的营销战略……能够为狭小而偏好多样的消费群体提供个性化服务。个性化增值服务是客户关系发展到分众时代时客户的必然要求。由于其以少数特定的顾客为服务对象，便于其集中资源，精耕细作，也就能够为目标顾客提供比其他公司更好更完善的服务。”③企业都应该努力在竞争激烈的信息市场上先品尝到这份蛋糕，将播客的商业潜力转换成直接的营销实力和市场绩效，其中很多尝试为播客的营销提供了可参考的意见。

---

①　赵冠闻，郭玲玲：《论分众传播的产生及发展—从媒介的演变看传播的发展》，《理论界》2006 年第 11 期。

②　姚争、钱维多：《播客广播的发展及现状》，派派播客网 2006 年 6 月 11 日。

③　张巨才：《分众时代的营销战略》，《统计与决策》2007 年第 19 期。

1. 广播＋播客营销模式

为了避免在与播客这种新媒体的竞争中消亡，传统广播台选择把自己的节目上传到播客里，供听众随时下载反复收听。英国广播公司、美国波士顿公众电台、加拿大广播公司等都用播客方式播出部分广播节目。迪斯尼旗下的 ABC News 提供 Nightine 等节目的播客版本。NBC 及 ABC 同时开设与新闻频道相应的播客节目。传统广播主要通过在节目中发布广告来盈利，播客无疑能带来新的时段、新的空间，提供了一个新的平台。

2. 播客节目订阅收费

传统广播可以通过发布广告盈利，还可以向订阅播客节目的受众收取订阅费，从而打破传统广播单一盈利模式的局面。3G 手机的运用为这种盈利方式提供了巨大空间，媒体将拍摄下的视频图像传送播客网站，播客网用户通过手机订阅、下载播客网提供的节目。网站通过订阅和下载收取费用。

3. 3G 播客会议

通过播客网站，3G 的多个用户可以组成多点的视频会议。视频会议发起人用手机在播客网站创建会议室，其他手机用户可以加入网络会议，播客还可使用视频录制和播放功能，把会议过程录制下来作为资料查询。①

4. 播客广告新天地

土豆网推出“土豆计划”，在注册用户上传的视频的前端或末端嵌入小时段的产品广告，网民点击一次视频，就有 1 分钱收入。这些广告收入将由广告商全部提交给土豆网用户，用户除了享受经济利益，还拥有对信息的操控权。加载广告时，土豆网用户可以选择，也可以剔除不喜欢的广告。“土豆计划”一出现就受到网民和企业的欢迎。

---

① 甘雨婷：《播客网站借助 3G 拓展赢利模式》，《世界电信》2007 年第 11 期。

5. 电视播客

2007 年 1 月 18 日，东南卫视与土豆网签署战略合作伙伴协议，联手推出《播客风暴》。根据土豆网与播客作者的协议，土豆网会将原创作品 10%～30%的版权收入给予原创作者并根据实际情况进行适当调整，作品的版权由东南卫视享有。东南卫视和土豆网的合作树立起传统媒体和新媒体相互结合的典范，但与以往不同，除了媒体发布者以外，作为受众的原创作者也参与协议的决定与利益的分成。分众传播强调信息细分，体现人的个性与差异性。

此外，视频招聘网、网络 KTV、个人电视台等播客形式的出现，都是播客盈利模式的有益探索。

播客，应运了时代的需要，蕴涵了巨大的商业价值。它的发展形式和潜力，值得从不同角度更进一步探索。

第十四章 广告跨文化传播

第一节 广告跨文化传播概述

跨文化传播指信息在不同文化域之间的运动,研究这一现象是为了指导信息在不同文化之间进行有效传通。由于文化的阻碍,信息的共享范围受到极大限制。

国际化广告在进入全球不同市场的时候,碰到的是与本国截然不同的文化特质。在这些另类文化群体中,人们往往有不同的消费习惯和文化价值取向。适应这些消费群体的需求,从而推广产品、建立品牌形象,是跨文化广告传播首先要考虑的问题。不同的市场对广告提出不同要求,但归结起来只有一点——广告要符合该市场的特点,包括社会总体价值取向、文化背景和消费者的生活习惯、消费取向。这是跨文化传播的基本规律。

世界经济一体化,传播技术不断发展,信息在世界范围内传播非常容易。在这样的背景下,广告既是跨国营销手段,也是跨文化传播行为。

从本质上说,广告是文化现象,广告传播不仅传播商品信息,也传递和塑造文化。广告传播需要传受双方共同文化基础的支持,不同的文化背景是人们解释行为的参考标准,也是人们理解来自不同文化的广告内涵的主要制约因素。

21 世纪的经济竞争更多体现为文化竞争,广告传播应多从文化哲学角度出发,使广告跨文化传播成为经济竞争的利器。

一、广告跨文化传播的界定及特点

与其他信息传播不同，广告传播的主旨是在最广大的范围内告知信息，是大众传播意义上的信息流动，自我传播、人际传播、组织传播都达不到这一要求。跨文化广告传播研究文化相异对广告的传播效果的影响，发生作用的机制，避免负面影响的办法等。

广告跨文化传播可以分为两类，一是国内跨文化广告传播，在跨种族、跨民族以及两个不同亚文化地区之间进行的广告传播；二是国际跨文化广告传播，主要是在不同国家之间进行的跨文化和亚文化的广告传播。这两类跨文化传播经常可见，但最具跨文化特点的是国际跨文化广告传播。

广告跨文化传播有着不同于其他广告传播的特点：

(1)源文化与目标文化两方的文化共享性的差别。双方对信息进行编码时使用不同的编码系统，所以产生障碍。对相同的事物或人的行为、善恶美丑，不同文化有不同的评判标准。比如颜色，在不同的文化中就有不同的内涵。

(2)各种文化差异程度不同。无论是就文化中的具体方面而言，还是就整个文化而言，不同文化的差异程度不同。美国与加拿大文化差异很小，但中国与美国之间的文化差异大得多。

(3)无意识的先入为主。我们在规划广告传播时常常无意识地用自身文化的标准去衡量和评判对方可能产生的行为，这种文化思维定式成为广告有效传播的阻力。

(4)不同文化间的变异性增强。世界经济一体化，作为经济竞争的手段，广告进行的跨文化传播会不断反复，可能促使群体文化发生变异。比如，美国广告进入中国时必然会给中国人带来影响，中国受众可能会接受其中的某些做法或观点，甚至于产生文化的变化。中国广告进入美国市场也会带给美国人一些中国文化，影响他们对中国的看法。跨文化传播的这一特点也会在世界范围内形成向强势文化趋同的趋势。

二、广告跨文化传播的障碍

不同文化碰撞时，人们会本能地排斥异己的文化，而亲近同质文化。广告信息中蕴涵的文化成分和受众已有的文化模式发生冲突时，文化会在受众和广告信息之间树立一道看不见的屏障，使广告信息无法到达受众，冲突激烈时甚至会导致强烈抵触。所以，在一个文化域具有最好效果的广告，在另一个文化域可能达不到预期效果。有些跨国企业，不顾及国家和地区的文化差异，发布全球统一的广告，这些以母国文化观念为背景的广告经常受到目标国消费者的抵制。2003 年以来的丰田“霸道”、立邦漆、恐惧斗室等广告，均在中国消费者中引起巨大反感，影响了其商品销售。

广告对文化的影响是肯定的，文化也同样肯定地影响着广告的创意、制作和传播效果。从广告传播过程来看，传播者要传递的广告信息通过媒介到达受众，进而产生效果。但在实际的广告传播过程当中，受众并不是静止不动的靶子，会选择信息，包括选择性接触、选择性理解和选择性记忆。受众个人的心理结构、先天禀赋和后天习性会影响这一选择，受众所处的文化背景也会影响这一选择。

广告跨文化传播的主要障碍有以下表现：

1. 语言与非语言符号的障碍

语言与非语言符号是人们借以沟通的工具，它是文化积淀和储存的手段，是不同文化间沟通的最外在的明显障碍。语言符号系统包括书面语和口语。跨文化广告传播通常采用通用的国际语言，或者是将广告作品中的语言符号转换成当地语言。由于文化的差异，经常会造成对广告语言符号的误解。语言符号的不同还呈现出不同的文化特点，中国语言含蓄、委婉，意味深长，西方人的语言活泼、幽默、直观，这种差异是跨文化传播的鸿沟。

非语言符号系统包括各种体语，有些人称之为集体意会。在同一文化中的成员，能互相理解他人的非语言符号含义。比如表示“OK”的手势，一些人群能正确理解为“好的”“可以”等类似意思，但一些人群则理解成在比划一种动物或其他含义。在首届亚太广告节上，金奖作品吉尼斯啤酒广告便以男性和女性握酒杯的不同方式及坐姿，来传达吉尼斯啤酒是一种真正男人的酒这一信息。但来自东方的评委无法理解广告中西方的体态语言，因而没有特别积极的反映，来自西方的几位评委却很欣赏这样的创意。所以，同一非语言符号，在不同的文化中会有不同的解释。

2. 不同价值观念的理解

价值观是文化的本质核心，也是维系文化长期存在的最稳定的保护层。它包括文化群体的成员评价行为和事物的标准，是文化群体为了满足需要而设立或自然形成的行为准则。处于不同文化背景的受众有不同的价值观念，这直接导致人们行为的不同。中国文化强调群体贬抑个体，个人离开群体无法生存。西方文化认为个体比群体更重要，表现出以自我为中心的心态。这两种价值观的差异反映在广告上，美国广告常常先突出产品和品牌，然后才是企业、地区和国家，而中国广告的表现形式则完全相反。

东西方人在乡情故土上的不同在广告文化中也得到充分的体现。中国人以居住地为本，衍生出“家本位”意识，处处流露出中国人对乡土的眷念——“千万里，千万里，我一定要回到我的家”；“孔府家酒，令人想家”。西方人虽有较强的民族意识，但经常迁徙变动，家乡观念淡化，强调自由的生活及个人冒险超越。东西方价值观的不同使广告跨文化传播不可能畅通无阻。90 年代末，在上海的一些地铁站口，有一幅飞利浦手机的灯箱广告，一个男人拿着飞利浦手机一屁股坐在万里长城的烽火台上，手机和人的形象非常高大，而长城却显得渺小。在中国人看来，一个普通游客如果坐在长城上，是可以接受的。但是将一个外国品牌如此显要地将象征民族文化的长城压在屁股底下，这在心理上是不能接受的，因此这幅广告很快遭到查封。

3. 道德观念的差异

道德观念是一种约定俗成的规范体系以及内化的行为准则。道德观念是在社会发展过程中逐步形成和完善起来的，并相对稳定地延续下来。人类道德虽有共性,但不同文化中判断道德与否的标准依然存在差异。比如,“第三者插足”在中国文化中是很不道德的,而美国人就不看得那么重。

不同文化中道德观念的差异同样也造成跨文化广告传播中的困难。广告信息在到达受众之前,会经过受众道德观念的严格审查,一旦与之抵触,会造成心理上的不悦或反感。新西兰电视商业节目审查局曾经对 6 则世界品牌广告实行禁播,其中有 3 则便是因广告内容与新西兰人道德观念发生冲突:

(1)宝马:性感女郎美丽动人,一滴红色水银沿着身体曲线滚动,接着宝马沿着弯曲的公路疾驰的画面,被认为色情。

(2)Reebok 运动鞋:NBA 篮球巨星在与对手对抗之中,怒喝一声将对手震得粉碎,被认为内容涉及暴力并鼓吹侵略。

(3)耐克鞋:橄榄球教练教训队员,“一定要把眼前的对手当成最可恶的敌人”,话音未落队员一拥而上将对手摔倒在地。禁播的理由是宣扬暴力。

同样是色情与暴力,传播者与新西兰受众道德判断标准存在的差异,造成几个著名全球品牌广告跨越新西兰文化的失败。

总之,广告传播应考虑目标文化受众的审美情趣、生活方式、风俗习惯、行为准则、价值观念、意识形态、思维方式等,如美丑的判断标准、视觉形象的不同含义、个性表现、家庭观念等等与文化的差异。

三、广告跨文化传播策略

在经济全球化背景下,跨越文化边际的有效沟通是广告传播中要特别注意的问题。广告人应不断探索,使广告传播既与国际接轨,按照国际游戏规则,又保持民族、本土的文化特色,在宣传本文化产品或服务的同时树立起民族文化形象。

1. 跨文化整合策略

“文化整合”,又称为文化融合或涵化,指两种相异的文化相遇时,互相认识到文化差异的存在,并主动了解对方文化的特征,适当调整自己的行为，增加双方的文化共享。对广告传播来说，文化整合就是按照文化的特征调整不同文化域的广告的策略及制作方案，以达到有效传播的目的。

跨文化整合首先要用全球眼光来看待事物，对人们的需求心理，行为选择方式，对社会责任和义务的理解都要立足于全球，而不应局限于本文化的狭小范围。其次是增强文化的自我意识，要熟悉自己的文化模式，知道其优缺点和演变发展过程，以便形成与其他文化的关联态度。消除偏见和先入为主的观念，尽量减少在不同文化中共享信息的障碍。最后，要深入了解目标文化的特征，了解目标文化的商业习惯、管理方式、人际关系、消费心理，针对性地开展广告传播活动。

2. 文化中的共性策略

应努力寻找不同文化中人类的共性，如爱、善、友谊、亲情等。对大多数诉求对象来说，广告应该是亲切的、易接受的、易理解的，应该具有跨文化的包容力。万宝路香烟的西部牛仔广告历经数载而不衰。牛仔体现了典型的美国特有文化，得到世界不同文化的认同，广告利用男人们追求坚强、勇敢豪迈和成熟性格的共性，万宝路牛仔形象自然成了这种性格的象征。爱立信广告有一套形象广告，分别以“沟通就是爱”、“沟通就是理解”、“沟通就是关怀”为主题，阐释了人类渴望的沟通、爱、理解、关怀等共性，从而赋予爱立信亲切的形象，让东方文化的中国受众在自然之中接受爱立信这个来自西方的品牌。

除了关注爱、沟通、理解外，对幽默的特殊爱好也是人类的共性。在世界广告大奖评比中，幽默广告常常大出风头，获奖率很高。第28届美国“莫比”文化广告奖获奖广告在中国巡展时，最受中国观众喜爱的恰恰就是那些富有西方文化特色的幽默广告。在观看的过程中，观众的笑声、掌声如潮，此起彼伏。幽默是一种“世界语”，带给人轻松与乐观，可以跨越不同的文化障碍。

3. 表现形式国际化策略

广告的国际化是企业实施全球市场战略的需要，但国际化并不意味着全球的一模一样化，事实上，要在全球发布完全相同的广告很难，至少语言就是个问题。全球化广告是通过基本一致的传播方式，在全球市场进行营销，其目的是在全球树立统一的形象，形成全球化品牌的感召力。

跨文化广告传播过程中，在无法利用文化共性进行创意时，应该尝试采取地区文化特质，而在创意及表现形式方面国际化。国际化策略首先要求构思多元化。广告中含有多种文化符号，哪些是需要用世界性的符号，哪些要体现民族的、地域的特征的，在不同的广告类型中有不同的要求。在尊重人性和民族传统的同时，吸收借鉴现代的和世界的优秀文化。多运用视觉符号，少用文字语言符号。视觉符号具有强大的冲击力，这是文字语言符号不能比拟的，但要注意视觉形象在不同文化中的不同理解。

在全球性品牌传播中，产品的地域性使产品本身多少都带有地区文化特质，应该使用合适的创意及表现形式，让不同文化的受众理解与接受这一特质。可口可乐的美国文化在传播中被全世界所接受。中国企业“信联轧钢”的形象广告曾获得瑞士“蒙特勒国际广告节”金奖。广告展示了传统的兰州拉面制作过程和轧钢工艺，表现出一个主题：轧钢有如拉面一样自如。拉面是地道的中国民族饮食文化，只因为在广告使用了国际通用的平行剪辑的蒙太奇手法，使用简洁明了的广告语——“钢铁般的面条，还是面条般的钢铁？”这则广告就成功结合了地区文化特质、表现形式国际化。

4. 实施本土化策略

跨文化广告传播应充分利用东道国的本土资源，根据东道国特殊的社会经济发展情况和文化背景，以适合本土市场需求为出发点进行针对性的经营运作。本土化策略是对跨文化传播遭遇的文化差异的适应性行为。

本土化策略是解决广告跨文化传播中存在的文化差异与传播效果这一矛盾的有效对策，其核心是广告计划全球化、实施本土化。全球化与本土化表面上互相矛盾，但将跨文化广告传播看作连续的过程，计划全球化可以作为传播过程中的信息战略部分，而实施本土化则是信息的战术部分。

计划全球化指信息战略必须考虑广告选择的利益点，选取的细分市场及选择的定位。要成为全球性品牌，品牌的核心定位应标准化。1886—1993年，可口可乐更换了32次主题，用过94条广告口号，在传播的利益点上强调过美味、有身份的人喝、饮用时机及气氛情景等不同角度。这些广告令人眼花缭乱，但却始终贯穿一条主线——用一种“世界性语言”与不同国家、不同民族、不同文化背景的消费者沟通。

实施本土化指信息战术应结合广告中的产品信息反映的文化和细分市场的受众的文化，给产品文化蒙上柔和的面纱，尽量避免文化冲突。广告计划全球化、实施本土化也可解释为“国际品牌、本土文化”，这既是广告定位策略问题，更是微妙的“文化心理攻略”问题。可口可乐制定了全球化的广告计划，根据不同地区文化特点实施本土化策略。可口可乐中国春节期间播放的广告，就带有浓郁的中国传统文化色彩：闽南式建筑，穿着中国式服装的男孩，归乡的游子，红色的大“福”字，贴春联，满桌中国菜肴，亲朋好友欢聚一堂畅饮可口可乐。这些画面无不渗透着中国传统的亲情、乡情、家庭观念，广告主题“当团圆的时刻，挡不住的感觉”出现时，全球化和本土化也巧妙地糅合在一起。

广告的国际化与本土化分不开，不能脱离本土的需要单纯地追求广告的国际标准，也不能不顾国际环境而一味地迎合本土市场。摩天大楼再高也有第一层，左手不如右手灵活也不能因此就把左手砍掉，单一片面地看问题不利于广告业的健康发展。

对广告跨文化传播来说，传播者和受众双方的文化体验共同区十分重要。共同区越大，传播效果就越好。这要求传播者与接受者有共同的价值观念，类似的行为模式，或有其他文化方面的共同性。文化障碍客观存在，对传播者来说，要努力提高自己的文化素养，了解不同文化，才能在广告跨文化传播中获得成功。

第二节　西方在华的“问题广告”

从1979年3月在上海电视台的第一个国外品牌“雷达”表的广告

开播，到 2005 年 6 月上海电视台的麦当劳广告停播，国外广告在中国市场20 多年的风风雨雨中跌宕起伏。国外广告公司高成本、大投入的系列广告，让国人眼花缭乱、新鲜好奇，使他们记住了宝洁、可口可乐、丰田、摩托罗拉、诺基亚、东芝、联合利华、雀巢、麦当劳等国外知名品牌并成为其忠实的消费者。无疑，广告成了国外产品打开中国市场大门的先锋，广告在提高产品知名度，培育市场方面功不可没。但“中国狮”敬礼日本丰田霸道广告，到接连出现的立邦漆“盘龙滑落”和耐克“恐惧室”击败中国形象的广告，一直到 2006 年 6 月在几个大中城市播出的麦当劳“跪求折扣”的广告，统统在中国引起了轩然大波，着实惹恼了“上帝”。

一、“问题广告”的出现

随着中国改革开放的步伐日益加快，市场经济体制的逐步实施，中国已是个有着潜在、巨大的利润空间和发展前景的“世界市场”。跨国公司无不垂涎欲滴，争先恐后地进入中国市场争分一杯羹。营销先锋——广告，当仁不让先行一步，为产品开路鸣笛。

1979 年，雷达表在上海电视台投放了跨国公司在中国的第一个广告，越来越多的外国品牌进入中国，跨国广告集团接踵而至。1980 年，日本广告代理商电通为日本家电代理其在中国区域的广告，到 1998 年，全球前 10 名广告公司全部在中国设立了合资公司，这些公司发展迅速，发展态势良好。

丰富的策划、制作经验，雄厚财力支持的大制作、大投入，独特新奇的创意视角，幽默且出乎意料的情节编排，优美漂亮的视觉冲击力等元素的组合，来自异域的广告让中国消费者感觉新鲜，印象深刻。经典广告不仅塑造了世界级的品牌，也建立了消费者对品牌的忠诚度。

从 2003 年开始，外国广告在华的发展遇到了麻烦，出现一系列“问题广告”。12 月底，丰田“霸道汽车”风波，象征中国的狮子给丰田汽车俯首敬礼，引起了普遍的不满和抗议。2004 年 9 月，“龙篇”的立邦漆广告，亭子里的立柱涂抹了立邦漆，导致盘龙的滑落。龙在中国是中华民族的图腾象征，此广告也惹起了广泛争议。2004 年 12 月，耐克“恐惧斗室”里的美国 NBA 球星打败系列“中国形象”的广告，同样让中国消费者感觉受到侮辱。事隔半年，麦当劳追债篇的折扣广告又步入后尘，为了折扣让消费者给其下跪，视中国消费者的尊严于不顾的做法让人激愤不已。这些问题广告都遭到停播处罚。

“问题广告”停播，不仅带来经济损失，更损害了多年培养起来的与消费者的感情，严重破坏了品牌形象，降低了品牌偏爱度和忠诚度。

二、“问题广告”的症结

透过现象看本质，“问题广告”波背后共同关涉一个核心——文化差异。

文化，从最广泛的意义上说，包括人的一切生活方式和为满足这些方式所创造的事物及基于这些方式形成的心理和行为。文化包含物的部分、心物结合的部分和心的部分，这三个层次彼此相关，形成系统，成为一个有机体。

广告是商品营销的手段，通过传播商品或者服务的信息，引导说服消费者，以促成商品或者服务的最终销售。广告具有经济和文化双重功能，为商品经济服务，也营造文化氛围，传递文化信息和理念，成为文化的载体。广告代表了国家、民族的物质文化和精神文化，总是和风俗习惯、价值取向、宗教信仰、审美趣味、民族性格等紧密联系。广告信息体现着民族文化群或亚文化群的人文特征，这就是广告文化的民族性，不同的民族群体创造并恪守不同的文化，随之产生不同的行为规范，不同国家和民族的广告都凸显民族文化的烙印。“永远的可口可乐”传达的自由奔放、个性张扬；“万宝路的世界”体现的个性、冒险的英雄主义精神，都是典型的美国文化的体现。

广告传播中，最突出的问题就是跨文化广告传播。“跨文化”(Inter-Cultural)，又叫交叉文化(Cross-Culture)，指两种不同文化背景的群体之间的交互作用。著名学者季羡林把世界文化分为四大体系——中国文化、印度文化、希腊文化和伊斯兰阿拉伯文化。其中，三大文化体系在东方。东西文化从起源开始就有差异，分属截然不同的两种文化体系。文化的本质特性是交流，文化一旦产生，就必然要交流。

跨文化广告传播指企业在进行广告传播活动时，与企业有关的不同文化群体在交互作用过程中出现矛盾和冲突时，采取适当的战略和措施，在传播的各个方面中加入对应文化整合措施，有效化解矛盾和冲突，从而高效实现传播目标。跨国广告应适应不同的文化语境，采用相应的广告策略穿越文化屏障，提高广告传播的有效性。

上述“问题广告”用心良苦，试图在产品广告中结合狮子、中国龙、飞天等中国传统文化元素，更好地传递产品信息。从专业的角度来说，广告创意和传播效果都非常出色，问题出在错误地运用了中华民族文化符号。

广告文化的传播是传受双方进行文化互动的过程，在这一过程中，受者、传者、传递方式，都离不开文化的制约和影响。传者和受者之间、广告文化信息与受众的解读之间，实际上文化共享关系。真正把他们联系起来的是文化——共同具有的思想观念、价值标准、文化心理、认知体系、规范体系、语言系统等。文化共享性是广告文化传播实现的前提。

“问题广告”表面上遵守了传播学的致效原则，利用中国本土文化元素、符号，针对性地对中国受众进行传播。这些广告的创作者试图穿越中西不同的文化屏障，扩大中西文化的共享性，帮助受众理解和认知这些文化。广告主的意图和产品的特点都凸显出来，中国受众应该容易读懂广告内容。但受众的理解认知和行动反应却南辕北辙，出乎意料。因为受众熟悉、神圣的文化符号被歪曲、肢解，受众觉得民族文化和尊严遭到肆意践踏和侮辱。不能说这些问题广告没有传播效果，只是产生了强烈的负面传播效果。

在跨国广告的传播中，不是采取几个典型的文化元素符号就能消除传播障碍，取得良好的传播效果。所谓的“本土化运作”的仅仅是一些比较肤浅的表面层次的文化，只是一种机械的运用和模仿，没有真正的理解、体会中华民族文化深邃的内涵和丰富的寓意。广告对民族文化的运用要有针对性，依据文化的适应性原则来进行广告活动。即针对不同文化背景的受众而施以不同的方式和手段，从而适应目标受众的文化口味，符合其文化习惯，尊重其文化习俗，才能真正做到“国际化思维与本土化手段的融合”、“广告与民族文化兼收并蓄”。

三、如何避免“问题广告”

改革开放以来，国门打开，西方强势文化大量涌入，借迪斯尼乐园、麦当劳、可口可乐、阿迪达斯、MTV 和 internet，西方世界将自己的意识形态、价值观念和生活方式“合法”地传遍全国，塑造出本杰明·R·巴特所说的“麦克世界(MC World)”。在外国产品和广告的双重夹击之下，中国消费者的消费行为西化现象更加严重，生活方式和消费观念日益趋同于西方。

两种异质文化接触，首先容易互相发现物的层面或者外在层面；习之既久，渐可认识中间层面既理论、制度的层面；最后，方能体味各自的核心层面(心的层面)。这样的接触揭示，文化的物质层面具有时代性，是最活跃的因素，它变动不居，交流方便。当西方文化涌入时，接受同化的也最快；而理论、制度层，是最权威的因素，它规定着文化整体的性质；心理的层面包括人们的价值观念、思维方式、审美趣味、道德情操、宗教情绪、民族性格等，它是整个文化结构中最稳定、最保守的部分，是文化的灵魂。跨国广告传播面对的真正障碍是文化的第三个层次，心理层面具民族性，变换起来最慢。

跨国广告意识到中西文化的差异，其对中国文化的外在层面和中间层面进行的研究和运用取得不错的成果，但其始终无法把握中国文化的心理层面，常常遭遇滑铁卢。

跨国广告可以从以下几个措施上着手：

1. 真正理解中西文化的差异

理解文化差异，可以分为两个层次：表面层次、实质层次。表面上的文化差异比较肤浅，比如语言、风俗习惯、生活方式、艺术形式等外在的客观文化形式，可以通过了解、接触、观察得来。实质层面的文化差异，比如价值观念、思维方式、审美情趣等，唯有通过文化参与，深入、真切体会才能感觉。

立邦漆“盘龙滑落”广告和耐克“恐惧斗室”广告之所以让广大中国消费者不能接受，就是因为没有真正理解传统文化的内涵。“龙、飞天”

等文化符号不仅代表中国文化，更有厚重的象征意义。龙是中华民族的图腾，是中华民族的象征，如此出现在广告里，不由得中国人不生气，不恼怒。五千年文明形成了独特的民族文化，不深入了解这些文化，很难自如运用这些文化符号，更毋庸想消除文化差异。

图 14-1　立邦盘龙广告

2. 感同身受的尊重文化差异

国家、民族、区域不同，地域环境、历史背景、发展进程等都不同，形成不同特点的民族文化。以个人为本位，崇尚自我及激进开放的文化特质是西方文化的主要特征；以群体为本位，保守求安的文化特质是中国文化的主要特征。这些文化特征决定了不同的价值取向、思维方式、心理特征。中国人重义轻利，强调集体主义，伦理道德意识较强烈；西方人认为个人目标和利益至上，个性膨胀，突出自我，鼓励冲破传统表现自我。

在跨文化的广告传播中，首先要承认文化的差异，正确了解、认知文化的差异，才能找准广告创意的方向和切入点。其次要摆正心态，消除对其他民族文化的成见，不要认为自己的文化是先进文化和强势文化，以自己民族文化为中心。要尊重其他民族的文化，设身处地体会不同的文化，寻求文化情感上的共鸣。不要先入为主地站在自己的文化立场上理解其他民族的文化，要站在受众的文化背景和特征下设计广告作品，才能达到传播的效果和目的。

图 14-2　麦当劳广告“讨债篇”

沸沸扬扬的麦当劳广告“讨债篇”，广告创意的初衷是为了制造喜剧效果，通过夸张、幽默的下跪情节来说明折扣的重要。但广告让中国消费者大为光火，消费者感觉人格受到侮辱，全国上下轩然大波。麦当劳被迫道歉，广告也遭到封杀。

在中国文化中，下跪为尊卑之间的重礼大节，人们只对“天地君亲师”下跪，突破这一礼数就是越轨。中国男子为麦当劳下跪的镜头反复播放，广告带来的强烈视觉冲击力和心理感染力起了反作用，消费者不能容忍尊严为了点折扣而被任意践踏。

日本学者梅卓忠夫在其著作中《文明的生态史观》说：在民族文化建设上，有两种“起始的差异：一种是能够以自身为中心开拓一种文明的民族，一种是以作为这种文明系统的周边诸民族致为出发点的民族”。他认为中国属于第一种类型的民族，“自尊心非常强”，不研究透中国的民族文化，就无法尊重中国的民族性格和情感，容易触犯忌讳。

3. 规避民族情绪的消极影响

民族情绪和民族历史的关联一定要把握好，了解透。丰田“霸道汽车”广告就未能把握好中华民族情绪，栽了跟头。中华民族的战争创伤还没有完全复原，丰田“霸道汽车”广告里的酷似于“卢沟桥”的狮子，对日本汽车的俯首敬礼的画面，揭开了历史的伤疤，无怪中国的消费者激愤难平。

广告创作者容易下意识地以自身的民族文化经历为经验基础，以其国内的见解来做为解决异域文化差异的参考准则。这导致广告人产生文化幻觉，从而模糊、淡化其对文化差异的感觉与科学判断能力。受众民族对外来产品往往较敏感，又因为和民族历史的关联，往往就会导致排外情绪。

跨国广告文化加强对民族历史和文化的总体把握，加深对时代的深刻理解。不应为了突出创意的效果，就天马行空，缺乏全面的民族历史和社会知识，漠视民族的情感，不利于跨国广告的传播，更影响民族之间的交往和沟通。

图 14-3　丰田广告“霸道汽车”篇

全球经济一体化，各种文化的交流融合，冲击着民族文化。但世界文化的全球化和多元化并存，不会出现绝对意义上的文化一体化。任何文化都保有其无法遮蔽或者消解的民族性，它是形成不同文化特征的最为本原的东西，越是成熟的、影响深远的文化越是充满民族性。民族文化在与全球文化融合的过程中，其特殊的民族性也同时凸显出来，“越是民族的就越是世界的”。

带着明显西方文化烙印的国际广告进入中国时，除了考虑全球文化的现代性和共性，更要顾及中华民族文化的特殊性和差异性，深入了解不同文化背景下的习俗、传统和禁忌，做到入乡随俗，才能有针对性地制订广告的传播策略，以达到有效的传播效果。

第三节　中西文化与广告创意表现

广告是文化现象，是整个文化大系统中的一部分。广告是文化产品，由特定的文化符号组合而成，所有广告元素不同程度带有社会文化的时代痕迹。广告的本质就是利用文化符号实现人与人之间的沟通与交际，广告创意是使沟通变得更加深刻、有趣、富有成效的关键环节。

“创意”一词英文为“creative”，由拉丁文单词“creare”衍生而来，大意是“创造、创建、生产、造成”。广告创意通过构思来创造广告的艺术形象，是广告人对广告创作的对象进行想像、加工、组合和创造，使商品潜在的现实美升华为艺术美的过程。广告创意超越对实在的模仿，运用人类思维使之具有艺术气息。

文化是广告创意生长的土壤，广告是在特定类型文化语境中创造的。广告创意的本质是思维，利用各种符号进行加工、组合、联系，创意必须依靠文化中各种符号，因此，广告创意是在文化语境中完成的。

广告创意也在创造文化。经由创意加工而成的广告作品，在推销商品或服务的同时传播观念和价值。广告借助传播作用于文化系统，由此推动社会文化的发展和变化。

基于中西方文化差异，广告创意表现出不同的特征。

一、"小我"与"大我"

中国文化的思想内核是"群体意识",而西方文化的思想内核是"个体意识"。所谓"群体意识",就是认为每个人都是群体的一员,是具有共同意志和共同人格的群体的一部分,而且是群体不可分割的一部分。所谓"个体意识",就是认为每个人都是单独的个体,是具有自由意志的独立人格的个人。中国文化是"群体至上",西方文化是"个体至上"。中国文化明显重人伦轻自然、重群体(家族)轻个体,只强调个人义务和道德人格的独立性,而不重视个人的权利和自由,因此是"小我"。在西方,"西方全部的历史,他们说,即是一部人类自由的发展史。西方全部文化,他们说,即是一部人类发展自由的文化"。[①] 西方文化中,"家"的观念淡薄,注重个人的自由,尊重个性的自由发展,因此是"大我"。

小"我"而大"集体"的文化影响着中国广告创意。中国不少广告创意都表现出家国意识、乡土情结、亲情友情爱情。以酒类广告为例,几乎所有的国产名酒广告都极力渲染亲情,友情爱情,讲求一团和气。外国的酒类产品的广告创意则颇具个性,广告大相径庭。MONDARIZ电视广告中,一个年轻人酒后醒来洗漱时,吃惊地发现耳朵和身上被别人趁醉穿了很多金属环,然后出现广告语:不想喝得太醉,应该选择MONDARIZ。显然,这则广告暗示其产品 MONDARIZ 个性较温和,即使贪杯也不会大醉。

西方文化中有着浓厚的个人英雄主义情节,这在好莱坞电影当中司空见惯,广告创意中也是如此。Addidas 篮球鞋的广告中,NBA 球星凯文加内特可以扮演成小孩、政治家、球星、古代角斗士多种角色。另外一支广告片中,球星麦蒂一支独秀上演挽救全队成败的神话,最后广告词响起:连老天都感动得哭了。在西方人眼中,个人的潜力无限,广告创意在这方面大做文章。[②]

---

① 易中天:《中国:掀起你的盖头来——中国文化现象解密》,海南出版社1995年版,第30页。

② 钱穆:《中国文化史导论》,商务印书馆出版社1994年,第17页。

二、“向内”与“向外”

张岱年在《中国文化概论》中说：中西文化的基本差异之一就是在人与自然的关系问题上。中国文化比较重视人与自然的和谐统一，西方则强调人要征服自然，改造自然，才能求得自己的生存和发展。简而言之，中国文化注重和谐和统一。西方文化则重视分别和对抗。中国人的态度常常是反身向着内看的。中国文化是农业文化，这培养了中国人的安土乐天的生活情趣、循环与恒久意识的变易观念。中国人的人生定位可以用一句话来概括，即“修身、齐家、治国、平天下”。从自己修身养性开始，一层层扩大，一层层生长，又是一层层的圆成，最后融合而化。

西方文化是商业文化，西方人看一切东西都站在自己的外面向外看。西方人认为事物是两体对立的，所以特别注意空间的“扩张”以及“权利”和“征服”，富于冒险精神。表现在情感的吐露上，中国人喜欢婉约含蓄，西方人则喜欢直抒胸臆。在审美情趣上，中国人喜欢平衡和谐，外国人则喜欢冲突等。

在西方的广告创意中，西方广告人大胆与直接的外倾性格有目共睹。西方人的思维方式是直线式的，他们表达感情的方式通常也非常直率，广告更是如此。美国一家保险公司做广告，直接拿当时的总统克林顿开涮，把克林顿比作受武术摆布的小人，广告用连总统也会遭遇到意想不到的事情，来劝说人们买保险。中国人习惯于含蓄而委婉的表达方式，广告往往不直接切入正题，先做好大段的渲染铺垫，然后逐步引向主题，最后在高潮中含蓄地升华出中心。

内倾性格与外倾性格在性广告创意上体现得淋漓尽致，弗洛伊德认为，人的本能和欲望受到超我的压抑，只能以幻想的形式来实现。西方的现代广告中，象征的手法大行其道，广告通过传递浪漫的象征性的含义，引起消费者的联想，激起消费者浓厚的兴趣与强烈的欲望。在西方，赛车、电子游戏、电池、饮料、香烟、牛仔裤……大多产品都可以以性为广告创意。而在中国，这是难以想像的。在中国广告中，性一直是忌讳。涉及性的广告创意，通常用比喻来暗示。

中西广告中幽默的运用也体现了内倾性格与外倾性格的不同。戛纳广告节上，获得掌声最多的广告大部分是幽默广告。有调查表明，英国36%的电视广告，美国24%的电视广告，31%的广播广告及15%的杂志广告，都使用幽默，①可见幽默广告在西方广告创意中受欢迎程度。中国的广告创意中幽默或夸张较少，这与其内倾性格有关。中国文化注重平衡和谐，幽默须由不协调、矛盾冲突等制造出来，中庸和谐的内倾性格和审美观念限制了幽默的运用。

三、"德性"与"智性"

西方文化可视为"智性文化"，中国文化则可视为"德性文化"。中国文化强调"仁、义、礼、智、信"，强调社会责任，强调道德人伦。斯宾格勒将道德灵魂当作中国文化的基本象征符号。黑格尔也说：中国纯粹建筑在一种道德结合上，国家的特性便是客观的家庭孝敬。中国的"德性文化"是一种情感文化，包括道德情感、审美情感与宗教情感，它提倡高尚的情操、情趣和情怀，把情感看作人的基本的存在方式，并且变成理性化的"德性"。它不需要上帝的"拯救"，只需要自我实现、自我完成，这是人的内在需要，也是人对自己提出的要求。

西方文化的"智性文化"强调人的理性，西方文化自古希腊开始就充满对工具理性的热望，充满崇尚科学的理性精神。西方人认为物质世界是超然独立的，因此他们才能用纯客观的态度来探究宇宙而走上科学思想的大园地。

"德性文化"传统下的中国广告创意注重表达中国人尊老爱幼、礼尚往来、勤劳勇敢、谦卑恭让等道德观。国内电视广告的特点是体现诚信。诚信是义理的核心，也是商业行为的基本要求，国内电视广告创意以此为支点。中华民族以和为贵的文化精神滋养出崇尚和谐统一的博大胸怀。"智性"文化下的西方广告创意则很少涉及道德内容，西方广告创意侧重理性思考，形象广告也必须有明确的广告诉求点。众多的英文广告注重摆事实列数据，采用纵横比较对照等方法，以具体明白的

---

① 张岱年：《中国文化概论》，北京师范大学出版社1994年，第177页。

语言描述产品或服务的特点和优点，同时注意创造商品的形象，给人真实可靠的感觉。

考察中西文化差异维度可以使用多种角度，文化差异也表现在其他方面，广告创意在中西文化语境的表现明显不同。中国广告在世界性广告节上屡遭滑铁卢的重要原因之一就是：中国广告无法站在全人类的高度来寻找创意，广告创意无法引起评委们的共鸣。中国广告只有在本土文化与全人类的共同文化中找寻结合点，才能大放异彩。

第四节　中西方性感广告之比较

近年来，我国广告较多采用性感广告这种诉求方法，引起诸多争议。许多人认为中国的性感广告纯属生搬硬套，只能称为色情广告，与西方性感广告完全不同。

一、何谓“性感广告”

性感广告是以表现性特征、性心理为手段的具有一定审美价值的广告表现形式。性感广告结合广告中的人物形象和品牌个性，真正体现品牌的魅力。① 性感广告常常突出展示女性性感部位，如鲜艳的红唇、窈窕的身材、细腻的肌肤等，激发人们对于性的强烈渴求，②促进人们对于产品的了解、记忆和购买。运用性感广告的产品多为服装、化妆品、酒。

性感广告表现的性特征、性心理应该含蓄，性感广告中展示的“性感”必须与品牌个性浑然一体、互相烘托，否则容易引起反感。如 Axe

① 党芳莉：《女性．广告．文化—女性广告的多维考察》，2004 年 6 月 1 日，http://210.34.4.30/wf/～cddbn/y676313/pdf/index.htm。

② 党芳莉：《女性．广告．文化—女性广告的多维考察》，2004 年 6 月 1 日，http://210.34.4.30/wf/～cddbn/y676313/pdf/index.htm。

香水广告，画面上是一个修女，修女的鼻子被一个夹子给夹住了，暗示Axe香水的魅力太大了，修女只有夹住鼻子才不至于犯错误。再如一则性感内衣广告：左边的画面上是一件黑色透明丝质的性感内衣，右边的画面上是一个灭火器。这样的广告虽然不着一字，却令人叫绝，足以使人对其产生强烈的好感并激发起人们潜在的购买欲望。

性感广告是一把双刃剑，运用得好可以使广告风生水起，但稍有偏颇，就很容易成为色情广告。色情广告缺少文化底蕴，赤裸裸进行挑逗。虽然可以迅速抓住受众的眼球，但它让人记住的只是色情而不是品牌。

研究证明，让两组人员接受品牌记忆的测试：一组人员看的品牌图片上印有裸体美女，另一组上没有。过了十分钟之后测试品牌记忆度，发现看印有美女图像的图片的这一组人员比另一组人员记住了更多的品牌名称。过一段时间后再测试，不看美女图像的人员记住的品牌名称量不变，而看美女图像的这组除了记得美女，其他都忘了。

色情广告挑衅人们的审美经验，挑战女性感受，挑逗男人的情欲，但很难挑起受众对品牌的兴趣和欲望。人们会将这个品牌与负面社会评价联系起来，这不利于建立品牌美誉度。湿毒清的广告被评选为2005年度大学生最反感的广告：正在摆弄留声机的曾志伟耳边传来一个女人肉麻的声音："老公，我痒……"，"痒就挠呗"，"挠不到嘛……"，"湿毒清，由内到外……"①这样的广告可谓是色情之极，恶俗之极。

二、中西方性感广告的区别

许多人认为中国受众观赏性感广告时不如西方受众那么坦荡，中国的受众要忍受许多观念束缚，无法欣赏那些创意很好的性感广告，甚至将其等同于色情广告。

其实不然。中国的性文化可谓源远流长，历史悠久。古人云："食色，性也。"明清道家文化兴盛之前，中国人的性一直很开放。先秦以及唐宋年间，人们并不耻于谈性。相反，先人们认为性并不仅仅是为了生儿育女，乃是人之本性，它和人们需要吃饭穿衣一样正常。早在一千年

① 郭俊杰等：《大学生反感哪些广告》，《现代广告》2006年1期。

前，妓女们就已经开始承担商业促销的义务。宋代的酒楼普遍以妓女的美色来促进业务——让妓女在酒楼陪客人侑酒。[①] 庆典中有美女出场，这也不是现代人才想出来的新花样，同样古已有之。只是古代在这类场合出场的美女通常是名妓。比如南宋时的杭州，在与酒有关的庆典仪式中，官妓与私妓要联手出场。[②]

宋代以后理学兴起。宋儒鼓吹的理论也有许多方面的内容，但是其中特别引人注目的就是提倡"男女大防之礼教"。随着时间的推移，道学家成功地让人觉得性是丑陋而可耻的，应该回避一切与性有关的东西。由于禁欲主义道学观念的存在，人们无法像西方人那样正确看待与性相关的东西，连富于创意的性感广告也一概否定。无论从心理上还是从生理上，人们都无法逃避性的吸引。正如劳伦斯说，不管我们如何伪装，我们大多数人还是挺喜欢让人小小撩拨一下我们的性欲的，它让我们感到温暖，如同阴天里的阳光令我们激动。[③] 性别与性是极其容易沟通和传播的，即使是转瞬之间，我们也可以觉察，而广告本身就是沟通的艺术。因此，利用性别和性无可厚非。

除了接受心理的不同，中西方性感广告最大的区别还在于幽默。美国是一个个性开放的国度，但其性感广告讲究"合乎情理，出人意料"，让人在心照不宣的会心一笑中记住品牌。中国的性感广告则往往为性感而性感，很少能够具有幽默因子，受众看了有种说不出的难受。最近几年电视上冒出了许多的丰乳内衣广告，千篇一律：一开始美女为飞机场般的胸部而痛不欲生，觉得人生无趣。后来用了某某品牌的丰乳内衣之后，胸部突然变得非常挺拔。于是美女穿着性感的衣服，酥胸半露，眼神迷离，人生至此无比灿烂。在这里我们看到的女性存在的所有价值仿佛就是拥有傲人的胸脯，让男人为之倾倒。女性形象被贬低、物化，成为男人的附属。

西方的丰乳内衣广告：画面上有 6 个人（只显露出腰以下的部位）

---

① 江晓原：《性感——一种文化的解释》，海南出版社 2003 年，第 38 页。

② 江晓原：《性感——一种文化的解释》，海南出版社 2003 年，第 40 页。

③ 党芳莉：《女性 . 广告：文化—女性广告的多维考察》，2004 年 6 月 1 日，http://210.34.4.30/wf/～cddbn/y676313/pdf/index.htm。

在排队,其中只有一名苗条纤细的女性。其他人之间的间隔是等距的,唯有这名女性与前面一位的距离拉得很大。画面的右下角写有丰乳内衣的品牌名称。这样的广告不仅视觉冲击力强,非常幽默。它不是一眼就能够看得明白,需要思索。但当你回过味来不禁为它拍案叫绝。诸如此类的例子比比皆是。具有幽默因子的性感广告才能拥有强大的生命力,才能产生摧枯拉朽的力量。

三、性感广告的原则

性感广告必须与产品特征构成联系,因为并非任何产品都适合用性感广告来表现。大卫・里斯曼与迪莫西・哈特曼认为,产品与性感信息关联度越高,广告效果越好。即便内容直露一点,人们也会持宽容态度。

这并不是金科玉律,却为实践所证实。在这方面,相对而言,西方的性感广告做得更好。西方的性感广告与产品的关联度较高,很少出现牵强附会的与产品无任何联系的性感广告。中国的性感广告则过分外露,可能是看到性感广告叫座,便都无所顾忌。有一个商场的开业广告是这样的:画面上是一位丰满得把红色衣服撑开的俏姑娘,旁边的文案上写着:“开了”。看了让人莫名其妙,不知其中究竟有何关联。还有一些广告,总要生拉硬扯上性感女郎在那儿扭臀,抛媚眼卖弄风骚,让人搞不清它究竟是在为谁广告。

中国的性感广告和西方差距甚大,必须创作出符合中国消费者心理并为消费者喜欢的性感广告。

第五节　广告传播的“全球化”与“本土化”

一、全球化与“本土化”并不矛盾

“全球化”一词源于英美,从麦克卢汉的“地球村”概念到“网络外交”再到彼得德鲁克的“全球购买中心”,“品牌全球化”就是在这样的背景下提出来的,其理论支点是:国际品牌在全球所有国家和地区进行广告表现及传播时,其广告策略、表现方式、品牌个性形象甚至品牌名称的界定,都采用统一化战略。

“本土化”与民族文化认同相联系,“品牌本土化”的理论支点是:各国有自己的独特文化,国际品牌在进入一个国家进行形象传播时,其广告策略、表现方式、品牌个性形象,甚至品牌名称的界定,要迎合当地的文化传统特性和审美口味而采取差别化策略。

乍一看,全球化似乎与本土化背道而驰,说的完全是两回事,其实不然。全球化是当今世界的必然趋势,本土化是应对全球化的策略。两者是一个概念的两个方面,并不矛盾。

二、跨国公司的传播策略:全球化与本土化的统一

研究跨国企业在中国的传播策略,发现,全球化与本土化是统一的整体,两者并不像我们想像的分开过分歧过,这两者完美统一在一起。

跨国企业一般拥有长久的历史,有品牌资产作后盾。所以,应在全球化的同时坚持自己的标准化传播。

跨国企业在中国大多使用全球标准化传播,只在有限的产品和服务中开展,主要是国际航空公司、著名 IT 品牌(如 IBM,intel)等与中国传统文化并不密切的领域。这些以高科技为基础的企业大都建有全球品牌传播委员会,这为它们实施全球一致的品牌提供了条件。

从 1999 年开始,法国航空公司向世界各主要城市开展新一轮标准化的宣传活动,在中国发布的广告遵循其“全球策略,全球创意”:在广告中,消费者总是处于突出的位置,飞机总出现在遥远的空中,寓意自己只是服务的提供者,消费者才是最重要的。

很多跨国企业的广告语使用全球标准化的做法:原来的品牌口号经常使用,保持一致性;中国市场口号直接翻译自英语原文。

飞利浦的“让我们做得更好”;戴梦得的“钻石恒久远,一颗永留传”;麦氏咖啡的“滴滴香浓,意犹未尽”;苹果电脑的“不同凡‘想’”;哈根达斯的“尽情享受,尽善尽美”;IBM 的“四海一家的解决之道”;GE

的“创造美好生活”。这些口号全球统一,从而保持品牌的稳定性。

本土化是跨国企业的胜利之本,但本土化要建立在企业一贯个性的基础上。跨国企业的本土化不应模糊自己的个性,应张显自己不变的气魄。跨国企业进入中国时,更多使用中国本土执行的策略,但经常需要估计全球计划和“全球品牌圣旨”。全球经营的分公司,必须为“品牌圣旨”负责,并有严格的高层审核制度。跨国企业的营销策略往往只能下“一颗棋”,而不是“整盘棋”。通常的观点是:维护品牌的国际形象地位的同时,传播策略适应当地的亲情化路线。

本田一直奉行“移动的梦想”的品牌理念,在本田看来,“移动”不仅是从 A 地到 B 地的物理移动,更是另一种境界的心灵的移动,一种梦想的移动。广州本田的策略就演绎为“理想的移动”。

雅虎在全球统一执行的沟通战略,表现其鲜明的品牌个性:充满乐趣、友好、人性化,易于接入,可靠和信赖;品牌承诺是“找到任何事,沟通所有人”;一贯风格是轻松、幽默和活泼;语言是统一的新新语言:“Do you Yahoo!?”其中国策略隶属雅虎全球策略,具体分析中国具体国情后进行整合,使得品牌推广中的整体调性更贴近目标消费者。

三、跨国公司的传播策略:入乡随俗

由于存在语言、文化、风俗、习惯、宗教信仰、生活方式及生活态度的差异,跨国企业进入新的国家时会遇到各种冲突,不解决好,会给企业发展带来巨大损害。例如,印度教徒发现,麦当劳用取自牛脂肪的油料炸马铃薯片,为此,他们组织声势浩大的示威活动抗议麦当劳的所作所为。这严重影响了麦当劳在印度的声誉。面对这一危机,麦当劳首先承认自己的过错,同时保证在印度出售的马铃薯片一律用植物油。满意的印度教徒重新享受薯片。

这次抗议活动不仅没瓦解麦当劳的全球化进程,反而发出信号——印度教徒已经完全融入多样化的全球秩序之中。这就是所谓的本土化策略。

遇到冲突,本土化能有效化解,要结合当地的实际进行一系列调整和变化,赢得当地人的认可,从而获得市场。全球化和本土化要结合使用,两者的结合相得益彰、珠联璧合。

众所周知,百事可乐的广告策略全球首屈一指。在与老对手可口可乐的百年交锋中,百事可乐广告常有好戏出台,使可口可乐备感压力。其中,百事可乐的“立体代言”广告是赢得市场的重要手段。

1983 年,百事可乐与美国最红火的流行音乐巨星迈克尔·杰克逊签订合约,以 500 万美元的惊人天价聘请其为百事可乐巨星,制作了以杰克逊的流行歌曲为配乐的广告片。

广告中的迈克尔杰克逊不嗜烟酒,家庭观念强,宗教信仰虔诚,汽车、酒类他都没有兴趣,他需要一种美味的小巧的无害而有趣的东西——可乐。“百事可乐,新一代的选择”因此大获成功。

百事可乐在美国市场上的名人广告大获成功,于是在世界各地如法炮制,寻找当地的名人明星,拍制受当地欢迎的名人广告。百事可乐的广告风格基本保持一致,形象代言人大都和百事的形象一致,其全球化标准随机应变。

四、跨国企业在本土化过程中运用的方法

麦当劳、可口可乐在中国的大多数广告与促销都经过充分的本土化,取得了良好的效果。

可口可乐的电视广告代表作,有在中国东北地区村民庆祝农历新年的“风车篇”,有 2000 年春节期间的动画广告“泥娃娃阿福贺新年”。可口可乐还在“泥娃娃阿福”新年特别大塑料包装上市后不久,推出一款十二生肖新包装,首次在全球运用中国文化设计纪念性包装。

在美国以快捷、价廉取胜的麦当劳,在中国却“慢”了下来。在中国麦当劳,顾客就餐时间远远长于美国的麦当劳。店堂里宜人的温控环境和悦耳的轻音乐,使不少中国顾客把麦当劳当作闲聊、会友、亲朋好友团聚的好地方。北京麦当劳把“欢聚麦当劳,共享家庭乐”作为广告语。总之,在消费者和麦当劳的互动中,麦当劳成为具有中国文化特色的“美国文化”。

1. 品牌名称的本土化

宝洁中国的命名颇为有趣:“美国宝洁公司”——“宝洁公司(中美

合资)”——“宝洁公司(广州)”——“中国宝洁公司”。其早期广告以特写镜头凸现,并伴以低沉男声的画外音读出的品牌名称,后来变成瞬间闪过的无声画面。为了迎合华人市场,宝洁的飘柔洗发水,在美国名称为 Pert-Plus,在亚洲地区就改名为 Rejoice。

2. 品牌战略的本土化

为加快本土化,跨国企业往往采用收购本地品牌、租用本地商标或者创立新品牌的战略,这些品牌的传播无一例外采用中国本土化做法,如“润研”,完全是中国化的策略和表现。

3. 管理方式的本土化

零售巨头沃尔玛也是本土化经营的典例。沃尔玛实行管理团队本土化,创建自治的本地人员管理的团队,负责当地的人力资源管理、财务及营运。沃尔玛实行采购本土化,45%的商品是中国制造,这样节约了成本,也更适合中国人的消费习惯。沃尔玛的经营方式也充分实现本土化,根据中国国情,在场内设立专柜,对供应商的付款也实行延长赊期制度。这些做法明显都是根据中国国情的选择。

4. 广告符号的本土化

以中国文化元素符号为沟通载体,赢得消费者的亲近感,以求更适应中国文化和特殊需要。跨国企业进入中国市场时,总会全方位调查和评估中国消费者的态度、习惯和文化背景,找出品牌与消费者的联结点,以受众的生活形态和价值观为沟通基点。

跨国企业广告的开创之作是“雀巢咖啡”,以咖啡象征“味道好”的西方生活方式,唤起刚开放的中国年轻人的向往。20 多年来,中国的生活方式和价值观发生巨大变化,跨国企业的策略也随之发生变化,紧紧贴近中国的时代脉搏。

在法国以高贵奢华为号召的人头马 XO,进入中国后将口号改为“人头马一开,好事自然来”,迎合了中国人普遍的讨彩心理。M&M 巧克力进入中国时,用中国小孩为广告模特,万宝路也在广告中大量选取长城、腰鼓、红缎带等象征中国文化的符号。

5. 公关促销本土化

跨国企业在开展公关促销活动的时候，不忘品牌理念。在青岛的“世界500强企业系列讲座”上，惠普总裁借机宣传其广为推崇的经营思想“惠普之道”。

2001年，哈根达斯成功举办“冰芯柔情之夜”晚会，借机在中国市场发布推介其完美结合东方古老的传统文化与西方的经典浪漫的冰淇淋月饼，延展哈根达斯的品牌形象和价值：体贴、尊重、亲和、对高品质的坚持。

2000年，耐克抓住上海有10万人经常进行健身操锻炼，并流行健身操比赛的契机，推出一系列以“迷上运动的我”为主题的女性健身活动。

可口可乐的本土化公关也很见成效，从体育、教育、文娱、环保到促进中国企业改革，只要有利于扩大知名度与美誉度的活动，可口可乐都积极参与。

跨国品牌还十分讲究促销手段，经常使用中国消费者喜闻乐见的形式，代表性的有“飘柔之星全球竞耀”，飞利浦为Matchline影音系列产品征集中文名字的有奖活动，百事可乐的“爱拼才会赢”，联合利华“奥妙”降价促销等。

6. 关注本土化的消费群体的代表——新生代和新女性

新生代追逐流行时尚，关注个体自我，注重自我感受，但不自我放纵。跨国企业利用这一点与其沟通，如：“我就是我，晶晶亮”，“我有，我可以”，“我行我酷”等。新女性的硬朗、独立、不依靠男人生活的形象特征也被挖掘并充分利用，戴梦得的广告说“钻石恒久远，一颗永留传”，又说“钻石女人，要你放在眼里”——切合中国女性社会角色和家庭角色的变化。

不难看出，跨国企业的全球扩张有效结合当地的实际，其成功的本土化策略在中国市场上赢得很高的份额。

跨国经营时的全球化与本土化是统一的，两者并不矛盾，且相得益彰。有效结合两者是跨文化传播的制胜之道。

第四篇

广告传播理论研究的未来

第十五章 广告传播社会化问题

社会化是“使人们获得个性并学习其所在的社会的生活方式和社会相互作用的过程”,①是“怎样把自然人变成对社会有用的社会人”的过程。经过这一过程,“社会文化得以积累和延续,社会结构得以维持和发展,也就是人的个性得以形成和完善”。② 社会化持续贯穿整个人生,从婴幼儿、青少年、成年、老年直到死亡。

影响社会化的环境因素有家庭、学校、朋辈群体、工作组织和大众传媒等,其中,大众传媒形式多样内容丰富,引导受众的价值观念和行为,大众传媒对人的社会化的进程影响无处不在、无孔不入,影响力巨大。美国社会学家I·罗伯逊这样描述大众传播工具对人的社会化的影响:“从新闻、舆论到时髦风尚和时髦货,传播工具及时报道社会时尚和社会变化。它们提供了人们可能觉得不能用别的方法看到的角色模式和生活方式掠影。通过传播,儿童知道了审判室中的律师、西部的牛仔、警方的侦探,甚至蝙蝠侠和达思·瓦德尔这样的虚构人物(其实这些形象中有许多都不真实,但这未必能削弱它们的影响)。年轻人还从传播工具的广告中,知道了他们将来作为消费者在市场上的角色,以及社会对青春、成功、美丽和实利主义的高度重视。不断变化的社会规范和价值标准在传播工具中迅速得到反映,并且可以被那些不靠传播工具就无从了解这些规范和价值标准的人欣然采纳。”③

作为大众传媒的一种形式,广告传播对我们的生存方式和社会环

① [美]I·罗伯逊:《社会学》(上),黄育馥译,商务印书馆1990年版,第61页。

② 郑杭生主编:《社会学概念新编》,中国人民大学出版社1987年版,第85页。

③ [美]I·罗伯逊著,黄育馥译:《社会学》(上),商务印书馆1990年版,第161~162页。

境的影响越来越大，经济史学家戴·M·波特说："论社会影响，广告可以与由来已久的机构（如学校、教堂）相比，它统治了媒介，对大众标准的形式有巨大的影响，它是很有限几个起着社会控制作用的机构中货真价实的一个。"①广告渗透到社会生活的每个角落，与各种文化交融，在人的社会化过程中起重要作用，具有社会化的功能。

第一节　广告传播与社会环境

广告是一种经济行为，也是一种社会现象，渗入我们生活中的每一部分。广告与社会形态、社会发展、社会构成等紧密联系，向全社会传递自己的文化行为和生活方式，隐蔽地控制社会。广告不仅影响人们的消费观念、消费行为和消费模式，也影响人们的思想意识、道德观念、精神或物质追求等意识形态。

一、广告对社会消费的影响

（一）指导消费，丰富生活

广告向消费者提供商品的特性、外观、品质、价格或形象等商品信息，给消费者提供购买的理由，同时也向消费者传授各种有关生活、工作的新知识。现代广告要花费众多时间详细介绍新发明和新创造的原理和产品的工作机制，介绍产品的特性、用途和使用方法，把有关新发明、新创造的知识传授给大众。经常注意广告的人，尤其是注意新产品介绍广告的人，可以获得许多知识，了解到许多新的发明和创造，从而增长知识、扩大视野、活跃思维。广告可以告知新商品信息，让消费者了解最新科技成果，广告可以告知商品的促销信息，让消费者购买到物

① ［美］梅尔文·L·德弗勒、埃雷特·E·尼斯著，颜建年译：《大众传播通论》，华夏出版社 1989 年版，第 471 页。

美价廉的商品，得到实实在在的好处。

在现代社会，为产品做广告意味着企业对消费者做出承诺，作为公众消费品，广告必然受到社会监督，知名品牌会拥有广泛的消费群。广告一定程度上消除了商品信息的不确定性，降低了消费者的购买风险。购买特殊商品、高档商品时，消费者更会参阅广告，获得尽可能丰富的信息。

(二)丰富人民的生活

广告不断地提供生活信息，为消费活动创造便利，丰富了消费者的生活。新产品不断问世，需要通过广告把相关信息传播给消费者，促使消费者产生购买行为，以满足消费者需要。

广告通过传播信息，为消费者提供个人消费指导：选用工作用品，采购生活用品，等等，涵盖衣食住行各方面。重视整洁的家庭妇女，通过广告选择所需的各种清洁剂，以减轻家务劳动，提高工作效率，还可以借助广告帮助采购家具，选择食物，购买医药，等等。

企业通过广告介绍产品的名称、规格、性能、用途等，并引导消费者利用这些产品改善生活。消费者根据自己的实际情况和实际需要，选择适合自己的日用消费品和耐用消费品，改善自己的生活条件，提高生活水平。

西方国家的消费者严重依赖广告，利用广告来生活和消费已经成为生活方式。

(三)改善人们的生活习惯和生活方式

在利润驱动和激烈的市场竞争的压力下，广告主会加大科研投入，在深入研究消费者的个人生活习惯的基础上不断提供新型的产品和服务，以满足消费者的需求。企业在获得利润的同时，提高了人们的生活水平。威尔·家乐把粟米片引入美国人的生活，让人们喜欢上了这种健康、方便的早餐。高露洁告诉人们，每天早晚刷牙的重要性。吉列剃须刀告诉男士们：每天都要刮胡子，而且不用到理发店去。麦当劳又给所有的都市主妇们“洗脑”———没必要天天晚上呆在家里做饭。

为了让人们接受新产品，广告主常常利用广告传播新知识，改变人们的生活观念和消费方式。一方面，为产品打开销路，另一方面，带给人们新知识、新理念，宣传新的生活方式。含有新科技的新产品，基本上都采用此类广告手法来影响消费者，诱使消费者购买产品。

19 世纪 80 年代，乔治·伊士曼发明柯达照相机，当时很少人懂得照相，更没想过照相会成为生活的一部分。伊士曼把照片作为宣传的重点，柯达的广告告诉人们，在圣诞的家庭聚会上可以拍照片，留住美好的时光，让人们把照片与记忆联系在一起，这样一来，人们就明白，他们需要胶卷来记下生活的痕迹。

“玉兰油”防紫外线润肤霜的广告告诉人们，紫外线会晒伤肌肤，即使在阴暗处，紫外线也能够晒伤肌肤。“玉兰油”防紫外线润肤霜含有 FPF15 防晒功能，能有效阻隔让皮肤变黑的紫外线，呵护女性娇嫩的肌肤。这样的广告诉求，无疑帮助女性消费者了解了更多保护肌肤的知识。

(四)引领时尚，创造流行

广告传播活动通过制造流行来大规模推销商品，却有意无意地影响人们的消费观念、价值观念甚至思维方式。值得注意的是，以推销商品为目的的广告主和广告传播者，往往只注意制造流行给他们带来的巨大物质利益，而忽略社会流行导致的观念变化会影响社会控制，进而影响人的社会化。

广告传播利用人的模仿、从众等心理机制制造流行，以大规模推销商品。广告先根据人们喜欢模仿权威人物的心理特点，邀请名人代言，引发消费者的崇拜。再利用人们模仿的心理特点，制造大批“追星族”。在相当一部分人接纳“流行”的内容之后，再利用社会从众心理，迫使那尚未进入流行行列的人“随大流”，至此，流行正式形成，广告传播就达到预先设想的目的。广告传播者还利用儿童、妇女更具从众性和模仿性的特点，在这些社会群体中制造流行，激发其购买，这都是广告对事物或行为进行大肆渲染的结果。这方面的典型例子很多，如 1986 年流行黄裙子，1988 年流行牛仔裙和耐克运动鞋等。可口可乐等可乐型饮料的流行、雀巢咖啡的风靡，是由于广大消费者接受了新的消费观念，形成新的消费习惯。

从中国人理性的消费观念来看，肯德基和麦当劳这两种西方快餐食品不太适合中国人，可是肯德基和麦当劳成功地进入中国市场，还掀起消费热潮。其流行的深层次原因是中国消费者认可并接受广告宣传的来自美国的生活方式和西方文化，“常常欢笑，尝尝麦当劳”、“我就喜欢”，这些广告词，在中国城市家喻户晓。

二、广告对社会文化的渗透和影响

广告本身就是一种文化，是现代文化精神的特殊表现。作为市场行销手段，广告的根本目的是促进销售和追逐利润，但营销活动决不是单纯的商品买卖行为，更是复杂微妙的文化行为。广告与社会风俗、文化习惯、人们的意识形态、价值取向联系紧密。美国广告界知名人士迪诺·贝蒂说：如果没有人做广告，谁能创造今天的文化？你又能从哪儿为文化活动找到比广告媒介更生动的宣传方式呢？[①] 著名的企业都先售卖自己国家的文化，再来推销商品。可口可乐、耐克、万宝路、麦当劳等的广告里充满美国文化特有的对“英雄主义”的狂热崇拜精神，“征服与超越”的从胜利走向胜利的自信，个人主义的价值追求，粗犷、奔放、自由而不失幽默的美国精神等成为大众流行文化的重要组成部分。这些品牌成为美国文化的代名词，使消费者潜移默化地体验美国的文化。大批日本、韩国的产品也紧密跟着“日流”、“韩流”涌入中国大陆，引发“哈日族”、“哈韩族”痴迷，疯狂模仿、购买。

（一）广告中的文化渗透

当代中国的文化大致呈现主流文化、精英文化和大众文化三种形态。由于市场经济的发展、大众文化普遍的适应性及大众传媒技术的高度发达，大众文化取得对主流文化、精英文化的优势。广告以大众传媒为载体，大众文化的各个方面都在广告中得到充分的表现。

---

① 陈培爱：《广告策划》，中国商业出版社 1996 版，第 37 页。

1. 主流文化

主流文化具有高度的融合力、较强大的传播力和广泛认同的文化形式，强调时代精神。比如，责任感是社会的主流话题，很多广告表现对社会事务的关注：农夫山泉针对希望工程的“阳光工程”，乐百氏纯净水的“绿色工程”。又如，宣扬超越自我的广告，中国移动的“全球通”的“我能”系列品牌广告；李宁充满自信的高喊“一切皆有可能”。激发奋发图强的爱国热情和民族自豪感的广告，长虹彩电高扬“以产业报国为己任”旗帜；非常可乐说“中国人，当然要喝自己的可乐”，海尔旗帜鲜明提倡“中国造”，美菱称“中国人的精神，中国人的美菱”。这些广告向主旋律靠拢，其本意是赚取眼球，但也是对主流文化的响应和倡导。

2. 精英文化

精英文化代表正统、由主导国家或民族的部分精英创造并欣赏。精英文化鼓励个人奋斗，成就事业。金利来一向以稳重成熟男士魅力风范著称，“金利来，男人的世界”这句广告语打动成功男士的心。商务通的广告说“成功者的足迹，呼机、手机、商务通，一个都不能少”，因其心灵的共鸣而家喻户晓。“男人就应该对自己狠一点，生活才会对你好一点！”这是柒牌男人对自己的要求，也是成功男人对生活的诠释。斯得雅的“成功，是一种态度”塑造了都市男性健康的成败观，随性而坦然。劲霸男装“奋斗成就男人”的表白，顺理成章地成为中国男人的追求。

3. 大众文化

大众文化与大工业生产密切相关(因此往往必然地与当代资本主义密切相关)，以工业方式大批量生产、复制消费性文化商品。与传统文化形式相比，大众文化具有赤裸裸的商品性，以实现利润最大化为根本目标。传统文化与经济的界限被完全打破，两者含糊不清，人们很难辨别哪些是纯粹的文化行为，哪些是纯粹的经济活动。兼有文化和经济两种性能的特殊品格，使得大众文化比传统的文化形式更容易进入普通大众的日常生活。广告的后现代趋势赋予商品文化意义，在大众消费时代，这个“文化意义”植根于消费文化，其主要内容是大众文化，表现为大众文化的狂欢和模拟现实生活。作为意识形态，广告塑造着年轻人的价值观和行为方式，对年轻群体产生重要影响。社会文化的众生百态，都在大众文化的广告得到代表性的体现：

(1)归属感与爱。在马斯洛的需要层次论里，归属和爱的需要属于较高层次的心理需求。在商业社会里，人们寻找心灵的归属与亲情的慰藉与愿望非常强烈。基于这种文化心理，南方黑芝麻糊的怀旧广告才给人们留下深刻印象；孔府家酒的广告词“叫人想家”，让人动了回家的念头；纳爱斯雕牌的亲情广告“妈妈，我能帮你干活了”，也深深拨动人们的心弦。

(2)我时代。我时代的特征是“张扬个性、自我、叛逆”，自我意识强烈，我时代的主题是“快乐(爽)、时尚(酷)、探索(好玩)”，“动感地带”广告说“我的地盘，我做主”，一酷到底；“要爽由自己”的可口可乐变得更快乐；麦当劳的“我就喜欢”吸引大量的年轻人；安踏因为“我选择，我喜欢”而流行；美特斯·邦威则标榜“不走寻常路”。这些充满自我意识的广告，把握住时代的脉搏，迎合了年轻人的内心深处最热烈的渴望、价值观和需求。

(3)贱文化。贱文化与雅文化相对，为老百姓量身定做。让人们在嬉笑怒骂之后，轻装上阵，面对生活。反映到广告上，表现为“俗”。广告直截了当，不细究广告背后的文化底蕴及内涵，让人一听就懂并能迅速记住。如，“四盒一疗程，买三有惊喜”。有的则略显“庸俗”，不加修饰地表达出百姓平时羞于出口的本能需求，如：“今年爸妈不收礼、收礼只收×××”，“他好我也好”，“女人有肾宝，男人跑不了”，等等。还可以表现为“傻”，用老百姓常见的白话或方言来表达(或用幽默搞笑的方式表现)，让老百姓觉得好玩、好记、逗乐，在茶余饭后将其当作笑料广泛传播。如，“地球人都知道”，“最近有点心有余而力不足了，整点×××吧”等。还可以表现为“唬”，渲染产品强大的海外背景、高超的科技含量、发明人不同凡俗的学术地位等品牌背景，“吓唬”消费者，使其产生敬重及信赖感，激起购买欲。如，“八位专家十年攻关二十年心血”等。

广告中的文化倾向并非都是刻意添加的，因为人是文化的主体，人是文化的人。广告从创意到成形到播送，一直处在文化环境中，广告的文化性或文化倾向自然不可避免。

(二)广告对文化的负面影响

广告本身就是商业性质的消费文化，目的是推销商品，得到最大化的利润。广告无法回避功利，广告文化因此缺乏终极关怀，良莠不齐、好坏参半。一方面，广告传播者会调动文化中的积极因素，在促销中深化和升华受众的价值取向，帮助其提高审美格调；另一方面，广告传播者有意无意地影响大众，不择手段地刺激大众消费。

1. 广告媚俗化，低俗化

为了推销，广告会用媚俗的方式来吸引消费者的注意，投其所好，赢得消费者的青睐。夸大产品的功效、性能，误导消费者，使消费者寄予过高的期望，狂热购买，结果却大相径庭，感觉上当受骗，这样会严重损害企业和品牌的发展。

一些商业广告，内容媚俗低下，广告创意消极落后，传输错误理念和不健康的生活方式，严重玷污人们的视听，产生极为恶劣的社会影响。很多广告一味迎合低俗，甚至以性为手段，大搞噱头。广州有一款方便面灯箱广告，画面是一个美女泡在浴缸中，广告词是“泡的就是你”。此广告一出顿时引起多方面的严肃批评并被迅速撤掉。这个广告以性联想、性暗示来吸引受众的关注，用语粗俗。电视上的保健药品广告极其暧昧，妻子满脸幸福地说：“使用‘××肾宝’，他好，我也好。”洗衣粉广告说：“你泡了吗，你漂了吗?”这些广告迎合了一部分人的媚俗心理，让人产生联想，用这种方式来追求广告效应，带来的负面影响可以想见。

2. 鼓吹、助长享乐的消费主义

广告用商业文化异化人们的价值观念，竭力提倡享受，倡导、宣扬超支购买，从根本上破坏强调节俭、简朴、自我约束和抑制冲动的传统价值体系，花钱和享受、炫耀和时尚成为成功的标志，大众文化变成享乐主义的温床。

现代商业广告经常展示不同于现实存在的充满魅力的虚幻世界，巧妙地赋予产品人文意义，让受众相信，只要消费这种产品即可进入这样的世界，从而获得向他人炫耀的资本。汽车广告、房地产高档消费品广告均借助于这种消费暗示心理，倡导“至尊”、“尊崇”等概念，纵容“炫耀性消费”，其消极示范作用不容忽视。广告示范鼓励低收入人群与高消费者盲目攀比，导致低收入人群的超前消费，在社会金融信用体系不够完善的今天，无疑会引发一系列社会问题。

3. 曲解和亵渎传统文化

广告文化形成于广告商品推销者之手，也形成于广告商品所面对的消费大众之手，广告具有广泛而普遍的渗透能力，能影响不同文化层次的受众。传统文化经典被切割、绞断、搓碎后糅在广告中，掺和在商品包装上，各种成语被偷梁换柱，于是出现与传统文化隔断而又受被曲解的文化影响的一代，例如“雄鸡冷饮，食(十)全食(十)美”，“中兴酱油，酱(将)出名门”；妇科洗液的广告语说：“无炎(言)的女人更温柔。”歪曲、篡改成语，带来不好的社会效果。蒙娜丽莎不断在广告中出现，往往被涂上化妆品、安上胡子、露出洁白的牙齿以宣传产品，受众很少能欣赏到“蒙娜丽莎”的真面目。

由于现代社会大众传播的普及和广告的频繁出现，使广告语成为社会大众所熟知的语言，进而成为社会流行语。广告流行语，融入鲜明、奇特、浮夸、虚假等交织的矛盾，描述着现代人美丽而虚幻的心态。“不要太潇洒”，“今年 20，明年 18”，此种语言比比皆是。“做男人挺好”、“做女人挺好”、“没有什么大不了的”等本是性保健及丰乳类商品的广告语，现已被大量放置到都市的生活用语中，被引用、被引申，被比喻、影射和矫饰。

三、广告影响社会规范的形成和内容

社会文化的核心内容包括价值体系和社会规范两部分。个人通过社会化的过程，将社会价值观念内化，学习和掌握社会规范。社会规范是社会运行的重要保障，也是社会控制的重要手段。社会规范在社会现实中表现为各种形式，如道德规范、法律规范和各种各样的规则。

广告不仅传播商品信息，也传播理念。这种理念自始至终贯穿现有的社会规范和形式，帮助人们了解社会和认识社会首选广告所宣传的角度。在传播商业信息的同时，附带传输积极向上的人文理念，这样的广告传播往往通过某种情境的展示，为受众提供可模仿的榜样，从而倡导社会规范。例如：2003 年，CCTV-1 一直播放的主题为“孝敬老人”的公益广告，“妈妈给婆婆洗脚”影响到“儿子也给妈妈洗脚”，宣扬中华民族孝敬老人的传统美德，让人自觉形成对照，进而影响到自身行为。2004 年春节前一直播放遵守交通法规的公益广告，使人们进一步认清交通事故给个人、家庭、社会带来的危害，增强交通法规意识。“保护地球”、“节约用电”、“保护稀有动物”等主题的公益性广告，也有利于提倡社会公德；大量的商品广告则通过送礼、拜年等情境展示，提倡友爱和谐、贴心关怀的行为准则。央视播放的“小糊涂仙”广告，广告词中“狼来了并不可怕，失去诚信最可怕”，利用“狼来了”故事，使人对产品留下深刻印象，还受到一定的教育引导，吻合了公民道德规范所宣扬的“诚信为本，操守为重”理念，还让人们觉得该企业讲求诚信。

记忆需要不断重复，当广告不断重复的时候，想要不接受也很困难。尽管传播理论和技术都承认和实现了受众的主观能动性应有的发挥，但这种主观能性的发挥很有限。我们每天都被动接受大量的广告传播的社会规范和形式，暗示的角色期待。广告虽然也宣传亲情和锐意进取，但更宣扬物质享受。青少年的心理特点、思维方式、生活习惯正在形成中，会成为广告文化最大的受影响者。广告不断地为青少年制造生活的幻觉和理想，老板的气派、帝王的感觉、香车美女、灯红酒绿，使人沉浸在幻想之中。对涉世未深、看不清现实之路的青少年来说，受这些广告的影响，许多的人学会了抽烟喝酒，学会了吃穿讲名牌，学会了对物质生活的盲目追求，甚至不惜犯法，这样的广告不利于青少年的健康成长。

四、广告维持社会秩序和培养社会角色

除了提供商业信息，广告还肩负维持社会秩序的责任。按照社会

学有关理论，伴随着现代化、都市化等社会转型过程，传统社会结构和纽带会不可避免地解体。传媒具有替代传统礼俗、重构现代人际纽带的功能。作为传媒的重要组成部分，广告直击人们消费、生产活动，与人们日常衣食住行息息相关，对公众具有特殊强烈的导向作用，在“构建”现代社会成员“共生”与“共识”关系方面，发挥决定性作用，功不可没。①

20多年来，中国广告已经成为塑造现代社会规范、共识、标准的重要力量，为中国社会的消费、时尚、审美、人生态度和梦想等提供了一系列参照系和标准。现代社会的消费，不再是温饱线上简单的“补充给养”，而是社会文化“活动”，交织着无处不在的文化脉络……广告恰恰是这样一个结合点——以“文化”的形式，带动起诸如“品牌”、“形象”、“质量”、“档次”、“诚信”等现代消费文化概念，事实上搭建了市场秩序基础上的全新的现代社会伦理框架。社会成员在异质化、个体化、片面化、陌生化的同时，可以借助广告组合成新的命运共同体。比如，广告在商家和消费者之间建立更人性化的关系。现代工业生产和消费模式，具有强烈的非人格化、隐身、陌生的特征，产品生产者和使用者不认识、不谋面，相互间完全是陌生人。广告的出现，使得生产者、销售者以鲜活的个性化、人情化的形象出现在消费者面前。这种状况，类似传统手工作坊的产供销之间面对面的私人交往。广告弱化了现代社会生产的陌生感，增强了买者和卖者之间契约关系中的“人文”要素②。

广告还培养受众的社会角色。每个人一生中要扮演多种不同的社会角色，尤其进入成年之后，一般要经历就业、结婚、生儿育女等过程，相应地要扮演职业人员、丈夫(妻子)、父亲(母亲)等多重角色。人们必须通过不断的学习和实践，才能熟悉和胜任自己的角色。社会化过程就是角色学习的过程。电视广告传播通过展示社会生活情境，赋予广告人物以特定的角色特征，影响现实生活中的人们对社会角色的认同，

---

① 于长江：《中国的社会变迁与现代化中的广告是成熟更是新生》，《现代广告》2005年第12期。

② 于长江：《中国的社会变迁与现代化中的广告是成熟更是新生》，《现代广告》2005年第12期。

从而导致人们对这种角色的模仿实践。广告中提供的社会角色是多种多样的丈夫或妻子、父亲或母亲、儿童或老人、成功人士或普通百姓等等。每种角色在广告中有不同的行为特征，拥有不同的物质商品，也分出了不同的地位层次。这些形象投射到现实生活中，成为普通受众的角色期待，并为之付出努力。

第二节　广告传播中的女性

在大众传媒构造的社会环境中，女性形象无处不在。从数量上看，广告中的女性数量明显多于男性，广告中的“重女轻男”现象非常严重。此外，在众多女性中，年轻漂亮的女性占了大多数，形成“美女”现象。据概略统计，在报纸、杂志、电视、路牌和灯箱五大广告媒体中出现的广告人物中，87％是漂亮的女性。

女性成为广告的主要符号要素，不是由少数人的个人偏好决定的，而得到了广大消费者的支持，性别意识形态和商业价值意识形态塑造了女性广告，其中的女性成为最重要的广告诉求方式。广告策略多不胜收，但有一种永远都不会过时——找一个漂亮姑娘。

女性宣传商品，能给观众带来视觉美感，很快吸引观众注意力，女性特有的亲和力也有助于消解人们对新产品的陌生感，尽快得到人们的认同，促使人们消费。在所有媒介形式中，广告最有助于女性发挥社会交易品角色的作用，把女性视为消费诉求的目标，在广告信息中利用父权社会已固定化的女性特点，将商品附加在女性身上，凸显其商品性。

一、广告中女性形象的演变

利用女性作广告，历史久远。19 世纪末，可口可乐就起用“吉普赛女郎”做广告。20 世纪 60 年代，智威・汤臣的斯坦利・里索夫妇把“美女”广告推上了第一个高峰。

也是 19 世纪末，外国广告进入中国市场，使用西洋美女月份牌，渐次引发二三十年代月份牌广告的流行，中国也流行美女广告。从整体上看，广告中的女性形象经历过重大变化：性对象（60 年代）——幼稚的女性（70 年代）——养尊处优的女性（80 年代）——驯服的职业女性（90 年代）——新女性（21 世纪）。①

1. 20 世纪 60 年代

这一时期，广告中的女性集性对象、妻子与母亲与一身。60 年代，已有 50％女性参与社会工作，但广告商视而不见，依然把厨房描绘成年轻女性的办公室。社会学家说，根据各种传统的文化陈规，妇女被表现得非常女人气，是性对象、是家庭妇女、是母亲、是操持家务者，男人处在权威和支配妇女的地位上。

该时期广告中的妇女形象很符合传统的中国女性的形象——贤妻良母，勤劳温顺，没有任何的追求，尽可能在异性面前保持自己的魅力。在广告中唯一可做的事就是围绕男人转，把打理男人的生活作为自己的全部。

2. 20 世纪 70 年代

这一时期，广告中的女性大多娇小幼稚，需要男人的保护和帮助。广告中的女性普遍凭借自己的年轻美丽吸引异性的目光，娇羞的笑容、美丽的容颜，温柔的举止，无不传递出渴望男人保护的信息。上层奢华享受的高贵妇女多在休闲地喝咖啡，遛宠物狗；下层妇女则忙着传统的女性事务，烹饪、带小孩等。

3. 20 世纪 80 年代

80 年代的女性摇身一变，从繁重的家务中解放出来。养尊处优，过着豪华奢侈的生活，不用工作更不用做家务，穿着华美，出现于晚宴和聚会中，深受在职场男人的艳羡。80 年代广告中的男人除了要应付

---

① 刘兰珍、饶德江：《广告传播中女性形象的贬损分析》，《武汉大学学报》2005 年第 3 期。

高度繁杂的工作外，还要干家务、照顾孩子，忙得不亦乐乎。

4. 20 世纪 90 年代

经过妇女解放运动之后，20 世纪 90 年代广告世界中的女性大多以职业妇女的角色出现。形象年轻、靓丽、开朗，充满活力。她们喜欢和年轻的朋友一起游玩，和自己的家人温馨相处。但这些职业妇女总处于劣势，明显要依从于男上级，男人的领导地位和保护者地位一览无余。

5. 21 世纪

21 世纪是"她"世纪。广告中的新女性更接近于现实，更时尚。她们衣着光鲜、身材苗条、容颜漂亮，身份大多是女秘书、女经理或电影明星，工作生活轻松悠闲。有人评价说，"新型"的女人是单向度的，花枝招展得如同一个美丽的花瓶，成为这个物欲时代的点缀品；男人却有血有肉，丰富多彩。

二、广告中女性角色的分析

纵观整个 20 世纪下半叶，广告中女性形象发生了一系列的变化，但女人的角色模式万变不离其宗。广告追求社会大众认同，建立在男权文化社会基础之上的女性形象，要体现传统的性别意识，要服从于男性，依赖于男人的保护，成为男人的依附。

1. 社会角色

美国对 1965—1973 年间的一项广告调查表明，女人主要出现私人领域：看护 86%，照顾孩子 78%，家务 70%，业余时间 53%，家庭之外的工作 20%。传统广告中的女性多出现于家庭、文教、服务职业背景中，身份主要是秘书、教师、助手、女招待和护士等，这些职业大多是家庭主妇劳动的社会延伸，处于社会边缘，从事这些劳动的女性的智力和思想层次都受到限制。广告中的女性不是来提醒总经理"别忘了吃药"，就是来告诉"谈判的时间到了"，以服侍照顾他人为主。享受服务的都是男性，他们都被塑造成拥有较高的社会地位和权力的人物，女性顺理成章地成为附属于这些男性领导的配角，很少以权威者、领导者的形象出现。

广告中的男人角色大都是职业男性。西装革履地开着豪华汽车，气宇轩扬地奔走于职场之间，一幅“男人的世界”的派头。这似乎暗示着，男人是创业者和成功者，是社会的支配者。女性与男性的关系是界定在服从、依顺、服务和性吸引上的，以此得到男性的呵护、爱慕、供养、资助和指导。她们的任务就是购物、享受、美化形象。“钻石恒久远，一颗永流传”热恋中的甜美女人；“喝汇肾宝，他好，我也好”的拥有性爱和情爱的女人；“做女人真好，太太口服液”里满足幸福的女人；“放你的真心在我的手心”里爱意浓浓的女人等，溢满幸福笑意的脸出现在各种广告媒体上。她们时间充裕，生活安逸，无忧无虑地享受。

受西方社会后现代话语及种种社会思潮和女性主义运动的影响，广告中男人和女人的形象发生一些变化。和女人一样，广告中的男人同样要照顾家庭，收拾家务。立白洗洁精的广告里，陈佩斯为了保护妻子的手，自己在厨房里洗涮小山一样的碗碟。“蓝天六必治”牙膏的广告中，快乐的父子一起刷牙，寓示着，作为好父亲，男人要照顾孩子。部分女性走出厨房，走上厅堂，女性变得自立、自信、自尊、自强，从家庭之外得到快乐，和男性一样出现在各类公务场所，出现在办公通讯、网络、房地产、商务服务等场所。海尔空调中的公关小姐，商务通中的白领丽人，都显示出女性在社会工作中有一席之地。但在总体上尚未形成气候。

2. 家庭角色

在男权社会里，妇女要依附于男人，没有话语权和地位。所有的主流意识形态都是男尊女卑，女人要“三从四德”。家庭几乎是专为女性而设的特殊强制系统，具有显而易见的性别针对性和性别专制意味。操持家务，相夫教子，被认为是女性的天职。随着时代的发展和观念的更新，特别是在女性为寻找自我和自我价值、为获得男女平等做出巨大的努力之后，这种传统观念日益被冲破，女性不再受困于家庭和家务，角色定位也发生变化。广告中女性的依然被限制在家庭中，养孩子、做家务、伺候丈夫，俨然是传统的家庭主妇。

她们衣着朴素大方，神情坦然而温柔，对家务事、社交和礼仪尽心尽力，毫无倦意和厌烦，甚至有许多热爱和自豪。这类女性的身边总有可爱的孩子和满意的丈夫，她们是一个家的支柱和善于主内的女性。在食用油广告、洗碗机、抽油烟机、洗衣机及洗涤用品等广告中，广告设计者把女性塑造成乐于做家务，惯于照顾、服侍别人的角色。而与此形成鲜明对比的是，同时出现在这些广告中的男性却很少参与家务，他们一个个悠悠然地不是在听音乐、看报看电视，就是在和儿女嬉戏，其角色定位多为旁观者、享用者、被侍候者。“雕牌”洗衣皂广告中，老太太卖力地洗着一盆衣服，老头却在旁边悠闲地喝茶、看报；“金龙鱼色拉油”广告中，妻子在厨房里热火朝天地炒菜做饭，丈夫在客厅里专注地看着报纸，儿子起劲地打着游戏机……这些广告强调的女性传统职能，女性的行为模式被框定，如出一辙，绝非单纯表现技巧上的雷同。广告作为社会意识形态而存在，时时刻刻都向人们灌输文化观念和社会固定成见中有关性别差异和相对地位的信息，反映出深层文化心理上对女性传统家庭角色定位的普遍认同。

3. 物化角色

广告中有四分之一的女性角色身着性感的衣饰，或成为男女角色的关系中被男人观赏的对象。浪沙袜业的广告中，女主角并未现身，广告画面中着丝袜美丽双腿不断出现。在化妆品、日化用品和服饰产品的广告中，女人身体的各个部位——秀腿、纤脂、美颈、明眸、皓齿、细足和裸臂等被单独抽离出来成为画面的焦点，女人身上每一寸肌肤都被广告有意放大。德高家具的广告词公然宣称：“现代家庭有三宝，娇妻、美子和德高”，把妻子和家具相提并论，女性被当作物看待，成为商业文化和男性审美的载体。

约翰·伯格在《看的方法》一书中说，广告中的女性是“被看的女人”：“男人看女人，女人看着她们自己被看。这不仅决定了男人和女人之间的关系，而且决定了女人和她们自己的关系。女性自身的鉴定者是男性：被鉴定的女性。这样她就成为一个对象——主要是一个视觉对象：一道风景”。① “被看”是女人的命运，“看”是男人的动作，即使女人看女人，她们也不是用自己的眼光、而是用男人的眼光去看。因此才有对着摄像机镜头做出各种展示姿势的女模特，或清纯玉女，或扮性感尤物进行挑逗。这些女性期待被男性观看，得到男性鉴定者的肯定。在父权制和商业性的合谋下，广告中的女性逃脱不了“被看”的命运。

男本位的观念把自身的价值判断和审美趣味巧妙地内化到女性身上。广告中，男性的审美标准处于中心地位，是主动的“看”。被“看”的女人则是符合男人欣赏标准的“物化”角色，女人被当作东西、商品、消费品、机器等。科健手机的广告词是：“她聪慧动人……，她清新如水……芳名：科健智能星，三围：194×45×21mm；身材：小巧玲珑；肤色：……；价格：1 980 元。”女性成为价格化、物化的美丽尤物，被男人玩弄于股掌上。“景田”太空水的广告中，电脑合成的“女面瓶身”成为画面的中心，女性的温柔、美丽、纯净都成为被消费的对象。

广告中的美女青春、美丽，女人的魅力就是美丽成为广告唯一的主题。女性形象在广告中完全是作为客体和对象——观赏物的方式——被表现的，她们缺乏个性的一招一式，一颦一笑，毫无主体的生命力。其容貌与形体之美仅具观赏价值和装饰性意义，与同时被观赏的广告产品并无二致，因此，她可以如花瓶随便装点在任何商品广告中。在一些与女性毫无关联的广告中，女性身体也被肆意物化以作为招徕物，吸引潜在的男性消费者。

在一则品名为“妖鱼”的男性保健药品的电视广告中，女性形体被塑造成人鱼形象，手持与其造型一致的商品包装，多幅复制的图像强调了两者的雷同。一些酒类广告牵强地将女性与产品相联系，暗示女性的容貌与形体仅具观赏价值和装饰意义，可与商品一起，通过购买来使用和消费，甚至可作为购买商品之后免费赠送的奖品。女性的客体化否定了女性自我实现的能力，似乎女性的自信，源自于男性的注视。男性品评的目光无形中设立了女性性感的标准。此标准本身的可靠程度与公正性从未引发任何质疑。相反，女性为使自身得到男性的承认，更

① Berger: *Ways of Seeing*. London: BBC and Pengium Books.（Berger，1972:47）。

将此人为设置的标准奉为约束自身的公正的准则,凡不符合传统定义上的女性特质的女性被认为是“不自然”或“反常”,从而遭到别人厌恶的目光。女性形象可以作为商品来展示、交易、消费,这种形象通常以性感吸引力来定义。这种性感可以简单地通过购买一件商品来获得。这样,广告把复杂的意识形态领域的问题简单化。

三、广告中出现女性形象的意义

1. 强化对观众的视觉冲击力,引起观众注意

诺贝尔经济学奖获得者郝贝尔·西蒙说:随着信心的发展,有价值的不是信息,而是注意力。注意力资源稀缺,引起注意是广告成功的前提。广告创意方法中,“3B”法则流行且屡试不爽。“3B”是“Beauty(美女)”、“Baby(婴儿)”、“Beast(动物)”的缩写。很多广告人将“3B”视为广告创作的法则,认为这三者最容易抓住消费者的眼球,赢得受众的喜爱。女性作为重要的审美对象,自有其特殊的魅力。女性的魅力最易觉察到的是外部形体美。身段苗条、体格风骚、肌肤胜雪、眉如墨画的女性,或高贵典雅,妩媚娇艳;或小鸟依人、我见犹怜;或婀娜娉婷、细步轻挪;或热情奔放、青春靓丽,都给人带来美的感官刺激和享受。美感是一种心理现象,是一种愉快的情感。女性美的形象运用于广告上,满足了人们的情感需要和审美心理,成为引起注意的刺激因素,能有效地吸引受众的目光,激发对广告的兴趣。

2. 显示商品(服务)的优良品质,预示给受众某种利益和好处

在商品广告中,模特儿的言行要为展示商品的卓越品质、独特功能和优良服务等服务。宝洁出产的系列洗化用品,无论是“头屑去无踪”的海飞丝,解决头发六大发质问题的潘婷,还是让头发更加柔顺的飘柔,都通过美女的示范表演,给人们直观形象的利益性展示。人们可以从中直接了解拥有该商品的利益和好处,增强对商品的喜爱和信任。

3. 刺激受众的购买欲望,激发受众的购买行为

这类模特通常是万众瞩目的明星,是某一领域的“意见领袖”。如成就卓著的影视、体育明星,由于她们的职业专长,往往被公认为某种商品(如化妆品、体育用品等)的使用和消费权威,成为大众,特别是广大妇女崇拜仿效的对象,形成消费“追星族”。化妆品、饰品等广告中,容颜娇媚、漂亮高雅的明星频频亮相,为商品宣传,拉近了消费者和商品的距离,促使受众模仿并追求女明星生活方式。女明星真切的表演与语言,能引发具有从众心理与崇尚名人心理的受众注目,使其相信商品质量,从而激发购买行为。

4. 烘托梦幻浪漫情境,增强广告作品的感染力

这类广告往往利用女性温柔、细腻、浪漫、多情的外形与心理特质,渲染非同一般的美感魅力和美好情境,增强广告作品的感染力,使受众于愉悦之中接受信息。杜邦的报纸平面广告以硕大的画面辅以简练的文字,拥有强烈的艺术感染力:宁静的空间里,心情平和、做着倚梦的美女,美丽的卧姿睡态,一定是为了更彻底地享受杜邦舒适柔软的床上用品。

四、广告传播中女性形象的形成原因和传播效果

与现实生活中丰富多彩的女性形象相比,广告中的女性形象单调贫乏,不是温柔体贴的贤妻良母,就是性感美丽的时尚女人,角色定型而模式化,女性个体的其他才能和丰富个性都被忽略了。

(一)广告传播中女性形象刻板化的原因

1. 商业化和市场的压力是形成女性形象刻板化的根本原因

广告首先是一种商业行为,它的最终目的就是推销商品。通过广告中唯美的形象来吸引消费者的注意力,激发消费者对产品或服务的激情,诱发其实施购买行为。要达到这个目的,可以借助美丽的女性,

使其成为卖点，成为促销手段。

2. 男权文化下的男性视角是形成女性形象刻板化的现实原因

20 世纪 60 年代，西蒙·波娃认为，女人不是天生的，而是被塑造成的，以男性为中心的历史成就了“女人”一词的文化含义。“女人是祸水”，“女人无才便是德”，“相夫教子”，“三从四德”等观念都赋予了女性依附男人和社会次等级的地位。

男性谱写的男性文化用男性视角来看待事物，男性视角孕育的媒介反过来又强化男性文化。对女性进行认知和表现时，他们表现出极大的反差，他们习惯于从视觉直感的层面来看待女性。在两性关系方面，他们习惯把自己放在主动和支配的地位，而把女性放在被动的依附地位。在对女性形象的界定上，他们主观地把自己对女性的希望通过特定的方式告知社会和女性，在他们自我的文化理念中传达女性形象，而不是现实客观的真正的女性形象，这是被男性文化“舆论驯化”过的女性形象。

3. 现实生活中女性主体意识的缺失是形成女性形象刻板化的重要原因

长期生活在传统男性文化氛围中的女性，自小到大都受传统文化的影响，承受了男性文化的说教和驯化。按照男性价值和欲望塑造的女性形象被大众传媒传播“以假乱真”地取代了真实的女性形象，以潜移默化地传递给女性，使她们以此标准来衡量自己。尽管现实和描述差距甚大，她们一直孜孜不倦地执著追求。这一切又反过来鼓励媒体的表现，形成恶性循环。

(二)广告中女性形象的传播效果

广告主和企业绞尽脑汁地利用各种女性形象来投其所好诱惑消费者，旨在引起消费者好感，接受产品或服务，以达到销售的目的。实际的传播效果未必尽如人意。

1. 影响儿童、青少年的成长

广告总是利用社会中的优势意识形态来构建性别意义和模式，这种对规范、角色、等级的制约，常常内化为受众的期望。现实社会中，男主外、女主内的传统观念被破除，家庭结构发生改变。广告中却不断传播女性的从属和依附的思想意识，助长了男性的优越感，误导了青少年的价值观。

2. 影响女性的自信，误导女性

对于女性消费者来说，广告毫无顾忌地渲染女性自身诸多特点甚至是缺陷，常常使她们陷入尴尬的境地——尽管她们一直按照广告传递的信息努力地改变自己，却仍然达不到广告里的完美形象。广告中的完美女性形象都经过精心挑选，度身打造，和现实生活里的女性形象差距甚大，很容易造成女性消费者的疏远，觉得可望不可及。虽然接受广告中的女性形象，却不会为其所动。

作为符合男性审美标准的女性形象，外在美成为衡量女性的砝码。女性的内在潜力、丰富内涵等都被忽略，只有被男性文化认同的外表价值，这是对女性人格的否定。媒介对女性美的刻版界定，偏离女性美的真正内涵，使女性失去自信和判断力，而按照商家的标准来塑造自己，淹没了个性特征。这种不健康的文化导向值得大家深思。

3. 转移男性消费者的注意力

构建在男性文化基础上，反映男性视角中的女性形象广告。对于男性消费者来说，符合他们的审美认同，但不能达到宣传产品的目的，因为男性仅关注自己认同的女性形象，他们的注意力集中在女性人物形象上，而忽视了广告真正的主角——产品。利用男性喜欢的女性形象做广告，传播效果却本末倒置。

总的来说，广告是社会文化的风向标，广告中的性别形象是现行的社会意识形态的再现，反过来影响社会意识形态的形成、变化和发展。广告中女性的典型形象，一方面是传统文化观念和男权统治意识形态的反映；另一方面，这种对女性的刻版印象未能及时地随着社会文化的变迁和人们观念的改变而改变。我们应该重视广告对女性形象贬斥和歧视的现象，更好地利用广告实现经济效益和社会效益的双丰收，促进社会文明的发展。

第三节　广告传播和青少年

广告快速发展，广告依附于大众传媒渗透到人们生活的方方面面，给人们的生活带来全方位的深刻变化。青少年也是媒体的主要受众，在媒体中，商业广告的出现频率颇高，其对青少年产生的影响远远超出商品推销范围。广告内含的文化功能日益凸显，其鲜活生动、通俗简洁等特点契合青少年的接受心理和接受能力，潜移默化影响着青少年的世界观、人生观和价值观。

现代广告的社会影响力可以与具有悠久传统的教会及学校相匹敌，广告主宰着宣传工具，影响公众标准的形成。广告成为学校之外的道德教育和素质教育的精神文化环境的重要组成部分，引导青少年的社会化。

一、广告传播对青少年的影响

（一）广告传播对青少年的正面影响

作为商品促销的重要手段，广告包含的功利特征和经济功能显而易见，但广告也是社会文化现象，是社会文化的组成部分，因而也具有社会文化的特征和功能。广告在现实中也承担着文化责任，与其他社会文化现象一起构成现实的社会文化环境，广泛而深刻地影响着人们的思想观念和行为习惯，特别是影响着青少年这一特殊社会群体的思想品德。

1. 培养青少年的爱国主义精神，提高社会公共伦理道德意识

公益广告应随着时代的发展、社会的进步，不断变换和拓展内容。

如1996年的公益广告“中华好风尚”，弘扬了中华民族优秀的传统美德和优良的传统文化；1997年的公益广告“自强创辉煌”，讴歌了自尊、自强、自立的励精图治、自强不息的民族精神；还有1998年的公益广告“下岗再就业”、1999年的公益广告“知识改变命运”等，在青少年中引起共鸣，得到广泛的认同，收到了良好的教育效果。公益广告成为城市美丽的风景线和文明城市的明显标志。作为社会教育的良好途径，社会公益广告很好地配合了学校和家庭的青少年品德教育。

2. 提高青少年的审美情趣和艺术修养

广告是新型的艺术表现形式，借鉴了音乐、舞蹈、雕塑、绘画、文学等表现形式，融表演艺术、造型艺术和综合艺术为一体。“农夫茶”的广告，清雅、静谧，光线柔和、茶香袅袅，意境唯美。广告中李英爱用手蘸水品尝的细节凸显了水质的良好，显示了创意的巧妙——不显山露水却极具说服力。李英爱最后娓娓道来：“好水，好茶，好人喝”，与画面彼此呼应，自然和谐。画面精美、音乐动听、语言感人的广告作品所起的审美教育，是学校教育无法替代的，这也是赏心悦目的广告受青少年喜欢的原因。

3. 提高青少年素质教育的水平

优秀的广告有助于倡导健康的消费理念、消费行为和生活方式，传播先进的科学知识。欣赏优秀的广告，可以帮助青少年提高眼界、开阔视野、增加学识，是提高素质教育水平的良好途径。

（二）广告传播对青少年的负面影响

广告有良莠之分，好广告或脍炙人口，或趣味横生，或发人深省；不健康的广告或诱骗，或夸大，或低俗，对青少年的道德意识、思想观念、消费方式、行为规范甚至语言模仿等带来严重的负面影响。

1. 形成青少年价值观的误导

作为大众文化的一种形式，现代广告已成为向青少年灌输文化价值观念的重要手段，深刻影响青少年的消费方式乃至生活方式。青少年表现出来的炫耀消费、彰显个性的消费倾向与广告关系密切，准确生动的广告定位，能使产品，甚至消费方式、消费观念，在青少年心中占据无以替代的位置。

青少年的消费价值取向主要表现为名牌意识，青少年通过名牌来获得同伴的艳羡和流行的认可。名牌意识包含现代社会的消费观念、生活方式和流行时尚等信息，青少年通过消费来彰显个性，以立异于其他社会群体，他们把该类消费看作高生活质量的标志和幸福生活的象征。

广告中宣扬高消费，致使社会一再出现高消费热。我国尚处在社会主义初级阶段，属于发展中国家，温饱问题尚未完全解决。一些广告大肆张扬“非名牌不穿、非高档不买”等消费观念，崇拜“大款”的生活方式。有的广告干脆把豪门、帝王的生活看成幸福生活的标志，激发人们的物欲。广告中的成功人士一律穿着奢华的名牌服饰，开着豪华的汽车，吃着星级酒店的山珍海味，住着依山傍水的花园别墅，还有如花似玉的美女娇妻陪在身旁……这些信息极易把青少年引向片面追求物质享受的误区。在青少年的心目中，占有金钱和物质成为成功的标准。

广告中宣扬的享乐主义和拜金主义，误导了青少年——不付出努力就想得到一切，享乐是人生意义所在。这些广告引导没有辨别能力的青少年不顾自身的实际消费水平去追求时尚，盲目模仿流行，不利于其身心健康的发展。

2. 影响青少年的身心健康

“性暗示”广告“铺天盖地”，成为流行文化，杀伤力很强，吸引了男人女人的眼球。某商场即将开业，投放了一则地铁灯箱广告，画面中：漂亮的性感女郎胸前的纽扣崩开了，露出丰满胸部的一小部分，广告语是“开了”；内衣品牌的广告标语是“玩美女人”。清纯的女孩在电视广告上说：“想知道亲嘴的味道吗？”立刻传来一群饥渴男人迫切的声音：“想知道！”没想到女孩矜持起来：“你们想到哪里去，不是‘亲嘴’是‘清嘴’”，原来女孩说的是清嘴含片。这还不够，在吞云吐雾的公交车尾部，画面上一个大眼睛的漂亮女孩撅起嘴，对着路人说：“你知道清嘴的味道吗？”

马路街头、住宅信箱，甚至学校附近的成人保健药品、性用品广告泛滥成灾，其中不少是带有色情的违法广告，严重污染了儿童的视觉。即便是合法、健康的性用品广告，过早地让儿童接触，也会让好奇的儿童想入非非，影响其身心的健康成长。卫生巾、洗液之类女性用品的广告中出现的女性生理反应等镜头经常播放，也会给儿童带来负面影响。

3. 造成性别歧视和自我发展的限制

许多研究显示，广告中的两性角色与互动关系仍呈现传统的两性刻板印象而未反映时代变迁；在许多场所，性别格局仍然是“男主外，女主内”与“男强女弱”；男性担任主管，女性则是部属或担任低阶工作。广告有意强调女性角色的美貌身材，以满足男性目光，而忽略其专业能力。女性通常成为父权家庭机构中“没有自我”的角色，一切都围着男人转，为了讨好男人，就穿他喜欢的“XX”牌服装；空间有限的职业妇女，必须家庭事业两头顾，还要去购买什么“XX 口服液”，怕变成“黄脸婆”而失去丈夫的喜爱；有的美容产品就直接强调“每天送给你一个新太太”，女性成为男性窥视的商品，成为男性欲望的性对象。

广告中传递这样的信息，歪曲损害了女性的庄严、自尊和独立。使青少年形成性别歧视和自我的发展限制，进而构建不平等的性别文化，误导青少年的社会地位角色，形成畸形的社会角色意识。

4. 影响智育和体育的发展

“十年寒窗”方能成才，学习本身就需要全力以赴，才能达到目标。一些保健品广告却宣扬，只要吃了“脑轻松”，服了“忘不了”，就可以金榜题名，就可以成为“神童”、“天才”，就可以功成名就。喝了“生命一号”就可以考一百分，就可以戴上博士帽……误导儿童把获得知识、考取高分的希望寄托在保健品上面，而不是在刻苦努力学习上，这助长了投机取巧、不劳而获的心理。一些广告吹嘘吃了“补 X”口服液就可以力大如牛、强身壮体，大量的聪明液、增高剂、记忆灵等保健品广告误导了家长和孩子，不利于孩子们智育和体育的发展。

5. 影响青少年的文化素质的培养

广告语言是广告生命的支点，它在广告中处于核心地位。有些广告从业人员未能充分认识广告语言的地位和作用，视广告语言为细枝末节、雕虫小技，敷衍了事，广告中别字、错字和欠妥的提法不断出现，有的甚至不堪卒读，严重伤害了传媒的品牌形象。

乱改成语是其中最甚的做法，且愈演愈烈。有一段时间，广告界流行以中国成语或俗语的谐音来做广告语，"衣衣"不舍、"衣"见钟情之类广告语到处可见；用"好色之涂"宣传颜料，用"制冷鲜锋"推销冰箱，早先还有点新鲜，多用滥用则引起人们的反感，专家认为这是对汉字的亵渎。更让人吃惊的是，某特效文胸广告语："丰胸化疾，一戴天骄"（仿"逢凶化吉"，"一代天骄"），几近猜谜语。成语是人们长期以来惯用的简洁精辟的定型词组或短句，成语一般有典故，或出自名篇佳作，不能随意篡改。"消除乳房疾病，邦太'贴证如山'"，"微波炉'蒸'风相对"，"新年购车'礼'油多多"等广告语对成语的改动就显得失败。

中小学生语言感觉和能力尚未成型，面对广告中被篡改的成语无所适从，耳濡目染之下，成语使用错误百出。利用成语的谐音来做广告用语，还容易误导青少年。止咳露广告说"咳不容缓"，某初中生在作文中就把"刻不容缓"写成"咳不容缓"并强调"电视里就是这么说的"，弄得老师哭笑不得。

二、广告传播对青少年产生影响的原因

1. 青少年的心理特点

处于生活依赖期的青少年，生理、心理和行为能力正在发育，处于向成人过渡的特殊成长阶段，其心理活动方式和内容不同于儿童又不同于成人。这一阶段，人的认知、情感、能力、人际交往等各方面都发生着特殊变化，并由此产生特殊心理行为反应，大部分以盲从和模仿的形式接收外界的影响，这决定了青少年不能脱离社会环境而生存。青春期生理发育已经完成，身体相对成熟，但缺乏独立思考、判断能力和自制能力，他们从模仿到养成的社会行为也以所处的社会环境为参照。这一时期的青少年的心理特点是易产生心理波动、逆反倾向、个人标新立异的表现欲强、欲挣脱束缚，青少年对外界的反映更敏感且更具可塑

性。一些时尚广告的广告说“喜欢你，没道理”、“我就喜欢”、“年轻没有什么不可以”，成为年轻人的流行语。这类语言在情绪的宣泄上简单有力，具有鲜明的识别性，容易被青少年接受，但其内含的思维方式完全是非理性的，非理性宣扬到极致，直接冲击了青少年固有的价值观念。青少年寻求个性的努力容易被媒体背后的商业倾向操纵。

由于青少年时期的特点，他们的社会学习不可避免地带有取向的选择性和模仿的盲目性。比如对明星们的崇拜和狂热，会促使他们追捧明星代言的产品。比如，耐克拓展市场的首要突破口是青少年，这一市场上的消费者有一些共同的特征：热爱运动、崇敬英雄人物，追星意识强烈，希望受人重视，思维活跃，想像力丰富并充满梦想。针对青少年消费者的这一特征，耐克采用“离经叛道”的广告强化沟通，借用偶像崇拜来开辟市场，运用动画、电脑游戏来接近青少年消费者，深入自我意识和价值观来争取女性消费者群等。①

2. 广告传播的环境和传播特点

广告信息通过大众媒体和新型媒体传播，信息传递的范围、地域、速度和便利性都让人无处可躲。这一方面制造了“信息爆炸”，另一方面也造成了人们对信息被动接受的无奈。作为社会成员的青少年，接触大众媒体，尤其是电视和网络，更为频繁。

台湾政治大学广电系副教授吴翠珍，多年从事儿童的媒介教育研究，她发现，台湾的 100 万国中生以及 80 万的高中职生(多为 12～16 岁，这一年龄段恰好处于叛逆期)，这些未来的社会准公民，每年每人花在电视上的时间超过 1 000 小时，远远超过在学校学习时间。吴教授计算认为，如果他们的寿命为 70 岁，终其一生，他们将花 9～10 年时间是在电视机银幕前度过。据中国互联网络信息中心 CNNIC 统计，截至 2007 年 12 月，我国网民数量已增至 2.1 亿人，相比 2007 年 6 月，增加 4 800 万人，2007 年一年就增加了 7 300 万人，年增长率达到 53.3%。其中，青少年是网民主体。作为媒体市场化运作的必不可少的经济来源，广告永不间断地“轰炸”着人们的生活空间。

① 《耐克——行销传播的启示》，http://manage.org.cn。

电视、网络的高度综合性，信息的高度图像化，使青少年习惯于接受，放弃了思考和追问本质的思维方式，其形象化倾向会诱导他们用“看”的思维方式来认识世界，而排斥“想”。广告制造虚拟和视觉的文化，引发对广告景象的欲望和追求。铺天盖地的电视广告使人产生错觉，似乎生活中有永远享用不尽的最美好最优秀的东西，而这些东西又是那样鲜活、生动地展现在你的身边和眼前。大众媒介凭借其特有的“欲望的模仿”机制重塑社会消费行为，引导社会时尚。社会消费又制约和影响着个人家庭消费，个人收入的变化往往滞后于个人消费观念的变化，与高消费互相攀比，导致低收入阶层的超前消费，引发一系列社会问题。

三、广告针对青少年的传播策略

20 世纪 70 年后期，我国开始实行计划生育政策，大多数家庭只有一个孩子，孩子在父母和祖父母的心里占有越来越重要的地位。随着青少年独立自主性的增强，他们对家庭消费的影响力越来越大，尤其在新型高科技产品方面。除了给父母提供“有帮助”的建议外，青少年还越来越多地代表家庭去购买产品。消费者的品牌忠诚往往是在青春期的时候发展起来的，委身于品牌的青少年在以后的很多年里会继续购买该产品。对那些在这种关键时段未被购买的产品来说，这种忠诚制造了进入壁垒。因此，广告商试图“锁定”消费者，以便他们将来或多或少地自动购买他们的产品。[①] 所以，青少年群体成为最应该把握的群体，引起商家高度的重视。

广告针对青少年传播的信息往往采用以下策略：

1.“攻心为上”的感性诉求

感性诉求是“基于自我的心理状态或感觉，也基于社会性定位的心

① [美]迈克尔·R·所罗门，张硕阳、尤丹蓉等译：《消费者行为——购买、拥有与存在》，经济科学出版社 2003 年版，第 175 页。

理感觉或状态”,[①]广告经常使用感性诉求来打动青少年。“聪明营养液”的广告展示梦想的成功:电视画面上出现许多头戴博士帽的年轻人,一展成功后的灿烂笑容;“金帝巧克力,送给最爱的人”,是因为渴望爱;“春兰空调,春天将永远陪伴着您”,是因为崇尚大自然;随着一声悠长的“黑芝麻糊哎”,暗淡的电视画面上出现了一位慈祥的母亲,旧时的音乐唤起了对往事的回忆,是因为常常怀旧。

心理学研究说明,青少年有强烈的情感性需要。他们需要安全,需要爱,需要幸福、愉快、骄傲和成就感。他们也有强烈的社会性需要,需要归属感,需要被接受、被赞扬、被尊敬,希望自己能有高的地位。他们本能地害怕被拒绝,使用产品是他们表现需要的重要手段。

广告充分地利用青少年的这些需要,将产品与他们的爱、幸福、快乐、成就感、渴望、被赞赏等需要联系起来,营造青少年心理情绪的共鸣,促使青少年建立对产品的好感,形成决定购买的心理支持。

2. 凸显引领“时尚”概念

青少年追求新颖时尚,大多思想解放,富于幻想,容易接受新事物,喜欢猎奇。他们要求商品“新、奇、美”,然后才是实用,他们往往是新产品的首批购买者和消费带头人。为了追求时新,他们之间也会相互观察、议论、模仿,使自己在消费流行中能尽量赶在前头。

要增加销售,引导时尚潮流是行之有效的方法。新产品前期的策划定位包装必须考虑时尚因素,其中,传播的具体概念引领新的时尚至关重要。例如,统一集团利用台湾民众潜意识中对于法国的崇拜,利用法国概念联带出的时尚时髦品位一系列延伸概念,把“法国情调”这个概念叠在“文化品位”这个时尚名词之上,创造了“左岸咖啡”概念,深受青年消费者的推崇。中国移动推出“动感地带”,打造面向追求时尚、强调独特个性的15～25岁年轻人的移动电话客户品牌。“动感地带”紧跟时尚,不断丰富品牌文化、更新品牌内涵。从“我的地盘,听我的!”、“扩张我的地盘”到“没错,我就是 M-ZONE 人”,体现了“动感地带”不

---

① [美]乔治·E·贝尔齐,迈克尔·A·贝尔齐:《广告与促销——整合营销传播与展望》,东北财经出版社2000年版,第207页。

断丰富的品牌文化。M2.0 卡、M 计划，并不仅是商业促销手段，更志在引领和构建全新的“移动新生活”时尚。据有关统计资料显示，自 2003 年 3 月在全国推出之后到 2004 年 9 月，“动感地带”以每 3 秒中新增 1 名客户的速度迅速拥有了近 2 000 万年轻客户，创造了中国移动通信市场的奇迹。

美国社会心理学家金布尔扬认为：尽管舒适与方便常常是人们选择服饰或行为的理由，但他们决不是左右时尚变化的最终原因，“促使人们追求时尚的根本原因，与其说是外在的、实用的，不如说是内在的、心理的”。① 这也是青少年追求时尚消费的心理动机——实现心理补偿、表现和扩张自我，引起他人注意以得到社会承认，追随优越感。

青少年身心尚不成熟，一方面特别急于模仿社会上流行的生活方式、行为方式，以求社会认同，以求适应迅速变化的社会生活，获得安全感，从而达到心理上的平衡。另一方面，青少年时尚本身的新异性，“标新立异”成为其时尚发展的倾向，迎合青少年的个性追求和自我实现的需要。

3. 使用偶像代言人

消费者的消费行为受所属群体和非所属群体的影响，家庭朋友同事等所属群体会带来直接影响，明星群体等非所属群体会刺激人们的追求。事实证明，明星群体带给青少年的影响比任何群体的都大。青少年期是由儿童向成人的过渡阶段，人们需要通过对不同偶像的认同和依恋来确定自我价值，寻求自我发展，以获取个人成长的动力。广告大量使用明星代言，这可以让青少年产生情感迁移，把对明星的崇拜和好感转移到产品上，能充分吸引青少年的注意力，提高其对产品或品牌的关注度，利于广告传播的有效的到达。

可口可乐的广告策略把受众集中到年轻人身上，广告画面以活力充沛的健康青年形象为主体。1999 年，可口可乐起用张惠妹，这个女歌手泼辣、野性、“妹”力四射，赢得了大批青少年的喜爱，然后由新生代偶像谢霆锋出任可口可乐数码精英总动员。2001 年可口可乐又推出

① 周晓红：《时尚现象的社会学研究》，《社会学研究》1995 年第 3 期。

当红偶像张柏芝，让其代言可口可乐夏季市场推广活动。紧接着，可口可乐又签约跳水明星、三届奥运冠军得主、中国跳水皇后伏明霞。据称，起用新生代偶像做宣传之后，可口可乐在中国的销售增长了24%。

针对青少年的广告大都使用音乐、体育、娱乐这三个元素，这三者没有地域界限和文化界限，是青少年们共同的“语言”。广告在润物细无声中传递产品或服务信息，进入青少年们的心智。

四、净化广告传播，促进青少年的健康成长

青少年社会化是早期社会化的一部分，是人为正式进入或开始社会生活而做准备的过程，这个过程对人的一生有重要的影响。家庭、学校和群体以及大众传媒都构成青年社会化的外在条件，作为大众传媒主要形式的广告，对青年社会化的影响更是至关重要。优秀的广告，有利于创造引导青少年健康成长的社会精神文化环境。广告业界、大众传媒和教育界及家长都应该关心重视广告对青少年的成长，采取有力的措施，净化广告环境，全面发挥广告传播的社会效益。

1. 完善广告法制和科学管理机制

《国际商业广告从业准则》中规定：“广告不应使儿童相信，如果他们不购买广告中的商品，将不利于其健康和身心发展，或前途受到危害。”《澳大利亚广告法准则》则明令禁止将儿童作为广告对象。我国的《广告法》和《广告审查标准》等都有保护青少年的内容和相应的规定。但存在执法不严，管理松散的问题。广告监管部门应根据有关法规，加强广告执法力度，规范儿童广告市场。广告经营单位和媒体都要担负起对保护青少年的责任，在广告发布和制作上要谨慎负责，不要只顾追求经济效益而忽视了社会效益。广告行业组织还要切实发挥好自己的自律作用，自觉消除广告的负面影响，保护和支持社会各界对广告的监督行为，抵制庸俗、低级、不健康的影响青少年身心发展的广告。

2. 注意调节广告的播放时间和投放密度

不适宜青少年儿童观看的成人广告，其投放要避开儿童收看的时

间和节目，限制广告投放的密度。内衣、卫生巾、丰乳药品等女性用品的广告投放也要相应注意这些问题。

3. 要重视广告对青少年的影响，做好引导工作

广告已经成为大众文化的一部分，在青少年社会化的过程中起关键作用，广告已经成为社会教育极其重要的一部分，广告对青少年带来的影响引起相关部门（尤其是教育部门）的重视。学校应在课堂上积极引导学生正确对待广告作品，提高学生的鉴赏水平和辨别能力，帮助他们自觉抵制不良广告的影响。在适当的时候，应由教育部门发起，联合广告业界和媒体一起举办青少年喜欢的优秀广告作品的评选，引起社会各个方面的重视广告对青少年的影响，提高广告的制作水平，杜绝不良广告作品。

第十六章 广告传播的文化原则

第一节 广告传播与文化

广告传播与文化关系密切。传播是广告文化价值实现和发挥作用的前提，其过程受所处文化语境的影响，同时又影响着生活方式、思想观念和行为习惯，广告既是文化的组成部分也是文化的传播者和创造者。

作为大众媒介文化的重要部分，广告传播有其特殊属性，它与文化的关系也表现出不同特点。了解广告传播与文化的关系有助于广告传播的顺利进行及目的的有效实现。

一、"文化"的概念

为了更好地理解广告传播与文化的关系，有必要了解文化的概念及其特点。文化现象纷繁多姿，研究者出发点也有差异，"据 20 世纪 80 年代的统计，仅正式的文化定义就有 360 个以上"。① 人们界定文化概念的兴趣和热情丝毫不减，文化概念层出不穷，但至今还无公认的权威定义。

人类学鼻祖英国学者爱德华·泰勒(1871)认为，"文化，或文明，就其广泛的民族学意义来说，是包括全部的知识、信仰、艺术、道德、法律、风俗以及作为社会成员的人所掌握和接受的任何其他的才能和习惯的

---

① 蔡俊生等:《文化论》，人民出版社 2003 年版，第 1 页。

复合体”。[①] 此一概念不仅涉及文化的性质、范围、内容和意义，而且进化成人类经验的总和，这是第一个现代意义上的文化定义，具有划时代的意义，具有相当的影响力。

美国文化人类学家A·L·克罗伯和K.科拉克洪1952年发表《文化：一个概念定义的考评》一文，分析考察了160多种文化定义后对文化进行综合定义：文化存在于各种内隐的和外显的模式之中，借助符号的运用得以学习与传播，并构成人类群体的特殊成就，包括体现于人工制品的成就。文化的基本核心是传统思想观念，尤以价值观最为重要。文化体系一方面可以看作活动产物，另一方面则是进一步活动的决定因子。该定义为现代西方许多学者所接受。

美国社会学家保罗·布莱斯蒂德则认为：“文化包括一切习得的行为，智能和知识，社会组织和语言，以及经济的、道德的和精神的价值系统。一个特定文化的基本要素是它的法律、经济结构、巫术、宗教、艺术、知识和教育。”[②]此概念也强调社会共享的行为特征和价值观念，是有代表性的社会学文化概念。

“文化”一词也是中国语言系统中古已有之的词汇，权威大词典《辞海》将文化分为广义和狭义两个层面。广义的文化指人们在社会实践过程中所获得的物质、精神的生产能力和创造的物质、精神产品的总和。狭义的文化则专指精神生产能力和精神产品，包括一切社会意识形态。

文化的错综复杂，由这些引述的定义可见一斑。通过这些定义可以看到，文化包括物质、制度、精神（观念）三个层面，它是静态的物质和精神成果，也是动态的物质和精神过程。文化的基本核心是价值观念，尤其是作为价值观念历史积淀的传统观念。作为一种行为模式，文化不仅是人们活动的产物，还是其进一步的活动的前提，并制约进一步活动。

---

① [英]爱德华·泰勒著，连树声译：《原始文化》，广西师范大学出版社2005年版，第1页。

② 陆扬、王毅：《文化研究导论》，复旦大学出版社2006年版，第7页。

二、文化的特点及其与广告传播

(一)文化的共有性

文化的共有性,即文化是一系列共有的价值观念、行为模式等,是人类共同创造的社会性产物,它必须为一个社会或群体的绝大多数成员共同接受和遵循。纯属个人化的不为社会成员所理解和接受的,则不属于文化范畴。文化的后天习得,使每个社会或群体为从属个体提供基本相同的文化语境。每一文化群体成员都拥有和利用共同的文化符号和文化模式,文化具有传承性、制约性等特性。不同文化群体的文化共有,既是广告传播达到目的的前提和基础,也是跨文化广告传播困难的重要原因。

(二)文化的传承性

文化的传承性指文化的播散及延续发展的能力,这是文化存在的基本前提。文化的传承性包括横向传播和纵向继承两个方面,即文化在其所处特定时代的传播扩散和文化的历史传承两个方面。

文化的横向传播发生于该文化群体成员之间,也发生于不同文化群体之间。群体之间文化的传播,保证了群体文化的统一性及其发展的同步性,是该群体文化保持独特性,立身文化之林的基础;不同文化群体之间的文化传播则增进了群体之间的了解沟通,有利于文化的和睦发展,并能促进不同文化之间相互借鉴,保持本群体文化的生命力和活力。文化的纵向继承,即文化既是一定时代的产物,又是一个不断积累的过程,能够不断地积累和传递,具有极强的历史继承性。每个人一出生就在特定的文化环境中成长,受这种文化的熏陶和教化并习得这种文化。广告传播中的主体和对象,无一不是文化传承中的个体,是特定文化的习得者,同时也是其文化意义的使用者和传递者。

(三)文化的制约性

文化的制约性,首先表现为文化本身受诸多因素制约,其中最主要的是地域与时代的制约。新疆游牧民族,受地理环境和气候条件等影响,其饮食以面食、肉食和奶制品为主,形成粗犷豪放的饮食文化;东南沿海的饮食文化,无论从形式到内容,都显得精致细腻。时代的发展变化对文化的制约显而易见,传统文化与大众传播媒介的飞速发展助推的大众文化分野十分鲜明。文化制约性的这一表现是文化差异产生的重要原因,也是广告传播中需要特别注意的。

文化的制约性还表现为它制约着群体成员的思维方式和行为习惯。文化制约个体的认知、思维、情感等心智活动,使各文化群体形成不同的文化心理,形成特有的心理图式和思维方式,进而决定了个体对事物和现象的态度及评价,符合本群体文化标准的信息更敏感和容易接受。对思维方式的制约则影响了个体的行为习惯,文化规定了人们行为的一般准则,违背文化准则的行为会招致其他群体成员的反感甚至谴责。

广告传播活动的过程,同样受其文化语境的制约,广告中传递的信息迎合受众的文化心理、表现出相似的思维方式与行为习惯,是广告得到认同和接受的关键。

(四)文化的相对稳定性及绝对变异性

文化的代代传承造就了整个群体共同的价值观念、文化心理,使得一代代人得以找寻到自己思想观念的依托,文化的一贯性是其稳定性的历史原因。文化系统中各结构、因素的相互协调制约也是文化抵御异质文化侵染,保持稳定性的重要原因。“文化就其本质而言是不断变异的”,①首先,人类文化从低级到高级、由简单到复杂不断演进;其次,不同文化社会的每一代人会根据经验和时代需要对传统文化加以扬弃,注入新的内容,抛弃不合时宜的部分。“文化发生变化主要依靠传播和发明”,②作为重要的传播活动,广告要注意文化的变异特性,因势

① 吴克礼主编:《文化学教程》,上海外语教育出版社 2002 年版,第 55,56 页。

② 吴克礼主编:《文化学教程》,上海外语教育出版社 2002 年版,第 55,56 页。

而动(例如,在女性社会角色发生巨大转变的今天,仍旧将女性置于被观看被支配地位的广告容易遭人诟病,当然也不会取得良好效果),同时也要积极推动文化向进步方向发展。

三、广告传播与文化

(一)广告传播反映其所处文化环境

首先,作为文化产品的广告作品,与其他文化产品一样深深打上文化的烙印。不同国家、不同民族及不同时代的广告都体现出各自鲜明的特点,广告的表现形式或广告承载的生活习惯、思维模式、价值观念、审美情趣,都是特定社会或群体文化的体现。英国小说家诺曼·道格拉斯早在1917年就说过:“通过广告,你可以发现一个国家的理想”,这是对广告反映文化特质的经典诠释。

西方文化强调个人价值,追求感官享受,广告多以极端的形式突显个性,“索尼娱乐站”广告中女孩身着T恤,乳头部位异化为游戏机按键,以此表达娱乐站带来的酣畅淋漓的快感,获得了1999年戛纳国际广告节全场大奖。中国文化崇尚人与人之间合和亲爱,仁人宽厚,广告中则多温馨、团圆的场面。南方黑芝麻糊广告中温暖敦厚的人情味,打动了无数中国人的心。

其次,广告传播商品、服务等经济、文化诸多方面信息,记录不同时代的社会经济、文化成果,反映了人类创造的物质文化、精神文化。著名报学家戈公振曾说:“广告为商业发展之史乘,亦即文化进步之记录。”①从单一的“蜂花”洗发水广告到铺天盖地的洗发水广告;从上世纪80年代的燕舞收录机广告,到令人眼花缭乱的MP4、MD广告及各种高新电子产品广告,产品的更新和丰富可经由广告一览无余,广告记录了成为反映产品成长历程的文化史。烟草广告的变化则是广告传播反映文化制度层面的良好例证,1995年,我国《广告法》、《烟草广告管

---

① 宋玉书:《广告的文化属性与文化传播意义》,《辽宁大学学报》(哲学与社会科学版)2005年第33卷第1期。

理暂行办法》明确规定：禁止利用广播、电影、电视、报纸、期刊发布烟草广告。在传统广告形式遭到“封杀”后，赤裸的烟草广告逐渐销声匿迹，其广告重点转向塑造企业形象。“鹤舞白沙，我心飞翔”、“一品黄山，天高云淡”是这一时期烟草企业形象广告的代表；公益广告、赞助冠名等“广义性广告”也是这一时期烟草企业常用手段。随着《烟草控制框架公约》在我国逐渐生效，广义烟草广告也将被叫停，烟草企业必定要探求新的品牌传播形式适应这一制度的变化。总之，广告传播从一个侧面反映了人类文化发展的轨迹。

最后，广告传播媒介的变迁同样反映了不同文化环境。从古代的悬帜广告、招牌广告、灯笼广告到随着大众媒介蓬勃发展兴起的报刊广告，广播、电视广告，随着网络技术的完善和普及而名声大噪的网络广告，各类户外广告、DM 直邮广告到适应受众向小众、分众趋势发展的车载广告、楼宇广告，广告的产生与发展受社会文化环境的制约，反映了其时文化环境的特点和变迁。例如，随着电子技术的不断完善和人类交流内容的异质化趋势，广告传播方式由传统媒体的“点对面”向“点对点”转变（即基于互联网络技术的网络广告传播），无论从传播方式还是传播内容上看，网络广告都反映网络文化这一新兴亚文化的特点。

（二）广告传播过程受到文化语境的制约

文化语境对广告传播过程的制约，首先表现为对广告传播主体（即广告的制作、发布者）及广告传播对象（即受众）的影响和制约。广告传播的主体和对象都是特定社会文化背景中的活动者，受特定文化的熏陶，因袭该文化的价值观念、思维方式和行为习惯。广告传播主体对广告中信息的选择、组织、表现等都会掺进文化价值取向，或在此基础上理解广告传播对象的文化观念。广告传播对象对广告信息的接受和理解也不是被动的，而会根据自己的价值观念、文化背景来重新解读广告信息中承载的价值和意义，并在此基础上对广告信息做出反馈。

文化语境对广告传播主体和对象制约直接表现在广告传播信息（即广告内容）身上。广告传播主体和广告传播对象分处不同的文化语境，广告中人物模特的选取、情节的安排、文案的写作、音效的配合、画面色彩的确定及所要传递的价值观念、行为习惯，都要符合传播对象特有的文化心理及他们对事物和现象的态度及评价标准。违背受众文化准则不仅无法实现广告传播目的，还会遭到抵制和谴责。可口可乐在中国的贺岁广告，因其积极调动各种传统文化元素迎合中国人团圆过大年、喜庆满堂红的文化心理，成为跨文化广告传播的典范。同样是国际品牌，耐克“恐惧斗室”广告却因涉嫌侮辱多个中国传统文化形象，遭到观众谴责，并被中国国家广播电影电视总局勒令停止播放。

文化语境对广告的制约，要求广告必须以合适的表现形式传达符合受众文化价值评判标准的价值和观念，否则将遭到惩罚。

图 16-1　耐克“恐惧斗室”广告

文化语境对广告传播的制约还体现在传播媒介的选择上。西方文化崇尚自由，对权威的崇拜较弱，西方媒体的“新闻自由”有双重标准，使得人们对媒体的公信力并没有太大信心，对这些媒体上投放的广告也兴趣不大。例如：“在关于大学生的调查中，80％以上的人觉得电视广告令人厌烦。米特尔 1993 年研究还发现，认为‘电视广告一点也不必要’和‘电视广告对自己一点也不重要者’均占相当数量”①。中国受

---

① 黄合水：《广告心理学》，高等教育出版社 2005 年版，第 56 页。

众受观念、体制等多方面因素影响，对中央级媒体表现出极度信任，一般情况下，在这些媒体发布的广告远比其他媒体的效果要好。在中央级媒体投放广告成为一些品牌宣传的噱头，促使其他广告主趋之若鹜。

(三)广告传播对文化的利用

随着时代的发展，市场活动的一个全新特点，即经济与文化越来越密不可分。物质产品中文化内容的价值比重迅速增长，许多消费需要附着一定的审美情趣和文化品位；随着广告深入生活，人们被不计其数的广告包围，广告传播者穷尽声、光、电、影各种手段，用遍煽情说教等诉求方式，希望打动传播对象。在诸多广告的狂轰滥炸中，受众获得免疫能力，打动受众的广告越来越少。文化可以为个体带来归属感，为其行为提供依据，是受众心灵的港湾，很多广告主清醒地认识到这一点，在广告传播中突出文化因素，实现广告传播凸显文化价值。广告强调商品或服务的文化价值，传递相关文化信息，宣传与众不同的价值理念，描绘理想的生活愿景，引导时尚的消费潮流，利用文化的力量实现广告传播目的。

“文化攻心”不仅是适应市场和受众变化的必然选择，也是广告本身发展的必由之路。广告本身就是一种文化，优秀的广告无不包含丰富的文化因素，利用文化寻求与广告传播对象的文化共鸣，这也提高了广告本身的文化品位，使其拥有难以抗拒的艺术魅力，文化是优秀广告的灵魂。韩国大宇公司曾在《人民日报》投放标题为“拈花微笑”的广告，画面为一中一韩两个微笑的少女，借用迦叶领会释迦牟尼示众生莲花的用意而微笑的佛教典故，从中韩两国共同的宗教文化渊源切入，赋予面带清纯微笑的少女“无需任何言词沟通，只需微笑即可了解”的意义，将商业行为提高到中韩两国经济、文化交流沟通的境界，巧借文化之力，大大提升了广告的文化品位。

(四)广告传播是特殊的文化传播形式

广告传播既传播商业信息，也传播文化。传播是文化生存、播散与传承的必要条件，也是文化发生作用的前提，文化需借助各种载体、媒介而传播，才能保证生生不息、绵延发展，不同的传播媒介和传播模式使文化的传播呈现不同的形态与结果。

广告蕴含丰富的文化内容，凭借强大的财力和技术支持广泛地传播自身承载的文化，成为文化传播的重要形式，并形成大众媒介文化时代特有的广告传播文化。美国历史学家大卫·波特指出，现代广告的社会影响力可与具有悠久传统的教会及学校相匹敌。广告主宰着宣传工具，它在公众标准形成中起着巨大的作用。他强调广告的社会影响力，肯定广告传播作为特殊文化形式对社会生活产生的作用。广告传播的经济与文化双重属性决定了广告传播必定对文化发展产生正反两方面的影响。

广告作品本身是人类智慧的结晶，是人类创造的文化成果，具有文化的烙印，呈现出文化特质，具有丰富的文化内涵和文化价值，广告借助传播，使受众在接受商品和服务的同时也接受广告推崇的价值观念、生活消费方式、审美情趣等具有确定意义的文化信息。作为一种文化形态和文化传播形式，广告传播成为社会文化的独特组成部分，推动文化迅速发展。广告通过倡导生活方式、诠释价值观念，演绎思想意识，展示多姿的文化景观。广告介绍新的商品、服务及相关文化知识，介绍不同国家的文化特色，引导人们的生活方式，影响人们的思想和价值观念，创造流行时尚，广告传播在创造物质需求的同时扩充了传播对象的知识，带动文化的变迁，促进不同文化的交流与整合。

广告传播首先是商业信息传播，要面对市场，其功利性不可避免。在利益的驱使下，部分广告不惜迎合一部分人的低级趣味，以庸俗煽情的方式传播信息。许多广告为达到目的不惜贬低歪曲女性形象，将女性置于被观看被支配的地位；明星集体缺钙，以“脑白金”为首的广告送礼风，等等，对社会文化健康发展造成不良影响，是广告传播中的不和谐音符。

广告传播对物质欲望的大肆宣扬和激发，在一定程度上助长了享乐主义和消费主义的盛行。应该充分认识广告传播的文化意义及其承担的社会责任，使之在构建和谐社会中发挥积极作用。

第二节　广告传播与大众文化

在20世纪令人眼花缭乱的文化与社会变迁中，大众文化的出现和蓬勃发展最引人注目。大众文化已成为社会生活的一部分，以其空前的渗透力全方位介入人们的日常生活并与其水乳交融。作为带有突出的世界性和时代性的文化形式，大众文化关涉的内容极其丰富，商业大片、肥皂剧、畅销小说、流行音乐、广告、时装、动漫，莫不属于大众文化范畴。广告传播的特性及其媒介，决定了它与大众文化的天然从属关系。作为最常见、最有影响力的大众文化形态之一，广告传播在大众文化范畴中又有其独特的存在方式和话语模式。

一、大众文化及其特性

大众文化是随着科技的发展和商业的繁荣而发展起来的，以大众传播媒介为传播手段，按商品市场规律运作，以社会大众为生产主体和对象，以工业生产方式批量生产的文化形态。它迎合大众、通俗易懂、传播迅速，特别注重满足大众低层次欲望和官能，是抹平了精神深度的，以市场为本位和导向的消费文化。改革开放以来，大众文化迅速繁盛，带有中国烙印的大众文化，以其强大的生命力和迷惑力，占据了人们的全部情感和时间。大众文化具有以下特性：

(1)商业性。大众文化是商业时代的产物，直接受市场供求关系的制约，作为文化形态，大众文化的商业性直白而突兀，它努力赢得大众的青睐和消费来实现经济利益。大众文化的生产者，坚持迎合大众，不惜消解文化的精神价值及其超越性功能，将文化沦为获取利润的工具，不顾一切向消费热点趋进，通过市场机制进行传播并实现经济效益。大众文化的商业性使其丧失对人类精神的终极关怀，成为其最大的弊端。

(2)娱乐性与媚俗性。大众文化的商业性，决定了它没有一贯的立场，随时迎合市场变化，调节其文化立场。大众文化充满狂欢精神，它竭尽全力，甚至不惜嘲弄正统文化来娱乐大众，它调侃神灵、亵渎权威，以滑稽怪诞的姿态呈现，使大众从中获得暂时的快乐和解脱；媚俗性是与商业性、娱乐性紧密相连的大众文化的特性，表现为通过直接满足大众的感官欲望对大众的世俗化需要进行追捧，为大众提供不需要理性和思考的文化快餐。

(3)技术性。大众文化的发展与科学技术的进步密不可分。大众文化随大众传媒的发展而发展，每一种大众文化形态的诞生都与大众传媒技术的进步有着密切关系，电影、电视、网络文学的发展足以证明这一点；借助技术性极强、影响力广泛而深刻的大众传媒，大众文化可以使用更形象生动、快捷具体的形式俘获大众，最大限度扩张势力范围；大众文化的规模化复制生产更离不开技术手段的支持，飞速发展的技术手段刺激了大众文化生产者的创造力和想像力，使其不断以新的形式迎合大众需求。

(4)庞杂性。大众文化生产背景的复杂性及大众的复杂性，使大众文化天生就庞杂异常。这一方面表现为内容形式的五花八门，涵盖极其广泛；另一方面则表现为质量的良莠不齐，情调趣味的高低优劣，改编自名著的精品电视剧《红楼梦》属于大众文化，而港台无厘头的搞怪剧作也属于大众文化。

大众文化的出现和迅速发展有其必然性与合理性，大众文化随着科技的发展和经济的繁荣而发展，拥有一定物质财富和空闲时间且具备较高文化素养的大众及大众传媒的出现，促使文化借助传媒批量生产、高速传播。文化产品受众和文化对媒介的依赖必然会改变文化产品的性质。

大众文化的积极意义则在于，一方面，它打破了精英阶层对文化的垄断，使文化与普通大众的日常生活直接发生联系；另一方面，它以大众喜闻乐见、轻松浅显的形式出现，为大众提供娱乐和享受，使其情感得到宣泄释放，精神压力得到缓解，能够满足最广泛大众的文化需要。

二、作为大众文化形态的广告传播

(一)广告传播具有大众文化的一般属性

作为大众文化的一种形态，广告传播具有大众文化的一般属性。大众文化成为人们关注的焦点，不仅在于其参与人数空前广泛，更在于它在发展盛行过程中逐步显现的意识形态潜力，即一种隐性的控制和引导大众生活与行为方式的功能。作为大众文化的一种形态，广告传播的信息内容具有文化特有的意识形态属性或观念形态属性，同样因为是大众文化的一种形态，广告传播的意识形态属性(相对于与大众文化对应的精英文化)表现比较弱，呈现平面化、零散化状态。精英文化常具有系统的思想理论体系，表现为完整的观念形态，以"正统""教化"面貌出现，这些特征是一般大众文化不具有的，同样也不是广告传播的特征。虚弱的意识形态性，缺乏系统人文价值观念的引导，使广告传播商业性、媚俗性等特点表现突出，不免导致虚假广告、媚俗广告、倡导不健康价值观等问题。

广告传播与大众的日常生活水乳交融，在社会文化的塑造和建设中产生重要影响，必须对广告传播，对广告传播所属的大众文化进行必要的价值引导。既要为其提供广阔的发展空间，更要以积极的价值导向适度介入广告传播，介入大众文化领域，对其积极意义和消极意义进行、评估和引导，在保证广告传播效果实现的同时，帮助其避免出现破坏文化建设的现象。

(二)广告传播与其他具体大众文化形态的区别

广告传播首先是一种经济活动，以市场为本位和导向，拥有电视、电影、书报杂志、MTV、网络文学等具体形态。这些具体的广告传播形态的文化属性非常鲜明，不可避免地受意识形态的参与和社会上层建筑的制约，尽管它们希望获取最大的经济利益，却往往被赋予文化传播的责任。无论它们是否被用来营利，它们都要以文化传播活动的形式表现，社会要求它们先满足大众的文化需要，承担社会文化责任，必要时会要求它们暂时牺牲经济利益以履行其社会文化责任。与其他大众文化具体形态不同，现代广告传播先是经济活动，然后才是大众文化形态，以经济活动而不是文化传播活动的形式呈现，广告传播的文化传播职责不是天然的，而是随着广告传播的发展及其影响力的扩大，随着人们对其文化功能的认识而产生的。广告传播对文化进行了广泛，有时甚至是深刻的利用，都是为了更有效地实现传播目的。

经济活动的本质决定了广告传播拥有诸多与其他大众文化具体形态不同的特质，作为大众文化重要特征的娱乐性，是广告传播的非主流特征。电视、电影、书报杂志、MTV、网络文学等以其刻意的娱乐性，为大众带来轻松的精神享受和暂时的解脱。而在广告传播中，娱乐性只是其为了达到良好传播效果而使用的多种工具之一，令人捧腹的幽默诉求，随网络发展推出的游戏、搞笑 flash 动画，其目的不在于娱乐大众，而在于有效传播广告信息。

大众文化从一诞生就与精英文化格格不入，甚至刻意反叛、嘲弄、戏谑精英文化来刺激大众感官的愉悦，广告传播则常常标举甚至褒扬精英文化价值观来获得良好的传播效果。广告传播并不像其他许多大众文化具体形态的发生和发展，带有明显的盲目和混乱。广告传播从一诞生就有确定的目的，有效的传播渠道，有针对性的信息内容，以及对传播对象主动的选择和界定，随着自身的发展，广告传播的目的性和规范性越发鲜明。

三、广告传播与大众文化

（一）广告传播与大众文化的互动

大众文化的蓬勃发展为广告传播提供了适合的语境。广告传播要吸引受众的注意并得到认同，必须使用各种可能的方式主动与受众沟通，不应忽视大众文化强大的影响力和感召力。大众文化以通俗、轻松、平民化的姿态，冲破政治、经济、宗教、教育等因素的障碍，跨越年龄、性别、地域等界限，为大众所痴迷，拥有最广泛的群众基础。广告传播与大众文化在文化层面上是“种属”关系，这使其与大众文化的亲密接触天经地义。

广告传播对大众文化的借用表现在很多方面。例如对大众文化价值观的借用。个性张扬甚至叛逆的文化心态，是大众文化在当代年轻人心理上最深刻的烙印。安踏运动鞋“我选择，我喜欢”；美特斯·邦威“不走寻常路”；百事流行鞋“天生我行”；中国网通“由我天地宽”，就充分利用了这种追求个性和自我的心态。

又如广告传播对大众文化某些特性的利用。大众文化的娱乐特性是其信众广泛的重要原因之一，清华紫光数码摄像笔（随 E 拍）在新浪网科技频道上投放了几则 Flash 广告，被众多“网虫”下载，争相传送，一时间成为话题焦点，达到了极好的传播效果；广告传播还不忘充分利用大众文化纷繁复杂、花样迭出的形式来进行传播。在电影、电视节目中频频亮相，已经成为广告的惯用手法，当 MTV 成为流行的大众文化形式，便诞生了“著名企业‘MTV’展播”来帮助企业宣传形象，更有为产品度身打造的广告歌，邀请歌星专门演唱，像流行歌曲一样被人们广为传唱，Flash 动画、网络游戏、手机短信、博客文学、电子杂志刚成为大众文化新宠，就被广告利用，成为传递信息的新渠道。这与大众文化内涵与外延的广泛包容性分不开，也是广告传播对大众文化的反映和对其内容的丰富，使大众文化更广泛地播撒到人们的生活当中。

（二）广告传播与时尚文化

探讨广告传播与大众文化的互动，不得不关注广告传播与大众文化在当代的突出表意形态——时尚文化的关系。时尚是大众心理现象和社会行为，即一个时期内，大众内部对非常规的物质生活方式或精神生活方式的实践和追逐。具体来说，就是一个时期内相当多的人对特定的趣味、语言、思想和行为等各种模型或标本的模仿和追捧。时尚文化包括代表时尚的物、价值观念、行为方式及所有象征时尚的意义及承载它们的符号。

从其渊源看，“时尚”最初是西方上流社会的游戏，与之相联系的是人的身份、地位、品位格调上的优越性。随着城市有产阶级的崛起及社会政治民主化进程的加快，“时尚”的内容随之发生变迁，渐渐换上平民面孔，为更多人拥有和追逐。只是，人们依旧认为，“时尚”象征格调、品位，象征与众不同的优越性，追逐时尚的热情丝毫不减。

考察20世纪大众文化发展史，不难发现"'大众文化'与'时尚'概念的重合性"。[①] 随着社会政治经济文化的发展，大众文化的产品和成果日益以"时尚"的面貌表现出来，两者不断融合与同一。法兰克福学派提出的"文化工业"概念解释了这种融合与同一。"工业"的规模生产与功利性使它们不得不遵循同样的逻辑和游戏规则。后现代思想家让·鲍德里亚则认为，整个现代性秩序，从性到媒介，从艺术到政治，都渗透着时尚的逻辑，时尚成为现代性的表征，时尚性是当今大众文化的显著特征。

时尚自其诞生就是大众仰慕和追逐的对象，追逐时尚成为大众的生活乐趣乃至精神寄托。为了迎合人们的需求，大众文化也不得不借助"时尚"来表现自身，"在时尚逻辑的规范中，大众文化的商品性、消费性特点没有任何改变，只是其内在驱动力已被时尚所置换"[②]。抽掉"时尚"的种种意义，大众文化就丧失了精髓。时尚成为大众文化的驱动力，时尚文化成为大众文化在当代最突出的表意形态，

1. 广告传播与时尚文化结盟

广告传播与时尚文化的结盟，对时尚文化的反映和借用，有助于其获得良好的传播效果，广告传播的广泛性和巨大影响力也推动了时尚文化的播撒、发展、延续。时尚文化一跃成为生活的中心，甚至成为支配性力量，追逐时尚成为芸芸众生不自觉的目的，成为大众的生活乐趣乃至精神寄托。人们笃信，在高科技造就的"无差别化"时代，唯有时尚能演绎身份、品位，象征别具一格的优越生活方式，代表着标新立异的个性，满足自己的社会自尊情结。时尚文化的蓬勃发展成为广告传播最重要的语境，它所涵盖的一切都对广告传播产生重要影响。传播目的要求广告必须迎合时尚文化的潮流和方向，主动寻求时尚文化的支持，用时尚文化元素装扮商品或服务，将商品、服务塑造为承载、诠释时

---

① 蓝克林：《20世纪谁创造了我们的时尚》，敦煌文艺出版社2000年版，第4页。

② 吴玉敏：《大众文化及其时尚特性》，《攀登》2004年第4期。

尚意义的符号，以此获得受众的注意与认同。因此，无论是代表时尚的物、价值观念、行为方式或者象征时尚的意义及其符号，都可能成为广告传播内容的主题，影响广告传播发生的方式。

在发展过程中，时尚文化生成许多象征特殊意义或时尚价值观的符号，用这些符号增强广告信息和商品的时尚性，是广告传播借用时尚文化最简便易行的手段，也是比较有效的手段。In、cool、high、不对称的装束、夸张的造型、褐色的健康肌肤、劲爆的音乐、咖啡厅、泡吧、健身、瑜伽……无论语言、装扮还是行为方式，都是时尚文化的特有符号。它们或代表另类张扬、或代表对俗世的超然，总之，都被各色时尚人士所热衷。稍加留意便可发现，这些符号在广告中随处可见。最能代表时尚文化的符号，莫过于各种明星。作为大众文化特有的产物，明星天生是时尚的代言人，他们的举手投足、言行举止、发色服饰、喜爱的品牌，常常光顾的场所，甚至说话的方式，都是人们竞相追逐模仿的对象，是对时尚最好的诠释。

随着韩剧的热播、韩潮的风行，"哈韩"成为新时尚，韩剧中的俊男美女被 Fans 疯狂模仿崇拜，也受到广告的青睐，"韩城攻略"成为广告传播最常用的攻势。广告通过展示明星享用产品的画面，让人们相信明星们正在使用这些产品，它们就是正在流行的时尚，拥有它们就与明星同步，与时尚同步。拥有 TCL 手机，就拥有韩国第一美女金喜善的时尚；选择 DHC 护肤系列就能拥有让最红韩国人气天王 RAIN 青睐的美丽脸庞；最时尚的茶饮料要属"大长今"李英爱精心调制的农夫山泉新概念茶饮料。广告传播还会根据时尚文化动向调整传播方式，"秀"成为时尚，就不仅是"show"的音译，而代表展示自我、挑战自我、炫耀自我的时尚观念，以"秀"为主题的有别于传统广告传播形式的大型广告活动，以选秀的方式层出不穷。莱卡我型我 SHOW，雪碧我型我秀，中国网通"宽带我世界，秀出我自己"。广告传播在热闹喧哗的时尚氛围中悄悄进行，品牌也贴上时尚标签。

更多时候，时尚表现为一种价值观念，一种行为模式，它总是要寻找有形实体来完成自我表达，追随者需要借助物质形式来实现与时尚的亲密接触。广告人充分利用时尚的这种物质实体性，将推销的商品、服务塑造为承载、诠释时尚文化中为人广泛认可的价值观念、行为模式的物质形式，使产品和服务成为时尚文化符号的重要组成部分。广告力图使人们相信，在工业化生产使差异消弭，民主进程逐渐抹平阶层差别的时代，可以通过消费广告中代表时尚的符号，寻求差异，求证自我。比如说，“Cool”一词来自美国，风靡世界，其原意为“凉爽、冷静”，其中文音译为“酷”。它在整个社会，尤其是青少年中，影响很大。而今，“酷”已完全成为时尚观念，代表个性、自在、冷漠、无拘无束的处世原则与生活方式，为成千上万的青少年所膜拜。摩托罗拉手机利用“酷”大做文章，为了赶超竞争对手，摩托罗拉将广告中的宣传语“Motorola”简化为台湾年轻人的昵称“Moto”。新品广告以“酷一代”的形象登陆各大媒体，别具一格的设计、富有质感的材质、独特个性的画面、如同思维跳跃般切换的场景、获奥斯卡提名的大牌演员和导演，只有新新人类才能领会的各种宣传语——“bangbangmoto”、“gossipmoto”、“motoclique”。摩托罗拉动用各种时尚元素，迎合年轻人对“酷”的追求，用“酷”的概念置换其一贯的严谨、强调质量的古板形象，使品牌成为“酷”的代名词。将人们对“酷”的追求成功落实为对摩托罗拉手机的热爱，响彻大江南北的“MOTO之音”成功地将摩托罗拉品牌从技术形象转型为时尚形象。

2. 广告传播丰富时尚文化内容

广告传播对时尚文化的丰富主要取决于两方面因素：一是广告传播的功利性，一是广告传播的机制。某种程度上，广告传播的特殊机制也是由其功利性决定的。

尽管对时尚的反映和借用，使广告传播受益匪浅，但广告的功利性决定了它决不仅满足于通过对时尚文化的简单借用提高传播效果。罗兰·巴特说“时尚是一种机器，维持着意义，却从不固定意义”时尚是流动的意义，是人类最有创造性和智慧性的活动之一，广告传播从来不惮于为其添加新的意义——有意地介入、调整、控制时尚，为达到利销目的创造新时尚。时尚所以成为时尚，是因为它被大众青睐和追捧，大众传播的内容和传播方式为造成时尚提供了极适合的温床，时尚文化天然要依赖大众传播。

作为特殊的大众传播活动，广告传播会同时借助多种媒介，用相同

图 16-2　Moto 的广告

或相似的信息内容进行大量的、重复的复合式传播，在短时间内形成巨大声势，获得相当广泛的社会效应，赋予广告传播引导价值观念、消费行为，影响和塑造新文化样式的强大力量，成为传播和丰富时尚文化内容的最佳媒介。在这一过程中，类似于议程设置的传播机制发挥了作用，广告传播在广告主雄厚财力支持与广告人的精心策划下，在较集中的时间，将信息暴露在受众的视听范围，赋予其"议题"高强度的显著性，对其进行不断强调，使人们认为这就是当前最重要、最时尚的商品或观念。与此同时，产生时尚的两个最重要且看似相互矛盾的心理机制——"追求个性"和"从众"为其推波助澜。人们渴望标新立异与众不同，于是从不放弃对时尚的追逐。而社会心理学研究表明，由于群体压力，个人情愿追随群体的意见，以获得群体认同避免被孤立。

几年前，北京"SOHO 现代城"的广告宣传，在长达 100 多页的楼书中，将"SOHO"描述为在网络时代，逃脱写字楼僵硬的氛围，居家办公，是一种自由而充满个性化的生活方式。尽管"SOHO"房不过是商住两用房的翻版，但广告将其重新包装为时尚的生活方式，造就了 3 天卖出 175 套的售楼奇迹，"SOHO"也随之成为真正的时尚。同样，当人们还不知"PDA"(掌上电脑)为何物时，恒基伟业以"呼机、手机、商务通一个都不能少"的广告语，让"商务通"，让 PDA 成为时尚新宠。当人们沉浸于手写"PDA"的便捷时，恒基伟业的广告又说："你还在用只能一笔一画输入的掌上手写电脑吗？那已经是上个世纪的事情了"，新一代产品才是时尚。当人们痴迷于广告中款式不断翻新，功能不断增多，色彩绚烂光泽耀眼的新品手机时，三星手机广告说"超薄新体验"；诺基亚手机说"小巧轻薄，却大有作为"；摩托罗拉在广告中展示"薄客"系列，所有的手机厂商都争先恐后炫耀机身的轻薄，"没有最薄，只有更薄"，一时间，"薄"才是美，才是时尚，拥有小巧轻薄的手机，才是时尚人士。

以创新、进取、高效、平衡、享受为特征的"新成功主义"兴起，保健成为时尚，茶饮料替代传统饮茶方式成为饮茶新时尚，这些流行趋势几乎都是广告传播的功劳。生活中的大多数时尚都与广告有关，有什么样的广告，就有什么样的时尚，广告还在不断地为时尚添加新的意义。广告传播在履行经济功能的同时，引导人们的生活方式、消费时尚，参与时尚文化的形塑，难怪有人感叹"广告协商着人们的未来"，广告也协商着我们的时尚。

总之，广告传播与时尚文化有着天然的亲密关系，它们在互相追捧中成就彼此。广告传播应充分重视时尚文化，一方面要对流行时尚的趋势保持敏锐的洞察力，随时在广告传播中运用最时尚的符号、意义、观念、形式，使广告与时尚文化相契合，使时尚文化成为达到良好传播效果的有效手段。另一方面，要充分认识广告传播与时尚文化的互动关系，充分发挥广告传播引领潮流，创造时尚的能动作用，变被动为主动，抢占先机，将人们对时尚的追捧转换为对广告中的商品、价值观念、生活方式的追捧，达到广告传播与时尚文化的双赢。

第三节　广告传播与传统文化

传统文化是一个国家、民族在漫长的历史演进中逐步积累形成并不断传承的，具有相对稳定性和深远影响力。相对于外来文化来说，传统文化是本土文化，即民族文化；相对于现代文化来说，传统文化指历史上积淀下来的文化。传统文化是具有活力的遗传因子，它是现代文化的基础，以其巨大的力量影响着现代文化的发展，“可以说，任何一种文化现象都和传统精神有着某种内在联系；反之，任何一种传统精神都会渗透到当代文化中去”①。

作为当代社会文化的重要组成部分和特殊的文化传播形式，广告传播的每个环节都与传统文化密切相关，要受传统文化的深刻影响。现代广告传播要植根于传统文化，处理好与传统文化的关系，求得自身的良好发展。

一、中国传统文化

中国传统文化，概括起来大致包括：价值观念、思维方式、道德情感、礼仪风俗及文学艺术等，博大精深，源远流长，有着无与伦比的生命延续力。在长期发展过程中，中国传统文化以其非凡的包容性、同化力和凝聚力，综合了各民族智慧。虽然经历时代变迁有所发展变化，内在特质却一脉相承延续至今，形成了独特的具有强盛生命力的文化体系，成为世界文化史上一道亮丽奇观。

中国传统文化是伦理型文化，呈现出以佛、儒、道文化为主体，其他文化作为补充的多元结构。其中又以儒家文化为核心和正统，具有明显的人文倾向。强烈的家国观念、对伦理道德的推崇、对天人和谐的向往、对个人德行修养的追求及义利合一的基本价值追求等，中国传统文化独特的内涵深刻地影响着中国人的价值观念、思维方式、生活理想及实践活动。

现代广告传播虽然是随着商品经济发展和大众传媒的普及而蓬勃发展起来的，但也要以传统文化为发展背景和基础。当代广告传播要立足本土、走向世界，就必须从博大精深的中华传统文化中汲取营养，将传统文化融入广告传播，提高文化底蕴，以形成具有独特中国风格和

① 徐建华：《略论中国传统文化的精神特征》，《上海金融高等专科学校学报》2003 年第 1 期。

气派的广告文化。

二、传统文化为广告传播提供丰富的资源

将传统文化融入广告创意表现，是广告传播实现良好效果的有效途径。准确把握传统文化与现代广告传播的契合点，不仅能提高广告的文化品位和文化魅力，充实提高其审美价值，更有利于唤起受众民族心理的共鸣，更容易为受众认同和接受。我国传统文化根基深厚、成就高超、风格独特，为现代广告传播发展提供了相当丰富的可资利用借鉴的资源。

一方面，传统文化心理模式为广告传播提示良好范例。传统文化除了以物化形式传承，还以价值观念、思维方式、道德情感、礼仪风俗等观念形态传承，观念形态的传承是传统文化在民族心理上的积淀，形成民族特有的传统文化心理模式，规定民族成员处理各种关系的态度和方式，深刻影响着每个民族成员的思想和行为。借鉴中国传统文化心理模式的广告传播特别容易打动国人。

(一)家国意识

强烈的家国意识，是中国传统文化在处理个体与社会关系中的显著特征。中国传统文化是在封建小农经济的主体地位和封建宗法制度中生长出来的伦理文化。家庭是社会结构中最基本、最常规的单位，发挥不可取代的重要作用，因此，中国传统文化具有鲜明的重家族、重血缘的“家本位”特点。中国古代宗法社会“家国一体”的社会制度和君父同伦的君臣关系，使强烈的家庭观念不断扩展为家族、家乡、国家观念，形成中华民族文化心理中对家庭、家乡、国家强烈、深沉的热爱和责任感。

家国意识是中华民族内心深处最炽烈、厚重的情感，广告传播若能调动受众的家国意识，往往会取得良好的传播效果。用一家团圆的幸福温馨场面作为背景烘托气氛，或以家人之间的慈孝情感为诉求重点，是中国广告常用的手法。“孔府家酒，叫人想家”这一广告语不知道唤起了多少人心底对家的眷恋和思念，这则广告使孔府家酒的销售量连

续几年成倍增长；四川长虹集团“以产业报国，民族昌盛为己任”的豪迈口号，展示了宏大的气魄和民族责任感，唤起了受众的高度认同，奠定了长虹的良好形象，为其立足发展打下了基础，一时间，众多企业纷纷打出爱国牌，以爱国主义旗帜凝聚人心。

(二)亲仁爱人

儒家文化的伦理核心是“仁”学，其中心思想是肯定人的地位，主张设身处地，爱人如己，强调处理好人际关系。《颜渊》中有“樊迟问仁，子曰：爱人”；《学而》中则有“泛爱众而亲仁”，“爱人者人恒爱之，敬人者人恒敬之”，强调对人的仁爱和尊重。由于儒家文化“偏偏是有关中国文化的某种‘心魂’所在”，“在塑建汉民族文化心理结构的历史过程中，大概起了无可替代、首屈一指的严重作用”①，“在古人那里，人与动物的根本区别，就在于人有仁爱之心，有道德伦理的观念。而人的一生所追求的理想人格，也就是能够坚持和践履以‘仁义’为核心的君子之道”②。以人为本，亲仁爱人，一直是中国传统文化处理人与人之间关系的基本文化心理。

借鉴这一传统文化理念，许多广告充满人性光辉。汇仁集团以“仁者爱人”为企业核心理念，在其形象广告中不断强调自己忠于社会和消费者需要，不断自我完善，将“爱人”提炼为社会责任，成功树立自己的“仁者”形象。中国人寿的形象广告《信任篇》，在蓝天、碧草、雪山、沙滩间，用人与人和睦相处的温馨镜头，配以“生命需要阳光、成长相信岁月、相知相信承诺、愿望相信未来”的文案，将关爱的情感升华为相知、相守、相互依存的信赖关系，中国人寿“相知多年，值得托付”的核心理念，也借此深深打动消费者的心。

---

① 傅小平：《传统理想人格对现代广告的影响》，《西南民族学院学报》(哲学社会科学版)2002 年第 9 期。

② 张应杭主编：《中国传统文化概论》，浙江大学出版社 2005 年版，第 13，14 页。

(三)天人和谐

在人与自然的关系问题上,与西方文化强调征服自然、改造自然不同,中国传统文化注重人与自然的和谐统一。在人与自然的关系方面,儒家和道家的观点基本一致,强调天人和谐,中国古代思想家一般都反对将“天”代表的自然与人割裂、对立起来,主张人与自然的协调和谐,认为“天与人、天道与人道、天理与人性是相类相通的,因而完全可以达到天人和谐统一”①。中国传统文化将天人和谐作为处理人与自然关系的理想境界,其积极意义相当明显。

在工业文明发达、生态失衡的现代,“天人和谐”思想对广告传播有极大的启发作用。丽江花园“居室”系列广告,“左岸,三面临水,八面来风,在水与风的邀约中,灵魂将浪漫地飞舞,思绪将自由地呼吸”,“左岸,依水而筑,清溪从门前漫过,涟漪随脚印迭起,人文与自然得以完美结合,洋溢着自由和飞扬的气度”,舒缓旖旎的语句,消除了人与自然的隔阂,心灵在自然的怀抱中舒展,人与自然的和谐得到完美展现,使深陷纷扰世事的现代人眼前一亮,心向往之。

(四)重义轻利

重义轻利是中国传统文化中对道义与利益(多指物质利益)关系的价值追求。在中国古代思想家漫长的义利之辩中,儒家旗帜鲜明地倡导先义后利,重义轻利,“君子喻于义,小人喻于利”;反对见利忘义,主张君子要“义以为上”、“见利思义”。“重义轻利”“见利思义”的广告,更容易获得消费者的信赖和认同。农夫山泉的奥运广告“一分钱一个心愿,一分钱一份力量”中说:“再小的力量也是一种支持。从现在起,你每买一瓶农夫山泉,就为申奥捐出一分钱。”在获利同时不忘国家大义,为奥运加油助威,为农夫山泉聚足了人气。时下大行其道的公益营销,也迎合了中国人传统的“重义轻利”心理,为企业、品牌树立重“道义”,富于社会责任感的形象加分不少。

---

① 张应杭主编:《中国传统文化概论》,浙江大学出版社 2005 年版,第 13,14 页。

传统文化还为广告传播提供了丰富的素材。传统并不意味着守旧和僵化，作为国家、民族理性和智慧的积淀，传统文化对现代的一切社会活动有着多方面的启迪。5 000 年华夏文明孕育了中国传统文化无可比拟的丰富内涵和繁多形式，历史故事、风俗民情、神化传说、诗词歌赋、小说传奇、戏曲音乐、舞蹈歌谣……精彩绝伦，包罗万象，对现代广告传播有极大的启发作用，为其提供了许多可以直接取用的素材。"福"字在中国传统文化中是一种特殊的文化概念，它代表国人对幸福生活的向往，几乎涵盖了大多数中国人一生的追求与渴望。金六福酒成功地提炼利用了"福"文化，将"福"字运用到产品名称中，其广告全部围绕"福"字做文章，从各个角度诠释福文化的意义，将其包装为"中国人的福酒"，准确地挖掘了中国人追求"福气""运气"的传统心理，依托传统"福"文化，金六福酒迅速成为我国白酒行业最畅销的品牌。又如 IBM 登在杂志上的一则广告，画面是一只手，夹着围棋子，广告文案是"选择网络产品，你只看眼前这一步吗?"，巧妙借围棋这种极具中国智慧的中国传统娱乐活动的精义——高瞻远瞩的大度与挥斥方遒的霸气，传递了 IBM 对其卓越品质和服务保障的自信。这种民族文化层面的交流，非常容易唤起中国消费者的心理共鸣。

三、传统文化对广告传播的制约

在为广告传播提供丰富的资源的同时，传统文化也以其强大的影响力制约着广告传播，其中又以传统文化观念形态的传承，其在传承过程中形成的民族特有的传统文化心理模式的制约作用最为突出。传统文化心理模式，直接表现为民族的价值观念、思维方式、道德情感、礼仪风俗等，规定了民族成员处理各种关系的态度和方式，深入持久影响着每个民族成员的思想和行为。广告传播对象都是特定传统文化的继承者，特定的思维定式和心理图示规定了他们在进行广告信息选择接受、解释重构活动时都要参照已有的价值体系。

首先，在进行广告信息选择时，符合广告传播对象思维定式和心理图示的信息更容易引起注意和接受，相左的信息则往往被下意识规避或排斥。

其次,广告传播对象会用自己的价值观来评判选择的信息内容,从已有经验和思维方式出发,对信息意义做出符合自己价值参照系统的解释和重构。广告传播要取得良好的效果,就必须了解、尊重传播对象的价值观念和文化品味,尊重其传统文化心理。日本立邦漆有一则平面广告《龙篇》:传统中国凉亭有两根盘龙柱,其中一根柱子因为刷了立邦漆,致使盘在上面的龙滑了下来。广告创意者的目的是为了表现立邦漆涂层光滑,品质良好,但却忽略了龙在中国传统文化中的特殊意义。在中国人的心目中,龙已不仅仅是装饰符号,而是传统文化的图腾,是中华民族精神的象征,立邦漆这则广告被视为严重挑衅中国人的家国情感,引起轩然大波,遭致强烈抗议。

中国人处世中庸,崇尚和谐、质朴、含蓄,针对其的广告传播,内容上应避免直白露骨,否则会招致反感;暴力、血腥等刺激感官的场景和画面违背了其他传统审美取向,不能帮助广告实现良好传播效果。了解尊重广告传播对象传统文化,是避免广告传播误入歧途的重要前提。

中国自古以来是农业大国,传统文化重农轻商,与商业直接相连的广告传播也普遍被国人排斥,国人普遍认为广告虚张声势,夸夸其谈。随着市场经济的发展,人们对广告的认识稍有改变,但广告传播仍应注意避免流露明显的商业气息和趋利本性。

四、现代传播对传统文化的滥用

在提倡现代广告传播融入传统文化的同时,也要看到,受广告传播功利性驱使,许多广告滥用传统文化,对广告文化发展造成不利影响。

(一)生搬硬套传统文化元素

许多广告对通过传统文化提升广告文化品位和传播效果的认识较为肤浅,广告中简单堆积国画、戏曲、古乐、古诗词、古人等传统文化元素,这些传统文化元素与产品本身并无紧密联系,甚至风马牛不相及,这样做反而稀释了受众对产品信息的注意。

(二)庸俗化解读传统文化

一些广告作品不能深入准确把握传统文化内涵,不曾认真体会传统文化的精髓,从追求商业利益的角度出发对其进行庸俗化解读,对传统文化传承造成极其不利的影响。例如,脑白金利用中国传统文化中的“尚礼精神”大做文章,将其庸俗化为送礼者对受礼者物质需求及虚荣心的满足。这与注重“礼仪”、“礼节”、“礼轻情义重”,将“礼”作为思维方式和处世准则的“尚礼精神”相去甚远,使广告变得恶俗虚伪。

(三)对传统文化利用不加取舍

传统文化精华糟粕并存,一些广告主和广告人缺乏应有的鉴别力和社会责任感,大肆宣扬文化糟粕,造成文化糟粕陈渣泛起,不仅使广告缺乏文化修养,还影响产品及品牌的形象,对社会造成负面影响。这一方面,最突出的是宣扬男尊女卑思想及封建帝王情结。男尊女卑思想对现代广告的影响一直以来都未消退,曾几何时,广告又刮起了清宫风,瓜子、保暖内衣、白酒、保健药品、饮料……各种产品抬出“皇上”撑腰,身边的宫女太监搔首弄姿、争宠献媚,令人作呕。这些不和谐之音起着不可低估的价值导向作用,为道德滑坡推波助澜。

五、寻求现代广告传播与传统文化的最佳契合点

“精神文化领域的继承性,离开人对遗传的精神财富的意义的认识是不可思议的”①,继承发扬传统文化的优长,是广告传播提升文化品位和审美价值,达到良好传播效果的有效途径。同时,作为特殊的文化传播形式,广告传播在社会文化的建构和塑造中也将发挥巨大影响力,努力寻求现代广告传播与传统文化的最佳契合点,使两者都得到良好健康的发展。

首先,以传统文化的积极思想作为广告传播的人文价值导向。随着市场经济的飞速发展,广告传播在沟通供求,指导消费的同时,其弊

---

① 吴克礼主编:《文化学教程》,上海外语教育出版社 2002 年版,第 55 页。

端也日渐显露。受广告传播功利性的驱使，少数人为牟利不惜采取反伦理的市场行为，诸如发布虚假广告、公然宣扬物质崇拜、消解人们的道德精神价值追求等。这些现象都是缺乏正确人文价值导向的表现，中国传统文化注重民本，重义轻利，诚信为本，注重伦理道德，强调人对群体和社会的责任感，这些积极的思想完全可以作为广告传播的人文价值导向，为规范和完善广告传播市场提供良好借鉴。

其次，现代广告传播应对传统文化进行扬弃与创新。作为中华民族智慧的结晶，中国传统文化主流无疑是积极的、优秀的，但它并不是十全十美的，也存在一定的历史局限性。因此广告传播对传统文化意义的发掘和利用，要采取辩证扬弃的态度，在借鉴、弘扬传统文化中的优秀遗产时，注意摒弃其中的封建糟粕及不适应时代要求的落后意识，避免其对广告传播的阻碍和对广告文化的健康发展产生不利影响。广告传播融入传统文化，也绝不简单地等同于传统文化元素的叠加，而是要准确领悟和理解传统文化内涵，对其进行创造性的利用，将其精髓融入广告传播，借鉴传统的力量来创造新文化、新生活。

最后，广告传播中融入传统文化决不意味着囿于传统。广告传播与传统文化的融合要防止两种倾向：一是要防止狭隘的民族主义，盲目排斥外来文化。任何民族的文化艺术，总是不断受到外来的影响，在全球化浪潮下，文化交流更是大势所趋。中国广告文化应在坚持中国民族风格和特色的基础上，有机融合现代国际广告理念和中国文化，借助中国文化的深厚底蕴和深沉美感来提升广告品位。二是要防止将传统文化与时代发展相隔绝。文化只有与时代相适应，不断更新发展又不失传统精髓，才有生命力，才能根深叶茂。广告传播既要汲取传统文化营养，又要感知文化随时代的发展而产生的积极变化，使广告创意走在社会思想的前列，才能达到良好的传播效果。

寻求现代广告传播与传统文化的最佳契合点，一方面是广告传播生存和发展的需要，同时也使传统文化的资源和价值得以不断被发掘、利用，使其生命力得以经久不衰。以传统文化作为广告传播的基础，以社会主义文化作为广告传播的基本原则，以世界优秀的文化作为广告传播发展的必要条件，这是广告传播与传统文化形成良好关系的发展途径，也是中国广告传播的特色。

第四节　广告传播的文化表现

广告传播是对所需信息进行选择、提炼、加工后，以艺术化的表现形式，通过各种媒介传播给受众的过程，传播特性赋予其强大的社会影响力，使之在社会文化的建构和塑造中充当重要角色。

广告传播传播商业信息，同时也传播具有确定文化意义的生活观念、价值取向、行为方式、审美规范，既影响人们的消费行为，也影响人们的思想观念。单个广告作品承载的文化信息是零散的、片段的，不可能系统体现完整的思想，但从宏观上看，整个社会的广告传播活动，“必然综合地体现着一定社会阶级和阶层的精神状态、生活意趣、生活理想”。① 广告传播不仅是信息传播形式、商品促销工具，它的文化属性与文化传播功能是确定的，其文化表现体现在整个传播过程的各个环节。

一、广告传播信息内容的文化表现

广告传播的文化表现首先体现在传播内容的文化属性上。作为广告传播活动的客体，广告传播的信息内容（广告作品）是人类思维活动的结晶、是文化创造的结果，其本身就是一种文化产品，承载一定的文化观念，具有一定的审美价值，是人类文化财富的一部分。

广告传播的内容需要通过象征一定文化意义的符号来表现，“符号是信息的外在形式或物质载体，是信息表达和传播中不可缺少的一种基本要素”，广告传播也不例外，②任何广告作品都需要借助一定的符号、手段，通过一定的形式来表现，即将广告需要表达的内容及主题转

① 张金海：《20 世纪广告传播理论研究》，武汉大学出版社 2002 年版，第 194 页。

② 郭庆光：《传播学教程》，中国人民大学出版社 1999 年版，第 43 页。

化成具体的广告作品，这是广告信息的符号化、具体化的过程。广告的内容丰富多彩，由多重意义及内涵构成。相应的，表现这些内容的符号也多种多样。“符号的形态是多种多样的，我们在日常生活中能够感觉到的声音、动作、形状、颜色、气味甚至物体，只要他们能够携带信息或表述特定的意义，都属于符号的范畴”，①广告传播中使用的符号包括语言、文字、形象、图像、色彩、音乐，等等。作为广告信息意义的承载物和象征物，这些符号在文化体系漫长的发展过程中形成，在文化成员之间达成共识，它们承载表述意义的功能及承载和表述的意义是文化赋予的。文化又是通过一系列的象征符号来存在和传承的，每个文化系统都有与之相应的符号系统。无论是广告传播信息的编码，还是受众对广告信息内容的解码，都以符号为媒介。表现广告传播信息内容的，从本质上来说都属于文化系统的文化符号，它们是广告传播不可或缺的组成部分，不借助这些文化符号，就无法将广告的内容和主题呈现、传递给受众。可口可乐广告中的福娃、春联是文化符号，让我们体会到这一国际品牌本土化的用心，百事可乐广告中劲爆的音乐、快速切换的画面是文化符号，告诉人们百事是新一代的选择。只有通过文化符号，广告的信息才得以传递。

广告传播的信息内容传递文化信息、附载文化意义。广告传播信息负载的文化观念和价值非常明显，在向人们传递商品信息的同时向人们传播价值观念、生活理念等。广告传播的文化内容丰富繁杂，文化知识与价值观念，生活方式与行为准则，传统文化精髓与现代文化理念，本土文化精神与异域文化动态，几乎无所不包。作为推销工具，广告传播总是在第一时间将有关技术的革新、工艺的进步、新商品的发明、社会风尚和社会气象的动态、国外的生活方式和文化习俗等等文化信息传播给大众。为树立企业形象，广告会直接传播企业的先进文化理念，为吸引和打动传播对象，广告总要引导消费者接受广告传达的观念，接受广告所示范的生活模式。广告传播会根据社会的潮流、文化发展的趋势及消费者的需求，将各种富有诱惑力的理念传达给受众，向其示范理想化的生活方式，不断引导传播对象心理和行为发生转变。

---

① 郭庆光：《传播学教程》，中国人民大学出版社 1999 年版，第 43 页。

联通新时空广告“穿越昨天的我，这就是新时空”，倡导奋斗拼搏超越自我的精神；“口子酒”倡导“执信有恒，成功有道”的诚信观念；利郎商务男装则提出，有智慧的男人应该“简约不简单，个性不张扬”，“忙碌不盲目，放松不放纵，张弛有度”；文化观念通过广告传播深入人心。广告还不断示范新的生活方式，促成人们行为习惯的不断转型，这样的例子比比皆是：我们对衣着的选择要以其气质品位为标准；要吃绿色食品，并不断用各种保健品来维护健康；房间要用绿色健康的木地板、不含甲醛的健康涂料来装修，厨房要没有油烟……今天的生活方式，大部分是通过广告宣传普及开的。

总之，广告通过承载和传播一定的文化内容来影响和改变我们的生活。

二、广告传播的实现以文化共享为前提

作为信息传播活动，广告传播要遵循传播的一般规律。信息传播活动进行需要前提，信息传播者与接受者必须拥有共通的意义空间。共通的意义空间包括对传播中所使用的语言、文字等符号的共通理解，传受双方大体一致或接近的生活经验和文化背景。从文化学的视角来看，这些都属于文化的范畴，共通的意义空间也就是传受双方的文化共享。

广告传播中传递的信息内容，其实就是负载着特定意义的文化符号，传播者与传播对象之间的信息沟通的实现，以文化共享为前提。

(一)广告传播者与传播对象的文化共享

广告传播目标的实现，首先以传播对象最大限度地理解、接受广告信息为标准。传播者企图传递的信息意义，与传播对象解码后重构的意义一致，传受双方能互相领会，传播者与传播对象之间拥有文化共享，是达成这种领会的前提。广告传播的内容就是负载着特定意义的文化符号，它以广告作品的形式呈现，传受双方共同的思维方式、价值观念、文化心理、语言系统等，是促成受众对广告信息及文化意义的接受、认同和理解的基础。

在广告传播过程中，传播者似乎处于主动地位，向受众传递信息。但从广告传播期待的结果看，主动权由受众掌握。传播者对信息进行编码时，必须以受众为中心，充分考虑受众的文化背景，确定受众理解广告内容的可能性和现实性，要确定受众熟悉广告中的语言、画面、符号，其文化系统认同广告传递的价值观念，等等，才能达到预期的传播效果。《上海电视》周刊曾经做过一则广告，广告语为“开门第八件事，去买《上海电视》”。几乎所有的中国人都知道“开门七件事，柴米油盐酱醋茶”。有了对这样的认知，受众都能领会广告的意思——买《上海电视》，是生活中必不可少的一部分。

传播者不考虑与传播对象的文化共享，失败几乎是必然的。这方面最典型的例子是金正 DVD，金正 DVD 曾投放过一则“苹果篇”电视广告。广告中，3 个妙龄少女身着极富现代感的金色时装，边舞边唱：“熟了，熟了，苹果熟了”。观众被弄得莫名其妙——金正 DVD 跟苹果熟了有什么关系？金正曾推出过旨在技术上有重大突破的“金苹果”计划，现在计划成功完成，所以说“苹果熟了”。广告意在传达金正 DVD 技术上的成熟，但受众不了解广告创意的背景，广告也没有任何铺垫，受众根本无法与传播者共享“金苹果计划成功了，金正 DVD 获得技术上的重大突破”这样的意义。传播者没考虑受众的经验及其解读广告中符号的可能性，也就无法实现广告传播的目的。

(二)广告传播对象之间的文化共享

随着物质丰盛时代的到来，消费者的需求差异化日渐明显，没有一个产品能够满足所有人的需要。市场细分是必然，几乎所有商品都有相应的市场定位，不同的市场定位带来相应的目标消费群体。广告传播的最终对象就是这些特定的目标受众，与这些目标受众共享文化，是广告传播在目标受众中效果最大化的保证。

每个产品的目标消费者都有一定程度的同质性，他们被看作一个群体。不同的社会群体，会创造自己丰富多彩的群体文化。从文化学的角度讲，某一文化群体所属次级群体成员所共有的信念、价值观及生活习惯被称为亚文化。共享亚文化的群体，具有相似或相近的文化规范、文化心理及价值意识，只有群体成员能够正确解读其共享的文化符码(经验)。广告传播的目标受众,就是共享亚文化的特定群体。广告传播越能表现出对该群体亚文化的了解与认同,对该群体的文化价值判断、选择、取向上与受众群体所期待的一致,就越容易获得良好的传播效果。广告传播重视目标受众群体的亚文化,也许会忽略其他受众,但却在该群体内获得最大的共鸣和认同,对于有意识选择传播对象的广告传播来说,这就足够了。

中国移动“动感地带”的广告,可谓成功利用目标消费群共享亚文化的典范之作。“我的地盘听我的!”,“动感地带”一出世就成功地吸引了年轻人的眼球。新锐、前卫的广告风格让所有年轻人眼前一亮,这个广告起用年轻人认为最酷最个性的代言人,广告中看似夸张的场景,都是最贴近年轻人生活,又是他们最向往的生活方式。广告中还创造性地提出“玩转年轻人的通信自治区”的年轻人语录:“玩转年轻人通讯自治区”、“谁敢跟我玩花样”,“我不是半兽人,我是短信狂人……”,“在半岛,在印第安,在威廉古堡或者伊斯坦堡,我和朋友小铁匠走到哪里就Q到哪里……”,“我喜欢反向的钟,我喜欢谁都想不到的东东……”。

这些语句完全模仿新新人类的说话语气和思维逻辑,很多人认为这些表述逻辑混乱,不明就里,但无数15～20岁的“杰伦迷”都明白“半兽人”、“半岛”、“威廉古堡”、“小铁匠”传递的意义。他们共享这些符码,准确地解码。这些语句是前卫、新锐年轻人的个性宣言。这正是“动感地带”的主要目标人群——15～25岁的年轻人的心理。他们讲究品牌,追逐时尚,对新鲜事物充满好奇,崇尚个性,追求特立独行,思维活跃,渴望有属于自己的空间,“动感地带”广告中出现的符号以及其传递的生活方式和价值观念,深深唤起了这一部分人的强烈共鸣,取得了极好的效果。

每个商品都有特定的目标消费群,这决定了广告传播的对象有特定的范围,了解目标对象共享的亚文化,了解他们共同的经验和共用的符码,了解他们的期待和精神需求,以此为广告传播信息的编码基础,或许得不到所有人的认同和理解,但却有助于传播的目标对象准确解码,实现最有价值的信息传播。

图 16-3　中国移动:“动感地带”广告

(三)跨文化广告传播中的文化共享

跨文化广告传播可以分为两类,一是国内跨文化广告传播,在跨种族、跨民族以及不同亚文化地区之间进行的广告传播;二是国际跨文化广告传播,主要在不同国家之间进行的跨文化和亚文化的广告传播。具有明显跨文化传播特征的是国际跨文化广告传播,这也是探讨此类问题的重点。

随着全球经济文化一体化的加剧,跨文化广告传播越来越普遍,成为广告业发展的一大趋势。广告传播进入不同市场,要面对与自身文化截然不同的文化,不同民族、不同国家在长期的发展过程中会形成本民族特有的文化体系,包括语言文字、思维方式、价值取向、宗教信仰、风俗习惯等等,这些都为传播设置了障碍。在跨文化广告传播中,传播者和传播对象分属不同的文化体系,迥然不同的文化背景在他们之间形成一道看不见的屏障。

跨文化广告传播实质上就是不同文化之间的共享,即不同文化之间的沟通与互动,传播者对受传者已有的文化体系的尊重与认同,对其文化思维方式、价值观念、民族心理、风俗习惯等做出正确的判断和认知尤为重要。例如,中国文化强调群体贬抑个体,认为个人离开群体便无法体现价值;西方文化则认为个体比群体更重要,以自我为中心。中国广告中常先强调产品的产地、企业,再提出品牌,西方国家广告的呈现顺序相反。

跨文化广告传播中，由于未能充分考虑传受双方文化背景及文化价值观的差异而导致传播失败的事例比比皆是。飞利浦手机曾在上海发布过一则灯箱广告，一个男人拿着飞利浦手机坐在万里长城的烽火台上，手机和人的形象非常高大，而长城却显得渺小。在中国传统文化心理中，长城不仅是建筑，而象征中华民族勤劳与智慧。让长城比一个外国品牌渺小，并且被人坐在屁股底下，这是大部分中国人文化心理不能接受的，这幅广告很快遭到查封。

成功实施跨文化广告传播，要求传播者充分重视不同的文化特质，将这种关照渗透到广告传播各环节，使广告符合市场的特点，适应该市场消费群体社会总体价值取向、文化背景和消费者的生活习惯、消费趋向，最大限度地实现跨文化广告传播中的文化共享。

三、广告传播必须遵循一定的文化原则

广告传播的文化表现还体现在，无论从广告传播的经济目标出发，还是从广告传播在社会文化建构及重塑中发挥的重要作用出发，广告传播都要遵循一定的文化原则，才能获得良好的经济效益，得到社会的认可，为行业发展赢得社会支持。

（一）广告传播的经济目标要求其树立的文化意识

现代工业的大规模生产及技术革新的速度加快，使产品同质化现象越来越严重，文化在市场竞争中的作用日益显著，广告传播想取得良好的效果，必须树立文化意识，充分认识文化在广告传播过程中的重要作用。

现代商品的市场价值包括物质层面的使用价值和精神层面的观念价值两个部分。前者是商品的客观物质基础，后者则是人们对它的主观体验，即商品的附加价值，这是消费者区别商品差异的主要途径。广告传播要想使商品获得受众青睐，就要塑造产品观念价值及其个性，扩大物理差异越来越小的产品在消费者的认知中的差异。这种差异化，主要依靠增加产品的文化内涵和文化附加值来实现，这就要求广告传

播把单纯的商品信息变成负载一定文化观念和文化意义的信息。优秀广告大都植根于文化沃土，通过体现文化观念为产品增加文化附加值。

我国广告传播根植于辉煌灿烂中华传统文化的土壤，深深打上华夏民族的烙印。成功运用传统文化观念或元素，弘扬民族道德、意识、伦理观念等的广告，大都获得良好的传播效果。奥妮皂角洗发浸膏，以中国传统文化为底蕴，把握并展示中国传统文化中相敬如宾、和谐美满的夫妻关系，塑造了传统家庭的完美模式。奥妮百年润发洗发浸膏的电视广告中，表现了由互相爱慕、经历离别最后结为夫妻的一对异性的恩爱有加，相敬如宾。丈夫温柔体贴地用百年润发为妻子清洗一头乌黑的长发，夫妻俩深藏于心的深深爱慕和默契，在不经意的眼神中幸福地流露。“青丝秀发，缘系百年”的广告语一语双关，即点明了产品名称，又暗合传统文化中对爱情对婚姻“执子之手，与子偕老”的美好期盼。周润发与产品名称谐音，“润发 100 年”的广告词赋予一品牌民族性、传统性，迎合了人们对爱情“百年好合”的美好向往。

这则广告有效地利用传统文化的内涵，赋予品牌丰厚的文化价值，广告与中国人的民族情感有机结合，唤起了人们的美好情感，激发了消费者的购买欲。从实质上看，文化附加值的核心是对人的理解和尊重，是对人的精神需求的迎合和满足。广告传播对文化作用的重视，使许多产品获得了生命，万宝路、耐克、海尔、七匹狼、金六福等等，都是靠广告创造的文化附加值迅速发展起来的。

树立文化意识，不仅要求广告传播者重视文化的重要地位和作用，还要求其正确认识文化，这是发挥文化在广告传播中重要作用的前提。广告传播者要认识到文化无处不在，并肯定文化存在差异。同时应了解，文化没有高低贵贱之分，要尊重认同异质的文化，摆正心态正确认识，才能抓住精髓，真正提升广告审美价值和文化品位，加强广告传播效果，而不是盲目滥用文化，适得其反。

(二)广告传播的社会影响力要求其承担一定的文化责任

广告传播活动首先是一种经济活动，必须获取经济利益。但由于广告传播同时具有文化属性与文化传播功能，其在商业传播过程中会获得对社会文化建构和重塑的巨大影响力，必须使其自觉承担一定的社会责任。

独立的广告传播活动传递的文化信息是零散的、片段的，像一些文化碎片。没有完整的思想体系，使其影响力看起来微不足道，更不用说在社会文化的建构中起作用，单一的广告传播活动承载的文化信息非常有限的，其文化影响力也微乎其微。但是，广告传播的特殊传播机制却使这些零散的文化碎片联系起来。广告信息通过各种媒介大量、重复传播，传播速度极快，覆盖面也非常广；广告传播的信息总量极大，充斥生活每个角落，形成巨大的社会影响力。它像无形的指挥棒，引导人们的消费习惯、生活方式，同时影响人们的思维方式和价值观念，进而影响社会生活的方方面面，影响着社会文化的发展。

虽然，广告传播的文化功能只是其派生机能，在任何时候都不能成为最主要的机能，但它的确在社会文化观念的形成与认可的过程中发挥重要作用。受经济利益的趋势，广告传播的文化负面效应远超过正面效应，对社会文化发展产生不利影响。相当数量的广告，无视女性社会地位及社会角色的转变，将女性置于从属地位，或与商品相比附，或者在广告中突出女性的性特征来吸引注意，漠视女性的个体尊严；有的广告大肆宣扬传统文化中的腐朽糟粕，宣扬奢侈的消费观念，误导青少年的世界观、价值观，这些广告遭到社会的强烈批评，严重影响广告在人们心目中的形象，对整个广告传播造成极不利的影响。

广告传播必须清醒认识自己的社会文化功能，自觉承担相应的社会文化责任，注意广告传播内容和形式上的趋利避害。以正确的价值观为引导，在坚持经济利益原则的同时传递积极健康的生活理念和行为方式，推动社会文化向积极健康的方向发展，为广告传播和整个行业赢得社会的认同与尊重。

第十七章 广告传播批评

第一节 广告传播批评的反思

一、什么是广告传播批评

自广告诞生起，对广告的议论就从未停息。“有一千个观众，就有一千个哈姆雷特”，社会各界对广告的看法众说纷纭、褒贬不一。广告作为社会科学学科的历史较短，广告理论的研究比较薄弱，对广告传播批评①的研究，至今仍涉及较少，涉入较浅。截至 2006 年 6 月，万方数据库的“期刊论文”库中，以“广告批评”为关键字的文章仅收录了 6 篇。合并“广告”、“批评”关键字的文章也只有 20 篇。这些文章，最早的也仅是 2000 年的。

广告批评至今还没有统一的、明确的定义。有些人认为广告批评就是对广告种种罪状的弹劾批判；有些人则认为，广告是商业活动，根本不需要批评；还有些人认为，广告批评就是对广告文本的批评；有些研究者干脆不去深究，含糊其辞，其理解因需而变；国内某著名专业网站论坛里的“广告批评”版，里面的帖子内容大多是对广告负面影响的指责批判……社会大众及广告界一直模糊理解广告批评、忽视广告批评、误解广告批评。

现代汉语词典里“批评”的定义是“指出优点和缺点，评论好坏”。《汉语大词典》将其定义为：“(1)评论；评判。对事物加以分析比较，判

① 本文的广告传播批评指广告批评。

定是非优劣；(2)对文章书籍加以批点评注。”

批评并非不能简单等同于“批斗”、“批贬”。广告批评里的“批评”，是“评价”、“评说”、“评议”的意思，应包含褒、贬等两方面的内容，是一种理性客观的分析和评价。①

所幸的是，国内一些学者对广告批评下的定义或者诠释，大体比较理性和客观。

陈月明认为：广告批评就是以科学的标准评价广告的经济效益和社会效益。他认为，广告批评应该承担推崇肯定优秀成功的广告作品、广告现象和贬斥否定拙劣的广告作品、广告现象的双重任务。广告批评有感性的批评和理性的批评，感性的批评指停留在广告运作具体实践和经营经验层次的批评。②

仝帆的看法与陈月明相似：所谓广告批评，就是用相关的学科理论对广告的整体效益进行理性分析、评价和判断的活动。这里言及的广告，针对的不是单纯的广告作品，而是以广告作品为中心的兼及一切广告批评，“广告批评其实是有感性和理性之分的。感性的批评是停留在广告运作具体实践和经营经验层上的批评，理性的批评是基于广告及其相关学科理论方面所做的批评”。③

方东则认为，广告批评是对广告现象进行认识和评价的科学活动，是广告研究者对广告创作的营销效果、社会影响、艺术水平等方面所做的专门性的研究和评论。广告批评的对象包括广告作品的内容与形式、广告的策划及创意活动、广告创作者、广告艺术风格与流派、广告管理以及广告批评本身。④

徐舟汉在《广告批评的标准》一文中提到，广告批评应包含褒、贬两方面的评价。它也不光局限在广告本体，广告理论评析、管理经营态势、主体客体状况、运作策略优劣等都是批评的内容。可以说，与广告

---

① 陈月明：《广告文化学》，国际文化出版公司 2002 年版，第 345 页。

② 陈月明：《广告文化学》，国际文化出版公司 2002 年版，第 344～345 页。

③ 仝帆：《略论广告批评的文化标准》，《西南民族大学学报》2003 年 11 月。

④ 方东：《关于广告批评基本问题的理论思考》，《内蒙古社会科学》2002 年 11 月。

有关的一切现象，都是批评的对象。①

张微则侧重从传播学的角度来理解广告批评。他认为，广告批评是广告传播中一种重要的反馈和促新形式。从传播学的角度分析，广告批评是对接收到的广告信息的一种反应。而且这种反应通过文本形式回传到信源（广告发布者），实现了信息的回流，从而标志着反馈的形成。②

总结上述观点，我们认为，广告批评是一种专门性的研究和评论，是对广告理论和实践活动进行分析、评价、反思和扬弃的科学活动。它涉及广告传播全过程中的各个方面。

随着时代的进步，广告事业的发展日新月异，新的广告理论、广告现象层出不穷，广告所处的环境也越来越复杂，加强对广告批评的研究，深入分析广告传播规律和传播现象，有利于广告不断审视自我，扬弃自我，更加健康地成长。系统深入的广告批评研究，成为紧迫的课题。

二、广告传播批评的回顾

最早的关于广告的评论，可以追溯到商品经济诞生初期，最早的叫卖广告和实物广告出现时。成书于战国时期的《晏子春秋》记载："君使服之于内，犹悬牛首于门，而卖马肉于内也。"该引文有"要使臣民从内心信服，要表里如一"之意，客观上反映了当时已经出现的虚假实物广告及人们对虚假广告的强烈不满。国人讽刺自我吹嘘的广告说"王婆卖瓜，自卖自夸"，就是对叫卖式广告的批评。

在国外，早在 1710 年，英国的约瑟夫·爱迪生就对刚兴起不久的报纸广告发表评论，认为在新闻来源不足的情况下，人们可以阅读广告栏以自娱。他还就广告文案的表现方法提出改良建议。可见，对广告的关注和评论自古有之。但是，专门的、科学的广告批评从 19 世纪末

---

① 徐舟汉：《广告批评的标准》，《宁波大学学报》2001 年 12 月。

② 张微：《广告批评：一种特殊的反馈和促新形式》，《武汉大学学报》2003 年 1 月。

20世纪初开始。1898年，美国的E·S·路易斯提出AIDA法则，认为一个广告要取得预期效果，必须要有引起注意、产生兴趣、培养欲望和促成行动四个阶段。此观点发表后，立即引起了许多学者的关注和讨论，后有人对该法则进行补充，加上可信、记忆和满意等几项内容。这是比较早的广告理论方面的批评研究。1911年，世界最早的广告研究团体——世界广告学会在美国成立。之后，研究广告的团体、机构、专业人才越来越多，广告批评逐渐发展，研究成果越来越丰富。

我们将历史上的广告批评分为广告理论批评和广告实务批评两个方面。

(一)历史上的广告理论批评

广告理论批评主要围绕各个阶段的广告理论，以阐述讨论、优劣褒贬、补充改进的方式展开。1961年，R·瑞夫斯提出了著名的USP理论，之后，奥格威提出品牌形象理论；70年代，艾·里斯和杰·屈特提出定位理论；80年代，品牌个性理论和CI理论出现；90年代，整合营销传播理论出现，之后，大卫·艾格提出品牌价值论与品牌认同论。

进入21世纪，艾·里斯又提出“公关第一，广告第二”的观点。从关注商品推销到重视品牌形象和文化因素，到重视营销战略，到进行品牌管理，广告理论不断进步，这种进步与广告学者的积极反思和扬弃密切相关。例如，USP理论提出后，就有学者讨论其局限性：USP注重产品功能诉求的销售观点，在产品高度同质化的情况下是否适用？USP强调独特、追求差异的说辞，与消费者的实际利益和心理需求是否对应争论和反思，催生了品牌形象理论和定位理论。而后，又有学者讨论定位理论的强销观念和一味强调沟通方法的局限性。舒尔兹的整合营销传播理论克服了这些局限，站在更宽广和系统的角度看待广告，推动了广告理论的发展。广告理论界不断自我反思、批评和争论，促使了广告理论的繁荣和进步。

(二)历史上的广告实务批评

主要围绕广告的经济、社会影响而展开。

1. 广告的经济影响批评

对于广告的经济学批评由来已久。“广告究竟是浪费还是有利的经济投入?”长期以来,这个问题一直是经济学家、广告人争论的焦点。他们各抒己见,从经济学的不同角度对广告进行探讨。

肯定者认为,广告是积极的、有益于经济发展的。伦敦经济学院的沃尔特·塔普林反驳马歇尔的“广告浪费论”,说马歇尔“表现了对广告的偏见和颇为激动的态度”①,他坚持认为广告是有益的。20 世纪 40 年代,美国哈佛大学的尼尔·博登教授研究了数百个案例,肯定了广告的经济作用,比如,广告并不是形成垄断的根本原因,广告具有商品质量促进效应,帮助改善消费者福利,广告“不仅能使大企业将产品售价调至有吸引力的水平,而且也为廉价的无名小品牌创造了机会”,等等。

日本学者小林太三郎肯定广告对美国与日本经济发展的作用,认为,广告是推动美国经济发展的因素之一,“广告创造了富有的制度”。小林太三郎认为,战后的日本经济之所以成就非凡,“应该承认广告对经济发展的间接作用”。②

企业主和广告人对广告在经济中的作用也普遍持肯定态度。大多数人认为,广告是最节省的推广方式,广告帮助消费者节约寻求产品的成本,广告是质量和服务水平的保证,等等。美国著名学者阿伦斯在《当代广告学》一书中提出,广告是整个社会经济的强大驱动力和润滑剂,它“推动了新产品与新技术的开发与进步,增加了就业机会,为消费者和商家提供了更大的选择余地,促进了大众生产、降低了物价、刺激了生产厂家之间的健康竞争,使买主受益,提高了人们的生活水平”。③

否定者认为,广告是浪费的、无效的。早在 20 世纪初,著名经济学

---

① 张金海:《20 世纪广告传播理论研究》,武汉大学出版社 2002 年版,第 186 页。

② [日]小林太三郎:《新型广告》,中国电影出版社 1996 年版,第 42～43 页。

③ [美]威廉·阿伦斯著,丁俊杰等译:《当代广告学》,华夏出版社 2000 年版,第 178 页码。

家剑桥学创始人阿尔弗雷德·马歇尔就严厉斥责广告为浪费。他认为,“广告,特别是劝诱性广告只不过是把人们对某种产品需求从一个牌号转向了另一个牌号而已”。马歇尔的观点得到许多经济学家的支持。1950年,美国经济学家卡尔在《经济研究评论》发表文章《广告的经济方面》提出“过度广告模型”。卡尔认为,广告导致了社会经济资源的浪费,此过度广告浪费的社会成本,一部分由消费者承担,而大部分却由始作俑者的厂商自己承担,即其经营成本提高,利润下降。1958年,著名经济学家加尔布雷斯在《丰裕社会》中指出,广告虚假创造消费者需要,控制消费者决策,从理想社会的角度来说:“广告是过度的,且更可能是多余的。因为如果没有广告和厂商的其他产品促销活动,人们也许生活得更好。”

之后,庇古、诺曼、哈耶克、格雷泽等著名经济学家也参与讨论广告是否浪费的问题。他们大多肯定马歇尔的观点,从消费者的权益、效用及社会经济资源合理与最佳配置的角度大量探讨、研究广告的经济性质,谴责广告增加了企业的成本、致使中小企业陷入不公平竞争、导致不必要的虚假需求的产生、引起价格上升和产业集中、迫使消费者接受更高昂的价格,等等。总之,他们认为,广告对销售和经济无能为力,还带来诸多负面作用。

这个争论仍在继续。但随着社会对广告的法律和规范的全面建立,广告在社会经济作用中的负面影响不断缩小,积极影响逐步扩大。人们对广告在社会经济中的作用已基本持肯定意见,人们不再讨论广告有用无用、有益无益及是否废止这样偏激的议题。

当前,广告经济学批评更关注广告与竞争、广告与价格、广告与销售效果这样的实证研究。总的来说,理论界和实务界对广告经济影响的批评研究,更趋于科学和理性。

2. 广告的社会影响批评

对广告的社会影响批评比较广泛和复杂,涉及社会的文化、传播、环境等各个方面,有肯定和否定两种声音。

肯定者认为,广告丰富了人们的生活,提高了生活质量,促进了社会的进步。美国总统富兰克林·罗斯福曾说:“如果我能重新生活选择我的职业，我会进入广告界。若不是有广告来传播高水平的知识，过去半个世纪各阶层人民现代文明水平的普遍提高是不可能的。”1986 年 5 月，在美国芝加哥举行的国际广告协会第十三届世界广告大会上，来自美国的迪诺·贝蒂·范德努特在会上做了《文化的艺术与科学》的长篇发言，提出“广告工作是当代文化整体中的一部分，是文化的传播者和创造者”①。她的发言，表明了世界范围内广告界对广告文化体的自觉认识。

否定的声音占据大多数。他们认为广告加大了阶级分化，造成了社会道德沦丧和文化异化，污染了环境等等。批评的焦点主要集中在以下几个方面：

（1）针对广告的意识形态性的批评。否定者认为，广告是维护占阶级地位的经济集团利益的工具；广告是极权主义的口号、大众深层精神控制的工具；广告掩盖了阶级差别与社会矛盾情绪；广告使人满足于现状麻醉人们的反抗意识；广告再造资本主义的世界观和生产关系，等等。

早期法兰克福学派理论家马尔库塞认为，资本主义社会在广告营造的虚幻的表面现象掩饰下，已成了一个有生命和无生命物全部都接受管理的体系。在这个世界上生存的人不过是一种材料、物质和工具，全然没有自己的活动原则。这种僵化的状况也影响了本能，影响了本能的抑制和本能的变化。美国经济史学家 D·M·波特说：论社会影响，广告可以同由来已久的机构（如学校、教堂）相比，它统治了媒介，对大众标准的形成有巨大影响，它是很有限的几个起社会控制作用的机构中货真价实的一个。② 而马克·波斯特认为，广告掩盖了阶级差异，工人对资本主义社会的屈从已显得不那么尴尬了。工人看电视广告时，阶级意识是虚假的。

在这些批评家眼里，广告不仅是营销手段，而是一种象征、一种符号系统、一种社会的缩影，一种把特殊集团利益伪装成大众一般利益的

---

① 张金海：《20 世纪广告传播理论研究》，武汉大学出版社 2002 年版，第 190 页。

② ［美］梅尔文·L·德弗勒、埃雷特·E·尼斯：《大众传播通论》，华夏出版社 1989 年版，第 471 页。

吹鼓手，是当代资本主义社会的钥匙。

(2)针对广告内容及表现方式中诸多弊病的批评，如广告的虚假性、误导性、欺骗性、恶俗趣味令人不愉悦等。法国的波德里亚认为，广告真实性严重缺失，甚至已经超越真伪，它以消费社会的“总体信息”的全能上帝姿态登场，为所欲为地操纵“真实性”：广告艺术主要在于创造非真非伪的劝导性陈述。[①] 在广告史上，真实性问题也是最早被批评的主要内容，特别是在美国，人们较早意识到这个问题。1911 年，美国联合广告俱乐部(美国广告联合会的前身)领导了一场为广告真实性和道德性而斗争的运动，该俱乐部为广告制定了道德法规，提倡“广告就是事实”。1936 年，消费者联盟成立，负责监督和揭露欺骗性广告，迫使广告为消费者提供公正的情报。

(3)关于广告文化对社会文化的深层影响问题。如广告诱导消费者形成过度消费主义和享乐主义的价值观，导致人的物化；广告使人们沉迷于虚幻的荒谬的世界而毫不自知；广告对文化利销性的利用及广告本身的低级趣味导致社会精神文明的倒退；国际广告传播体现的文化霸权忧患；等等。

以法兰克福学派为代表的许多西方学者认为，大众传媒以广告等形式无孔不入地侵入人们的闲暇时间，在很大程度上削弱了人的个体意识和批判理性，催生了人的虚假需求，使人变成一个“单向度的人”。[②] 经济学家 Robert Herbroner 说：“如果让我指出资本主义国家中最具有破坏力的因素，以及资本主义道德不断败坏的最主要原因——我会毫不犹豫地认为是广告。谁还能找到像广告那样贬低优美语言、玷污绝妙思想并不知廉耻的东西？”[③]英国工党左派领袖、《论坛报》主编安奈林·比万愤然指出：“广告是罪恶的勾当。”英国著名历史

① [美]欧盖因、艾伦、森尼克著，本社译：《广告学》，东北财经大学出版社 1998 版，第 216 页。

② 张金海：《20 世纪广告传播理论研究》，武汉大学出版社 2002 年版，第 210 页。

③ 张金海：《20 世纪广告传播理论研究》，武汉大学出版社 2002 年版，第 209 页。

学家阿诺德·汤比因说:“想不出什么情况下广告能不是邪恶的了。”阿多诺和霍克海默认为,广告“已经变成一种否定原则、一种阻拦的设施:一切没有打上广告烙印的东西在经济上都是可疑的”,而这种日常生活中的否定原则是非常堪忧的。①

(4)关于广告引发的环境危机及其他问题。批评家们认为,广告刺激人们的需求无限膨胀,造成的大量资源的消耗,对地球环境和生态平衡造成严重破坏;广告本身中隐藏的“伪环保”欺骗等。

批评家们举出种种数据来证明广告带来的资源浪费和环境污染。比如,他们统计得出,加拿大每年砍伐 1.7 万公顷的原始森林(相当于哥伦比亚特区大小),为美国的日报提供刊登广告的新闻纸。美国一位计算机老板戴维·布拉斯统计了他的信箱里的计算机直邮广告后,得出结论:每年为一个公司制造寄给 300 万人的双月目录册所用的纸,需要砍伐 28 公顷土地上生长了 70 年的木材,还有 59 亿升水和 2.3 万兆瓦的电力和蒸汽动力。生产过程将排放 14 吨二氧化硫和 345 吨有机氯化物,其中许多化学品属于世界公认的剧毒物质。

另外,广告的“伪环保欺骗”也受到指责。批评家们指出,许多产品迎合日益高涨的保护环保的呼声,绞尽脑汁打出“绿色环保”旗号,或者在自己的产品上印上“绿色”标志,而这其中有相当多的产品很具欺骗性。例如,2002 年《生活时报》记者朱伟光进行了为期一个月的调查,发现原本让消费者信赖的绿色食品良莠不齐,甚至连伊利乳业集团这样的知名企业竟然也违反《绿色食品标志管理办法》,使用超期绿色食品标志,令人忧虑。

三、广告传播批评的反思

1. 对广告批评本身的反思:理性进行广告批评

之前的广告批评,主要针对广告的经济、社会影响,否定的批评占

---

① 刘泓:《消费、象征和权力——广告文化批判》,海峡文艺出版社 2002 年版,第 18 页。

据大多数。批评家们言辞激烈，愤愤不平，仿佛广告造成了社会所有的不良现象。

2005 年第 12 期的《现代广告》专门制作了“中国广告社会价值批判专题”，引发广告界学者对广告社会价值的深入讨论和反思。在开篇语中，编者说，广告最本质最主要的功能是经济作用，它对社会对文化对意识形态的作用和影响，是通过演变和改革媒介、是通过市场细分迎合或引导消费者间接表现出来的。其中，金定海在《价值的理性偏失》中提到，广告缺乏理论的尊严和行业的尊严，迄今广告缺乏应有的产业高度，没能推举自己的产业代表为自己的产业利益辩护，广告获得的社会评价与广告带来的巨大财政贡献相比，明显有失公允。以张金海为代表的武汉大学广告系认为，广告的经济价值是广告最本质最重大的社会价值，广告不应该承担过多的社会文化责任，广告的文化价值、审美价值只是广告商品信息传播的衍生物；广告只是一种工具，工具存在缺陷，但不存在对错，一切的罪恶都发生于使用工具的人。

我们认为，这些学者的观点还是比较理性和客观的。广告本质上是一种随着社会发展而产生的经济现象，同许多其他经济现象一样，对社会有积极的作用也存在负面的影响。我们不应该回避广告的负面影响，但是让广告背负太多的社会责任也有失偏颇。广告批评家们必须认识到这一点，才能做出理性的、客观的、公正的广告批评。

2. 对广告批评主体的反思：批评主体的缺失

究竟谁是广告批评的主体？是从事广告事业研究的广告学者，是经过严格的广告学科教育的人士，是广告活动的相关实践者，还是来自各个行业、理论修养不一的大众？

什么人的批评才能进行广告批评，广告界没有明确界定。传统上认为，广告批评是严肃的、学术的、理性的，广告批评的主体应该是专门的理论家，至少是那些以系统理论表述方式开展广告批评的人。一般大众对广告活动做出的随意的、感性的、没有学术深度的评论，不能称为广告批评。

要准确把握广告批评的主体，先要思考广告批评的目的和意义何在。我们认为，广告批评的目的是帮助广告从业人员对广告活动进行审视、反思和扬弃，促进广告事业的健康发展，推动广告事业乃至整个社会的不断进步。因此，只要能对广告事业的进步贡献一定价值的人们，应该都有权和有能力进行广告批评活动。

之所以认为广告批评的主体仅限于广告理论专家，该现象有深层历史原因。在社会权力掌握在少数精英阶层手中的时候，那些受过广告教育、身份地位高的人占有广告文化的主导权和话语权，他们对广告的理论阐释更具主流地位；大众不仅缺乏受教育的机会，甚至有限的表达也会受到主流思想的压抑。在这种情况下，人们容易形成一种印象：广告批评只属于那些专家们，大众好像失去了批评的能力。理由是他们的感受性批评不具备思想的体系性，更多的是直观的、感悟的、片断的、甚至是个人情绪化的判断与评价，所以不能被认为是批评。事实上，大众一直以直觉判断的形式表达对广告的批评，但这些活动被权威占据的传播媒介压制，他们的声音被淹没在权威理论家的话语中。

随着社会的进步，大众受教育的机会越来越多，社会言论也更加自由，大众逐渐掌握了更多的话语权。网络的兴起，更使大众拥有便利的言论平台，大众参与批评的热情不断高涨，影响力不断增强。精英式的广告批评被迫改变，精英观念被消解。虽然大众批评在秩序、规范、权威、学术理念等方面仍不能和主流的、精英的广告批评相比拟，但其地位和作用已不容忽视。

3. 对广告传播批评研究现状的反思：研究薄弱和滞后

回顾广告的发展和广告批评的发展发现，广告批评研究非常薄弱，严重滞后。广告早已成为社会生活中不可或缺的部分，发展迅速，广告批评研究却刚刚起步。

在广告理论界，关于广告批评的研究是最大的空白，广告批评概念本身都相当混乱。在广告批评成果上，针对广告实务活动的批评居多，负面的批评居多，大多批评针对广告活动负面的社会、文化效应；针对广告理论的批评较少，系统而全面的批评较少，对广告批评本身的批评较少。在广告实务界，自我批评和反思的意识薄弱，重创作而轻批评，普遍以广告的行政监管和广告公司的效果评估取代广告批评，广告批评没有充分发挥出对实践活动的指导作用。

广告批评的薄弱与滞后，直接导致广告活动缺乏指导和约束，放任自流现象严重。广告创作水平难以迅速提高，广告业的健康发展受到威胁。虚假广告作品、有低级趣味的广告作品、粗糙伪劣的广告作品，甚至违法广告，随处可见，这其中，广告批评研究的缺欠恐怕难逃其责。

第二节　广告传播批评的特征

一、广告传播批评的特征

1. 意识形态性

作为在社会上层建筑制约下的经济行为，广告本身不可避免地表现出一定的意识形态性，广告批评必然也受上层建筑的影响，暗含了上层建筑的声音。按照马克思主义理论，所有批评的立场和判断其实都掩饰了复杂的政治和经济的意识形态；不存在"中性的"或"率真的"批评立场和评价。

在美国，广告研究成果大多集中在如何促进销售、如何使广告更有利于社会经济发展等方面，如定位理论、品牌理论、整合营销传播理论、"公关第一广告第二"等理论均在美国兴起和发展，广告理论方面的批评也主要围绕这些理论展开，而对广告的社会责任感、广告与社会文化等方面的研究较少。这和资本主义社会追求资本扩展、维护资产阶级利益的特点是相符合的。

在中国，广告批评关注广告的社会责任感，研究工作更谨慎而创新不足。广告理论方面的研究成果，从国外直接引进的多、加以理性剖析的少、创新改进的少。广告批评研究的进展，也在很大程度上要受上层建筑的影响。比如，中国在改革开放之前以计划经济为主，国家直接干预经济，致使中国初期的广告研究落后且偏颇。在社会主义改造时期，理论界甚至认为广告是资本主义的产物，是资本主义社会浪费的表现。

“十年动乱”期间，广告被看作是资本主义的工具而被彻底否定。许多广告设计人员和从业人员被下放劳动或遭到批判，广告管理的档案和历史资料被销毁和散失，广告业的成长和广告研究的发展都受到巨大损失。

2. 高度实践性

广告既具有鲜明的商业属性，同时又是一种影响广泛而深刻的社会性传播活动。因此，相比其他学科批评，广告批评的实践性更加突出。其高度实践性表现在，一方面，广告批评源于实践、立足实践，对广告实践活动的关注热情高于对广告理论活动的关注；另一方面，广告批评能直接指导和作用于广告活动实践，有时这种作用甚至是立竿见影的。

例如，对比广告道德批评的焦点问题和与之相对应的世界各国的广告法规的立法实践，就可清晰看到广告批评在立法中的地位与作用。20 世纪初，美国医疗和药品广告大量虚假承诺，激怒了消费者，引发了社会各界的批评，并刺激了消费者运动的兴起。美国国会为了平息民众对广告的愤怒，于 1906 年通过了《纯粹食品与药品法》(*Pure Food and Drug Act*)，对药品广告进行监管，以保护公民的健康。1914 年，美国国会又通过《联邦贸易委员会法》(*Federal Trade Commission Act*)，保护公民不受不正当商业行为的伤害，其条款就包括涉及误导和欺骗性广告的内容。

3. 时代性

广告属于应用性社会科学范畴，与时代的发展变化紧密合拍，广告批评也表现出鲜明的时代性。回顾过去发现，每个阶段的广告传播批评都烙上时代烙印，与社会经济发展状况、社会道德观念改变、法律完善状况等相同步，传达着时代的声音。

20 世纪 50 年代，社会产品尚不丰富，社会购买力也不够强、信息渠道不畅通，广告诉求集中于商品特点及顾客利益。广告批评大都围绕如何推销产品、推销的方式是否恰当等问题展开；60 年代，产品逐渐丰富，社会的购买力渐强，消费者开始注重品牌。广告批评也开始关注广告对品牌形象的塑造、消费者心理分析、广告的社会与文化作用等；到了现代，社会产品极大丰富，信息革命使消费者的价值观念和购物方式都发生极大改变，广告新现象不断涌现，社会上也出现许多不良现象。相应的，广告批评关注的问题开始多元化、复杂化，比较关注广告对社会文化的影响等问题。

改革开放初期，国人的观念比较保守，广告批评也保守而落后。广告刚刚恢复刊播时，曾经遭到业界内外的强烈的批评与争执。尤其是外资广告，当时在中央电视台播放的“西铁城”手表广告、“东芝”电器广告，曾一度被许多人指责为“崇洋媚外”。今天，洋品牌早已为人们司空见惯，越来越多人深入研究国际品牌的广告运作。又如，国内刚出现性感广告时，国人大惊失色，大骂“伤风败俗”，性感广告几乎完全遭到否定和排斥。随着时代的发展，西风东渐，国人的性观念变得开放，对性感广告的心理承受力也逐渐提高，人们对性感广告的批评也趋于理性和科学。现在，广告学术刊物上已经出现了不少专门分析性感广告的运用技巧、消费者心理分析、传播效果分析等方面的研究文章。

广告批评的内容、标准等随时代变化而变化，凝固的、永恒的广告传播批评是不存在的。

4. 复杂性

(1)影响广告批评的因素非常复杂。经济发展状况、社会文化背景、政府政策等都影响着广告批评的内容和进展。

经济因素的影响较为突出。例如，美国的广告理论研究水平一直走在世界前列。许多广告理论，如定位理论、整合营销传播理论、公关兴起广告消亡理论等都最先在美国兴起；美国关于这些理论的讨论和研究也比其他国家更广泛和深入。这和美国世界排名第一的经济发展水平、广告业的领先发展水平是分不开的。

文化因素的影响也不容忽视。由于对广告语义的理解和对广告的接受程度同人们的语言风俗、道德观念、经济发展水平等密切相关，一国消费者认为自然、轻松、可接受的广告，另一国的消费者却可能反感而排斥。例如，对于遭受德意日法西斯侵略的国家和民族来说，二战是一段难以抹去的痛苦回忆，拿这些敏感的历史题材来做广告，会受到这些国家人民的强烈谴责。又如，耐克精心打造的广告语“just do it(想做就做)”，以其对自我、个性、叛逆的推崇和张扬而风靡美国，影响了整整一代人的精神理念，受到美国消费者和业界人士的热烈追捧。但该广告在香港电视台播放时，却遭到消费者的大量投诉，认为该广告诱导青少年不负责任、干坏事。原来，香港民众大多自律而且有传统心理，行为方式上更趋于保守和含蓄。

(2)广告批评的研究视角多元、评判标准复杂。关于广告批评的研究，有的涉及营销学方面，有的侧重于传播学方面，有的侧重于伦理学方面，也有的侧重于艺术学方面。这使得广告传播批评有时还会超越广告本身而进入更高的境界，从而得出广告之外的思想成果。批评家评论具体的广告作品或现象时，常常会提出超越广告本身的东西，而涉及传播学、营销学乃至心理学、美学等方面。这些信息随着广告评论文章反馈到广告创作者，媒体编辑或广告主那里，使其传播学、营销学等方面的理论知识得以拓展，进而间接地为提高广告创作质量创造了有利条件。①

从不同的学科出发、不同的视角出发，研究同一个广告理论或实践活动，也会得到不同的结论，这些结论甚至是矛盾的。比如有可能一则广告从某一批评标准出发，是失败和恶劣的；而从另一个标准出发，又是成功和优秀的。

二、新时代广告传播批评的新特征

1. 大众传播发展迅速

大众对广告传播批评的参与性增强、社会影响力提高。大众批评成为主流批评和传统批评的补充部分，多元的广告传播批评格局开始建立。

随着时代的进步，大众参与社会活动的机会增多，言论更加自由，

---

① 张微:《广告批评:一种特殊的反馈和促新形式》,《武汉大学学报》2003 年 1 月。

对社会热点的关注热情空前高涨。各行各业的人纷纷参与广告批评，影响传统的批评方式和批评观念。大众批评成为主流批评和传统批评的重要补充部分。大众批评的方式有：通过报纸、杂志、电视、广播等传统媒体参与；通过互联网平台参与；通过邮件、热线电话、投诉电话、手机短信等反馈机制参与；通过人际口碑传播、个人博客等方式自由表达观点等。

基于互联网平台的批评可称为网络批评，由于拥有无可比拟的开放性、自由性、便利性，网络批评成为大众参与广告传播批评的主要方式。网络批评的平台有专业论坛、非专业论坛、网页文章评论栏、个人博客等等。人们以个人网页、发帖、跟帖等方式，自由表达和交流观点。网络批评有三个特点：泛化的批评，它对新闻事件、热点话题等非常敏感；处于"前批评状态"，对文本的选择和小聪明、游戏文字在互联网上得到最充分的张扬和很多人的喜爱；网络批评的互动性和娱乐精神——充分的"娱乐化"。① 参与网络批评的主体，有业内学者和实践者、其他行业的名流、业余爱好者、普通大众等。他们的行业背景、知识背景、批评目的差异甚大。

相对而言，大众批评缺乏学术准备和理论准备，研究深度不够，学术价值较弱。但作为主流批评的补充部分，这一类批评对广告实践产生重要的影响，有时甚至比专业广告批评发挥更大的作用。

如 2006 年的肯德基电视广告"鼓励篇"停播修改风波。广告表现的是三个正在准备高考的伙伴之间的故事。其中，一个男生勤奋用功，没吃肯德基；另一个男生不认真学习，忙着吃肯德基。高考结束后，只有那个认真备考、没吃肯德基的男生落榜了。之后，他在阳台上收到两个伙伴的鼓励：一只纸飞机，用鸡肉卷的包装纸折成，上面写着"小东加油"。两人还一起说"我们在北京等你"。该广告播放后，质疑声四起。4 月 6 日，一网友在天涯社区网络论坛上发表题为《肯德基现在放的老北京鸡肉卷广告好过分》的帖子，质问道"认真学习还不如吃 KFC 管用?"帖子一出，几天内就吸引了超过 6 万次的点击率，网友纷纷表示愤

① 王山：《"网络批评、媒体批评与主流批评"研讨会述评》，《文艺报》2001 年 8 月 7 日。

慨。肯德基不得不于 4 月 13 日停止播放“鼓励篇”电视广告，并对广告内容进行修改，新版广告于 18 日重新播放①。这则来自普通网友的广告批评，对于不良广告的改进，发挥了积极的作用。

图 17-1　肯德基广告“鼓励篇”

大部分大众批评散乱、层次较浅，但它代表大众文化消费与审美的需求。其中不乏精彩深刻的见解，个别非专业人士的批评水平甚至高过专业人士。这是广告批评的一个进步。业界批评家们应善于从大众批评中汲取营养，适时调整自己的知识构架，不断提高自身的文化素质和理论修养，积极引导大众批评，使其成为广告批评健康有益的补充部分。

2. 广告传播批评的发展速度大大提高，研究成果逐渐丰富。

信息时代到来，广告批评载体发生变化，广告批评的环境也发生变化，广告批评的言论更加自由、研究更加便利，发展速度大大提高。

以中国广告批评的发展为例。2006 年 6 月 26 日，笔者在万方数据库的“期刊论文检索”中输入关键字“广告”，2000—2006 年，共有 5

① http://news.tom.com，2006 年 04 月 20 日。

560篇相关文章。根据胡晓芸在《现代中国24年来的广告学理论研究》一文中的研究结果，1979—1989年，广告学理论研究论文共为501篇；1990—1999年，广告学术论文共1 524篇。可以发现，近五年的广告研究论文，远远多于前20年研究的总和。在书籍出版方面，也大大丰富。据资料统计，80年代国内关于广告方面的书籍数量合计为64本，90年代有468本。而现在，恐怕每年出版的相关书籍量都是以前的数倍了。

不仅在研究数量上，研究内容上也较以往大为丰富，研究水平明显提高。20世纪80年代的广告学理论研究还处于启蒙和开创期，广告学术研究著作寥寥可数；90年代，广告理论研究进入引进和对接期，引进了大量国际广告理论，大部分围绕广告的营销价值及文化意义展开，同时开始注重结合中国实际，但创新性仍不足。2000年至今，广告研究的内容明显丰富。研究论文涉及广告传播过程、品牌战略、广告业趋势及其代理制、广告效果研究、广告教育研究、广告的社会责任感研究、媒体产业经营的研究、广告新媒体研究、符号营销的新研究动态等等许多方面。其中许多研究具有很高的创新性和价值。如2002年出版的武汉大学张金海教授所著《20世纪广告传播理论研究》，对国际广告发展史上广告传播理论进行了系统梳理，走出了理论研究的关键一步。《现代广告》2005年12月的专题"中国广告社会价值批判"，吸引著名经济学者、广告学者、重点高校的部分师生参与讨论，第一次对中国广告业进行了比较系统的社会评判。

从2001年开始，还出现了一些针对广告批评的批评，即对广告批评本身的研究。如方东的《关于广告批评基本问题的理论思考》，黎泽潮的《建构广告批评标准刍议》，张微的《广告批评：一种特殊的反馈和促新形式》等，都具有较高的学理价值。张金海的《20世纪广告传播理论研究》一书中，最后一章是"广告批评的理论建构"，首次对20世纪的广告批评进行了系统的回顾。

广告研究机构建设和广告教育人才培养也发展迅速。截至2005年底，中国广告协会学术委员会已经集中了中国广告学界、业界约200名研究会员；全国以品牌研究所命名的有三所高等院校、以广告研究所、研究中心命名的有19所高等院校；全国新闻院系约有80个硕士点、15个博士点;全国已有《现代广告》、《中国广告》、《国际广告》、《广告大观》、《广告人》、《广告导报》等6种广告专业刊物,为学界的研究提供了成果发布的专业平台。与20多年前基本没有专门的研究者相比,广告传播批评的研究力量、后备军已大幅度加强。

3. 广告传播批评呈现出全球化的趋势

在世界经济全球化的浪潮下,广告批评也呈现出全球化的趋势。主要表现在:

(1)各国广告研究的交流频次增高。由国际广告协会主办的"世界广告大会",每两年在不同国家和地区举行一次,被称为"广告界的奥运会"。而今,国际广告协会的会员已经遍及世界96个国家和地区,越来越多的国家开始参加世界广告大会、发表有价值的观点。近年来,各国广告学术界、实务界国际交流和碰撞十分频繁,其盛况非过去所及。以中国为例。从2002年起,中央电视台每年赞助举办"中日企业广告交流研讨会",致力于为中国广告业界引进最新国际理念,加强营销与传播领域的国际交流;2006年3月28日,中国广告主协会在北京举办"中国广告主与世界广告市场"研讨会;2006年5月26—28日,在广州举办全球广告创新论坛(中国区),汇集全球广告界的精英代表,对新时期广告理念变革、全球化背景下广告业经营运作模式创新等问题深入研讨;2006年6月24—25日,"全球化背景下的广告理论与实务"国际学术研讨会在上海大学举办,来自不同国家的学者发表了许多崭新的观点。

(2)对国际广告、广告全球化、跨文化传播等的关注开始高涨,并呈现不断增长的趋势。以PQARL学术研究数据库为例,2006年6月26日,笔者输入引文和摘要关键字"international advertising",即"国际广告"查询,共得到702篇文章,最早的一篇发表于1956年。其中,发表于2000年以后的有396篇,占据了近50年研究的一半以上。仅2006年上半年的文章,就有52篇之多。输入"Intercultural Communication",即"跨文化传播",共得到178篇文章,最早的一篇发表于1951年。其中,发表于2000年以后的有123篇,占据了近50年研究的约70%。在大众批评方面,也显示了对这些问题的热情关注。2006年6

月 25 日下午 15 时左右，笔者在 Google 上输入关键字“广告全球化”，得到 20 600 000 项相关记录；输入“跨文化传播”，得到 1 760 000 项相关记录；输入英文“intercultural communication”，得到 10 200 000 项相关记录；输入“international advertising”得到 355 000 000 项相关记录。

(3)研究工具和方法逐渐和国际接轨。与早期的文献相比，近期文献在对广告传播理论、实务研究时，越来越注重使用国外的定量分析研究法，广告研究命题的实证支持增多，评估工具也由早期的定性评估转向定量评估，从早期单一的性能指针评定转向综合了环境/经济/心理/技术等综合指针评定。从而，使广告批评更加符合现代经济学、社会学的规范。

(4)传播工具全球化，各国广告研究的地域性差异缩小。互联网的兴起，使各国广告学者的观点可以方便而迅速地对全球传播，实现资源共享。在第三世界国家的广告学者，通过互联网上各种学术数据库，可以很快学习到欧美发达国家最新的广告批评研究成果，从而研究视野更加开阔，研究眼光放得更远。久之，各国对广告理论和实务的研究由于地域差异、经济差异造成的鸿沟将逐渐缩小。

4. 广告传播批评的环境更加复杂，新现象层出不穷，新挑战不断涌现

这是个纷杂多变的时代，广告传播的环境前所未有的复杂。社会经济的发展、思维方式的改变、语言交流空间的改变、行为方式的改变、价值取向的改变，这一切每时每刻都影响着广告传播批评的营销语境、传播语境和文化语境。广告传播批评面临的新挑战不断涌现，广告研究的新命题不断出现。传统的解构、主体的泛化与虚拟化、传播噪音的复杂化、媚俗时尚的冲击、分众传媒的出现……许多命题的研究已经超出传统的广告传播的认知框架和范围，涵盖了政治、经济、安全、自然环境、社会文明进步的方方面面。

第三节　广告传播批评的标准

需要申明的是，广告批评包括对广告理论、广告实践活动的批评。

由于广告理论方面批评的标准尚无定论，且约定俗成的理解均只针对广告实践活动批评，所以本节探讨的广告传播批评标准，也仅指针对具体的广告运动、广告活动或广告作品等广告实践活动的标准。

对广告批评标准的研究刚刚开始，广告批评标准的缺位已经严重影响到了广告理论研究和广告业的发展。

一、构建广告传播批评标准的必要性

没有规矩，不能成方圆。广告批评的标准是评判广告有无价值和价值大小的尺度和准绳，也是进行广告批评活动的前提，对广告事业的健康发展有着举足轻重的意义。

(1)构建广告批评标准，有利于提高广告传播各参与方的广告运作能力，提高广告运作的整体水平。广告做得好不好，应该不应该，往往是公说公有理，婆说婆有理。构建系统的广告批评的标准，有利于形成统一的科学的评价共识，帮助广告主树立科学运作观，增强道德自律，提高广告活动质量；帮助广告创作者全面提升广告的思想内涵、创意、制作水平；帮助消费者和社会大众丰富广告传播的知识，正确解读广告信息、鉴赏广告艺术；帮助广告媒介和广告监管者加强行业自律，客观公正地看待广告行为，准确掌握广告评价和监管的尺度。

(2)构建广告批评标准，有利于规范广告批评秩序，推进广告批评研究的进步。在利益交织、矛盾突出的情况下，一些广告批评者为广告主、广告制作方收买，对恶劣广告极尽吹捧之能事，混淆视听；也有些学者或因学派之争而偏激地抨击他人观点，或故作高深晦涩难懂，使广告批评的真实性、公正性大打折扣。广告批评环境复杂化，大众批评对传统批评的渗透和影响已不容忽视，更迫切需要构建科学的广告批评标准，建立广告批评的新秩序，促进广告批评研究良性发展。

(3)构建广告批评标准，是广告事业自身发展的需要。正如文艺创作与文艺批评是文艺发展必不可缺的两翼一样，积极而科学的广告批评是广告事业的必要组成部分。构建一套积极的有利于广告事业进步的广告批评标准，才能更好地肯定和鼓励优秀的广告作品，矫正和补救存在欠缺的作品，并为同类问题的解决提供切实可行的方案，从而更科学地管理广告市场，促进广告事业向着有利于社会进步的方向发展。

二、广告传播批评的标准

关于广告批评标准的研究，是最近刚刚兴起的热点。由于广告批评所涉及的方面繁多、层次复杂，目前业界学者对此众说纷纭，尚无定论。

张金海在《20 世纪广告传播理论》一书中认为，广告批评的标准有宏观标准和微观标准两个层面，微观标准是宏观标准的具体化；黎泽潮在《建构广告批评标准刍议》一文中认为，广告批评标准的建构应是多层级的，大体可分为微观标准、中观标准和宏观标准；[①]徐舟汉在《广告批评的标准》一文中认为，广告批评的标准应包括：合法的标准、成功的标准、优秀的标准，此外还有文化的标准；仝帆在《略论广告批评的文化标准》一文中认为，广告学本身是一门综合性学科，从不同的学科出发就会有不同的衡量标准，如营销学的销售效果标准、传播学的传播标准、艺术学的艺术表现标准、文化学的文化标准等，这些尺度按照一定的学科关联度构成一个有序的评判体系；[②]何镇飚则仅从广告文化批评的角度，提出了四方面的标准：传播标准、沟通标准、审美标准和伦理标准。[③]

评价一件事情成败与否、好坏与否，要根据事情的结果，评价广告也是如此。广告批评的标准，应该是对广告效果批评的标准。因此，笔者拟采用以点带面的研究方法，从广告效果出发，探讨影响广告效果的各个方面，建构广告批评的标准。

广告传播的效果包括媒介效果、心理效果、社会效果、经济效果，大致可以概括为传播效果、市场效果、社会效果三个大方面。相应的，广

① 黎泽潮：《建构广告批评标准刍议》，现代广告杂志网站，2006 年 4 月 3 日。

② 仝帆：《略论广告批评的文化标准》，《西南民族大学学报》2003 年 11 月。

③ 何镇飚：《全球经济一体化下的广告文化批评标准》，《当代传播》2003 年 4 月。

告批评的标准可分为传播标准、市场标准和社会标准。

1. 传播标准

广告必须以适当的方式对适当的人群传播，因此，从广告效果的视角出发，传播标准是广告批评首先应注意的。这里的传播标准，仅仅指从传播学的角度来说，广告传播是否符合传播学的规律、恰当运用传播学的技巧，达到良好的传播效果。广告的传播效果，是指接收广告的人数、接收的人对广告的印象及引起的心理反应。影响广告传播效果的因素有：注意程度、理解程度、记忆程度、反应程度，广告批评的传播标准也相应分为 4 个：

(1)注意程度标准。即广告所能吸引受众注意的程度。美国人路易斯在 1898 年提出 AIDA 法则，认为一个广告要引人注目并取得预期效果，在广告程序中必须达到引起注意（Attention）、产生兴趣（Interest）、培养欲望（Desire）和促成行为（Action）四个阶段。其中，引起广告对象的“注意（Attention）”是第一步，是对广告传播最基本的要求。注意程度越高，信息传播效果越好。人们每天接触的广告不计其数，极容易形成视觉疲劳和心理疲劳，优秀的广告必定善于引起人的注意，让自己从信息的海洋中“跳”出来。一般来说，视觉刺激强烈的比平淡的好，经常性的刺激比寥寥数次刺激好，断续的刺激比持续的好，幽默夸张的比直白的好，创新的广告形式比传统的广告形式好等等。

第 12 届中国广告节上的全场大奖获得者——百度广告《唐伯虎篇》，就以独创一格的广告创意方式、夸张搞笑的广告内容，吸引了许多人的注意。这是一部古装喜剧广告：面对城墙上的一张悬赏文字告示，一个老外自以为知道，随后风流才子唐伯虎出现，连续三次通过精妙的文字断句，将老外身边的众多女子从（师奶到尼姑）悉数吸引过来，最后甚至将老外的女友也一并夺去，将老外气至吐血。众人齐声欢呼：“百度更懂中文”。广告采用网络小电影的方式，未花一分媒介费，没有发过一篇新闻稿，从百度员工发电子邮件给朋友和一些小网站挂出链接开始，只用了一个月，就在网络上超过十万个下载或观赏点。至 2005 年 12 月，已经有近 2 000 万人观看并传播了此片（不包括邮件、QQ、MSN 的传播）。由于所有观看者都是在不受任何其他广告的干扰下观看的，观看次数不受限制，观众对广告注意程度非常高。这是传统电视广告无法想像和做到的。

图 17-2　百度广告《唐伯虎篇》

（2）理解程度标准。即一则广告，消费者能够理解其中哪些内容，是全部理解、部分理解，还是基本未理解，“你所感受到的东西，不一定能理解它；而只有当你真正理解了它，才能更好地感受它”。广告如果让受众觉得晦涩难懂、不知所云，再好的创意、再大的投放场面也无济于事。广告的内容、创意、传播形式等要与受众的民族习惯、文化背景、接收心理、理解水平等相适应。广告跨文化传播时，要尤其注意这个问题。

曾经在国内获得大奖的孔府家酒电视广告，运用了书法等中国元素，传递乡愁寄托。拿去国外参赛，评委声称“不知所云，不明白是在卖笔还是卖酒”。1998 年戛纳广告节上，奔驰车的一则平面广告获取了全场大奖，画面上是位于车队中的一辆奔驰车和旁边明显的刹车痕迹。意思为新奔驰实在太吸引人了，以至过往的司机到他面前忍不住刹车停下来看一下，路面上便留下了一道道刹车痕。但这则广告在中国许多人都声称看不懂，要猜很久才能猜到广告要表达的主题。在不同地区投放广告时，一定要考虑东西方文化的差异、思维习惯等差异。

（3）记忆程度标准。广告要能够帮助人们记忆其内容。因为人们接受了广告传递的信息后，即使对商品产生良好的印象，也很少立即去

图 17-3 奔驰汽车的广告

购买,时间久了就会忘记,或者容易在购买前又接受了其他厂商的广告,从而转向其他商品。

广告要获得较高的记忆度,就一定要力避内容的庞杂、力求简明扼要、形象具体。在广告内容和广告形式上,恰当运用创意、文字、声音、画面等技巧,突出传达广告想表现的主题,并适当采用重复形式加强记忆等。经常有些电视广告或平面广告创意很好,也很能引起人们注意,画面执行也很完美,可是看完后,人们却单单不记得品牌名字是什么。更有甚者,由于广告中应用比较法,反而帮助消费者记住了竞争对手的名字。这样的广告不能不说是失败的。

(4)反应程度标准。广告发布后,通常希望消费者产生正面的反应,或产生购买意向,或强化其品牌认知,等等。这就要求广告一方面"找对人说对话",真正进入消费者的心坎里;另一方面以恰当的方式和频次投放广告,以更好地刺激消费者产生积极的反应。

有些广告或广告活动,创意很好,很能引起人的注意,容易理解,让人印象深刻,但是没进入消费者的心坎里,于是"叫好不叫座"。消费者看过广告后无动于衷,既不购买也不愿意进一步了解品牌。有些大商场广告促销活动,想法花样百出,排场很大,活动现场也吸引了不少人看热闹,可是看完后拿了奖品就一哄而散,实际促销效果寥寥。又如,1960 年,美国有一个啤酒商曾重金聘请一个有名的滑稽剧团代言电视连续广告片。由于明星荟萃,广告片演得非常成功,并在电视剧评比中作为优秀剧目获得了许多奖励。该片以深刻、诡辩、幽默的噱头宣传了该商的啤酒。广告制作者也以为大功告成。可是啤酒商终日期望的啤酒的销量却并未增加,这使啤酒商大惑不解。后经调查才知道,这一电视连续剧的观众主要是上层知识分子,他们中的一些人也有资格参加电视剧评比,但这些人一般很少喝啤酒。绝大多少喝啤酒的体力劳动者并不能理解电视剧中那些诡辩的意思,幽默的噱头。①

2. 市场标准

奥格威有一句名言:"我们做广告是为了销售产品,否则就不是做广告(We sell-or else)",广告首先是一种经济行为,以获取商业利润为基本目的,这是广告的本质特征。由此,广告批评必须要有市场这个衡量标准,好坏与否由市场说了算。关于广告批评的市场标准,有以下几个问题值得特别关注:

(1)"叫座不叫好"的恶俗广告.1999 年初,斯达舒胃药在电视荧屏上投放"四大叔版本"的谐音广告,次年就被评为 2000 年十大恶俗广告之一。但是这个广告却使斯达舒产品在全国范围很快获得了广泛的认知度,销售额当年就从 3 000 万元突破 1 亿元。2002 年,斯达舒的"胃,你好吗"版本电视广告,同时登上了"2002 年中国十大失败广告语"和"2002 年中国十大恶俗广告语"两个排名榜,但当年斯达舒销量却一路攀升,单品种销售额超过 8 亿元。仅用三四年时间,斯达舒快速成长为国内胃药市场品牌产品之一。这其中,广告的功效不容抹杀。

对于恶俗广告的问题,麦肯光明广告公司亚太创意总监莫康孙认为,广告是创作给观众看的,而不是给评审看的,也不是专门拿来得奖的。只要广告事实上起到帮助厂商扩大销量的作用,就说明有一部分观众接受了它,就可以算是成功的广告。从市场的角度来说,存在的就是合理的。恶俗广告全世界都有,包括美国、欧洲、东南亚等地方,广告只要能够创造出市场业绩,就永远不会从消费者的视线中消失。

(2)广告的短期效果和长期效果。广告的市场效果分为短期效果

---

① 丁长有:《广告传播学》,中国建筑工业出版社 1997 年版,第 62 页。

和长期效果。短期效果有短期销量的增长、短期知名度的提高等等，长期效果有长期品牌形象的树立与维护等。因此，进行广告批评时也应有短期标准、长期标准两个方面。短期市场标准，主要指向那些主要以短期效果为目的的广告，评判依据为在预期时间内，广告是否有利于达成良好的销售效果、知名度提升等。如“看世界杯，喝××啤酒”就是主要以短期销售为目的的广告。长期市场标准，主要指向那些以塑造长期品牌形象为目的的广告，评判依据为从长远来看，广告是否有利于提升品牌形象，赢得目标消费者的好感和信赖。如李宁的形象广告“一切皆有可能”就是以塑造长期品牌形象为目的的广告。

这二重标准既相互统一又相互矛盾。有许多优秀广告，既能实现短期销售业绩的提升，又能为企业带来长期品牌效应。如奥格威为万宝路香烟策划的西部牛仔系列广告，一播出就立即使濒死的品牌变得炙手可热，销量大增，这一系列广告使万宝路品牌到今天仍魅力非凡。而有的广告，短期内虽然为厂商赚了个盆满钵满，从长远来看却是品牌的致命伤。例如我们在前面提到的脑白金电视广告，该广告虽然创造了销售奇迹，但连年“荣登”年度恶俗广告榜首，非常不利于品牌的长远发展。

(3)企业的经济成本和可持续经营。当然，市场效果还要考虑成本问题。广告的投放要视企业实际经济情况而定，避免陷入被广告牵着鼻子走的怪圈。四川智强集团原是一家地方国营食品企业。1999 年在央视广黄金段位及其他媒体共投放广告 1 亿多元，被称为四川“标王”。在巨额广告的轰炸下，“智强”商标的知名度在全国范围内迅速提升，主导产品“智强核桃粉”畅销国内外，被誉为“中国核桃粉大王”。但巨额的广告投入也使智强集团走上了一条不归路。集团在鼎盛时期年产值只有 1.6 亿元，但每年广告费就超过 1 亿元。企业为巨额广告费所困，短短几年时间，经营状况每况愈下，出现了借钱或贷款打广告的现象，各种债务纠纷接踵而至。到 2003 年成都春季糖酒会，已是强弩之末的企业上演了最后一次广告“大手笔”——出巨资包断主会场的大门和最重要的展场。不久，溃败就一发不可收拾，半年后，四川智强集团即向法院提出了破产申请，成为被广告拖垮的典型企业。

(4)从市场的角度评判广告，评估复杂，有时欠准确。由于广告投入和市场效果并非单纯的正比关系，从市场的角度评判广告，有时也欠准确。影响市场效果的因素非常复杂，既有商品本身的，也有来自外部的。例如某化妆品在广告宣传运动进行之后的一年内销售量增加了15%，可能是因为有一家主要竞争对手使用了有害成分制造化妆品而遭到曝光，从而促使消费者转向此种化妆品，使销量激增。又如某制药集团长期投入形象广告，品牌知名度和美誉度持续稳定增长，可能是因为该集团长期市场战略制定得当，且一直坚持投身公益事业回报社会的结果。

因此，必须多方面考虑，经过科学的计算评估，才能相对准确地测出广告的真正效果，做出公平客观的广告批评。

3. 社会标准

广告不仅属于经济范畴，同时也属于社会范畴。因此，广告批评必须有一定的社会标准。这是广告批评标准中最为复杂的，涉及社会的法律、文化、道德、审美等各个方面，评估也十分复杂。广告批评的社会标准包括以下几个方面的内容：

(1)法律标准。广告是随着商品经济的发展而产生的一种社会经济现象。在现实经济社会中，由于企业的广告活动同社会利益往往存在着矛盾，国家需要借助法律手段对企业的广告行为加以规范和约束，使之能正确地兼顾自身经济利益、整个社会利益、消费者的长期利益。因此，是否合法是广告活动最起码的批评标准之一。

各国的广告法都不相同。值得一提的是《国际广告行为准则》。这是由国际商会1937年通过、1973年修改的，对各国广告自律准则的指定起着指导作用。许多国家以此为范本，制定本国的广告法律法规。该准则主要规定了以下内容：

第一，广告的基本准则：合法、公平、诚实和真实。据此，它要求每一广告必须具备应有的社会责任，遵守商业界公认的公平竞争原则。

第二，广告准则：针对公平、诚实、如实描述、比较、证明、贬低、保护人身权、信誉宣传、模仿、广告的识别、安全、儿童和青少年、责任等作了详细的解释并作了相应的规定。

第三：责任：对广告主、广告从业者、广告公司、出版商、媒介和承包商规定了相应的职责，并规定广告主对其发布的广告承担全部责任。

我国现行广告管理法规的主干是《广告法》，此外，还有《广告管理条例细则》、《广告审查标准》等，涉及对广告经营者的规范、广告传播行为的规范、广告表现行为的规范、广告履约行为法律规范、广告委托与代理行为法律规范等。在广告活动中，违反《广告法》和有关法律法规的行为主要有：违禁广告、虚假广告、假冒广告、误导广告、不公正比较广告、侵权广告、违反广告证明制度的广告、刊播有偿新闻、不正当竞争、对不实的广告采取默许的态度等等。

著名品牌的广告也时有违法之举。2005 年春节在江苏省电视台播出的“旺旺”食品电视广告语带威胁地警告消费者：“过年了不吃旺旺，新的一年不会旺哦！”广告播出不久就接到群众举报，不久后就因涉嫌违反《广告法》第 7 条，传播迷信内容，被江苏省工商局紧急叫停。宝洁公司的“潘婷”洗发水广告，宣称洗发水能补充头发氨基酸，“能够让头发十倍坚韧，效果能够持续终身”等内容，也涉嫌虚假宣传和不正当竞争，于 2005 年上半年被浙江省工商局叫停。

各国的法律规范不一，法律对广告的约束作用仍不够完善，违法广告和打法律擦边球的广告屡屡出现，但各国广告法的总趋势是由具体向全面，由粗疏向细致，日趋完善严格，对广告的规制作用也必然越来越强大。只要法制观念明确，合法的标准应该是能把握的。

(2)道德伦理标准。法律对广告的约束作用是有限的。很多广告并不违法，但其背后隐藏着更深刻的社会伦理危机，这就需要社会和道德来约束。例如，2003 年“非典”发生的危急时刻，少数药品企业大肆推销药品，搞所谓的“事件营销”，似乎是在按照广告的运作规律进行策划，也未违反相关的法律，但这种大发国难财的做法却引起了全国舆论的一致谴责。因此，广告批评还应该有道德伦理标准。

伦理非常复杂，广告批评的伦理标准涉及社会的文化、政治、经济、环境等方方面面，涉及广告主、媒体、广告制作人员等各种角色，很难准确分类和限定。但是总体来说，广告批评的道德伦理标准，应该以体现人类精神文明中积极的、正面的因素为准则。

从宏观上看，整个广告业发展的方向应符合人类对真善美的追求。学者们曾以此为标准进行了一系列讨论，例如，如何看待广告造成社会价值观的异化，使人们沉迷于消费主义和享乐主义；用千亿美元做广告对社会有利还是直接作用于经济的具体目标更有利；烟草广告是否应完全禁止；如何看待广告造成的社会资源浪费和环境污染……从微观上看，广告活动应符合大多数人在日常生活中公认的道德规则，如遵守传统美德和社会公德，不欺骗，不损人利己，不嘲笑他人，不宣扬丑陋邪恶的事物等等。从这些角度出发的道德伦理批评比较具体，例如，广告主是否可以劝说贫困地区的青年购买价值200美元一双的耐克旅游鞋，儿童广告中的性暗示语言（如"旺旺黑白配，男生女生配"）是否应禁止，广告中的女性是否被歧视和利用，地方电视台在播放广告时按照广告主的要求连续四五遍播同一个广告，是否属于不道德做法……

1996年戛纳广告节有一个复印机获奖广告：一间教室正在进行一场考试，监考老师一脸严肃，而同学们却不紧张，只是动作有些古怪，老师在前面时，大家都俯身答题，老师向后走时，大家都直起身做思考状。最后从后面拍摄的镜头揭开了谜底，原来大家的背上都贴着一张复印的答案。从道德伦理的角度，这则获奖广告应该受到谴责。柒牌西服的广告说"女人对男人的要求，就是男人对西服的要求"；清嘴口香糖广告说"想知道清嘴的味道吗?"；某广告暗示孩子们以消费为荣，并暗示他们霸道任性以满足自己的要求；无处不在的炫富广告、整形美容广告……这些广告严重低估广告对人们的价值观念、道德观念的塑造力，使大众在不知不觉中耳濡目染，最终伤及整个人类社会精神文明的进步。

不同的文化背景下的道德伦理标准也不同，相对而言，西方更重视社会经济、广告业的发展，而中国更强调经济与伦理的矛盾；西方更重视用科学方法管理具体广告活动，中国在其中渗透了更多人文的因素。各个国家的民俗习惯、道德观念不同，应注重掌握多元化的伦理知识，针对不同的广告对象、不同的广告活动确定不同的批评标准。

(3)审美标准。无论岁月如何流逝，人类对美的追求是永恒的。广告不仅是经济活动，也是文化产品，有一定的艺术表现形式，审美标准也是广告批评标准的重要内容。从审美标准出发，优秀的广告也应该是优秀的艺术品。广告在创意、设计、制作、传播的过程中应灵活和巧妙地运用美学原理和艺术设计方法，发挥创意和灵感，让人在接受广告信息的同时感受到美。

那些历时多年依然经典的广告，往往集深刻的内涵和优美的表现于一体，散发着不可抗拒的魅力。“钻石恒久远，一颗永流传”，戴梦得珠宝这句充满浪漫色彩的广告语，把钻石和爱情两种永恒的东西联系起来，为无形的爱情找到了美丽的有形的寄托，道出了钻石的真正价值，给人以美好的感受。2003 年中央电视台推出形象广告《舞台篇》。画面上，一位美丽的红衣少女在静谧的乡间雪地上独舞，旋律动人，神情陶醉，从乡间一路旋转至城市，舞步越来越欢快，许多年轻的同伴出现，整个广场成为一个庞大的舞台。配上广告语“心有多大，舞台就有多大”，整支广告充满视觉与听觉的美感。这支广告不仅对观众传达出“选择央视，整个中国都是你的舞台”的核心诉求，更因其对人生、对梦想等许多美好事物的深刻感悟，打动了无数人的心灵。

许多广告之所以缺乏吸引力，甚至招人厌恶，其主要症结在于忽视了消费者的审美心理需求，缺乏文化内涵、缺乏艺术性和创造性。例如，雕牌天然皂粉的庸俗广告词“你泡了吗？漂了吗?”引得争议纷纷；某胃药广告为了生动传达胃痛时五脏翻滚的感觉，画面上显示一只丑陋的肚皮变形青蛙口吐白沫，让人看了作呕；许多卫生巾电视广告宣称自己“吸收快，防侧漏”，并不厌其烦地倒上各种液体演示，甚至贴在脸上，把女性极私密的体验粗暴而庸俗地展示于众……这些广告，都太过急功近利，丢失了广告应有的审美价值。

美并不是孤立静止的，审美标准具有历史性和社会性。有些在过去不认为是美的事物，在当今却被认为是美的，而有些在西方社会被认为是美好的事物，可能在东方却被认为是丑的。因此，审美标准应结合具体文化背景和社会环境而定。

广告批评的传播标准、市场标准、社会标准是从广告效果不同角度来评价广告的，它们相互影响又相互矛盾。一个广告有可能从这三方面评价都是优秀的，也有可能从社会标准的角度评价是恶俗的，但从传播标准和市场标准出发又是成功的。进行广告批评时，应根据具体情况，将这三方面因素分别赋予不同的权重，综合考量。比如，研究广告的销售效果时，主要侧重于广告的市场标准。而评价广告的教育功能时，更倾向于从社会标准上来考量。

广告的传播效果、市场效果、社会效果显现的时间不同，在同一广告活动的不同阶段，这三个批评标准发挥的作用和地位也不同。通常，在广告发布的初期，评价广告时主要是传播标准发挥作用，在中后期，主要是营销标准发挥作用，最后则主要是社会标准发挥作用。

三、广告传播批评建构的展望

构建一套行业与社会普遍认可的、完备的、操作性强的广告传播批评标准，绝非易事，也不能一蹴而就。它需要相关研究机构、管理机构、媒体、业界有识人士及社会大众的共同努力与长期、坚决的投入，需要经过复杂而漫长的数据积累、分析、整合过程，需要实践的不断检验与反馈。

广告批评的标准构建后，也不是一成不变、一劳永逸的。而是必须紧密结合社会的发展，研究不断涌现的新的广告命题，不断调整演进，才能逐渐将其完备化、精细化、科学化。

随着业内外人士对广告批评标准的关注和探索越来越多，广告批评的研究成果越来越丰富，广告批评一定会为广告事业的进步发挥越来越积极的作用。

第十八章 广告传播的未来

第一节　广告传播与意识形态

提起广告与意识形态，有两种普遍的观点。其一，对于大众来说，意识形态仿佛只与政治相关，与商业广告没有瓜葛。其二，主要是存在于广告批判研究领域中，大多数研究都以批判揭露的态度来分析广告中的意识形态及其造成的负面影响。这一章就从这两个问题出发讨论，广告传播与意识形态的相互影响？

一、当代广告的意识形态化

理查德·奥曼认为："也许所有的广告都包括或意味着某种意识形态。它们试图让观众做或者相信符合广告商利益的一些事情"。① 朱迪斯·威廉森在《广告解码》中认为，广告再现了我们与生存的真实环境和真实条件之间的假想关系，从这个意义上来说，广告是意识形态的。② 阿尔都塞将意识形态定义为"个人同他所存在于其中的现实环境的想像性关系的再现"。以此来认识广告意识形态不无道理，看似虚拟的广告世界中充斥着"与现实世界的想像性关系"，在此基础上，广告意识形态更有其独特性。③

① [美]理查德·奥曼：《广告的双重言说和意识形态：教师手记》，《文化研究读本》，中国社会科学出版社 2000 年版，第 399 页。

② [美]约翰·斯道雷：《文化理论与通俗文化导论》，南京大学出版社 2001 年版，第 167 页。

③ 王洁：《现代广告的意识传播策略》，《当代传播》2005 年第 2 期。

菲利普·科特勒认为，商品大量丰富和同质化日益严重，人们已经跨越质和量的消费阶段，进入感性消费阶段。广告以促进销售为终极目的，但这并非提供商品或服务利益就力所能及的。形形色色的广告不断传播生活方式、生活态度、生活哲学和意识形态，企图从更深层次上影响消费者。媒体对人们的影响深入而广泛，以媒体为载体的广告无孔不入。有人曾形象地说："我们呼吸的空气是由氧气、氮气和广告组成。"媒体是俗气的制造者，广告则是其利器。广告与大众传媒结合，获得话语霸权，广告于是拥有意识形态功能，从而影响文化、影响人们的精神世界和现实生活，广告与意识形态的关系日益明显而重要。广告意识形态化，首先是由于符号意义的消费成为主流，更是因为媒体影响力的深入和扩展。

广告总是以迎合大众的态度来展开说服，广告中的意识形态往往能反映一个时代人们的精神面貌和生存状态。社会语境不同，广告意识形态不同。80 年代末、90 年代初，广告的意识形态气魄宏大，受政治意识形态的影响，强调社会责任与奉献。长虹广为人知的口号"以产业报国，以弘扬民族精神为己任"是这种意识形态的代表。90 年代末，随着社会的进一步转型和市场经济的推进，社会意识关注的重点也从整体过渡到个人，从崇尚牺牲、奉献过渡到注重自我实现和现实的快乐。对个体价值和自我梦想的张扬，对享受和愉悦感的重视，多以生活哲学而非道德教条的面貌出现，是当代广告意识形态的一大特征。①

在各个历史时期中，广告从未像现在这样进入商品使用价值之外的现实世界：功成名就、下岗待业、人生感情、文体赛事、战争、民族、世界。广告为无数商品贴上形形色色的观念和态度，广告意识形态化已是显然的趋势。

二、对广告意识形态的批判

作为专业学科，广告沟通商品信息的实用性得到普遍重视。然而，从宏观的角度看，广告超越本身成为大众文化的重要部分，深刻地影响

① 杨婧岚：《广告传播中的意识形态》，《现代传播》2002 年第 1 期。

着社会。广告传播对意识形态具有双重影响,但社会对广告意识形态的批判居多,尤其关注其负面影响。对广告意识形态的批判主要有以下几个方面:

1. 宣扬消费主义

广告的最终目的是促成消费,广告的一切环节都围绕着刺激人们的消费欲望和行为展开。广告中弥漫浓厚的消费意识,常诱导不合理消费,导致“消费至上”观念大行其道。人们崇尚和追逐商品,商品拜物教和享乐主义逐渐流行。朱迪斯·威廉森在《广告解码》中指出,广告不断告诉我们,真正重要的不是以生产过程中所起的作用为基础而产生的阶级差别,而是在某些特殊商品的消费方面所形成的差别。因而社会身份也就变成了消费什么而不是生产什么的问题。

2. 粉饰中产阶级的世界观

广告中描绘的生活总是轻松美好的,广告中的主角总是成功与潇洒的,广告不遗余力地构造了一个个不真实的美好生活场景,展示中产阶级的生活梦想。中产阶级有足够的可支配收入用于购买“东西”,而非生活必需品,他们是事业蒸蒸日上的专业人士,他们是国家经济发展的助推器,他们是时代的弄潮儿,他们代表着不用为物质上的生存而奋斗的社会本质。广告极力渲染他们的生活方式,这既有利于对准中产阶级的鼓鼓的口袋,又对垂涎的大众有着无穷的吸引力。

3. 将女性的角色定位为“第二性”

广告中的女性的角色总是被定位在家庭,限定为妻子和母亲,其自身的最大价值主要体现为美丽、温顺、性感。科技、社会事务上的成功形象往往是潇洒的男性。他们是理性、权威的公共领域的活动者,女性则是依附于男性的家务工作者。反差如此鲜明的角色塑造,起到强化性别差异及男女不平等的负面效果。① 90年代进行的观众对广告的负面社会效益的评价调查就发现，“电视广告常常有意无意地贬低妇女”这一问题相当突出。②

三、广告传播中的意识形态策略

染指意识形态只是广告的手段，忽视广告的意识形态性或不影响广告的意识形态，广告很难成功。应积极地引导广告意识形态，推动社会观念的进步、宣扬更健康、文明的生活方式和价值观念。从广告沟通的角度和方式来看，诉诸意识形态可以更有效地与消费者沟通，意识形态策略将成为与消费者沟通的全新策略。

意识形态广告通过影响意识形态来间接促进销售，给消费者以象征性领域的价值、审美价值、一种文化标记、一种视觉感觉。意识形态广告与罗瑟·瑞夫斯的USP理论相对，是对硬销广告的背离。商品同质化日益严重，寻找独特的利益点日益困难，很多情况下，“独特的销售主张”会迅速淹没在信息汪洋中。但意识形态广告却能影响消费者的情感和观念，从而帮助企业建立品牌形象。

以下是一条意识形态广告的文案：

二十世纪最有影响力的人物，
可能是二十一世纪最没有影响力的人

如果二十世纪的影响大师活在二十一世纪，
梵高可能是整日坐在办公桌前的电脑绘图师
尼采可能是宣称老板不在家的超级推销员
李小龙可能是高级私人健身房的专属教练
三岛由纪夫可能是日本偶像剧里的第二男配角

---

① 阮卫、周茂君：《广告与意识形态》，《武汉大学学报》（人文科学版）2003年第1期。

② 黄合水等：《观众对电视广告的态度》，《品牌与广告的实证研究》，北京大学出版社2006年版，第72页。

沙特可能是拒绝二手烟的文宣代言人……
在网路入侵、情报袭击全球的二十一世纪，
人类面临最大的文明革命，
所有的沟通、思考、消费、价值观迅速改变，
广告更无法再紧抱着旧经典进入未来。

赫塞说："前天还是神圣的事，今天听起来已经变得几近滑稽可笑了。"

不要穿着二十一世纪的高跟鞋走着二十世纪老奶奶的路线。

意识形态广告扩展并丰富了广告的创意空间，为广告在语言、形式、影像等方面的爆发提供了更丰富的可能性。这种广告通常都具有替消费者"立法"的意识形态倾向，体现并引导消费者的生活态度和价值取向。这些广告提出的主张贴近消费者的意识形态并且标新立异，容易被消费者接受并流行。

举例而言，经过与意识形态广告公司长达 16 年的合作，中兴百货业务上涨 28 倍；统一的咖啡比同类咖啡贵上 10 元，并将一个并不存在的品牌——左岸咖啡馆——植入消费者心中；贝纳通服饰涉及恐怖主义、种族主义、艾滋病等争议性话题的广告引起社会的广泛关注，取得事半功倍的效果。

可见，意识形态策略自有其成功的途径和秘诀。在理查德·奥曼看来，意识形态是"一群拥有共同利益的人的观点，——如一个国家、一个政党、一个社会或者经济阶层、一个职业群体、一个产业等等。最常见的意识形态策略，就是说明这个群体的利益怎样'真的'大体上等同于整个社会的利益或者整个人类的利益。"①从符号学的角度看，广告中最常见的修辞与叙事技巧是意义的嫁接。把一种与商品并不具有必然联系的意义"嫁接"到该商品。② 要达到这一目的，要讲究技巧：

(1)广告受众主体化。广告应通过衣着、场景、情节等赋予主角以特定身份，这种身份要根据目标受众而定；应再现目标受众群体的特

---

① [美]理查德·奥曼：《广告的双重言说和意识形态：教师手记》，《文化研究读本》，中国社会科学出版社 2000 年版，第 399 页。

② 燕道成：《论消费意识形态建构中的广告》，《新闻大学》2005 年第 1 期。

征、生活方式、梦想追求，让受众对号入座，通过他们“自己”来最大限度上影响受众心理和行为。

(2)激活大众消费欲望。通过拟像在商品与人类无意识欲望之间建立虚幻联系是广告成功影响观众的主要原因。广告激起消费者的欲望，消费者通过购买商品而渴满足欲望，广告因此达到促销目的。

(3)汲取后现代文化特征。意识形态广告在后现代的消费文化之上，利用民族美学、后现代主义、西方美学等元素把消费主张融入广告诉求，提倡自我意识消费，而且总是先行颠覆广告受众的特定领域的价值观，表现出对权威和传统的蔑视和突破。在后现代营销的策略指导下，作为“宏大叙事结构”中的主体消失了，“我”的存在、我的感受和体验成为人们能够感觉和把握唯一的真实。“我”的需要与欲望、个体化的体验、快感和愉悦，成为人们生存的基本追求。①

总的来说，运用意识形态策略的广告深谙激发人的潜在需要和欲望的技巧，以消费者为广告主体；消费者不但消费产品或服务，更享受由此带来的精神和需要的满足。广告在商品或服务上附加了丰富“意义”，消费者一旦认可、接受这些意义并实施消费，广告的意识形态便产生了，广告主的利益就变成消费者的利益。

意识形态策略对广告人提出了新的要求——保持对整个社会和个个群体的生活方式、价值观念和消费文化等的敏感度，不要执迷于营销、传播一隅，这样才能更巧妙地发现与消费者沟通的最佳途径。

第二节　广告传播与体验经济

经济的演进过程，就像母亲为小孩过生日、准备生日蛋糕的进化过程。农业经济时代，母亲是拿自家农场的面粉、鸡蛋等材料，亲手做蛋糕，从头忙到尾，成本不到1美元。

工业经济时代，母亲到商店里，花几美元买混合好的盒装粉回

① 喻铜:《后现代广告的恋物符码》,《理论界》2007年3月。

家，自己烘烤。

服务经济时代，母亲是向西点店或超市订购做好的蛋糕，花费十几美元。

今天，母亲不但不烘烤蛋糕，甚至不用费事自己办生日晚会，而是花一百美元，将生日活动外包给一些公司，请他们为小孩筹办一个难忘的生日晚会。这就是体验经济的诞生。①

由此可见，体验经济以满足人们的情感需要、自我实现需要为主要目标，它因为不仅仅满足于物质层面的需要而区别于以往传统的任何经济形态。

托夫勒早在《第三次浪潮》中就预言，“服务经济的下一步是走向体验经济，商家将靠提供这种体验服务取胜”。

一、体验经济——概念及生成

美国战略地平线公司的共同创始人约瑟夫·派恩二世和詹姆斯·吉尔摩在其合著《体验经济》中提出“体验经济”概念，他们认为，消费不再只是对物的欲望，而是对经验的不满足。企业以服务为舞台，以商品为道具，以消费为剧本，让消费者完全投入时，“体验”就产生了，消费者消费时，购买的是企业提供的一连串身临其境的体验，他们购买这些体验，因为它美好、难得、非我莫属、不可复制，对消费者而言，它的每一瞬间都是“独特”而且“唯一”。②

一句话，体验经济就是让消费者融入其中，通过对其心理的隐形刺激，达到其潜在的目的。体验本身是一个哲学和心理学概念，仅从表面看，它应用于经济活动表面，是实体体验，深入看，体验的本质是符号体验，这在广告和品牌传播中体现得尤为明显。用广告和品牌的象征符号进一步诠释体验的本质和真谛，这也体现了人们从对物质生活的要求上升到精神层面。从另一个方面看，体验符号这一过程满足了马斯

---

① 畅榕：《体验品牌的新价值模式》，《市场观察》2002 年第 7 期。

② [美]约瑟夫·派恩著，夏业良等译：《体验经济》，机械工业出版社 2002 年版，第 213 页。

洛所谓的自我实现的需求。信息社会、体验时代的到来刺激人类产生新的追求与生存需要，自然也会对商品行销提出新的要求。

二、从 5W 看新广告传播

行销策略决定广告传播，因此，与以往的广告传播相比，体验经济时代的广告传播呈现出新的形态。

(1)从信息的传播者和接受者的关系来看，体验经济时代两者的互动性明显高于以往。体验经济以满足消费者的个性需求为前提，企业制定广告传播策略、设置体验程序和工作思路时，首先要考虑消费者的心理与需求。体验经济时代的广告传播邀请消费者融入预先设置的消费情景，具体操作中要时刻结合消费者需求并为消费者创造实在的消费价值，无论从物质层面还是从精神层面。这一点是明显区别于工业经济与服务经济时代的。

工业经济时代，企业主出售产品，依靠的是产品品质。广告传播只负责推拉消费者入伙。消费者大体是被动的，只能在有限的时间与空间内，被动地接受“广告主”传播的图片画面或文字。所有的广告传播形态都是强加于消费者的。

服务经济时代，企业开始出售服务，卖企业的无形资产。广告传播更注重品牌形象、品牌服务的传播。但随着消费者的成熟，消费者开始排斥这样一厢情愿的“推”式的信息传播。

这两者都是单偏向的传播，无法更有效地整合信息。

体验经济时代来临，企业依旧卖产品卖品质卖服务，但广告传播要进行革新，以应对逐渐成熟的消费者。受众不再沉默，而要求参与体验售前、售中、售后的整个过程。这要求营销者从服务经济时代单纯倾听消费者的声音进步到直接与消费者对话，共生共存。

由此可见，体验经济的到来，事实上是营销者面对整个经济环境(包括经济发展、居民消费水平、市场竞争程度等等)变化时自身市场营销观念及实践重大变革的结果。

当精神生活取代物质生活成为生活的主体，休闲日益成为工作生活的目的的时候，人们就进入体验经济时代——这里所谓的休闲，不是传统眼中的无所事事、消磨时间，而是职业劳动和工作之余以精神自足为内容的生命状态和行为方式。

社会呈现有序发展，由工业经济—服务经济—体验经济，从消费实体到消费符号，这些发展阶段存在继承关系，因此，体验经济时代的广告传播不应脱离有形的实体——产品本身，而要突破原有模式——刺激消费者自觉融入体验，消费者应从被动的配角转为舞台的主角，自由表演。

(2)从广告传播的媒介上看，体验经济到来，新媒体层出不穷，媒体形态早已不限于传统的四大媒体。新媒体的出现激化了媒体市场的竞争，迫使媒体寻求差异化经营。广告传播借助于新媒体获得长足的发展，互联网带来基于 web2.0 技术的 Blog、RSS 等新的传播形式，为发展体验经济提供了良好的媒介。传媒业由“短缺传播时代”进入“相对过剩的传播时代”，人们可以支配信息，其注意力不再以部分媒体的意志为转移，而以个人的兴趣、爱好、愿望为转移，具有个人潜在意识倾向。①

从纵向的传播过程来看，在体验经济时代，广告传播应该在营销前、中、后期三个阶段都发挥体验优势，主导市场。淘宝网就是体验经济的杰出代表，它使用旺旺等淘宝聊天工具和消费者进行售前、售中、售后的全面交流，消费者通过体验决定选择购买商品。

从横向上看，体验经济时代，人们的生活圈逐渐扩大，广告传播更注重与消费者的生活圈全方位接触，广告关注消费者的吃、穿、住、行、消费、休闲各个方面，在各个点上与消费者接触碰撞——从商场、卖场、楼宇的分众、聚众，到公交车载、户外媒体、机场、地铁与火车站，这些媒介提供形形色色的商品和服务，丰富了消费者的品牌选择，引领着时代的风貌。

这方面比较成功的是星巴克，星巴克在产品、服务和体验上营造自己的“咖啡”特色，使消费者得到独特的“星巴克体验”。别致的桌椅、清雅的音乐、考究的咖啡制作器具，烘托出温馨典雅的氛围。星巴克把咖啡当作载体，努力帮助消费者将在店内的体验化作内心的体验——让

---

① 莫梅锋:《体验时代呼唤体验媒介》，http://hnumedia.bokee.com/。

咖啡豆浪漫化，让顾客浪漫化，让感觉浪漫化、意象化。[①] 星巴克感人满意而难忘，其消费体验早已深入消费者骨髓，是体验营销最值得一提的案例。

(3)体验经济时代的广告传播信息。体验经济时代到来，广告的话语也从直白告知到艺术润饰，继而发展到消费体验。体验营销实质上是关系营销，实现了从倾听顾客的声音到与顾客对话这一根本转变。销售渠道不单是产品或服务的交换过程或辅助地对顾客的反馈做出反应，它积极地发起并维护与顾客之间的参与式交易：卖方不停地询问买方"我如何才能更好地满足你的需求"，而买方也对此做出回答。在这种一对一的关系中，品牌产生溢价效应。[②]

广告传播的形式和内容，都与消费者共处。让消费者感觉自己是主角，是舞台的表演者。

"动感地带"的"我的地盘我做主"、全球通的"我能"，到哈根达斯的"带我回家，爱她带她去"，这些广告都宣扬了主我意识，信息本身成为符号，成为身份的象征，成为生活方式的象征。这样的广告语表达了消费者的心声，轻而易举地就带领消费者走入品牌世界。

(4)从广告传播效果上看，毋庸置疑，卖什么吆喝什么的娃哈哈时代已经过去了，同质化时代单纯的品质承诺也不再是竞争策略的主导。服务经济时代的卖服务时代，也远不如体验经济时代消费者与广告主的共鸣带来的宣传效果大。无论是"推"或者"拉"的传播方式都在逐渐远去，取而代之的是体验经济时代我们的客户、我们的消费者在舞台上的体验。这种融入心灵的摧毁效果可想而知了。

三、广告传播与体验营销

伯恩德·H·施密特认为，体验营销的核心是 SEMs 理论：感觉、

---

① 《体验经济：向星巴克学习》http://www.qingdaonews.com/epaper/cjrb/html/2007—03/26/content_744770.html。

② 《渠道至上——论新体验经济时代下本土广告业发展》，http://marlboro20.yculblog.com/post.716362.html。

感受、思维、行动、关系。它们既可以单独运用,也可以组合运用。体验广告中,消费者主要受感觉、感受和思维的影响。

1. 广告之感觉"体验"

感觉:是通过视觉、听觉、触觉、味觉和嗅觉建立感官上的体验,是体验的第一个环节。电视广告用迅速切入的图像和音乐唤醒观众的感觉,充满活力,引人注目,短短 15 秒钟却给人深刻的印象。例如,伊卡璐草本精华洗发露是美国市场上第一个天然植物洗发露,在 70 年代风行一时后,其市场份额减到 2%。策划者利用消费者使用产品的感觉,做了一则电视广告:一位女郎走进浴室,开始洗长发。洗发露的清香和柔滑让她忘记了洗发的时间,也忘记了客厅等她的帅气男友。等她心满意足的吻着秀发香味迈出浴室时,才发现男友已经变成了老头,而她在秀发的映衬下却愈发楚楚动人。这则广告在央视播出后,伊卡路迅速跻身为中国洗发露市场的新星,策划者威尔斯的感觉宣传①获得了巨大的成功,他突出的不是产品能够使头发亮丽的功能,而是使用产品的感觉,"一种充满生机的体验"。

2. 广告之感受"体验"

感受体验能触动消费者的内心情感,创造良好的体验。大部分影响是在消费中形成,因此一般的情感广告并不合适。即使是电视广告,也会采用生活片断渐渐抓住观众的感情,长度大都超过一分钟。

感受广告的形式多为店面广告或 POP 广告,其代表作品为哈根达斯广告。一根哈根达斯雪糕在中国可以卖到上百元,对大多数人来说都是昂贵的,但哈根达斯的生意依然火爆。哈根达斯营造了完整的体验世界,其咖啡屋设计浪漫,其包装唯美,消费可以体验到优质冰琪淋的美味和爱的快乐。

感受里最强烈的要数情感,它来自人们的接触和互动。不同的情

---

① 在刺激的连续作用下,感觉会随着刺激时间的延续而发生变化,感受性降低,甚至消失,这叫做感觉适应性。制作广告时,应关注体验物的强度变化起伏,根据消费者的感觉特质,创作出更有感觉的作品。

感由事件、媒介引发。去酒吧喝酒，去超市购物，看电影，旅游等都是与情感有关的消费情景，酒吧的别致、超市的琳琅满目、电影的震撼、旅游的自然逍遥都让消费者产生强烈的情感冲动。诉诸情感的广告，应该让消费者想像自己是广告模特，运用不同消费情景引发消费者的联系，让他们体验到情感，从而采取行动。

3. 广告之"思维"体验

思维营销启发人们的智力，创造性地让消费者获得认识和解决问题的体验。它运用惊奇、兴奋引发消费者的各种想法。思维体验的另一功效是记忆。心理学研究表明，人们努力理解事物的时候，处于聚精会神的状态，格外关注细节，以过去的经验、知识为基础，集中脑力，以便对事物作出最佳解释和说明。过后，事情依然能在脑中留下深刻印象。

激起人们思考的状态有很多，如惊讶，好奇，有兴趣，被挑衅等。思考的目的是鼓励消费者进行有创意的思维活动，从而认知并记忆广告中的画面和产品。2006 戛纳广告节获奖的户外作品——碧浪路线(ARIEL Route)是广告思维体验的典范。图片中一条野外的公路伸向远方，一辆汽车飞奔而过，公路旁是一个巨大的广告牌，画有一件白衬衫，此外就只有碧浪的广告语。大家想不到，广告的精华竟然是广告牌前的一棵小树。仔细阅读这则广告才明白，当汽车距离广告牌很远的时候，小树的枝叶正好挡在广告牌衬衫的胸部，随着汽车的驶近，小树由于视觉误差会逐渐向旁退去，就像污点逐步离开衬衫一样，当驾驶者到达广告牌时，就只能看到干净的衬衫和碧浪的标语了。这则广告运用人类视觉的误差现场演绎了污渍离开衬衫的过程，让受众观察的同时也思考，直到明白广告所言，构思可谓独具一格。

广告中的思维体验，让消费者如临其境，就像是舞台中的舞者，跟随着广告的韵律翩翩起舞，体验特别惊喜。

体验广告在与消费者交流和互动中传达感觉，感受，思维及行为体验，牢牢抓住消费者的心，提供人们愉悦的体验情境，淡化广告的商业色彩，激发人们对消费的热忱，让消费者在满足中不知不觉地认可广告，认同产品或服务，从而成为体验经济时代的有力臂膀。

四、新广告传播——探索及展望

体验经济时代的广告传播完全不同于以往，它将导致从观念上到传播过程的一系列根本变革。但不可否认，在当前的中国市场上，广告传播还未完全步入体验时代，在很长一段时间内，脑白金之类的广告传播还将存在。随着消费者的成熟，中国广告市场终将会结束吆喝时代，进入体验时代。消费者的体验将成为整个社会的符号认知，整个社会将迎来生活模式和思维方式的转变。

第三节　广告传播与快乐传播

在广告无聊、无趣、无力的哀叹声中，在“娱乐经济”风起云涌的大背景下，广告和娱乐联姻，用娱乐因素改造广告，广告主尝到了甜头，消费者体验到了快乐。然而，娱乐因素运用不当，也很可能擦枪走火，达不到广告的最终目的，虽然给受众带来了快乐，却没有给广告主带来业绩，这也许就是娱乐广告会付出的代价。本文就这两方面的问题展开了探讨，以期娱乐广告趋利避害、扬长避短，在快乐传播的过程中，传受双方都体验到属于自己的快乐。

一、“娱乐经济”背景下的广告传播

社会高速发展，人们的生活节奏与工作节奏日趋紧张，原本稳定的家庭结构受到严峻挑战。与此同时，人们跟电视、网络互动交流的时间越来越多。传统的由家庭和工作两大模块所形成的群体，已经出现了化整为零的“社会零碎化趋势”。人与人之间越来越疏离，哈佛大学著名社会学家戴维·瑞兹曼教授认为，社会上布满了“寂寞的个体”。情感需要是人类最本质的特性之一，即使进入充分现代化的未来，人们的情感需求也不会减弱，相反还可能日益增强。娱乐直接诉诸情感，给人

心意互通的凝聚力，将怀有同样或类似心态的消费者结合起来，组成规模庞大超越时空距离的虚拟群体。在这个群体中，人们的心理距离非常接近。娱乐拉近了产品服务与消费者之间的距离，还间接满足了现代人对归属感的渴望。

基于这样的认识，美国娱乐界最具权威的波兹—阿伦—汉密尔顿传媒娱乐公司的创办人米切尔·J·沃尔夫在《娱乐经济——传媒力量优化生活》一书中认为，人类即将进入娱乐经济时代，“娱乐因素”将成为产品与服务竞争的关键，不管购买什么，消费者都会在其中寻求“娱乐”成分。在“娱乐导向消费”趋势下，越来越多的产品、服务会提供娱乐功能，让人感受到轻松有趣。当其他产业不断仿效娱乐业采取的策略时，社会整体便进入“娱乐经济时代”。

著名管理学家斯科特·麦克凯恩说：“所有的行业都是娱乐业。”①广告业作为经济风向指针，面对风起云涌的娱乐浪潮，自然不能置身事外。

观众一见广告就想换台，是因为广告古板平庸、淡而无味、缺乏趣味。既然可以用娱乐因素改造经济，当然也可以用娱乐因素改造广告，娱乐因素应该是广告创意平庸的突破口。

追求快乐是人类的本性，受众在观看广告的过程中不能体验到快乐——获取信息的快乐或审美情趣的快乐，就可能产生厌恶情绪，下意识地回避。对广告主而言，这样的广告是零效应，甚至是负效应。威廉·斯蒂芬森在名著《传播的游戏理论》中指出，传播的目的不是完成任何事情，而只是一种满足感和快乐感的部分。广告是典型的传播行为，如果不能给受众带来满足感和快乐感，那等于是拿广告费来“打水漂”。

二、娱乐广告取悦消费者

最新的广告调查结果表明，观众已无法忍受超过 30 秒的广告，换

① ［美］斯科特·麦克凯恩：《商业秀：体验经济时代企业经营的感情原则》，中信出版社 2004 年版，第 3 页。

台频率高达60%。因此，更精彩和更紧凑的时间控制成为广告娱乐化的必然出路，娱乐色彩成为广告必须具备的条件。幽默性广告和戏剧性广告大量涌现并取得实绩，这一结果表明，快乐诉求已成为广告制作的主旋律。广告大师波迪斯曾说过，巧妙地运用幽默，就没有卖不出去的东西。

1. 娱乐广告的内涵

娱乐广告利用一切娱乐元素激起消费者感官兴趣和内心情感并促使其产生行动。娱乐广告给消费者带来娱乐快感放在首位，兴趣和注意力是娱乐广告的核心追求，通过提供娱乐化的感官享受促使消费者认同广告。娱乐广告常设置具有娱乐价值的创意主题，运用戏剧手法、幽默滑稽和明星手段来吸引消费者。

2. 广告大师们的娱乐广告情结

作为广告手法，娱乐出现甚早。李奥·贝纳认为，每一件商品都有戏剧性的一面，当务之急是替商品发掘他们的特点，然后令商品戏剧化地成为广告里的英雄。他强调，广告人最重要的任务是把它(戏剧性)发掘出来加以利用，找出关于商品能够使人们发生兴趣的魔力。他说："有趣却毫无销售力的广告，只是在原地踏步；但是有销售力却无趣的广告，却令人憎恶。"①伯恩巴克对戏剧化和幽默手段的运用，别致而又恰到好处，为奥巴克百货创作的广告具有极高的娱乐价值，这一广告的标题是"慷慨的以旧换新"，充满了戏剧性幽默和悬念式的娱乐色彩，副标题令人想入非非："带来你的妻子，只要几块钱……我们给你一个新的女人"。

3. 娱乐广告对受众的积极作用

考察娱乐广告为消费者提供的刺激发现，娱乐广告作用有以下几个特点：

---

① [美]丹·海金司著，刘毅志译：《广告写作艺术》，中国友谊出版公司1991年版，第34页。

(1)不论事件是真实的还是虚拟的,娱乐常常是由于消费者对事件的直接观察或参与造成的。所以,观赏娱乐广告的人都会有意无意地对广告本身产生认知。

(2)娱乐广告会涉及消费者的感官、情感、情绪等感性因素,也涉及知识力、逻辑思维等理性因素。

(3)娱乐广告会让消费者产生反应并体现在语言符号中,动词如喜欢、赞赏、讨厌、憎恨等,形容词如可爱的、诱人的、刺激的等。所以,将广告置于消费者的体验之中,广告符号不会失真,反而可以用符号来刺激消费者的娱乐体验。

(4)娱乐可以通过行为来诱导,创意人员恰当采取娱乐性媒介或活动策划,可促使消费者主动关注广告信息。

(5)娱乐广告与受众沟通、互动,传达感觉、思维、行为体验,牢牢抓住消费者的"眼球",提供值得回味的情境,淡化广告的功利色彩,避免受众对广告产生反感,让受众深陷体验愉悦并不知不觉认同广告中的商品、服务和观念。

4. 优秀娱乐广告教我们如何传递快乐

"喜力啤酒大王"弗雷迪·海因肯生前最喜欢的广告词是"我不卖啤酒,我卖的是欢乐",这是他对啤酒的态度。喜力品牌的广告经常使用感性诉求,用幽默和诡秘的氛围营造喜力的个性和魅力,这些特点在"是谁谋杀'喜力'"系列广告中展现得尤其充分。

喜力啤酒独自行走在深夜的大街上,昏暗的街角埋藏着杀机,凶手不是别人,正是开瓶器。创意给受众留下悬念和迷惑,谁派开瓶器去充当凶手的。拟人化的"谋杀"创意在静态的画面中戏剧性地交代了开瓶器和喜力啤酒之间的"敌对"关系。开瓶器单单选中喜力下手,品牌的魅力被揭示得极其充分,广告语更是一语道破天机,屡遭"暗杀"的"只能是喜力"。

究竟是谁"暗杀"了喜力啤酒,警察当局迅速将嫌疑犯逮捕归案,我们又看到了熟悉的电影画面镜头:肥胖各异、身高体态不同的嫌疑人靠墙而立,自然是要证人识别谁是真正的"凶手"。这几位看上去都是对付酒瓶的老手,又都显得很无辜。画面中喜力啤酒的包装若隐若现,暗示了和这些“嫌疑犯”的关联，告诉受众“被害人”的身份。创意将开瓶器人格化为“嫌疑犯”，并和“谋杀”篇的创意联系在一起，产生了连续剧的效果。广告诙谐地传达了喜力啤酒对消费者的吸引力。

广告不从正面诉求喜力啤酒的口感、品质、工艺和历史，而精心设置“被害人”和“嫌疑人”角色，寓意啤酒因卓越而屡遭“谋害”的不幸，娱乐味道十足。

图 18-1

三、娱乐广告可能付出的代价

娱乐改造广告，广告也向娱乐支付报酬。娱乐广告常常要遭遇手段与目颠倒的困境。手段是获得目的的保证，但娱乐手段得不到合理控制，很可能伤害广告。总结娱乐广告容易出现的问题，大致有以下四个方面：

1. 主体信息边缘化

主体信息通常是产品的利益点和广告的定位所在，是广告必须强调并努力让受众接受的基本价值。广告包含的娱乐性因素，容易受到关注，但娱乐因素与产品或品牌关联并不十分密切，它们只是广告的边缘信息。在很多情况下，受众接受的是边缘信息，而不是主体信息。娱乐广告很容易导致这种结果，这是策略设计和创意操作的失误。

广告大师罗斯·瑞夫斯在接受记者访问时，即兴谈到了一个广告，“三分钟前我从巴洛克餐馆来看你，第五街的公共汽车在我面前经过，我看到了一个我所指的绝对要不得的广告”：那是在第五街公共汽车车厢外面的一幅大的海报，它在我的正面停了一分半钟之久，那上面有一个绝世美人的相片。我想它的标题是说：“自从女郎……自从金发女郎……瑞典出现了最使人惊骇的改革是……”同时我很羡慕那位金发女郎，而当公共汽车开走后，我穿过街来与你相会，我发现我完全不知道海报上是什么商品。

品牌信息被淡化，广告强调表现形式引发的关注，而不是附着于品牌之上的关注。对表现形式的关注超过对品牌信息的关注时，受众并不如期望的那样，朝着品牌或产品利益所在方向转移情绪。相反，观众会迷失在娱乐中，对品牌的注意和品牌记忆反而减少。

2. 娱乐形式、技巧运用浮泛化

许多广告迎合大众寻找娱乐、刺激甚至猎奇的心理，使用极富戏剧性、夸张、幽默化甚至是无厘头的情节。产品的名称标识成了附属品，品牌信息严重淡化。

幽默可以使沉重的话题变得轻松，恰当运用幽默使广告妙不可言，但许多娱乐广告却把幽默狭隘化，大量使用谐星代言，或喊几句热播影视中的台词，这样的幽默让人啼笑皆非。周星驰的电影引发了“无厘头热”，部分广告也尝试无厘头创作，但至今仍未见成功的无厘头广告。

“步步高”借用《大话西游》情节演绎自己的广告，改编其中的经典剧情：唐僧同以往一样，再次求助于孙悟空，不通世故的唐僧问徒儿：“悟空，已到西方，吾不懂外语，该如何是好？”无所不能的孙悟空捧出步步高复读机：“师傅莫慌，步步高学外语特别快，三天搞定。”

唐僧和孙悟空上演了一出短戏，花枪花棒地舞了两把就收手，受众观看广告时也许会产生联想博得一笑，但很难留下印象。复读机的使用对象是中小学生，但其购买者却往往是其父母，这个群体并不热衷这样的“无厘头”情境，甚至反感这种缺少传统严谨的行为。唐僧和孙悟空的对话只能让他们一头雾水。

3. 品牌定位狭隘化

市场竞争白热化，企业变得心态浮躁、急功近利。企业不是根据品牌内涵选择气质相符的形象代言人，而是迎合明星的气质牺牲品牌个性。更有甚者，为了让品牌一夜飞升，为明星量身定做产品，或干脆以明星的名字(或昵称)命名产品。总之，把企业的前途命运悬于一线，来一次赌博。借助明星暂时人气，企业或许在短期内会有相当利润，但娱乐圈变数之大，尽人皆知。企业只顾眼前利益，人为缩小发展空间，必定限制了自身的发展，其兴盛难免昙花一现。企业应脚踏实地地从产品入手，树立企业形象，挖掘自身独有的品牌文化，独立发展。

4. 娱乐化的广告容易导致审美疲倦

创作娱乐广告在本意希望尽量调动观众的兴趣，但广告播出要不断重复，随着播出频次的增加，其娱乐色彩和急剧衰减。标榜幽默的人并未意识到，广告投放强调重复，在播出频次递增的情况下，幽默和戏剧化的情节会很快失去新鲜感，幽默流落为噱头，更容易导致厌倦和接受疲软，广告的边际效应递减的速度更快。

四、娱乐广告传播的趋势

娱乐一直存在，只是现在才将其作为独特的经济形式。娱乐通过媒介传播，并由消费者体验到，得到满足，产生价值时，娱乐广告的商业价值才能真正实现。

娱乐元素创造的价值来自消费者个人内在的心理反应。产生良好心理体验的娱乐广告本身也可以看成是对消费者精神上的给予，消费者也愿意为这类娱乐广告付费。未来的商业广告要花更多的时间和精力去收集和研究消费者的基本资料、个人喜好和流行趋势，娱乐广告必须将品牌的“个性特征”同消费者的自我形象定位结合起来。娱乐需求的重要特征是个性化，不管采取何种策略，维持品牌个性是第一目标。品牌越能洞察并满足消费者的心理需求与情感需求，越能紧密结合产品或服务与娱乐，就越能深入人心。

娱乐只是实现广告目的的手段，就如乔恩・斯蒂尔所说，这个最终目的，无论表现形式如何，本质都是商业性的。无论广告如何发展、演化，把握尺度，借助而不依附，利用而不被同化，保持自我独立，使这种行走状态更加自如。

娱乐广告将为企业和消费者带来全新的传播技巧，带来更多的快乐和欢笑。

第四节　广告传播与口碑传播

口碑(Word of Mouth)是历史最悠久的营销工具。半个世纪前，国外学者就指出，口碑传播是一些家庭最重要的信息来源。今天，人们重新认识到作为营销传播有力方式手段的口碑营销，认识其日益增强的影响力。新技术支持下的口碑营销，是近年来国际营销学界新兴的研究热点，它在中国市场中有着不可忽视的潜力。

一、什么是口碑

关于“口碑”的定义，中国和国外都有比较专业的解释。《辞海》中的解释是：“比喻众人口头上的称颂。碑，石碑，这里指记功颂德的碑。如：口碑载道。《五灯会元》卷十七：“劝君不用镌顽石，路上行人口似碑”。① 这里强调了口碑的两个语义：一是记功颁德，社会公众形成的对某一产品或服务长期的、统一的、好的看法和评价；二是口头传播，即借助于人与人之间的口口相传。Newsweek 称口碑是“传播性闲聊；关于某个新热点人物、地方或事物的真实的街道层次的热烈谈论”。*The Anatomy of Buzz* 一书的作者伊曼纽尔·罗森认为：“口碑是关于品牌的所有评述，是关于某个特定产品、服务或公司的所有的人们口头交流的总和。”②

在传统的英语语义中，强调口头传播。《美国传统词典》中的释义

---

① 《辞海》，上海辞书出版社 2000 年版，第 868 页。

② Rosen，E.. *The Anatomy of Buzz*：*How to Create Word-of-mouth Marketing*. 1st ed New York：Doubleday/Currency，266。

仅为“Spoken communication”(anonymous, 2000c);《韦氏大学词典》中解释为“oral communication; especially: oral often inadvertent publicity”(anonymous, 1999a),增加了无意性、偶然性的特征。受这种传统的影响,有关口碑的营销专著仅从“Any oral communication” (Rosen, 2000)的范畴来认识口碑。Arndt(1967)可能是现代最早定义口碑的营销学者之一,他也强调说,口碑传播是一种口头的,人对人的传播(Arndt,1967)。有的学者指出口碑的即时性,认为口碑传播转瞬即逝“vanishes as soon as is uttered.”(Stern, 1994)。但也有一些定义不再提及口碑的口头传播特征,更注重口碑在市场“影响”(affecting)(Iacobucci,2001)购买者向购买者提供“消息(message)(Lewis,1999)的功能。进入互联网时代,有学者明确指出:由于网络的出现,口碑不再仅仅是“面对面”的了(Buttle,1998)。黄英和朱顺德发表的《二十一世纪的口碑营销及其在中国的发展潜力》一文给出口碑另外一个定义:口碑是由生产者、消费者以外的个人,通过明示或暗示的方法,不经过第三方处理加工,传递关于某一特定或某一种类的产品、品牌、厂商、销售者,以及能够使人联想到上述对象的任何组织或个人的信息,从而导致受众获得信息、改变态度、甚至影响购买行为的一种双向互动的传播行为。① 这种以口碑传播为途径的营销方式,称为口碑营销。

营销之父菲利普·科特勒曾引用过的一则研究表明,7 000 个来自欧洲各国的消费者中,有 60%承认他们曾在家人和朋友的影响下尝试购买新的品牌(Kotler,P. ,2000)。Ren é e Dye 更是声称,“2/3以上的美国经济是全部或部分由口碑驱动的”(Dye,2000)。口碑具有一种魔力,它能够将冷静怀疑的消费者变得热血沸腾,将平平无奇的产品点石成金。在对口碑营销的学术研究几乎为零的中国,以互联网和移动通讯为技术背景的口碑营销,向人们展示出旺盛的活力和潜力。

---

① 黄英、朱顺德:《二十一世纪的口碑营销及其在中国的发展潜力》,《管理前沿》2003 年 6 月。

二、口碑传播的特点

口碑传播属于非正式的人际传播，除具有双向性强、反馈及时、互动频度高、方法灵活等明显的人际传播的特点外，还具有以下特点：

1. 针对性强

广告烦多，营销人员的传播活动和人们的购买决定过程更加复杂。对消费者来说，有用的信息可以创造价值，极大地节省时间和精力，垃圾信息却浪费时间和精力。大规模的广告宣传强迫消费者片面接受某一类信息，阻碍了消费者充分了解和比较其他信息。对营销者来说，日益复杂的传播活动不但增加了营销的难度和成本，更减弱了传播活动的效果。

口碑营销传播借助公众间的人际传播方式进行，在这过程中，每个人都是信息的发出者，也是信息的接收者，影响别人也受他人的影响。传播者了解信息接受者的爱好和需求，可随时调整信息内容，满足对方需求，增强说服力，提高传播效果。消费者通过积极的交流回应也能及时地知道自己关心的消费品种类、品质、价格、市场供给状况及其变动趋势的信息。对营销者来说，省去高昂的媒体购买和广告制作费用，提高了传播到达率和投资回报效率，这是广告等大众传播手段无法企及的。

2. 可信度高

广告和销售人员宣传产品一般都站在企业的角度，为服务提供者的利益服务，消费者有理由怀疑其真实性和准确性，不愿意接受那些明显带有商业目的，为企业的利益服务的宣传口号；口碑传播者是和自己一样的消费者，与服务的提供者没有密切的关系，独立于企业之外，也不会因推荐产品而获得物质收益。

此外，人际传播中的双方多同处家庭、朋友等群体中，其文化、观念、意见和价值判断相当接近，双方相互间容易理解和认同消费观念，容易相信和接受传播的信息。消费者认为，相对于企业的计划性信息，口碑传播信息更客观更独立，更值得信任。

3. 传播成本低

"口碑传播"素有"零号媒介"之称，是最廉价的传播媒介，也是最可信的宣传工具。与广播电视、报刊日益上涨的宣传费用相比，口碑传播的成本是最低的，它利用人类传播信息的天性，不用另外付费，成本几乎为零。良好的口碑是企业的巨大财富，它的形成需要企业方方面面的配合，前期需要投入较大人力、物力、财力，口碑一旦形成，消费者就会自行宣传企业的产品和服务，并且很容易形成稳定的忠实顾客，这会大大节省广告费用。好的口碑自然得到良好的宣传效应，更重要的是人们对它的信任远远超过其他传播媒介。

4. 有利于树立良好的企业形象

口碑传播不同于广告宣传，前者是企业的良好形象的象征，后者仅是商家的商业行为。口碑传播是消费者满意度较高的表现，夸张的广告宣传可能引起消费者的反感。拥有良好口碑的企业往往受社会公众的拥护和支持，企业赢得好的口碑后，就能拥有高知名度和美誉度，拥有良好的企业形象。良好的企业形象一经形成就会成为企业的无形资产，有利于产品的销售与推广，有利于新产品推出。

5. 形成顾客忠诚

拥有良好的口碑是赢得回头客的保证，也是反映产品和品牌忠诚度的重要指标。消费者信任和喜爱口碑良好的企业，会在情感上认同、接受其产品和品牌，经由满意的体验而上升为依赖和忠诚。

客户体验管理公司 Satmetrix Systems 发表报告认为，Apple，Google 和 Symantec 都有一个共同的特征：在各自行业里，竭尽全力实现用户体验最佳化，获得用户的极大忠诚，并由用户间口碑传播进一步扩大影响力。Satmetrix 有一套系统叫用户口碑宣传值（Net Promoter Score：NPS），通过询问客户是否愿意将某产品或服务推荐给朋友、同事，以及愿意推荐的程度，从而获得一个得分（用户口碑宣传值），这套系统根据用户口碑宣传值来评估产品或服务的客户体验分数和收益增长情况。用户口碑宣传值可以作为评估顾客忠诚度的标准，行业领先的企业通常拥有较高的用户口碑宣传值。Symonds 认为，企业在市场中的位置不同，NPS 数值的高低对不同企业的意义不同。拥有高 NPS 值的成功企业可以轻松地将普通用户转化成企业的主动宣传者，NPS 太低的企业的首要目标是安抚平息那些发布对企业不利言论的批评者。从收益角度看，将 1%～2%的批评者转化成普通用户获得的收益比宣传者主动宣传企业获得的收益还大。

三、媒体和口碑传播

媒体一向被称为“第四权力”，用于监督政治人物和企业，记者没有编造不实报道的动机，因此报道的影响力也大于广告。当媒体报道某种产品时，人们往往会肯定这篇报道的可靠性。因此媒体具有口碑营销的两个要素：注意力和公信力。

1. 传统媒体与口碑传播

媒体分为传统媒体和新媒体。报纸杂志、广播、电视是公认的传统媒体，他们属于大众性传播媒体。新媒体包括网络、路牌、灯箱交通工具等户外媒体及楼宇电视、电梯广告等社区媒体。人们竭尽所能开发一切可以开发的注意力，POP、包装物、电话黄页、产品目录等也成为广告载体，甚至人体、厕所墙壁也被纳入了可供利用的广告资源。

注意力是创造口碑的关键，媒体，尤其是传统媒体，具有覆盖面广、受众数多和权威性强三大特点，通过对企业的报道宣传，吸引广大公众的注意力，有助于企业造声势、树形象和立品牌。

尽管口碑营销准确性好、说服力强，但在传播的广度上远远不及大众媒体广告，产品销售初期，“口碑消费者”需要通过广告来了解产品，采取采购行动后再向他人推荐产品或传递信息。大众传媒的权威性更使公众对其提供的信息倍加信任，药品、保健品等产品会利用电视、广播等聘用专家、权威等意见领袖评价推荐产品，利用报纸进行软文报道，在更广泛的范围内进行传播。

企业应利用媒体报道的特点，不断提供新鲜话题和不同寻常或大胆新奇的故事，利用媒体的扩音，最大限度地提高人们的反应率。

2. 互联网和口碑传播

计算机和互联网的出现，给人际传播提供了新的方式，出现了CMC(Computer-Mediated Communication)人际传播，即通过计算机和互联网进行人与人的非面对面的信息交流传播。20世纪80年代以来，整个世界掀起“网络革命”的浪潮，人类由此进入“网络传播”时代。网络传播颠覆了传统的人际面对面的传播方式，构建借助互联网媒体进行交流沟通的人际传播方式。人们也习惯了通过互联网来获取口碑传播信息。

网络技术的飞速发展使得人们之间的交流越来越密切，相互影响也与日俱增。2003年之后发展起来的Web2.0(也有人称之为互联网2.0)是相对Web1.0的新的一类互联网应用的统称。Web1.0的主要特点在于用户通过浏览器获取信息，Web2.0的用户既是网站内容的消费者(浏览者)，也是网站内容的制造者。用户自己主导信息的生产和传播，打破门户网站惯用的单向传输模式。Web2.0具有更好的交互性和粘性，特点显著：一是个性化，即用户也是消息源，门户对消息的控制将被削弱，消息传播的渠道因此发生改变；二是真实化，在Web1.0时期，网络上都是虚拟社区、虚拟个体，这对逃避现实的人产生巨大的诱惑力，但Web2.0的基本原则是真实，其社区将推广实名制，即使每个人的名字不算真实，但个人资料起码是可信的，这在SNS(社会网络软件)中体现得更加明显；三是相关性，用户以自身辐射出私有的可信赖的交际网络，无论是一度还是二度，都与每个用户相关。这为网络口碑营销的发展带来了更大的机遇，创造了最有利的环境。

在互联网环境中，人们具备了积极使用和参与媒体的条件，互联网受众的主体意识大大增强，其表现欲和“意见领袖”欲求也大大增强。人们在网上的活动不仅是被动浏览信息，收发电子邮件，还可以建立自己的信息发布平台，与众人分享自己的见解；还可以即时互动地与朋友聊天。网络的信息互动时代已经到来。口碑营销可以借助网络互动技术增强传播的有效性。

相比于传统的传播渠道，网络的口碑传播更活跃和积极，借助网络的力量，口碑传播的数量、广度和深度都会大大增加。

3. 电子邮件与口碑传播

电子邮件 Hotmail 是网络口碑营销的最典型案例。Hotmail 在邮件中设置链接，使得每位收到 Hotmail 邮件的人都可以很容易的通过该链接注册 Hotmail。用户每发送一封邮件，就为 Hotmail 进行了一次免费宣传。每位用户无形中都成为 Hotmail 的宣传者。Hotmail 的用户发展到 1 200 万仅仅用了 18 个月，其增长速度远远超过有史以来的任何公司。

电子邮件的兴起带来通信领域的重大变化，采用寄信的方式传递消息，要经过很长时间才能把信收到，这给远距离通讯带来很多不便，重要的信息没能及时传递还会导致严重的危害。有了电子邮件，无论是远隔重洋的亲人，还是一个工作间的同事，都可以迅速将信息传达给对方，而且成本低廉，信息丧失实效性的风险也降低了。

目前，电子邮件系统具有庞大的用户群，其潜在用户也十分可观。有些用户拥有 1 个以上的电子邮箱，但并非每个邮箱都经常使用，用户通常会挑选其中一两个作为常用邮箱。要抓住这些用户，电子邮件运营商需要了解这些用户对电子邮箱最关注的特性。许多电子邮件系统都采用了这种方式进行推广，比如雅虎、网易、Gmail 等等，它们在邮件链接中突显自己邮箱的特性：容量大、速度快、功能强、用户广、等等。

4. 博客与口碑传播

博客（Blog）即“WebBlog”，意为“网络日志”，是“一种表达个人思想和网络链接，内容按照时间顺序排列，并且不断更新的出版方式”。①

① 方兴东，孙坚华：《BLOG：个人日记挑战传媒巨头》，《南方周末》2002 年 9 月 5 日。

博客"倡导思想的交流和共享"。① 博客兴起后，应用从网络日志转变为"个人传播，深度沟通，娱乐休闲"全方位的互联网新应用。有专家认为博客是继 Email、BBS、ICQ（中国的 QQ）之后的第四种网络交往方式，是互联网著名的服务之一。

博客的商业模式已成为业界讨论的焦点，博客营销实际上应主要定位于建立在聚合效应基础上的口碑营销。博客的价值在于实现了点与点的串联网络。博客在广告营销环节中同时扮演两个角色，既是媒体（blog）又是人（blogger），既是广播式的传播渠道又是受众群体，能结合媒体传播和人际传播。通过博客与博客之间的网状联系扩散，放大传播效应。博客有聚合效应，能把有相同爱好、兴趣或者为特定目的而联系在一起的人聚合成"圈子"，比如汽车发烧友可以加入"汽车圈子"，数码产品发烧友可以加入"数码圈子"，甚至喜欢喝酒的人都可以加入"品酒的圈子"，这样划分圈子，从营销角度来讲，实际就是分众，极易形成定向准确的广告投放受众人群，更易进行营销。

博客营销是口碑营销，企业使用这一营销工具的时候，就要发动广大 Blogger 的力量，让他们在自己的博客中记录自己的产品体验，以此吸引更多的人参与体验产品并记录在各自的博客上，从而实现"滚雪球"的口碑营销效应。组织规模化的博客人群进行口碑传播，依靠企业自身的力量不太可能，因为在目标人群的寻找和组织手段、经验上都完全缺乏基础，只有通过专业的博客中间机构来实现。目前国内已出现在多家博客传播服务提供商，如 Bolaa. com 博客互动平台等，他们长期积累博客精品信息资源，建立跨平台的庞大的分类博客作者数据库，因而使规模化的博客体验和口碑传播活动成为现实。近期，五粮液国邑、长虹佳华数码等纷纷尝试利用博客载体进行新产品口碑传播的营销尝试，都取得非常好的推广效果。

在博客世界中，口碑是不折不扣的双刃剑——不论是正面的还是负面的，都能以"病毒式"速度广泛传播开来。如果一家企业，能够将口碑的公信力、员工的真实观点和博客的传播力凝聚到一起，并从博客中

---

① 方兴东等：《博客与传统媒体的竞争、共生、问题和对策——以博客为代表的个人出版的传播学意义初论》，《现代传播》2004 年第 2 期。

听取、甄别和采用意见，那距离成功也就不远了。相反，部分企业不能有效利用博客，招致许多麻烦。2004 年 9 月，美国 Kryptonite 车锁公司因为轻视消费者在博客进行的投诉，引发博客负面口碑的多尼诺骨牌效应，短短 10 天内几乎被博客传播击垮。

5. 在线购物网站与口碑传播

(1)在线购物网站。网络的出现改变了传统商业模式，开辟出新的商业渠道——在线购物。国内网上购物网站主要有淘宝、易趣、阿里巴巴、卓越、当当、新浪商城、网易商城、搜狐商城等。网民逐步增多，网上购物市场规模也显著扩大。网上交易的商品品类愈加丰富。从淘宝、当当的 B2C、C2C 到阿里巴巴 B2B，种种迹象表明，网上购物蕴涵无限商机。

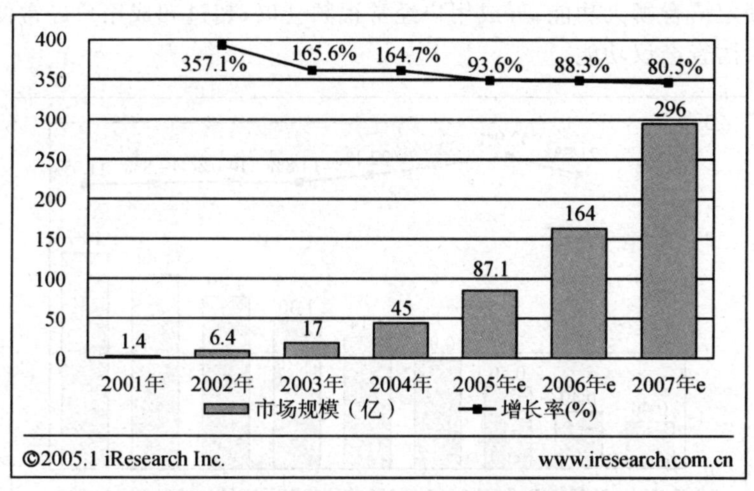

图 18-2　中国网上购物市场规模及预期

6. 即时通讯工具

即时通讯提供便捷的网络终端服务，从诞生初期的两人对话、纯文本对话，到现在多人网络对话、多种信息格式对话，即时通讯传递的不只是文字信息、普通文件，还能传递语音与视频交流、高速的大文件。

即时通讯在通讯的时效性上击败电子邮件，在交流的内容多样性战胜移动电话，在互联网平台上和移动通讯平台上都处于领先位置。

网络口碑营销与即时通讯软件结合默契：作为快速便捷的沟通手段，即时通讯软件可以用几何级数的规模迅速传播信息；网络口碑营销应用于即时通讯软件，也会使用户的规模迅速扩大，与竞争者抗衡。继手机短信、免费邮箱和搜索引擎之后，互联网的下一个竞争重点是即时通讯软件。即时通讯受到网民的普遍喜爱，已经成为人们通过互联网即时和他人联系的重要方式。

根据艾瑞市场调查数据统计，2006 年全球即时通讯软件的使用者数量已经达到 4.32 亿，到 2010 年预计全球将有 6.5 亿即时通讯用户。截至 2006 年第二季度，我国即时通讯注册账户为 8.3 亿个，其中，MSN、QQ 共计占有八成市场份额。在最常使用的 IM 功能中，八成用户锁定语音聊天功能；五成用户经常视频会议；超过四成用户经常使用多人语音会议功能。

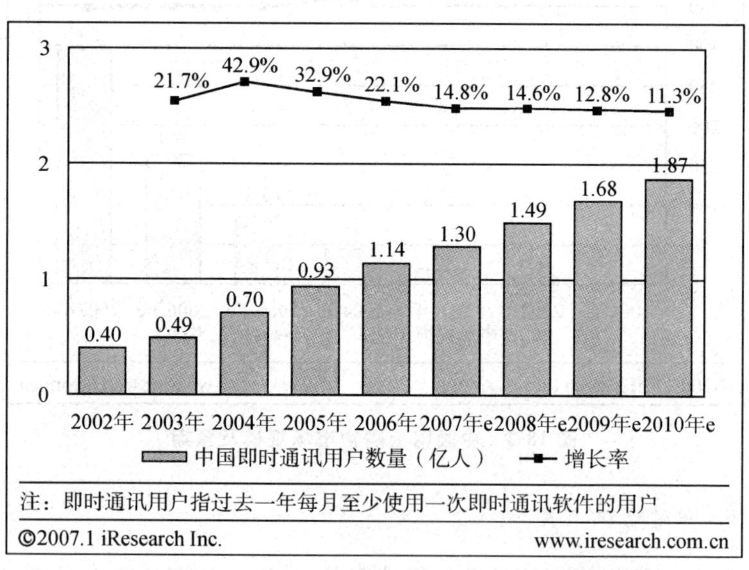

图 18-3　2002—2010 年中国即时通讯用户规模及预测

7. 网络社区与口碑传播

按功能不同，网络社区可以大致分为三类：市场型、服务型、销售型。

(1)市场型社区。产品主要是B2C的，尤其是针对80后的企业适合建立市场型网络社区，比如SONY和可口可乐。因为消费受众追求生活和文化，而不是某一个产品。目前来说，这类型企业社区的使命是文化传播和市场推广。

(2)服务型社区。主要提供专业售后服务和技术支持。例如西门子的社区，拥有本地化工程师的FEQ的支持，社区不是回答顾客，很多是作为信息源。顾客常问什么问题，具体如何解决，多次筛选和精练后定期发给在线用户。偏技术性和专业性的企业比较适合建设此类社区。这样可以很大程度降低服务成本，提高效率和顾客满意度。

(3)购买型社区。目前成功的很少，消费者越来越理性，到了社区只会浏览售前讨论和售后评论，不太会留言，这样不利于企业辨别用户需求和购买意向。企业网络社区销售功用普遍很难推进。

通过网络社区这个平台，企业可以更大范围搜索消费者和传播对象，将分散的目标顾客和受众精准地聚集在一起，利用新的网络手段扩大口碑传播，并且在日趋明显的消费模式(需求—搜索—行动—共享)中实现及时信息传输和回馈。

目前国内在网络社区内展开的营销行为，主要包括创意互动事件营销、普通品牌广告、搜索引擎广告(Google Adsense、百度主题广告等)、效果联盟推广、帖子营销等。但这些营销活动大多数把社区当作普通媒介，营销行为与社区特性之间的黏着度不高。大多数的业内人士都意识到，口碑营销是社区最富效果和想像力的营销传播方式。

(1)社区口碑营销必须实现最大化的精准和定向性，向网民推荐其迫切所需(或潜在所需)的商品或服务内容，这样才能让网民感觉推荐的商品或服务不是完全多余的，有着一定的价值；

(2)社区口碑营销不等于推销广告，内容在精准匹配高的基础上，还要注意真实和趣味性，从而调动社区网民的关注度和好感，积极地讨论相关的商品或服务，并传达给更多的人。社区营销内容不能具有强迫性，最大化地避免阻碍社区会员原有的阅读习惯和交流感受。简单的一种做法是，在实施营销时给予会员一些实实在在的好处和奖品，往往能起到较大的收益；

(3)社区口碑营销一定要充分处理与社区“意见领袖”之间的关系。社区意见领袖一般是指社区管理员、论坛版主、论坛明星会员、博客主、社区群主发起人。一般而言，这些人对于社区内其他网民有着较强的影响力和号召力，加强与这些意见领袖之间的沟通，争取他们对营销商品或服务的认同和好感，能起到事半功倍的营销效果，也能保证社区会员的黏性。

四、口碑传播策略

(一)口碑传播的原则

要形成广泛的口碑传诵，并得到良好的传播效果，可以用产品创新、提高质能、性价比来做到；也可通过丰富服务内容，提高服务速度，提高服务技巧与质量来做到；还可以通过增强企业诚信，加大惠利促销，使用抢人眼球的公关措施来做到。如果拥有的好口碑因子不多，那就要从产品及经营管理平台上提炼、整合出好口碑因子；如果不具备硬件，那就要在服务、经营管理、诚信上多做文章。只有这样，才能向目标群体愿意讨论的产品、品牌及企业靠拢。

(1)不要试图在每个方面都超越和差异化于对手，也不要试图用某项产品(服务)去满足目标群体的每一项需求与偏好，面面俱到通常导致战线过长、重心渐失、焦点淡化、一无长处。

(2)中国人讲究受人点滴“恩惠”常铭感于心颂扬于口，与此相应，好口碑往往来自损失短期利益。将短期利益牺牲给消费者，或备受关注的关联人群和焦点盛举的做法，将营造出“我为人人，人人为我”的高誉。

(二)制造故事，赢得传播

回看 Google，倘若它只躺在搜索结果客观公正的“功劳簿“上睡大觉的话，它能提供的语言版本、可供检索的网页数量就难得到快速的提升，那些有关为研究其排序方式而专门成立公司和一个寡妇靠它过体面生活的故事，恐怕就不会一个接一个地发生。没有了故事的Google还会得到包括用户、媒体等4年持续不断的讨论和传播吗？答案应该是否定的。

(1)书写自己与对手形成正面反差的成长故事，不断在产品(服务)满足目标群体消费需求的实现程度及其满足消费的差异化上，做出适当领先对手的新贡献。

(2)结合自己可以兑现某项承诺的能力，为自己编织看起来真实的故事。某商场为了减少偷盗事情，让员工伪装成小偷，时不时地安排保安在商场门口上演抓贼的故事。此事经多番流传，不但有效震慑小偷，更会在顾客中形成该商场抓贼有一套、购物消费更安全的口碑，由此维护了老顾客的忠诚度，截流了对手的众多顾客。

(3)诱导传播来自消费者的故事。在顾客面对面接触你的产品(服务)前彼此沟通的故事。如顾客在来电、来信中，在寻找你不在大众渠道售卖之产品的过程中所发生的逸事。

在顾客认购你的产品(服务)时所发生的故事。如你的促销员多收了顾客的钱，想方设法要找到该顾客致歉并退还余额的故事。

在顾客使用你的产品(服务)过程中所发生的故事。如顾客的家人在使用你某项新产品闹出的笑话。

顾客在享受后续服务上所发生的故事。如在某个法定节假日，你的售后服务人员从千里外的老家赶回，为顾客解决问题：或者是你的售后服务人员因返修率太低，而为使用对手产品的低收入家庭进行“义修”的故事。

顾客在你产品(服务)所提供的物质利益、精神利益之外所得到额外利益的故事。

如某顾客由单纯的消费者向你渠道成员转变的创业故事；如你的产品(服务)成为某顾客家庭幸福“润滑剂”的故事。

在确定了这些消费者故事所隐藏的方向之后，接下来就要有意识地通过调查、有奖征集、回访跟踪等措施汇集、散布这些故事，与消费者形成互动。如各式各样的会议营销、与媒体联办的消费体验征文等。相对于消费者间自然的口碑流传，更能激发这些故事产生更深的传播。

(4)与合作伙伴、员工及其家庭相关的故事。如与不负责任的供应商就原材料质量发生争执的故事：自己的质检部门坚决不让不合格产品出厂并销毁次品的故事：生产部门的员工因加班加点而发生身体不适及其家人不理解的故事等。

将这一切都告诉消费者，他们由此及彼的联想会带来巨大口碑，有效促进销售。

(三)维系好口碑

一切营销活动都应该针对那些更愿意传播产品信息的群体，因为这些群体最容易传播他们关注的信息。

1. 直接向消费者传达口碑内涵

口碑传播经过的中间层次少，更容易得到真实的流传。但企业往往只能通过店面、会议营销、亲力回访、DM、电子邮件、电话跟踪及部分促销活动等影响面有所限制的方式来达成口碑。不是深具影响力的强势品牌，没有能力搞人海战术、没有专卖零，没有消费者数据库，可能需要相当长的时间才能在广域的目标群体中获得口碑。为此，应结合借助其他口碑达成途径。

2. 通过渠道成员、意见领袖等多个环节达成口碑

用这种方式营造口碑，要克服诸多困难：经销商、批发商、终端商可能掌握市场话语权，他们的销售人员、售后服务可能使顾客产生坏的印象；意见领袖对口碑的形成也起决定性作用，不愉快的消费体验会使原先说好话的意见领袖变成坏口碑始作俑者；机构型意见领袖或是“伸张正义”的媒体的意见也可能带来口碑危机。

据顾客消费频率及消费利润贡献率的大小、工作性质和社交圈的宽窄、性格及文化素养的高低等因素，找出消费者中的个体型意见领袖，并以有所针对性的促销、服务，让他们进入自己研制与改进产品、完善服务的“参议院”，来明确保持一种友好关系。为此，最好建立媒体信

息的反馈网络，发现并制止坏口碑。

3. 借助媒体达成好口碑

（1）与身边无论大小之媒体的财经版、社会新闻版、消费前沿版等相关版面的记者交朋友，了解他们所撰拟稿件的内容规律，在各阶段所关注的新闻热点。

（2）挖掘自己与新闻热点相关的口碑内涵成分，有意识地以“投其所好”提供新闻线索，或以积极配合的受采访人身份进入媒体的视野。

（3）将企业的产品（服务）理念、对待消费者的态度及实际举措、顾客中发生的小故事、资助失学儿童及献血等公益好事、对某新闻热点的看法、有关知识产权等方面的维权等，作为素材进入媒体的报道内容。

（4）收集来自消费者的故事，发动消费者或以消费者的身份向媒体表示感谢与表扬自己等。

（四）借力对手达成口碑

站在别人的肩膀上，风容易成功。蒙牛喊出“向伊利学习”，就为自己塑造了谦虚、上进、尊敬先行者的好印象。但借力对手要注意两点：一是不要妄图通过背后的小动作去坏对手的名声，以此使对手无法与你在好口碑上比出高低。因为官司败诉、互揭伤疤、惹火上身的风险太大，同时也不符合商业伦理；二是借力对象并非只指对手，其他提供关联性极强的产品（服务）的企业也是很好的对象。

打造好口碑时应注意以下几点：高质量的产品和服务永远都是好口碑成立的基础；努力传达的所有口碑内涵，都必须与企业某阶段所要达到的口碑目标有关，否则是无用功，将造成浪费。

口碑传播具有巨大的营销和品牌打造价值，还能节约营销费用。

第五节 广告传播与色彩传播

色彩营销可从产品、包装、广告、商业环境、企业形象、宗教、民族六个方面帮助企业大大提升竞争力。色彩营销成本低,且相对容易实现,是提升企业竞争力的捷径。

一、色彩的商业价值

在表现事物上,色彩拥有其他元素无法比拟的超强效果,色彩可以美化事物,掩盖缺点,贯穿衣食住行。美国色彩研究中心曾做过一个有趣的试验,研究人员将同一壶咖啡,分别倒入红、黄、绿三种颜色的咖啡杯中,让十几个人品尝比较。结果,品尝者一致认为,咖啡的味道不同:绿色杯中的咖啡味道微酸,红色杯中的味道极好,黄色杯中的味道偏淡。因此,颜色往往能左右人们对商品的看法。

色彩是一把无形钥匙,可以打开顾客心灵。“七秒钟色彩”理论认为,一个人或一种商品的认识,可以在七秒钟之内以色彩的形状留在人们的印象里,作为产品最重要的外部特征,色彩能用低成本创造高附加值。同样的商品,使用不同的包装颜色,给人感觉档次、受欢迎程度不同,定价因此相差甚大。国外企业早就认识到色彩的这一功效,产生色彩营销战略:通过色彩抓住美丽的商机。许多企业将此作为市场竞争的有力手段和再现企业形象特征的方式,像绿色的“鳄鱼”、红黄色的“麦当劳”及金黄色的“柯达”等。在欧美、日本等发达国家,色彩早已成为新的市场竞争力并被广泛采用。

在中国,当面对市场上同质同类的国内和国外产品时,人们更容易被国外产品所吸引,这多是因为其漂亮的包装和和谐丰富的色彩。日本企业开发商品时,会聘请专业的色彩工程师参与,其主要职责是根据产品的特点和消费对象确定产品本身和包装的色彩。色彩能让产品与众不同并立即吸引人们的视线,具有奇妙的商业价值。

二、企业如何实施色彩传播提升竞争力

1. 色彩能增强产品的竞争力

用亮丽的色彩来包装商品，激发消费者的购买欲望，这便是色彩营销的魅力。这种营销战术，越来越被现代企业看好，成为开拓市场的重要手段。推出彩色电脑的苹果电脑公司全球产品营销部的副总裁菲尔·席勒说："我们考虑更多的是电脑的颜色和外观，而不是电脑的……"。国际上把流行色看成一种信息、一种情报，看成商品竞争的重要手段。例如，有时着重模拟自然，有时则追求古代风格，有时追求热烈奔放，有时又爱好闲雅清幽；传统色彩被流行色替代。商品色彩设计既要考虑到保留民族特色，还要考虑趋合流行趋势，在兼顾两者的情况下进行创新。

国内少数企业也尝到重视色彩设计带来的甜头，家电企业普遍追求缤纷的色彩、迥异的造型。荣事达"彩 e"冰箱推出明黄、天蓝、木纹、绿、红、黑、雪青和白色八个系列色彩，消费者可以根据自己的个性喜好自由选择；康佳"七彩小画仙"系列彩电以时尚的色彩和流畅的线条获得年轻消费者的喜爱；格力电器公司提出满足人们"色彩消费"，试制出彩色空调，改变白灰两色空调一统天下的格局，追求个性化审美品位的消费者能随心所欲挑选自己喜好颜色的产品；海尔推出的"银色变频系列冰箱"成为全国 50 大畅销商品之一。

2. 注重包装色彩，提高产品畅销度

色彩给人的印象迅速、深刻、持久，心理学有关研究表明，视觉器官在观察物体时，最初 20 秒内，色彩感觉占 80%，形体感觉占 20%；两分钟后，色彩占 60%，形体占 40%；5 分钟后，各占一半，并且这种状态将继续保持。可口可乐的鲜红色包装给人强烈的视觉刺激，激发消费者的购买欲望。

商品包装的主色调引人注目，能直接抓住顾客的注意力，引发联想，引起情感活动，促使消费者产生消费动机，促成购买行为。市场上

商品琳琅满目，令人目不暇接，眼花缭乱，同类商品品牌、规格繁多，消费者很难选择，在这种情况下，影响消费者决策的最大诱导因素是商品的包装和包装的色彩效果。

从色彩心理的审美角度分析，色彩能增强产品形象的感染力，能强有力地吸引消费者的注意力；成功的包装色彩设计还能帮助消费者识别商品并增强记忆，成为消费者下次选择商品的重要依据。包装的色彩特征比形状设计更令人深刻难忘，可以用独特的包装色彩来强化形象冲击力。

3. 色彩提高广告效应

色彩可从三个方面提高广告效应。

(1)不同色彩的广告会带来不同的关注率，一般彩色广告要比黑白广告的关注率高很多，鲜明的色彩对于瞬间出现的即刻注意起着显著的刺激作用。

(2)彩色广告画面更能逼真地再现商品的真实性，忠实地反映商品的颜色、质感、量感，展示出商品的真实面貌，并通过色彩感受刺激消费需求。

(3)广告色彩对企业或其产品的象征作用，通过商品各自独特倾向的色彩语言，使消费者更易辨识和产生亲切感，使公众或消费者一看广告的颜色基调，就能估计出是哪个企业、哪种商品。

运用标准色进行的全方位广告画面设计，能给公众造成一致、统一的企业或产品感受，对企业识别的强化和扩散有显著的作用。尤其是电视广告制作费用和播出费用昂贵，时间限制性极强，欲在极短的几秒钟内，产生最强的效果，是极不易的事情。因此，广告中的识别色彩选择、策划是 VI 中的一项重要工作。国外色彩研究的权威人士法伯·比兰曾精辟地指出：往往不在于使用了多少色彩，而关键在于色彩运用得是否恰当。在一则广告里如果色彩运用过多，反而会伤害它的宣传力量。为了恰当地达到宣传效果，对于色彩永远要运用得明智高超才行。

4. 色彩改善商业环境，促进消费者购买欲望

研究表明，不同的色彩会影响人的情绪：红色使人心理活跃，绿色

可缓解紧张，黄色使人振奋，紫色使人压抑，灰色使人消沉，白色使人明快，淡蓝色使人凉爽……色彩的这些效能，可以用来调节情绪、影响智力、改善沟通环境，从而使其在营销中有着广阔的应用前景。

许多企业都运用色彩心理，巧妙利用色彩刺激视觉，提升店面档次。一些快餐店装潢时大量采用黄色和红色，这两种颜色能够促进食欲，红色和黄色还能带来不稳定感，能促使顾客加快吃饭速度，及时让出座位。红黄色的"麦当劳"、金黄色的"柯达"、"白加黑"感冒药……均是色彩运用很好的例子。

色彩理论可以应用于商店的店面色彩设计、橱窗色彩设计、商品陈列设计。如，运用色彩技巧对百货公司和超市的商品进行陈列布局，会在无形中提高商品的价值；对服装店导购员色彩的培训，会使他们对服装的摆放、搭配更为和谐，从而产生美感，增加销售等。

一家超市在春夏秋冬分别采用了不同的店面主色调。春天用绿色，代表了春天的气息；夏天用水蓝色，给顾客以清凉的感觉；秋天用金黄色，象征着丰收的喜悦；冬天用火红色，给顾客送上温暖的感受。这家超市成功运用了色彩营销，从而大大提高了其竞争力。

5. 色彩让企业形象深入人心，提升企业竞争力

现代社会人们的生活节奏大大加快，各种大众传媒迅速发展，使得现代人每天都能接触到大量企业标志或商品商标标记。这就要求标志要同信号一样，具有高度的识辨性，使公众在众多标志中能够把注意力集中在某一标志中，在最短的时间里对某一标志留下深刻印象。

色彩以其明快、醒目的视觉传达特征与象征性力量可以发挥巨大的威力。独具特色的企业标志色彩，不但能够起到吸引消费者注意力的作用，而且还可以增强公众的记忆力，从而使消费者对该标志留下深刻的个性印象，并进一步熟悉记忆，引发联想，产生感情定势，建立消费信心。色彩还可以代表一个企业的形象，如绿色的"鳄鱼"、红黄色的"麦当劳"、金黄色的"柯达"、海水蓝的"苹果电脑"等，都成为企业的象征。

6. 尊重民族色彩，提高产品国际竞争力

不同国家对色彩的喜好与禁忌不同，应该重视产品外表及包装色彩，了解并投合当地消费者对颜色的喜好能有效促进销售。中国人认为红色象征美满，民间婚姻喜事都喜好用红色呈现欢庆热闹的气氛：德国人却不太喜欢红色；在中东地区，人们特别珍爱绿色：伊拉克人用绿色代表伊斯兰教，但视蓝色为不吉利；日本人却忌绿色，认为绿色的东西不吉祥：叙利亚人爱好青蓝色，认为黄色象征死亡，平时忌用：巴西人认为黄色表示绝望；阿根廷人和秘鲁人都喜欢黄色。

商品及其包装的色彩设计是一柄双刃剑，运用得当，可以使商品如虎添翼，迅速扩大销量；运用不当，质量再好的产品可能滞销。在美国受欢迎的高露洁牙膏，进入日本市场后与日本的狮王牙膏展开竞争，从开始时10%的市场份额，下降到不足1%，最后退出竞争，原因就是错用了色彩。因为日本消费者十分爱好白色，狮王牙膏用白色为主的白底红字；而高露洁牙膏则以不招人喜欢的红色为主的红底白字，两者对比鲜明，最终惨败。

一羊毛衫厂生产的羊毛衫出口伊拉克遭到退货，因为羊毛衫是蓝色的，外包装是橄榄绿的，而橄榄绿是伊拉克的国旗色，商品禁用；蓝色被伊拉克人视为引祸之色。由于色彩设计不慎而遭到失败，教训深刻。出口德国的红色鞭炮也一度滞销，调查发现，德国消费者认为红色不安全，中方出口企业后来将鞭炮表面用纸和外包装改为灰色，结果销量陡增。

主要参考文献

论著

[1]丁长有.广告传播学[M].北京:中国建筑工业出版社,1997.

[2]卫军英.广告倾斜度[M].厦门:厦门大学出版社,2004.

[3]张金海.20 世纪广告传播理论研究[M].武汉:武汉大学出版社,2002.

[4]郭庆光.传播学教程[M].北京:中国人民大学出版社,1999.

[5]张小争.明星引爆传媒娱乐经济[M].北京:华夏出版社,2005.

[6]张小争.娱乐财富密码[M],上海:复旦大学出版社,2006.

[7]丁俊杰,董立津.和谐与冲突——广告传播中的社会问题与出路[M].北京:中国传媒大学出版社,2006.

[8]卢泰宏,李世丁.广告创意——个案与理论[M].广州:广东旅游出版社,2000.

[9]邵培仁,海阔.大众传媒通论[M].杭州:浙江大学出版社,2005.

[10]傅根清.广告学原理[M].济南:山东教育出版社,2002.

[11]陈卫星.传播的观念[M].北京:人民出版社,2004 版.

[12]陈培爱.广告原理与方法[M].厦门:厦门大学出版社,2001.

[13]陈培爱.中外广告史[M].北京:中国物价出版社,2002.

[14]孙顺华、查灿长.中外广告史[M].济南:山东大学出版社,2005.

[15]汪涛.广告学通论[M].北京:北京大学出版社,2004.

[16]张金花,王新明.广告道德研究[M].北京:中国物价出版社,2003.

[17]何修猛.现代广告学[M].上海:复旦大学出版社,2005.

[18]周鸿铎. 应用传播学史纲[M]. 北京：中国纺织出版社，2005.

[19]刘泓. 消费、象征和权力——广告文化批判[M]. 福州：海峡文艺出版社，2002.

[20]黄合水. 广告心理学[M]. 厦门：厦门大学出版社，2003.

[21]陈月明. 广告文化学[M]. 北京：国际文化出版公司，2002.

[22]许文郁等. 大众文化批评[M]. 北京：首都师范大学出版社，2002.

[23]王晓等. 欲望花窗：当代中国广告透视[M]. 北京：中央编译出版社，2004.

[24]张应杭. 中国传统文化概论[M]. 杭州：浙江大学出版社，2005.

[25]陆扬，王毅. 文化研究导论[M]. 上海：复旦大学出版社，2006.

[26]吴克礼. 文化学教程[M]. 上海外语教育出版社，2002.

[27]蓝克林. 20 世纪谁创造了我们的时尚[M]. 兰州：敦煌文艺出版社，2000.

[28]蔡俊生等. 文化论[M]. 北京：人民出版社，2003.

[29]江晓原. 性感——一种文化的解释[M]. 海口：海南出版社，2003.

[30]易中天. 中国：掀起你的盖头来—中国文化现象解密[M]. 海南：海南出版社 1995.

[31]钱穆. 中国文化史导论[M]. 北京：商务印书馆出版社，1994.

[32]张岱年. 中国文化概论[M]. 北京：北京师范大学出版社，1994.

[33]庞朴. 文化的民族性和时代性[M]. 北京：中国和平出版社，1988.

[34]曹世潮. 文化战略[M]. 上海：上海文化出版社，2001.

[35]季羡林，张光璘. 东西文化议论集[M]. 北京：经济日报出版社，1997.

[36]钟瑛. 网络传播伦理[M]. 北京：清华大学出版社，2005.

[37]周鸿铎. 媒介产业案例分析[M]. 北京：中国纺织出版社，2005.

[38]傅平. 传媒变革——中国传媒集团组织转型与重塑[M]. 上海:上海文化出版社,2005.

[39]周建梅,路盛章. 电波广告·平面广告[M]. 北京:中国物价出版社,1997.

[40]徐百益,张大林. 公关广告[M]. 上海:同济大学出版社,1992.

[41]胡晓云. 广告文案写作[M]. 杭州:浙江大学出版社,2002.

[42]余鑫炎. 品牌战略与决策[M]. 大连:东北财经大学出版社,2001.

[43]符国群. 消费者行为学[M]. 武汉:武汉大学出版社,2000.

[44]高志宏,徐智明. 广告文案写作[M]. 北京:中国物价出版社,1997.

[45]曹志耘. 广告语言艺术[M]. 长沙:湖南师范大学出版社,1991.

[46]关世杰. 跨文化交流学[M]. 北京:北京大学出版社,1995.

[47]丁俊杰. 广告学[M]. 武汉:武汉大学出版社,2001.

[48]何佳讯. 品牌形象策划—透视品牌经营[M]. 上海:复旦大学出版社,2000. 年

[49]余明阳,朱纪达. 品牌传播学[M]. 上海:上海交通大学出版社,2005.

[50]卫军英. 整合营销传播:观念与方法[M]. 杭州:浙江大学出版社,2005.

[51]陈培爱. 广告学概论[M]. 北京:首都经济贸易大学出版社,2004.

[52]郭国庆. 市场营销学通论[M]. 北京:人民大学出版社,2005.

[53]星亮. 广告学概论[M]. 上海:上海古籍出版社,2003.

[54]崔保国. 2004—2005 年:中国传媒产业发展报告[M]. 北京:社会科学文献出版社,2005.

[55]邵培仁,海阔. 大众传媒通论[M]. 杭州:浙江大学出版社,2005.

[56]张建星. 传媒的运营时代:从媒体经营到经营媒体 30 讲[M]. 上海:文汇出版社,2005.

[57]闵大洪.数字传媒概要[M].上海:复旦大学出版社,2003.

[58]倪波,霍丹.信息传播原理[M].北京:书目文献出版社,1996.

[59]傅根清,杨明.广告学概论[M].济南:山东大学出版社,2004.

[60]何辉.当代广告学教程[M].北京:广播学院出版社,2004.

[61]张金海,姚曦.广告学教程[M].上海:上海人民出版社,2003.

[62]丁俊杰.广告学导论——现代广告运作原理与实务[M].武汉:中南大学出版社,2003.

[63]陈能华,贺华光.广告信息传播[M].武汉:中南工业大学出版社,1999.

[64]李军波,唐晓玲.现代广告理论与实践[M].武汉:中南大学出版社,2002.

[65]刘双,文秀.跨文化传播[M].哈尔滨:黑龙江人民出版社,2000.

[66]陈培爱.广告学概论[M].北京:高等教育出版社,2004.

[67]李苗,王春泉.新广告学[M].广州:暨南大学出版社 2002.年1月

[68]星亮.广告学概论[M].上海:上海古籍出版社,2003.

[69]胡锐.现代广告学[M].杭州:浙江大学出版社,2006.

[70]丁柏铨.传播学基础理论[M].北京:新华出版社,2003.

[71]李苓.传播学理论与实务[M].成都:四川人民出版社,2002.

[72]李彬.大众传播学[M].北京:中央广播电视大学出版社,2000.

[73]周庆山.传播学概论[M].北京:北京大学出版社,2004.

[74]李彬.传播学引论[M].北京:新华出版社,1993.

[75]段京肃,罗锐.基础传播学[M].兰州:兰州大学出版社,1996.

[76]苏炜.大众传播论[M].北京:中国经济出版社,2002.

[77]段鹏.传播学基础一历史、框架与外延[M].北京:中国传媒大学出版社,2006.

[78]翁秀琪主编.台湾传播学想像(上)[M].台湾台北:巨流图书公司出版,2004.

论文

[1]李家龙,李家齐.营销观念的产生与发展[J].特区经济,2005,(1).

[2]仲向平.略论市场营销学的产生、传播和发展[J].浙江树人大学学报,2002,(6).

[3]干忠则.品牌形象策划——透视[J].品牌经营 2000,(1).

[4]李琳.玩转新广告媒体[J].经营管理者,2006,(1).

[5]姚曦,王艺.广告快乐的理性观照与前瞻[J].武汉大学学报(人文科学版).2004,(3).

[6]燕道成.论消费意识形态建构中的广告[J].新闻大学,2005,(1).

[7]喻锎.后现代广告的恋物符码[J].理论界,2007,(3).

[8]王洁.现代广告的意识传播策略[J].当代传播,2005,(2).

[9]杨婧岚.广告传播中的意识形态,《现代传播[J].》,2002 年第1.期。

[10]阮卫,周茂君.广告与意识形态[J].武汉大学学报(人文科学版),2003,(1).

[11]莫梅锋,刘潆檑.体验广告,体验的符号化传播[J].市场研究,2003,(6).

[12]荣铁.浅谈商家竞争中的促销手段[J].经济师,2003,(10).

[13]魏钢焰.体验经济与心理学原理[J].今日经济,2004,(12).

[14]何镇飚.全球经济一体化下的广告文化批评标准[J].当代传播,2003,(4).

[15]仝帆.略论广告批评的文化标准[J].西南民族大学学报,2003,(11).

[16]方东.关于广告批评基本问题的理论思考[J].内蒙古社会科学,2002,(11).

[17]仝帆.略论广告批评的文化标准[J].西南民族大学学报,2003,(11).

[18]张微.广告批评:一种特殊的反馈和促新形式[J].武汉大学学报,2003(1).

[19]徐舟汉.广告批评的标准[J].宁波大学学报,2001,(12).

[20]宋玉书.广告的文化属性与文化传播意义[J].辽宁大学学报哲学与社会科学版,2005,(1).

[21]傅小平.传统理想人格对现代广告的影响[J].西南民族学院学报,2002,(9).

[22]吴玉.大众文化及其时尚特性[J].攀登,2004,(4).

[23]徐建华.略论中国传统文化的精神特征[J].上海金融高等专科学校学报,2003,(1).

[24]郭俊杰.大学生反感哪些广告[J].现代广告,2006,(1)

[25]张巨才.分众时代的营销战略[J].统计与决策,2007,(19).

[26]甘雨婷.播客网站借助3G拓展赢利模式[J].世界电信,2007,(11).

[27]赵冠闻,郭玲玲.论分众传播的产生及发展—从媒介的演变看传播的发展[J].理论界,2006,(11).

[28]梅琼林,陈文举.从传者与受众的互动看媒体的分众化趋势[J].今传媒,2005,(2).

[29]熊澄宇.从大众传播到分众传播[J].嘹望新闻周刊,2004,(2).

[30]陈培爱,黄合水,朱健强,纪华强,赵洁.国内电视广告社会效益研究[J].现代广告,1996,(6).

[31]王詠,管益杰.从消费者心理看快速消费品的营销与品牌建设[J].中国广告,2003,(9).

[32]李彬.语言·符号·交流—谈布拉格学派的传播思想[J].新闻与传播研究,2000,(2).

[33]陈书毅.播客,网络文化的又一个神话[J].文化艺术研究,2008,(1).

[34]纪华强,陈晓明.广告人物符号传播功能及运用趋势探讨[J].厦门大学学报,2000,(2).

[35]何海明.论媒介的广告价格和价格策略[J].电视研究,2001,(9).

[36]沈海中.媒介投放需要策略[J].投资与营销,2005,(12).

[37]陈祁岩. 现代广告传播模式探析[J]. 武汉大学学报，2005，(7).

[38]裴成发. 信息的结构与功能分析[J]. 图书情报工作，1998，(4).

译著

[1]【美】朱丽安·西沃卡著，周向民、田力男译. 肥皂剧、性和香烟——美国广告200年经典范例[M]. 北京：光明日报出版社，1999.

[2]【美】克劳德·霍普金斯著，邱凯生译. 我的广告生涯——科学的广告[M]. 北京：新华出版社，1998.

[3]【美】罗瑟·瑞夫斯. 台湾]联广蜜蜂小组译. 实效的广告[M]. 北京：世界图书出版社，1988.

[4]【美】艾·里斯、杰克·特劳特著，王恩冕、于少蔚译. 定位[M]. 北京：中国财政经济出版社，2002.

[5]【美】丹·海金司著，刘毅志译. 广告写作的艺术[M]. 北京：中国友谊出版公司，1991.

[6]【美】大卫·奥格威著，林桦译. 一个广告人的自白[M]. 北京；中国友谊出版公司，1991.

[7]【美】舒尔兹、田纳本、劳特朋著，吴怡国等译. 整合营销传播——谋霸21世纪市场竞争优势[M]. 呼和浩特：内蒙古人民出版社，1997.

[8]【美】斯科特·麦克凯恩. 商业秀：体验经济时代企业经营的感情原则[M]. 北京：中信出版社，2004.

[9]【法】让·波德里亚. 消费社会[M]. 南京：南京大学出版社，2001.

[10]【美】伯德·H·施密特著，朱岩岩译. 娱乐至上——体验经济时代的商业秀[M]. 北京：中国人民大学出版社，2004.

[11]【美】迈克尔·J·沃夫. 娱乐经济——传媒力量优化生活[M]，北京：光明出版社，2001.

[12]【美】肖恩·史密斯，乔·惠勒著，寒顺平，吴爱胤译. 顾客体验品牌化[M]. 北京：机械工业出版社，2004.

[13]【美】理查德·奥曼. 广告的双重言说和意识形态:教师手记,文化研究读本[M]. 北京:中国社会科学出版社,2000.

[14]【美】约翰·斯道雷. 文化理论与通俗文化导论[M]. 南京:南京大学出版社,2001.

[15]【美】伯恩德·H·施密特. 体验式营销[M]. 重庆:中国三峡出版社,2001.

[16]【美】伯恩德·H·施密特. 体验营销[M],周兆晴译. 南宁:广西民族出版社,2003.

[17]【美】让·波德里亚著,刘成富、全志钢译. 消费社会[M]. 南京;南京大学出版社,2000.

[18]【美】Jackson Lears 著,任海龙译. 丰裕的寓言:美国广告文化史[M]. 上海:上海人民出版社,2005.

[19]【美】艾伦·杜宁著,毕幸、刘晓君译. 多少算够——消费社会与地球的未来[M]. 长春:吉林人民出版社,1997.

[20]【美】欧盖因、艾伦、森尼克等著. 广告学[M]. 沈阳:东北财经大学出版社,1998.

[21]【美】梅尔文·L·德弗勒、埃雷特·E·尼斯. 大众传播通论[M]. 北京:华夏出版社,1989.

[22]【美】欧盖因、艾伦、森尼克. 广告学[M]. 沈阳:东北财经大学出版社,1998.

[23]【日】小林太三郎. 新型广告[M]. 北京:中国电影出版社,1996.

[24]【美】威廉·阿伦斯著,丁俊杰等译. 当代广告学[M]. 北京:华夏出版社,2000.

[25]【美】爱德华·泰勒著,连树声译. 原始文化[M]. 广西师范大学出版社,2005.

[26]【美】Gerard Tellis 著,张红霞、王晨译. 广告与销售战略[M]. 昆明:云南大学出版社,2001.

[27]【法】罗兰·巴尔特著,李幼蒸译. 符号学原理[M]. 北京:三联书店,1988.

[28]【瑞士】费尔迪南·德·索绪尔著,高名凯译. 普通语言学教程

[M]. 北京:商务印书馆,1985.

[29]【法】罗兰·巴尔特、让·鲍得里亚等著,吴琼、杜予编译. 形象的说辞[M]. 北京:中国人民大学出版社,2005.

[30]【德】马克斯·本泽,伊丽莎白·瓦尔特著,徐恒醇编译. 广义符号学及其在设计中的应用[M]. 北京:中国社会科学出版社,1992.

[31]【美】苏特·杰哈利著,马姗姗译. 广告符码[M]. 北京;中国人民大学出版社,2004.

[32]【美】约翰·费斯克等编撰. 关键概念:传播与文化研究辞典[M]. 北京;新华出版社,2004.

[33]【美】迈克尔·舒德森著,陈安全译. 广告,艰难的说服[M]. 北京:华夏出版社,2003.

[34]【美】迈克尔·R·所罗门著,卢泰宏译. 消费者行为学[M]. 北京:电子工业出版社,2006.

[35]【美】John Fiske 著,张锦华译. 传播符号学理论[M]. 台湾台北:远流出版事业股份有限公司,1995.

[36]【法】吉罗著,怀宇译. 符号学概论[M]. 成都:四川人民出版社,1988.

[37]【美】唐·舒尔茨,海蒂·舒尔茨著,何西军等译. 整合营销传播:创造企业价值的五大关键步骤[M]. 北京:中国财政经济出版社,2005.

[38]【美】特伦斯·A·辛普著,廉晓红等译. 整合营销传播:广告、促销与拓展[M]. 北京:北京大学出版社,2005.

[39]【美】威廉·阿伦斯,丁俊杰、程坪等译. 当代广告学[M]. 北京:人民邮电出版社,2005.

[40]【美】PHILIP KOLTER GARY ARMSTRONG,赵平、王霞等译. 市场营销原理[M]. 北京:清华大学出版社,2003.

[41]【美】梅尔文·德弗勒,桑德拉·鲍尔—洛基奇著,杜力平译. 大众传播学诸论[M]. 北京:新华出版社,1990.

[42]【美】蒙勒·李、卡拉·约翰逊合著,林恩全等译. 广告原理:一种全球性的广告和营销视角[M]. 延边:延边人民出版社,2003.

[43]【美】唐纳德·帕伦特著,王俭译. 广告战略:营销传播策划指

南[M].北京:中信出版社,2004.

[44]【美】赛弗林·坦卡德,陈韵昭译.传播学的起源、研究与应用[M].福州:福建人民出版社,1985.

[45]【美】E·M·罗杰斯.传播学史——一种传记式的方法[M].上海:上海译文出版社,2002.

网络

[1]中华广告网、新华网等.

[2]好广告可以跨越文化——广告大师畅谈中国广告现状.http://www.civilness.com/.

[3]党芳莉.《女性.广告.文化—女性广告的多维考察》.2004 年 6 月 1 日,复旦大学 http://210.34.4.30/wf/~cddbn/y676313/pdf/index.htm.

[4]姚争,钱维多.播客广播的发展及现状.派派播客网,2006-06-11.

[5]陶嘉呈.草根英雄导演网络生活播客有望迅速发展.http://news.xinhuanet.com/newmedia/2005-12/08/content_3892740.htm.

[6]王薇.传媒革命砸烂门槛博客后播客当道.中国 B2B 研究中心.http://www.netsun.com/b2b_news/detail——807511.html.

[7]中国联通推出手机广告业务—听广告可换免费彩铃.http://news.xinhuanet.com/tech/2006-07/14/content_4831261.htm.

[8]今年年底全球手机用户数量将达 26 亿.eNet 硅谷动力 http://info.china.alibaba.com/news/detail/v3000100-d5707032.html.

[9]刘书文.手机广告在中国的发展初探.http://column.bokee.com/51245.html.

[10]手机能否成为你的第五媒体.http://tech.163.com/special/s/000915RB/sj_zt.html.

[11]溪花与禅意的博客.中国媒介的生态环境.http://blog.sina.com.cn/s/blog_47364abf010002tn.html.

[12]中国传媒市场的细分化运作.中国论文下载中心,http://www.studs.net.

[13]互联网发展应用的展望.http://www.lw90.com/paper/guanlilunwen/dianzishangwu/20060419/14637/.

[14]"繁华三千零存整取"的博客.品牌制胜差异为王——寻找传统媒体应对新媒体冲击的出路.http://newkif.blog.hexun.com/12546174_d.html.

[15]SUN的博客日志.2006中国电视红皮书.http://dx1024.blog.163.com/.

[16]人民网:喻国明.中国传媒业的发展的"拐点".http://media.people.com.cn/GB/22114/73186/73188/4968731.html.

[17]张殿元.广告对传媒的负面影响分析[EB/OL].http://media.people.com.cn/GB/22114/49489/57231/4001918.html,2006—01—05.

[18]http://chinese.mediachina.net/index_news_view.jsp? id=81941.

[19]http://www.adjia.com/article_view.asp? id=3702.

[20]徐红.中国儿童电视广告态度解析[EB/OL].http://www.ccmedu.com/detail.aspx? boardID=26&ID=1609,2005—05—26.

[21]陈昕,黄平.消费主义文化在中国的出现[EB/OL].http://www.cc.org.cn/newcc/browwenzhang.php? articleid=1532,2005—04—05.

期刊

[1]《中国广告》

[2]《现代广告》

[3]《国际广告》

[4]《广告大观》

[5]《广告导报》

[6]《广告人》

[7]《现代传播》

[8]《当代传播》
[9]《新闻与传播研究》
[10]《国际新闻界》
[11]《新闻大学》
[12]《21 世纪广告》